W0288793

exakt!

Wirtschafts- und Sozialkunde

für gewerblich-technische Ausbildungsberufe

von
Roland Lötzerich / Peter-J. Schneider

westermann

Auf verschiedenen Seiten dieses Buches befinden sich Verweise (Links) auf Internet-Adressen.
Haftungshinweis: Trotz sorgfältiger inhaltlicher Kontrolle wird die Haftung für die Inhalte der externen Seiten ausgeschlossen. Für den Inhalt dieser Seiten sind ausschließlich deren Betreiber verantwortlich. Sollten Sie bei dem angegebenen Inhalt des Anbieters dieser Seite auf kostenpflichtige, illegale oder anstößige Inhalte treffen, so bedauern wir dies ausdrücklich und bitten Sie, uns umgehend per E-Mail unter www.westermann.de davon in Kenntnis zu setzen, damit der Verweis beim Nachdruck gelöscht wird.

Das Werk und seine Teile sind urheberrechtlich geschützt. Jede Nutzung in anderen als den gesetzlich zugelassenen Fällen bedarf der vorherigen schriftlichen Einwilligung des Verlages. Hinweis zu § 52 a UrhG: Weder das Werk noch seine Teile dürfen ohne eine solche Einwilligung gescannt und in ein Netzwerk eingestellt werden. Dies gilt auch für Intranets von Schulen und sonstigen Bildungseinrichtungen.

3. Auflage, 2010
Druck 1, Herstellungsjahr 2010

© Bildungshaus Schulbuchverlage
Westermann Schroedel Diesterweg Schöningh Winklers GmbH,
Braunschweig
www.westermann.de

Redaktion:	Annette Wiegmann, Simone Vohland
Verlagsherstellung:	Harald Kalkan
Satz:	PER Medien + Marketing GmbH
Umschlaggestaltung:	Jennifer Kirchhof
Druck und Bindung:	westermann druck GmbH, Braunschweig

ISBN 978-3-14-**225360**-2

Inhalt

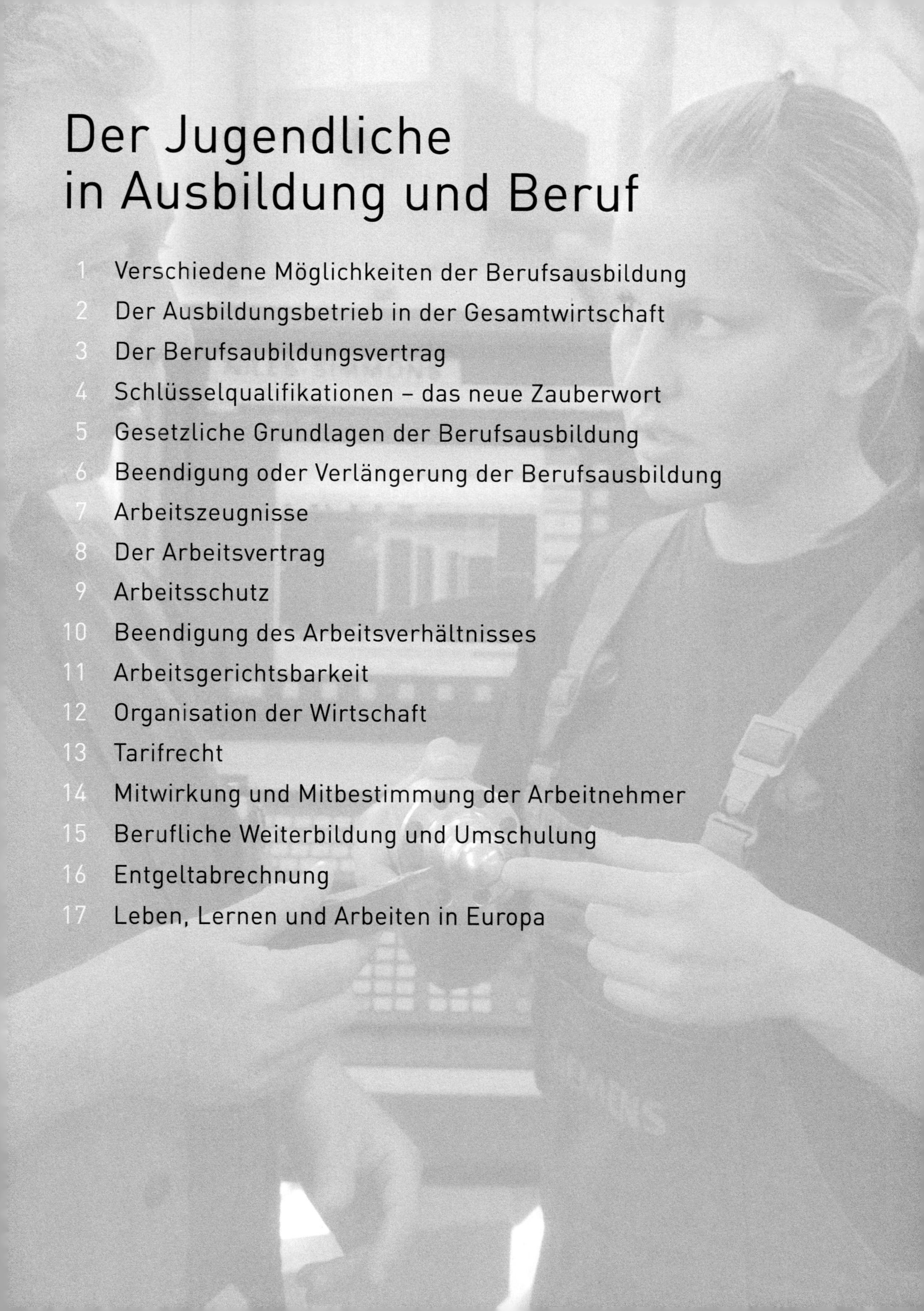

Der Jugendliche in Ausbildung und Beruf

1 Verschiedene Möglichkeiten der Berufsausbildung

Moment mal!

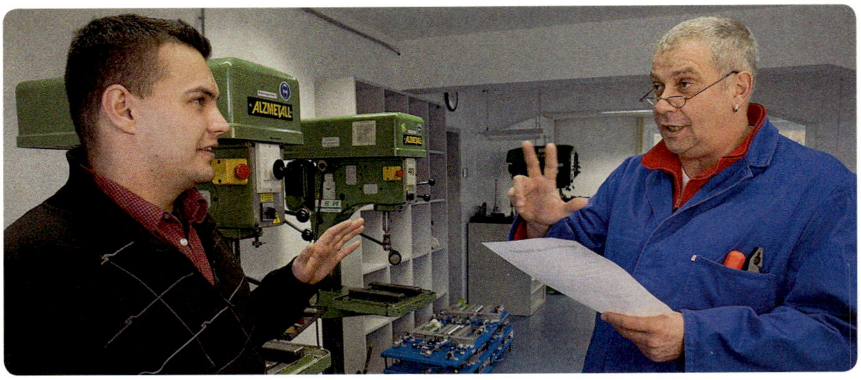

„Ruhig bleiben", hatte ich mir gesagt, als die Mahnung der Berufsschule eintraf. Dort stand: „Da Sie am 12.09., 19.09. und 26.09. in der Berufsschule unentschuldigt gefehlt haben, fordern wir Sie zum Berufsschulbesuch auf. Daneben bitten wir um ein ärztliches Attest für die o. g. Fehlzeiten ..."
Doch am nächsten Tag kam es noch schlimmer: Die hatten auch den Meister informiert. Als der sich aufregte, wollte ich ihn nur beruhigen. „Meister", sagte ich, „regen Sie sich doch nicht so auf – Berufsschule ist halt nicht mein Ding – ich bin froh, dass die Schule vorbei ist. Außerdem hab ich doch auch bei Ihnen unterschrieben und nicht bei denen."
Da wurde mein Meister zornig rot im Gesicht und sagte mit drohender Stimme: „Die Berufsausbildung steht auf zwei Säulen: Die Ausbildung im Betrieb und die in der Berufsschule. Beide ergänzen sich. Und für beide bezahle ich dich. Eure Ausbildungsvergütung wird sowieso immer höher. Wir mussten früher das Lehrgeld noch mitbringen. Und wenn mein Herr Azubi nicht damit einverstanden ist, dann kannst du dir dein Geld vom Sozialamt holen. Noch einen Fehltag und bei mir ist Schluss. Außerdem werde ich dir die unentschuldigt gefehlten Schultage vom Urlaub abziehen ..."

- Darf der Meister die Fehltage vom Urlaub abziehen?
- Wie ist die Ausbildung im dualen System geregelt?

?

Das „duale System" der Berufsausbildung

Schule	abgestimmte Zusammenarbeit	Betrieb
Vermittlung der theoretischen Ausbildungsinhalte		Vermittlung der praktischen Ausbildungsteile
Erweiterung der allgemeinen Bildung (z. B. Englisch, Politik, Deutsch)		Einführung in die Arbeitswelt
beaufsichtigt durch: Kultusministerien der Länder		beaufsichtigt durch die zuständigen Kammern
gesetzliche Grundlagen: Schulgesetze, Lernzielkataloge		gesetzliche Grundlage: Berufsbildungsgesetz

Vorteile des dualen Systems	Nachteile des dualen Systems
Die Ausbildung ist praxisbezogener.	Nicht immer findet man einen Ausbildungsplatz im Wunschberuf.
Die Auszubildenden lernen, sich an betriebliche Abläufe anzupassen.	Die betrieblichen Ausbildungsplätze reichen oftmals nicht aus.
Für schulmüde Schüler ist die duale Ausbildung abwechslungsreicher.	Es gibt große qualitative Unterschiede in der betrieblichen Ausbildung.
Es ist preiswerter für den Staat als eine vollschulische Ausbildung.	Abstimmungsprobleme zwischen Schule und Betrieben sind möglich.

Welche Betriebe dürfen ausbilden?
Ausbilden dürfen alle Betriebe, wenn
- sie persönlich und fachlich zur Ausbildung geeignet sind,
- Art und Einrichtung für die Ausbildung geeignet sind (falls nicht alle Kenntnisse und Fertigkeiten vermittelt werden können, ist eine zusätzliche Ausbildung außerhalb des Betriebes notwendig),
- die Zahl der Auszubildenden in einem angemessenen Verhältnis zur Anzahl der insgesamt beschäftigten Personen steht.
  (Ausnahmen können von den Kammern genehmigt werden.)

Die Ausbildungsordnung und Ausbildungsrahmenplan
Im Betrieb soll die Ausbildung mehr praxisbezogen sein. Außerdem sollen betriebliche Strukturen erkannt werden und die Auszubildenden auf ihre Rolle als Arbeitnehmer vorbereitet werden. In den anerkannten Ausbildungsberufen darf nur nach der bundeseinheitlichen Ausbildungsordnung für den jeweiligen Beruf ausgebildet werden.

@

Ein Verzeichnis aller Ausbildungsberufe mit ihren Berufsbezeichnungen, Ausbildungsdauer, Arbeitsgebieten und beruflichen Fähigkeiten finden Sie unter
www.bibb.de
Weitere Beschreibungen:
www.berufenet.arbeitsagentur.de
und für Handwerksberufe unter:
www.berufsinfo.org

Die Ausbildungsordnung regelt verbindlich
- die Ausbildungsdauer,
- die zu vermittelnden Fertigkeiten und Kenntnisse (Ausbildungsinhalt),
- den zeitlichen Ablauf der Ausbildung (Ausbildungsrahmenplan),
- die Prüfungsanforderungen.

Der Ausbildungsbetrieb ist verpflichtet, dem Auszubildenden die Ausbildungsordnung vor Beginn der Ausbildung kostenlos auszuhändigen.

Das Berichtsheft
Der Ausbildungsbetrieb muss seinem Auszubildenden die Berichtshefte kostenlos zur Verfügung stellen. Jeder Auszubildende muss während der gesamten Ausbildungszeit regelmäßig, mindestens wöchentlich ein Berichtsheft stichwortartig führen.

!

Das Berichtsheft ist ein Nachweis über die ordnungsgemäße Ausbildung.
Daher unbedingt nur das eintragen, was auch tatsächlich gemacht wurde!

Das gilt für
- die praktische Ausbildung im Betrieb,
- die überbetriebliche Ausbildung im Bildungszentrum,
- den Unterricht in der Berufsschule.

Der Ausbildungsbetrieb muss dem Auszubildenden während der Ausbildungszeit Gelegenheit zur Berichtsheftführung geben.
Der Ausbildungsbetrieb ist zudem verpflichtet, den Auszubildenden zur Führung des Berichtsheftes anzuhalten und es regelmäßig, mindestens monatlich, durchzusehen.
Unvollständige bzw. fehlende Ausbildungsnachweise können eine **Nichtzulassung zur Gesellen- oder Abschlussprüfung** zur Folge haben.
Die Auszubildenden sollen im Berichtsheft mit kurzen berufsspezifischen Formulierungen die täglich ausgeführten Arbeiten und Lehrinhalte beschreiben. Erforderlich sind kurze Angaben

- zu der ausgeübten Tätigkeit,
- zu dem eingesetzten Werkstoff,
- zu den eingesetzten Maschinen und Hilfsmitteln,
- ob die Tätigkeit selbstständig ausgeübt wurde.

Wer durch die Abschlussprüfung fällt, muss bis zur Wiederholungsprüfung weiterhin die Berufsschule besuchen.

Lernort Berufsschule

Für alle Auszubildenden besteht eine gesetzliche Berufsschulpflicht. Dies gilt für die gesamte Dauer der Ausbildung, d. h. auch wenn man die Ausbildung verlängert. Der Unterricht ist in der Regel in Teilzeitform organisiert: An einem oder zwei Tagen ist Berufsschulunterricht, an den anderen Tagen findet die Ausbildung im Betrieb statt. In manchen Berufen werden die Berufsschultage aber auch zu Blöcken gebündelt, dem sogenannten **Blockunterricht**. Der Schulstoff ist in Lehrplänen vorgeschrieben. Diese werden bundeseinheitlich von der Kultusministerkonferenz erlassen. Die einzelnen Bundesländer können aber eigene Lehrpläne herausgeben.
Im Berufsschulunterricht werden neben Theorie und Praxis auch allgemeinbildende Inhalte unterrichtet (z. B. Politik, Deutsch, Fremdsprachen, Religion). Hier sollen neben dem Fachwissen die Schlüsselqualifikationen (siehe Kap. 4, S. 21 ff.) gefördert werden.
Eine erfolgreiche Berufsausbildung schließt im betrieblichen Teil mit der Facharbeiter-, Gesellen- oder Gehilfenprüfung ab.
Unabhängig davon können Auszubildende den **Berufsschulabschluss** erwerben. Dafür müssen die Leistungen am Ende der Ausbildung in allen Fächern mindestens „ausreichend" oder in nicht mehr als einem Fach „mangelhaft" sein. Eventuell gibt es auch Sperrfächer, die besser als

„mangelhaft" sein müssen. Der Berufsschulabschluss richtet sich nur nach den Zeugnisnoten der Berufsschule und nicht nach der Gesellenprüfung. Wird ein Berufsschulabschluss nicht erreicht, erhält man ein **Abgangszeugnis** von der Berufsschule. Es wäre sogar möglich, dass man auch beim dritten Mal durch die Gesellenprüfung gefallen ist, durch positive Noten im **Abschlusszeugnis** aber dennoch den Berufsschulabschluss erreicht hat. Dieser ist dem Hauptschulabschluss gleichzusetzen. Durch Zusatzleistungen kann man sogar den Realschulabschluss oder die Fachoberschulreife erreichen. Die Anrechnung der Berufsschulzeiten auf die Ausbildungszeit und die Freistellung nach der Berufsschule sind für Voll- und Minderjährige unterschiedlich.

!

Bei zwei Berufsschultagen mit mindestens sechs Unterrichtsstunden obliegt dem Firmeninhaber die Entscheidung, an welchem Tag die Freistellung erfolgt.

Berufsschulzeiten im Vergleich

Berufsschulzeit	
Minderjährige Azubis Die Anrechnung ist im Jugendarbeitsschutzgesetz geregelt.	**Volljährige Azubis** Jugendarbeitsschutzgesetz gilt nicht für Volljährige.
Beschäftigung vor der Berufsschule: An einem vor 9 Uhr beginnenden Unterrichtstag dürfen Auszubildende vorher nicht in dem Betrieb beschäftigt werden.	**Beschäftigung vor der Berufsschule:** An einem vor 9 Uhr beginnenden Unterrichtstag dürfen Auszubildende vorher nicht in dem Betrieb beschäftigt werden.
Beschäftigung nach der Berufsschule: An einem Berufsschultag mit mehr als fünf Unterrichtsstunden (also sechs oder mehr) dürfen sie nicht mehr beschäftigt werden. An einem zweiten „langen" Berufsschultag oder an einem Berufsschultag mit maximal fünf Unterrichtsstunden entfällt die Freistellung.	**Beschäftigung nach der Berufsschule:** Volljährige Azubis können generell nach der Berufsschule in den Betrieben beschäftigt werden.
Anrechnung der Berufsschulzeit auf die Arbeitszeit: An einem Berufsschultag mit mehr als fünf Unterrichtsstunden sind acht Zeitstunden auf die Wochenarbeitszeit anzurechnen. An dem zweiten Berufsschultag dürfen nur die tatsächlichen Unterrichtszeiten einschließlich der Pausen angerechnet werden.	**Anrechnung der Berufsschulzeit auf die Arbeitszeit:** Auf die Wochenarbeitszeit werden grundsätzlich nur die tatsächlichen Unterrichtszeiten einschließlich der Pausen angerechnet.

Berufsausbildung im vollschulischen System

Wer keinen betrieblichen Ausbildungsplatz bekommen hat, kann berufliche Qualifikationen auch an beruflichen Vollzeitschulen erwerben. Es werden in ihnen berufliche Vorbereitung oder berufliche Grundbildung und sogar eine vollständige Berufsausbildung vermittelt. Es gibt einjährige und mehrjährige Formen in gewerblichen, kaufmännischen, hauswirtschaftlichen, landwirtschaftlichen und anderen Bereichen. Sie können von Bundesland zu Bundesland unterschiedliche Bezeichnungen und eventuell unterschiedliche Lerninhalte haben. Einige werden hier vorgestellt:

- **Berufsvorbereitung im Berufsvorbereitungsjahr (BVJ)**
  Jugendliche, die ihre allgemeine Schulpflicht erfüllt und keinen Ausbildungsplatz bekommen haben, können das einjährige BVJ in verschiedenen Berufsfeldern besuchen.
  Im BVJ soll die Allgemeinbildung vertieft, in den Beruf eingeführt und handwerkliches Geschick gefördert werden. Damit sollen die Chancen auf einen Ausbildungsplatz erhöht werden. Wer am Ende des BVJ die Abschlussprüfung besteht, erhält ein Zeugnis, das dem Hauptschulabschluss gleichgesetzt ist. Durch eine Zusatzprüfung kann auch der Hauptschulabschluss erworben werden.

- **Berufliche Grundbildung im Berufsgrundbildungsjahr (BGJ)**
  In ihm werden sowohl die Allgemeinbildung vertieft als auch eine berufliche Grundbildung in einem Berufsfeld (z. B. Elektro- oder Metalltechnik, Körperpflege, Ernährung) unterrichtet.
  Da die Grundkenntnisse und -fertigkeiten des ersten Ausbildungsjahres vermittelt werden, können sich die Schüler für einen Beruf in diesem Berufsfeld entscheiden. Daher wird das BGJ bei zahlreichen Ausbildungsberufen auf die Ausbildungszeit angerechnet. Neben der vollschulischen Form kann ein BGJ auch in Verbindung mit Ausbildungsbetrieben erfolgen. Hier bestehen auch Ausbildungsverträge mit dem Ausbildungsbetrieb. Der praktische Teil der Ausbildung erfolgt dann im Betrieb.

- **Einjährige Berufsfachschule (Einjährige BFS)**
  Sie entspricht der Grundstufe der jeweiligen dualen Berufsausbildung. Die praktische Ausbildung erfolgt dabei an der Schule und nicht im Betrieb. Da die Kenntnisse und Fertigkeiten des ersten Ausbildungsjahres in der einjährigen BFS vermittelt werden, wird dieses Jahr auf die Gesamtdauer einer Berufsausbildung angerechnet. Damit werden vor allem kleinere Ausbildungsbetriebe bei der Ausbildung entlastet und die Chance vergrößert, einen Ausbildungsplatz zu finden.

- **Zweijährige Berufsfachschule (Zweijährige BFS)**
  Ziel ist neben einer beruflichen Grundbildung die Fachschulreife (mittlerer Bildungsabschluss) zu erwerben. Wegen der beruflichen Grundbildung kann der Ausbildungsbetrieb die Ausbildungsdauer um ein Jahr verkürzen. Der Erwerb der Fachschulreife ermöglicht es, weiterführende Schulen – wie z. B. die FOS oder sogar ein Technisches Gymnasium – zu besuchen.

- **Berufliche Vollausbildung**
  Dreijährige Berufsfachschule (Dreijährige BFS):
  In einigen Bundesländern kann man damit eine berufliche Vollausbildung, also einen Berufsabschluss erreichen (z. B.: BFS Erziehung oder Kinderpflege).

  Berufskolleg oder Assistentenausbildung:
  Man erreicht einen qualifizierten Berufsabschluss (z. B. Chemisch-technischer Assistent).

Arbeitsvorschläge

1. Erklären Sie das System der „dualen Ausbildung“.
2. Warum sollten Auszubildende ihre Berichtshefte sehr sorgfältig führen?
3. Beschreiben Sie die Anrechung des Berufschulbesuchs.
4. Erklären Sie, in welchen Fällen man von der Berufsschule ein Abschluss- oder ein Abgangszeugnis bekommt.
5. Erkundigen Sie sich über die vollzeitschulischen Möglichkeiten in Ihrem Bundesland und stellen Sie diese in Ihrer Klasse vor.
6. Der 17-jährige Hendrik ist Auszubildender KFZ-Mechaniker im Autohaus Ullrich. Die Berufsschule ist montags wöchentlich und 14-tägig freitags jeweils sechs Stunden.
   a) Da im November zahlreiche Kunden ihre Winterreifen aufziehen lassen, wird täglich von 7:00 Uhr bis 20:00 Uhr gearbeitet. Begründen Sie, ob Hendrik vor der um 8:45 Uhr beginnenden Berufsschule noch von 7:00 – 8:15 Uhr arbeiten darf.
   b) Die Berufsschule endet montags um 13:15 Uhr. Herr Ullrich verlangt, dass Hendrik nach der Berufsschule noch bis 17:00 Uhr arbeitet. Untersuchen Sie, ob dies rechtmäßig ist.
   c) Herr Ullrich rechnet Hendrik vor: Montag und Freitag zweimal sechs Schulstunden sind zwölf Arbeitsstunden. Um auf die 40 Wochenstunden zu kommen, muss Hendrik Dienstag bis Donnerstag je acht Stunden und Samstag vier Stunden arbeiten. Überprüfen Sie diese Rechnung.
7. Lesen Sie den Bericht des DGB unten und diskutieren Sie darüber. Beziehen Sie auch Ihre eigene Ausbildungssituation mit in die Diskussion ein.
8. **Lernen durch Handeln:** Surfen Sie auf eine der auf Seite 9 angegebenen Adressen, suchen Sie dort Ihren Ausbildungsberuf (bei Vollzeitschülern: Ihren Wunschberuf); stellen Sie dessen Hauptarbeitsgebiete und die hierfür notwendigen beruflichen Fähigkeiten dar.

DGB-Ausbildungsranking 2007: Gastronomiebranche auf den letzten Plätzen

4.000 Auszubildende in den 25 wichtigsten Ausbildungsberufen wurden im Rahmen des DGB Ausbildungsreports befragt. [...] Danach gibt es in Deutschland [...] ein massives Qualitätsproblem bei der Berufsausbildung in den Betrieben.

42 Prozent der Auszubildenden geben an, regelmäßig Überstunden zu machen, im vergangenen Jahr waren das 34,5 Prozent. Gleichzeitig können nur knapp 17 Prozent der Jugendlichen sicher sein, nach der Ausbildung übernommen zu werden, 2006 waren dies noch 22 Prozent.

„Mit dem Report wollen wir zeigen, dass es messbare Kriterien für eine gute Ausbildung gibt und man sich nicht mit einer schlechten Ausbildung abfinden sollte,“ sagte die stellvertretende DGB-Vorsitzende Ingrid Sehrbrock [...] „denn es geht um die Berufs- und Lebenschancen jedes Einzelnen. Das Motto ‚Besser als nichts‘ taugt nicht für Arbeitsplätze und erst recht nicht für Ausbildung.“

Der DGB sieht durch immer mehr Überstunden die Ausbildungsqualität gefährdet. [...] „Auszubildende sind nicht dazu da, Ausbildungsspitzen abzufangen“, warnte Sehrbrock vor der zunehmenden Tendenz, die Vermittlung von Ausbildungsinhalten zu vernachlässigen. Darum ist es bereits jetzt in vielen Betrieben schlecht bestellt: Fast ein Drittel der befragten Auszubildenden hat 2007 angegeben, nur „manchmal“, „selten“ oder „nie“ angeleitet zu werden.

Industriemechaniker: gute Ausbildungsbedingungen

Spitzenreiter bei der Beurteilung sind die Industriemechaniker. Nach Aussage der Befragten stimmen fachliche Anleitung, Ausbildungsinhalte und Vergütung. [...] Schlusslichter sind Gastronomieberufe, Gärtner und Maler. Die Auszubildenden kritisieren mangelnde fachliche Anleitung, ausbildungsfremde Tätigkeiten sowie viele Überstunden.

Quelle: DGB Pressemitteilung, 21.09.2007, in: ww.foraus.de/web.select/news/showarticle/2148

2 Der Ausbildungsbetrieb in der Gesamtwirtschaft

Moment mal!

Ein Beispiel von vielen:
Die Ausbildung von Sven Koch in einem Sägewerk

Sven lernt den Beruf eines Holzbearbeitungsmechanikers in dem Sägewerk der Gebrüder Hartmann. Aus den angelieferten Nadel- und Laubhölzern werden hier Bretter, Bohlen, Kanthölzer und Profilholz hergestellt.
Sven bedient im zweiten Ausbildungsjahr schon die meisten Maschinen, die er einrichten, steuern und warten muss.
Außerdem überwacht er den Fertigungsprozess und kontrolliert die fehlerfreie Ausführung der Arbeiten.

- Welche Stellung nimmt der Betrieb von Sven innerhalb der Gesamtwirtschaft ein?
- Wie kann Sven später einmal dem ständigen Wandel in seinem Beruf begegnen?

?

Der Ausbildungsbetrieb im wirtschaftlichen Ablauf

Den Weg, den ein Produkt bis zu seinem Käufer zurücklegt, ist lang und kompliziert. Viele verschiedene Betriebe leisten ihren Beitrag auf diesem Weg. Das ist auch bei einem so einfachen Produkt wie einem Bleistift der Fall. Und das Sägewerk ist eine der vielen Stationen, die bei der Herstellung eines Bleistifts eine wichtige Funktion erfüllen. Mit der Herstellung ist es aber nicht getan. Bleistifte müssen schließlich auch noch in die Hände des Verbrauchers kommen.

Der Weg eines einfachen Bleistifts bis zum Verbraucher ist ein sehr arbeitsteiliger Prozess. Er wird durch die nachfolgende vereinfachte Zeichnung veranschaulicht:

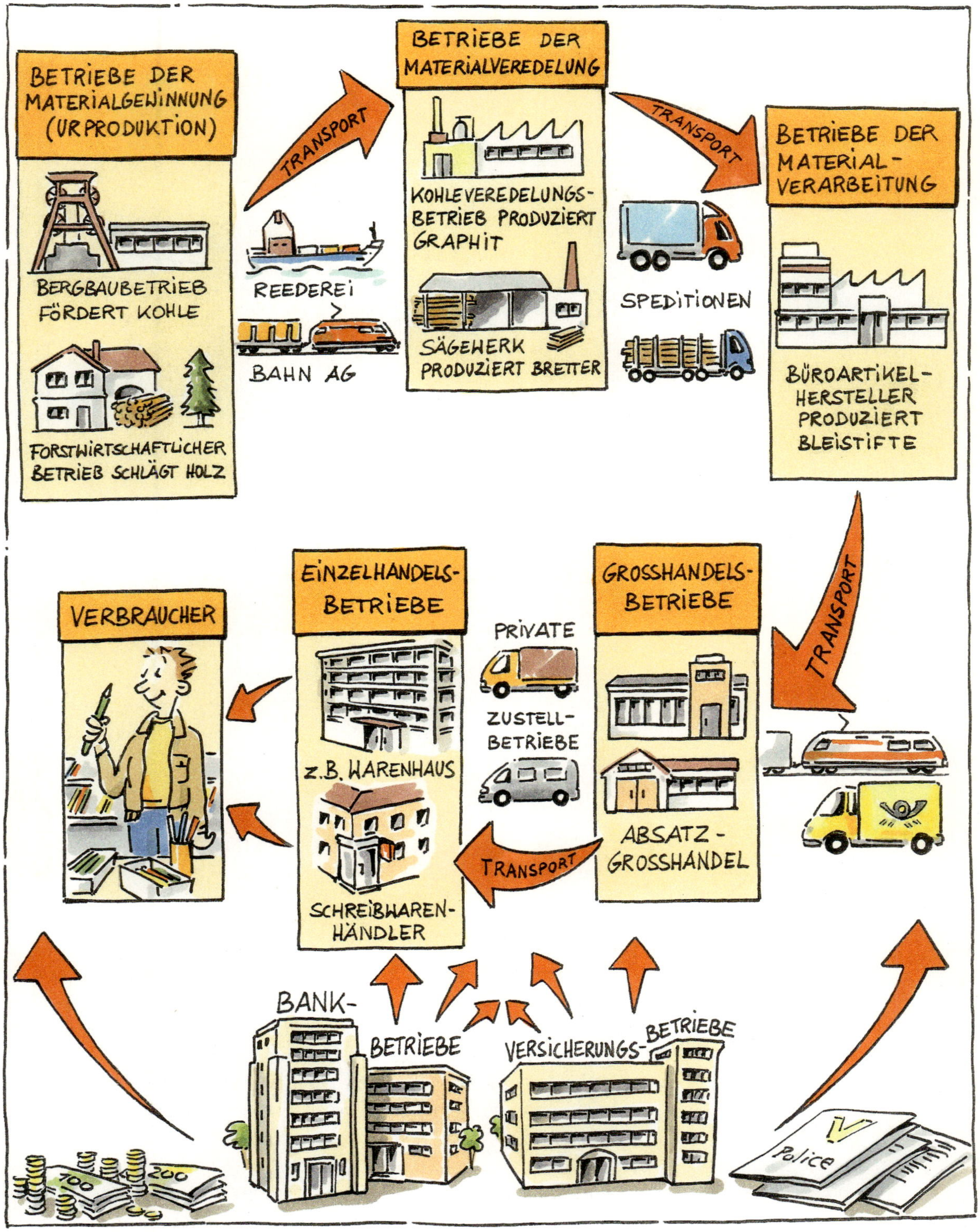

Teilt man die Betriebe einer Volkswirtschaft in **Wirtschaftsbereiche** ein, so unterscheidet man den primären von dem sekundären und dem tertiären Wirtschaftsbereich. In all diesen Bereichen mit ihren zugeordneten Betrieben werden auch Ausbildungsstellen für Jugendliche angeboten.

Gliederung der Wirtschaftsbereiche

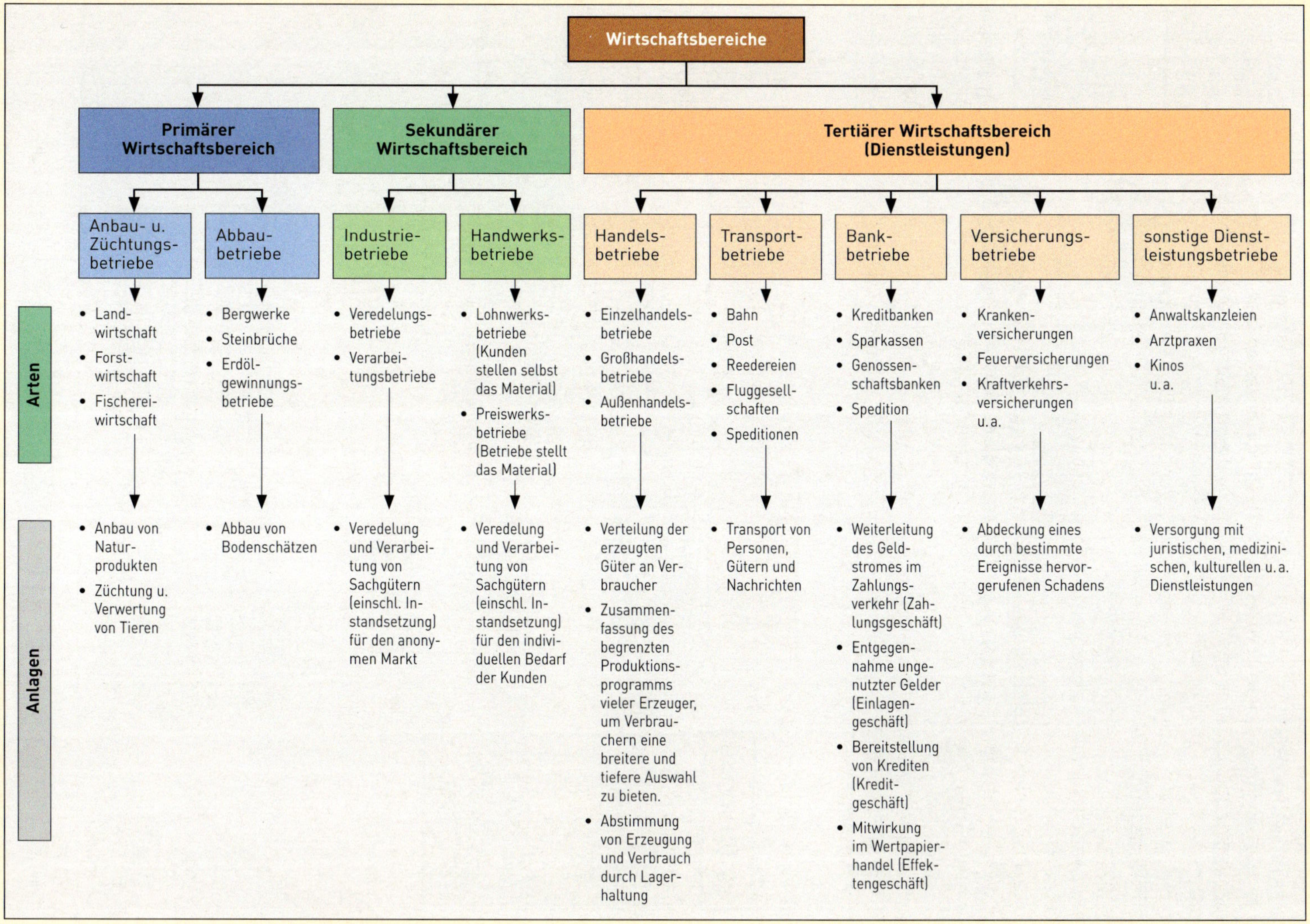

Beruflicher Wandel

Früher hatten es die Menschen in ihrem Beruf einfacher. Nach der Lehrzeit hatte man ausgelernt und erhielt einen Berufsabschluss. Die Zeiten haben sich geändert. Das Wissen verfällt in immer kürzeren Zeitabständen und das Lernen hört nie auf. Auch die Ausbildungsberufe mussten sich dieser Entwicklung anpassen. Alte Berufsbilder überholen sich immer schneller, weil sie der rasanten gesellschaftlichen und technischen Entwicklung nicht mehr entsprechen. Beispiel Berufsfeld Holztechnik: Der Sägewerker ist heute kein Ausbildungsberuf mehr. Das neue Berufsbild ist der des Holzbearbeitungsmechanikers in den Fachrichtungen Sägeindustrie, Holzindustrie, Holzwerkstoffindustrie und Holzleimbauindustrie.

Allgemein lässt sich feststellen, dass die Beschäftigungsrisiken in den Berufsbildern zugenommen haben. Diese Risiken sind aber sehr unterschiedlich verteilt. Ein erhöhtes Beschäftigungsrisiko ist dann gegeben, wenn

- es in dem angestrebten Beruf nur wenige Arbeitsplätze gibt,
- die Anzahl der Beschäftigten im Laufe der Zeit abnimmt,
- in anderen Berufsbildern die erlernten Kenntnisse nur schlecht verwertet werden können.

Vor allem in Berufen mit höheren Beschäftigungsrisiken ist die Zahl derer, die in andere Berufe wechseln, sehr hoch. Besonders in diesen Situationen ist es wichtig zu wissen, ob der erlernte Beruf günstige Übergangs- und Aufstiegsmöglichkeiten bietet. Eine wichtige Hilfe bieten auch hier die Arbeitsagenturen. Durch Beratung vor Ort und auch über spezielle Datenbanken stellen sie Informationen zur Verfügung.

@

Informationen zu Berufen mit Angaben über Tätigkeiten, Verdienst- und Beschäftigungsmöglichkeiten sowie Perspektiven gibt es im Internet unter **www.berufenet.arbeitsagentur.de**

Beispiele für den Ausgangsberuf Holzbearbeitungsmechaniker

Beschäftigungsalternativen	Aufstiegsmöglichkeiten
• Holzmechaniker in Bauzubehör- oder Parkettindustrie • Tischler • Parkettleger • Zimmerer	• Industriemeister in der Sägeindustrie • Techniker in Holztechnik • Technischer Fachwirt

Arbeitsvorschläge

1. Beschreiben Sie das Ablaufschema über die Produktion eines Bleistifts in eigenen Worten.
2. Ordnen Sie Ihren Ausbildungsbetrieb in das Schema der Wirtschaftsbereiche ein.
3. Was unterscheidet den primären von dem sekundären Wirtschaftsbereich?
4. Welchem Wirtschaftsbereich ist der Ausbildungsbetrieb von Sven Koch (siehe S. 14) zuzuordnen? Zu welcher Betriebsart gehört er?
5. Welche Aufgaben erfüllen Handelsbetriebe?

3 Der Berufsausbildungsvertrag

Moment mal!

„Hallo, ich bin Carmen,
17 Jahre alt und habe die Realschule besucht. Meine Lieblingsfächer waren Physik, Bio, Mathe. Ich habe mich in einem großen Automobilwerk als Anlagenelektronikerin beworben. Ich will einen technischen Beruf lernen. Doch gleichzeitig hab ich schon ein wenig Angst, ob eine Frau sich in einem „Männerberuf" durchsetzen kann. Heute bekam ich die Nachricht, dass ich eingestellt werden soll. Ich bin eingeladen und muss den Ausbildungsvertrag unterschreiben.
Ob ich es richtig mache?"

- Warum muss ein Ausbildungsvertrag geschlossen werden?
- Welche Angaben muss er enthalten?

?

Carmen weiter: „War ganz schön peinlich. Ich wollte den Berufsausbildungsvertrag sofort unterschreiben – sicher ist sicher, dachte ich mir. Doch dann sagte der Ausbildungsleiter: ‚Stopp, stopp, nicht so schnell, wollen Sie denn nicht mal lesen, was Sie unterschreiben? Da kann ja stehen, Sie zahlen mir pro Monat 1.000,00 Euro Lehrgeld. Und dann haben Sie aber ein Problem, oder?'"

Doch mal Hand aufs Herz: Haben Sie Ihren Ausbildungsvertrag eigentlich genau gelesen, bevor Sie ihn unterschrieben haben? Was steht denn drin? Wissen Sie außer Urlaubslänge und Ausbildungsvergütung noch andere Einzelheiten aus Ihrem Ausbildungsvertrag?

Ausbildungsverträge sind zweiseitige Verträge
Sie werden zwischen den Ausbildungsbetrieben und den Auszubildenden vor Beginn der Ausbildung geschlossen.
Damit sie gültig sind, müssen folgende Voraussetzungen erfüllt werden:

- Sie müssen schriftlich geschlossen werden.
- Bei Minderjährigen muss der gesetzliche Vertreter zusätzlich unterschreiben.
- Der Ausbildende hat dem Auszubildenden nach Unterzeichnung ein Exemplar auszuhändigen.

Was steht drin im Berufsausbildungsvertrag?
Berufsausbildungsverträge müssen mindestens folgende Angaben enthalten:

- Art, Gliederung und Ziel der Ausbildung,
- Beginn und Dauer der Ausbildung,
- Ausbildungsmaßnahmen außerhalb der Ausbildungsstätte,
- Dauer der regelmäßigen täglichen Ausbildungszeit,
- Dauer der Probezeit (höchstens vier Monate),
- Zahlungstermine und Höhe der Vergütung,
- Dauer des Urlaubs und
- die Voraussetzungen, unter denen der Vertrag gekündigt werden kann.

Kontrolle durch die Kammer
Nach Abschluss des Berufsausbildungsvertrages muss der Ausbildende unverzüglich die Eintragung des Vertrages in das Verzeichnis der Berufsausbildungsverhältnisse bei der jeweiligen Kammer beantragen. Hier werden die Verträge auf Richtigkeit und Vollständigkeit überprüft. Diese Eintragung wird nur vorgenommen, wenn der Berufsausbildungsvertrag dem Berufsbildungsgesetz und der Ausbildungsverordnung entspricht.

Die Kammer prüft, ob der unterschriebene Vertrag die zuvor genannten Mindestangaben enthält und ob folgende Voraussetzungen des Ausbildenden gegeben sind:

- **die persönlichen Voraussetzungen:** Er muss die bürgerlichen Ehrenrechte besitzen (das heißt, er darf nicht vorbestraft sein), und er muss die Ausbildereignung besitzen (er darf nicht grob gegen die Ausbildungsvorschriften verstoßen haben).
- **die fachliche Eignung:** Er muss die erforderlichen beruflichen Qualifikationen und die Ausbildereignungsprüfung besitzen.
- Sein Betrieb muss als **Ausbildungsstätte geeignet** sein (oder er muss Teile der Ausbildung ausgliedern).

Wenn dies nicht in allen Bereichen gegeben ist, kann ein kleiner Betrieb mit einem oder mehreren anderen Betrieben einen Ausbildungsverbund eingehen. Eine andere Möglichkeit wäre, dass Ausbildungsinhalte, die von einem Betrieb nicht vermittelt werden können, von der Handwerkskammer, von der Industrie- und Handelskammer oder von anderen außerbetrieblichen Stellen vermittelt werden.

Die wichtigsten Grundlagen für den Berufsausbildungsvertrag sind das Berufsbildungsgesetz und die Handwerksordnung (HWO). Zusätzlich muss in der Ausbildung für Jugendliche das Jugendarbeitsschutzgesetz eingehalten werden.

Auch die Vorschriften der Berufsgenossenschaften sowie Tarifverträge regeln die Ausbildung, ferner eventuell das Schwerbehinderten- und das Mutterschutzgesetz.

Arbeitsvorschläge

1. Warum müssen Berufsausbildungsverträge in die jeweiligen Verzeichnisse bei den Kammern eingetragen werden?
2. Bäckermeister Selim und Mustafa sind sich einig. Beide kennen sich schon lange – Selim und Mustafas Vater sind gute Freunde. „Wir brauchen den Vertrag nicht schriftlich abzuschließen, da haperts bei mir mit der deutschen Sprache ...“, meint Selim. Was meinen Sie dazu?
3. Welche Inhalte müssen Ausbildungsverträge mindestens enthalten?
4. Checken Sie Ihren Ausbildungsvertrag! Denn: „Unwissenheit schützt nicht vor den Folgen ...“ Beachten Sie dabei folgende Schritte:
   - Bringen Sie Ihren Ausbildungsvertrag mit in die Berufsschule.
   - Stellen Sie fest, welche Inhalte enthalten sind. Schreiben Sie diese heraus.
   - Fertigen Sie sich hierzu evtl. eine Checkliste an. Ein Beispiel, wie Sie Ihre Checkliste entwerfen könnten:

Mindestinhalte	Im Vertrag drin?		Bemerkungen
Art, Gliederung und Ziel der Ausbildung	Ja	Nein	
Beginn und Dauer der Ausbildung			

   - Vergleichen Sie Ihren Ausbildungsvertrag: Sind die Mindestangaben enthalten?
   - Vergleichen Sie Ihren Vertrag mit denen Ihrer Mitschüler und stellen Sie eventuelle Unterschiede fest.

5. a) Vergleichen Sie den folgenden Lehrvertrag von Georg Walther aus dem Jahr 1864 mit Ihrem Ausbildungsvertrag.
   b) Prüfen Sie, ob eine oder mehrere Bestimmungen dieses Vertrages auch heute noch gültig wären.

Edard Groos in Grünberg einerseits und Philipp Walther in Biedenkopf andererseits haben folgende Übereinkunft getroffen:

1. Groos nimmt den Sohn des Philipp Walther mit Namen Georg auf vier Jahre, und zwar vom 15ten Oktober 1864 bis dahin 1868, als Lehrling in sein Geschäft auf.
2. Groos macht sich verbindlich seinen Lehrling in allen dem, was in seinem Geschäft vorkommt, gewissenhaft zu unterrichten, ein wachsames Auge auf sein sittliches Betragen zu haben und ihm Kost und Logis in seinem Hause frei zu geben.
3. Groos gibt seinem Lehrling alle 14 Tage des sonntags von 12 bis 5 Uhr frei; dabei ist es gestattet, dass er auch an dem Sonntage, wo er seinen Ausgangstag nicht hat, einmal den Gottesdienst besuchen kann.
4. Groos verzichtet auf ein Lehrgeld, hat aber dagegen die Lehrzeit auf vier Jahre ausgedehnt.
5. Walther hat während der Lehrzeit seines Sohnes denselben in anständiger Kleidung zu erhalten und für dessen Wäsche besorgt zu sein.
6. Walther hat für die Treue seines Sohnes einzustehen und allen Schaden, den derselbe seinem Lehrherrn verursachen sollte, ohne Einrede zu ersetzen.
7. Der junge Walther darf während der Dauer seiner Lehrzeit kein eigenes Geld führen, sondern die Ausgaben, welche nicht von seinem Vater direkt bestritten werden, gehen durch die Hände des Lehrherrn und der Lehrling hat solche zu verzeichnen.
8. Hat der junge Walther seine Kleidungsstücke auf seinem Zimmer zu verschließen, aber so, dass sein Lehrherr davon Kenntnis hat und dieser solche von Zeit zu Zeit nachsehen kann, sooft es diesem gewahrt ist, um ihn gehörig zu überwachen.
9. Darf der Lehrling während seiner Lehrzeit kein Wirtshaus oder Tanzbelustigung besuchen, er müsste dann ausdrücklich die Erlaubnis hierzu von seinem Vater oder Lehrherrn erhalten haben und dann besonders darf er auch nicht rauchen im Geschäft oder außer demselben, es bleibt ganz untersagt.

Grünberg und Biedenkopf, den 27. November 1864

Quelle: Informationen zur politischen Bildung, Heft 175, Seite 24

4 Schlüsselqualifikationen – das neue Zauberwort

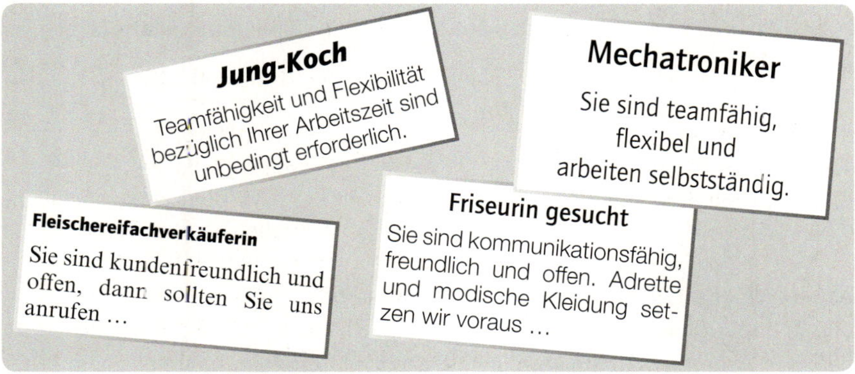

Moment mal!

- Was sind Schlüsselqualifikationen?
- Warum legen die Arbeitgeber so viel Wert auf sie?

?

Warum Schlüsselqualifikationen?
Was erwarten die Betriebe? Natürlich keine Einsteins und Supermenschen – aber Schlüsselqualifikationen sind unbedingt erwünscht. Wer sie hat, der hat große Chancen. Mit einem Schlüssel schließt man etwas auf – eine Tür oder eine Schranke, damit sich ein Weg öffnet. Schlüsselqualifikationen sind solche Eigenschaften, die einem die Schranke zu dem Weg in eine gute berufliche Zukunft öffnen. Neben dem schulischen Basiswissen und einer soliden Allgemeinbildung wird heute immer mehr Wert auf die Schlüsselqualifikationen der zukünftigen Mitarbeiter gelegt.

Warum reicht das Schul- und Allgemeinwissen nicht mehr aus?
Die wirtschaftliche Entwicklung wird immer schneller. Arbeitnehmer müssen immer öfter Neues lernen und sich den neuen Anforderungen anpassen. Sie müssen selbstständig arbeiten können und sich weiterbilden wollen.

Die beruflichen Anforderungen wachsen. Damit unsere Firmen im internationalen Wettbewerb bestehen können, brauchen sie gute, kreative und flexible Mitarbeiter. Diese müssen außerdem zuverlässig und belastbar sein. Neue Organisationsmethoden in den Betrieben verlangen Teamfähigkeit, Toleranz, Kritikfähigkeit und andere Schlüsselqualifikationen.

Die Kunden rücken bei steigendem Wettbewerb in den Mittelpunkt. Freundlichkeit, Kommunikationsfähigkeit, ein sicheres Auftreten usw. sind wichtige Verhaltensweisen, um die Kunden zu gewinnen und zu halten.

Die wichtigsten Schlüsselqualifikationen
Es gibt zahlreiche Schlüsselqualifikationen. Manche sind für alle Berufe wichtig, andere wiederum nur für spezielle Berufe oder Betriebe.
Die wichtigsten sind nachfolgend genannt:

Leistungsbereitschaft, Leistungswille
Geben Sie nicht bei jedem Misserfolgserlebnis auf, haben Sie den Willen und die Durchsetzungskraft, etwas zu schaffen. „Ich muss ..." ist megaout – „Ich will ..." ist in – „Ich werde es schaffen ..." ist die Erfolgsformel.

Geben Sie nicht gleich auf, wenn etwas in Schule oder Ausbildung nicht sofort klappt. Sie sollten sich in eine Aufgabe vertiefen können und versuchen, diese zu meistern und nicht gleich bei der ersten Schwierigkeit passen.

Zuverlässigkeit, Verantwortungsbewusstsein
„Bleib cool und lass mal Fünf gerade sein ..." Dieser Leitsatz mag für viele Alltagssituationen richtig sein. Er gilt aber nicht für die Ausbildung oder die spätere Berufstätigkeit. Hier kommt es darauf an, dass man sich auf Sie verlassen kann; dass Sie eine Ihnen übertragene Arbeit auch gewissenhaft ausführen. Wenn Sie Arbeiten nicht gewissenhaft erledigen, wenn Sie Termine vergessen, dann steht am Ende meist ein unzufriedener Kunde – und der entscheidet über Sein und Nichtsein der Firma und damit auch über Ihren Ausbildungs- und späteren Arbeitsplatz. Zuverlässig heißt natürlich auch, pünktlich zu sein und sich an die betrieblichen Regeln zu halten.

Teamfähigkeit
Da immer mehr Arbeiten im Team erledigt werden, ist es sehr wichtig, dass man mit anderen ohne größere Probleme zusammenarbeiten kann.
Out sind die Einzelkämpfer und einsamen Tüftler, die alles allein machen, weil sie den anderen gar nichts zutrauen.

Teamfähigkeit ist die Schlüsselqualifikation, die am häufigsten gefordert wird. Frage: Warum ist die Arbeit im Team eigentlich so wichtig? Antwort: Weil das Team stärker ist als der Einzelne.

Das Team ist stärker als der Einzelne

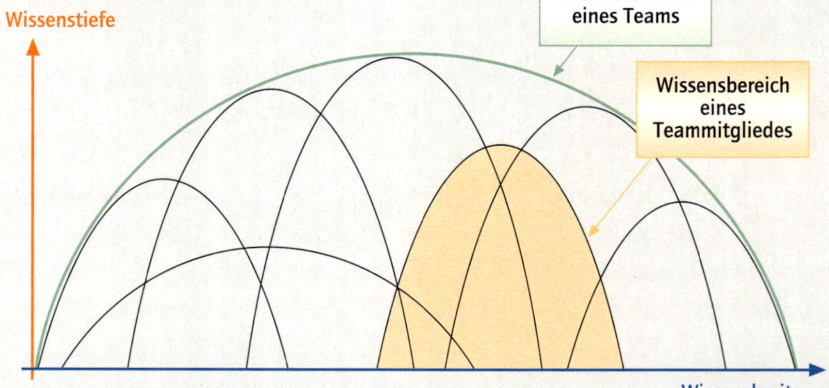

Quelle: Rehm, Gruppenarbeit, Verlag Harri Deutsch, Frankfurt 1995, S. 11

Kommunikationsfähigkeit
Um mit den Kollegen, aber auch den Kunden und Lieferanten zusammenarbeiten zu können, muss man auch kommunikationsfähig sein. Klare Ausdrucksweise, die Fähigkeit, anderen zuhören zu können und in Gespräch oder Diskussion auf deren Argumente einzugehen, wird erwartet. Man soll aber auch sachlich argumentieren und eigene Standpunkte vertreten können.

Selbstständigkeit
Sie sollen ohne Hilfe und Kontrolle gute Arbeit leisten sowie selbstständig auch Sachen erledigen, die gemacht werden müssen und Ihnen gerade nicht aufgetragen wurden.

Kreativität und Flexibilität
Das bedeutet, sich wechselnden Aufgaben und Anforderungen gut anpassen zu können; sich immer wieder in neue Gebiete einzuarbeiten; zeitlich flexibel zu sein; auch mal Überstunden machen zu wollen. Räumlich flexibel zu sein bedeutet, eventuell wegen der Arbeit den Wohnort zu wechseln. In manchen Berufen kommt es darauf an, möglichst kreative neue Ideen zu haben.

Flexibilität bedeutet aber auch, sich den laufenden Neuerungen im Beruf durch Weiterbildung anzupassen.

Schule vermittelt sowohl Schlüsselqualifikationen als auch Fachwissen (Fachkompetenz). Beide Bereiche sind voneinander abhängig. Wer sich z. B. mit Datenverarbeitung gut auskennt (Fachkompetenz), aber wegen mangelnder Teamfähigkeit (Schlüsselqualifikation) Probleme hat, die Fähigkeiten in ein gemeinsames Projekt mit anderen einzubringen, ist als Mitglied einer schulischen Projektgruppe oder später als Arbeitskraft nur bedingt geeignet.

Schlüsselqualifikationen werden in verschiedene Bereiche eingeteilt. Ergänzt durch die jeweils notwendige Fachkompetenz bilden sie gemeinsam den Schlüssel für erfolgreiches Handeln (Handlungskompetenz) in der Schule, im Beruf und im Alltag.

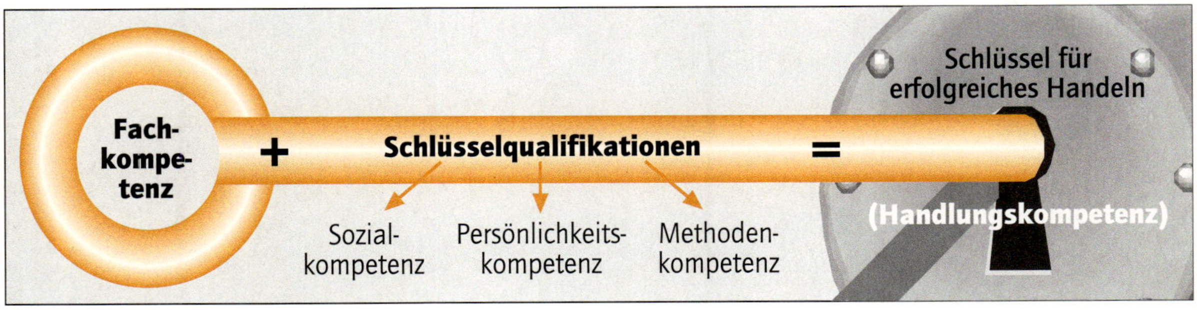

Von den Betrieben gewünscht ...

Das Institut der deutschen Wirtschaft fragte bei über 800 Betrieben nach den Schlüsselqualifikationen, die von Ausbildungsplatzbewerbern erwartet werden. Dabei wurden genannt:

Weitere Schlüsselqualifikationen für Auszubildende finden Sie auf der Seite: www.top-bewerbung.de

Die meist gewünschten Schlüsselqualifikationen

Schlüsselqualifikation:	sehr wichtig in %
Leistungsbereitschaft	100
Zuverlässigkeit	100
Verantwortungsbewusstsein	97
Konzentrationsfähigkeit	97
Teamfähigkeit	95
Eigeninitiative	95
selbstständiges Lernen	94
Zielstrebigkeit	93
kommunikatives Verhalten	92
Kritikfähigkeit	84
Belastbarkeit	83

Arbeitsvorschläge

1. Warum sind neben fachlichen Qualifikationen die Schlüsselqualifikationen von Auszubildenden und Arbeitnehmern so wichtig?
2. Beschreiben Sie an Beispielen aus Ihrem Beruf jeweils eine der oben genannten Schlüsselqualifikationen.
3. Stellen Sie einen Zusammenhang zwischen den drei Begriffen Fachkompetenz, Schlüsselqualifikation und Handlungskompetenz her.
4. Ein Schüler Ihrer Klasse vertritt die Meinung: „Was soll der Unsinn mit den Schlüsselqualifikationen eigentlich? Worauf es ankommt, ist doch das Fachwissen. Nur wenn ich das drauf habe, kann ich im Beruf auch was erreichen. Die wenige Zeit, die wir haben, sollten wir nicht mit dem Antrainieren von Schlüsselqualifikationen vertun. Das hat ohnehin keinen Sinn."
   Diskutieren Sie über diese Meinung.
5. Erklären Sie anhand der Grafik auf S. 22 die These: „Das Team ist stärker als der Einzelne".

5 Gesetzliche Grundlagen der Berufsausbildung

Moment mal!

„Jetzt ist das Maß voll!“, schrie der Meister. „Du warst in der letzten Woche zweimal zu spät! Es ist deine Pflicht, dich an die Betriebsordnung zu halten.“
„Aber ich muss mich halt an die frühen Zeiten erst gewöhnen, Meister“, entgegnete ich. Der Meister verlor die Fassung. „Ich schmeiß dich raus!“, brüllte er. „Regen Sie sich doch nicht so auf, Meister“, antwortete ich ganz locker. „Rausschmeißen können Sie mich doch gar nicht, und so schlimm sind die paar Minuten doch auch nicht ...“
„Und ob ich dich rausschmeißen kann – dafür bist du in der Probezeit!“, schrie er.
Kann der mich eigentlich feuern?

- Was meinen Sie zu diesem Fall?
- Welche Rechte und Pflichten haben Auszubildende und Ausbilder?
- Wie und warum werden Jugendliche in der Ausbildung besonders geschützt?

?

5.1 Alles geregelt ...

Sie sollen in Ihrer Ausbildung möglichst viel lernen, um eine erfolgreiche berufliche Laufbahn beginnen zu können. Lernen Sie wenig, haben Sie später auch geringere Chancen, genügend Geld zu verdienen. Damit Ihnen das nicht passiert und man Sie in der Ausbildung nicht ausnutzt, gibt es zahlreiche Gesetze und Verordnungen. Die wichtigsten sind

- das Berufsbildungsgesetz,
- die Handwerksordnung,
- die Ausbildungsordnung,
- und die rechtlichen Grundlagen im Schulbereich.

Weitere Schutzgesetze wie das Jugendarbeitsschutz-, Urlaubs-, Mutterschutz-, Kündigungsschutz-, Schwerbehindertenschutz-, Tarifvertragsgesetz usw. sind ebenfalls wichtig für Ihre Ausbildung.

5.2 Das Berufsbildungsgesetz

Die wichtigsten Bestimmungen stehen im Berufsbildungsgesetz (BBiG). Dieses gilt sowohl für die Berufsausbildung als auch für die Berufsausbildungsvorbereitung, Umschulungen, berufliche Fortbildung und die Ausbildung zum Meister.

Neben den Rechten und Pflichten der Ausbildenden und der Auszubildenden beinhaltet das BBiG Regelungen über die Ausbildungsordnungen, die Anrechnung beruflicher Vorbildungen auf die Ausbildungszeit, den Berufsausbildungsvertrag, die Abschlussprüfungen, die Probezeit, die Kündigung des Ausbildungsvertrages, die Beendigung der Ausbildung mit Prüfung und Zeugnis, die Eignung des Ausbildungsbetriebs und der Ausbildenden usw. Das Berufsbildungsgesetz gilt aber nicht für schulische Vollzeitausbildungen, da hierfür die jeweiligen Kultusministerien zuständig sind.

Die Pflichten des Ausbildenden

Pflichten	Der Ausbildende muss ...
Ausbildungspflicht	... dem Auszubildenden alle Kenntnisse und Fertigkeiten vermitteln, die zum Erreichen des Ausbildungszieles erforderlich sind.
Planungspflicht	... die Ausbildung zeitlich und sachlich gliedern und planen. Bei Kurzarbeit muss der Auszubildende weiter voll ausgebildet werden.
Vergütungspflicht	... dem Auszubildenden regelmäßig und ohne Aufforderung eine angemessene Ausbildungsvergütung zahlen. Diese muss vom 1. Ausbildungsjahr bis zur Abschlussprüfung Jahr für Jahr erhöht werden.
Bereitstellung von Arbeitsmitteln	... dem Auszubildenden die Ausbildungsmittel (z. B. Werkzeuge, Werkstoffe, Bücher) kostenlos zur Verfügung stellen.
Freistellungspflicht	... die Auszubildenden für die Teilnahme am Berufsschulunterricht, zu Ausbildungsmaßnahmen außerhalb der Ausbildungsstätte und für Prüfungen freistellen.
Einhaltungspflicht	... den gesetzlichen oder tarifvertraglichen Urlaub gewähren, Arbeitszeiten überwachen und andere Arbeitsschutzgesetze einhalten.
Fürsorgepflicht	... dem Auszubildenden nur Arbeiten übertragen, die dem Ausbildungszweck dienen. Sie dürfen den Azubi nicht körperlich oder sittlich gefährden.
Zeugnispflicht	... dem Auszubildenden nach Beendigung seiner Ausbildung ein Arbeitszeugnis ausstellen.

Pflichten des Ausbildenden = Rechte des Auszubildenden

Die Pflichten des Auszubildenden

Pflichten	Der Auszubildende muss ...
Lernpflicht	... sich bemühen, sich alle Fertigkeiten und Kenntnisse anzueignen, die für den Ausbildungserfolg wichtig sind.
Teilnahmepflicht	... an außerbetrieblichen Ausbildungsmaßnahmen (z. B. von der Kammer) teilnehmen.
Schweigepflicht	... über Betriebs- und Geschäftsgeheimnisse unbedingtes Stillschweigen wahren.
Sorgfaltspflicht	... Werkzeuge, Maschinen und alle Betriebseinrichtungen pfleglich behandeln (auch säubern).
Schulpflicht	... die Berufsschule besuchen.
Berichtsheft führen	... ein Berichtsheft führen, soweit es für seine Ausbildung verlangt wird (siehe S. 9 f.).
Einhaltung der Betriebsordnung	... die Betriebsordnung beachten und einhalten.
Befolgungspflicht	... den Weisungen des Ausbilders, Betriebsinhabers oder anderer weisungsberechtigter Personen folgen.

Pflichten des Auszubildenden = Rechte des Ausbildenden

Probezeit

Jedes Berufsausbildungsverhältnis beginnt mit einer Probezeit. Diese muss mindestens einen und darf höchstens vier Monate betragen.
In dieser Probezeit können sowohl der Auszubildende als auch der Ausbildungsbetrieb den geschlossenen Ausbildungsvertrag jederzeit kündigen. Die Kündigung ist fristlos und es müssen keine Kündigungsgründe genannt werden.

Warum gibt es diese Probezeit?

Ausbildungsbetrieb und Auszubildende schließen einen Ausbildungsvertrag über zwei bis sogar dreieinhalb Jahre. Dies ist eine lange und vor allem für den Auszubildenden wichtige Zeit. Denn: Wenn er in seiner Ausbildung nur wenig lernt, kann im das für sein ganzes spätere Arbeitsleben von Nachteil sein. Da man so lange zusammen arbeiten und auskommen muss, sollte man vorher prüfen:

Was man während der Probezeit prüfen kann

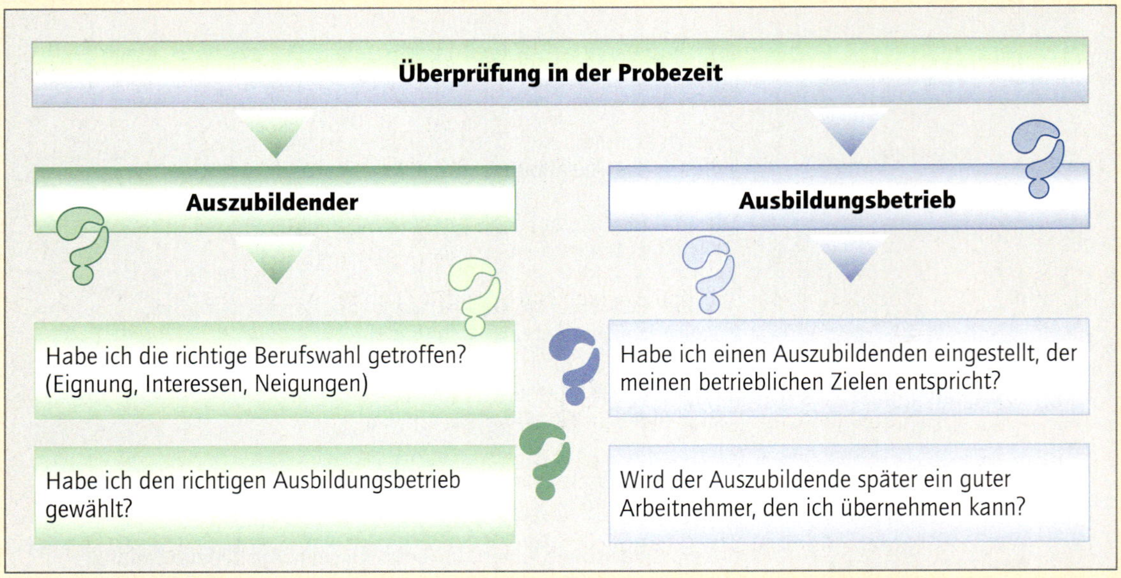

Die aktuelle Fassung des Berufsbildungsgesetzes finden Sie auf der Homepage des Bundesministeriums für Bildung und Forschung. Sie können sich den Text speichern und/oder ausdrucken lassen:
www.bmbf.de/pub/die_reform_beruflichen_bildung.pdf

Es kann sein, der Auszubildende merkt, dass ihm der Ausbildungsberuf keinen Spaß macht oder ihm der Betrieb nicht gefällt. Dann kann er in der **Probezeit** ohne Probleme kündigen. Aufgeben könnte er aber den Ausbildungsplatz auch, wenn er von den Mitarbeitern oder Ausbildern geschnitten oder nicht richtig behandelt würde, bzw. er nicht richtig ausgebildet würde.

Aber auch der Ausbildungsbetrieb kann in der Probezeit fristlos kündigen, ohne Nennung von Gründen. Dies wird er tun, wenn er merkt, dass der Auszubildende kein Interesse an der Ausbildung und dem Betrieb hat, wenn er schwänzt, faul ist oder bei Mitarbeitern, Chef oder Kunden aneckt.
(Zur Kündigung siehe auch S. 32 ff.)

5.3 Jugendarbeitsschutz – für wen?

Das komplette Jugendarbeitsschutzgesetz finden Sie in:
www.gesetze-in-internet.de/bundesrecht/jarbschg/gesamt.pdf

Das Jugendarbeitsschutzgesetz soll alle junge Menschen unter 18 Jahren, die in der Berufsausbildung oder einem ähnlichen Ausbildungsverhältnis stehen, sowie alle noch nicht volljährigen Arbeitnehmer vor einer Gefährdung ihrer Gesundheit oder einer Störung ihrer Entwicklung bewahren. Es schützt die Jugendlichen vor Arbeiten, die zu schwer sind, zu lange dauern, gesundheitsschädigend sind oder sie sonst gefährden.
Ausbildungsbetriebe und Arbeitgeber sind gesetzlich verpflichtet, die zahlreichen Schutzvorschriften einzuhalten.

Das Gesetz gilt aber nicht für volljährige Auszubildende. Nachfolgend sind die wichtigsten gesetzlichen Regelungen in Stichworten aufgeführt. Die ausführlichen Gesetzestexte, Ausnahmen usw. können Sie im Internet abrufen.

Die wichtigsten Bestimmungen des JArbSchG

Bestimmung	Inhalt	Ausnahmen/Besonderheiten	§§ JArbSchG
Kinderarbeit	ist verboten, Mindestalter für eine Beschäftigung: 15 Jahre	Ab einem Alter von 13 Jahren sind leichte Tätigkeiten erlaubt, wie z. B. Prospekte austragen.	§§ 5–7
Arbeitszeit	höchstens 8 Stunden pro Tag und 40 Stunden pro Woche	in der Landwirtschaft während der Erntezeit höchstens 9 Stunden pro Tag, höchstens 85 Stunde pro Doppelwoche	§ 8
Berufsschulbesuch	Auszubildende sind für den Berufsschulbesuch freizustellen. Beginnt die Berufsschule ab 9:00 Uhr, darf der/die Azubi vorher nicht im Betrieb beschäftigt werden. Berufsschulzeit ist Arbeitszeit. Ein Berufsschultag mit mehr als 5 Unterrichtsstunden gilt als voller Arbeitstag. Ein zweiter Berufsschultag wird nur mit der Anzahl der Schulstunden als Arbeitsstunden angerechnet. Hat dieser zweite Tag weniger als 6 Unterrichtsstunden, muss der/die Azubi anschließend in den Betrieb. Bei Blockunterricht gilt: Mindestens 25 Wochenstunden an 5 Tagen sind eine volle Arbeitswoche.	gilt auch für volljährige Auszubildende gilt auch für volljährige Auszubildende 	§ 9
Prüfung	Freistellung an allen Prüfungstagen und am Tag vor der schriftlichen Abschlussprüfung		§ 10
Ruhepausen	Arbeitszeit 4,5–6 Std.: Pause mind. 30 Min. Arbeitszeit über 6 Std.: Pause mind. 60 Min. Jugendliche dürfen nicht länger als 4,5 Stunden ohne Pause arbeiten.	Mindestdauer je Pause: 15 Minuten	§ 11
beschäftigungsfreie Zeit	Zwischen Arbeitsende und nächstem Arbeitsbeginn müssen mindestens 12 Stunden liegen.		§ 13
Nachtruhe	Jugendliche dürfen nur von 6:00 bis 20:00 Uhr arbeiten.	**ab 16 Jahren:** in Gaststätten bis 22:00 Uhr, in Bäckereien und Konditoreien ab 5:00 Uhr, in mehrschichtigen Betrieben bis 23:00 Uhr, in der Landwirtschaft zwischen 5:00 und 21:00 Uhr **ab 17 Jahren:** in Bäckereien ab 4:00 Uhr; damit Wartezeiten entfallen, sind Ausnahmen zwischen 5:30 und 23:30 Uhr möglich. Diese müssen genehmigt werden.	§ 14

Bestimmung	Inhalt	Ausnahmen/Besonderheiten	§§ JArbSchG
5-Tage-Woche	Jugendliche dürfen nur an insgesamt 5 Tagen der Woche beschäftigt werden.	Die beiden freien Tage sollen möglichst zusammenhängen.	§ 15
Wochenende und Feiertage	keine generelle Beschäftigung für Jugendliche	Krankenhäuser, Verkaufsstellen, Gaststätten, Landwirtschaft, Verkehrswesen, Kfz-Werkstätten (aber mindestens 2 Samstage pro Monat müssen frei sein); Anspruch auf freie Ersatztage (außer an Berufsschultagen)	§§ 16–18
Urlaub	unter 16 Lebensjahren: Jahresurlaub von mindestens 30 Werktagen; noch nicht 17 Jahre: 27 Werktage; noch nicht 18 Jahre: 25 Werktage	Im JArbSchG ist der Mindesturlaub angegeben, länger ist möglich. Der Urlaub sollte in den Berufsschulferien liegen, sonst muss die Berufsschule auch während des Urlaubs besucht werden. Liegt der Urlaub außerhalb der Ferien, verlängert er sich pro Tag des Berufsschulbesuchs.	§ 19
Beschäftigungsverbote	Arbeit unter Tage; Akkord- und Fließbandarbeit; gefährliche Arbeiten bei: Lärm, Strahlen, außergewöhnlicher Hitze, Kälte, Nässe, mit gefährlichen Stoffen; Überschreitung der Leistungsfähigkeit	Für Jugendliche über 16 Jahren werden Ausnahmen nur zum Zweck der Ausbildung genehmigt.	§§ 22–24
Gefahrenschutz	Ausbilder muss den Jugendlichen über Gefahren im Betrieb informieren.		§ 29
Untersuchungen	Vorgeschrieben sind je eine Untersuchung vor Beginn und ein Jahr nach Beginn der Ausbildung.	Auf Wunsch des Jugendlichen sind häufigere Untersuchungen möglich.	§§ 32–46

Arbeitsvorschläge

1. Beschreiben Sie Ihre Pflichten als Auszubildender an Beispielen aus Ihrer Ausbildung. Begründen Sie diese jeweils.
2. Erklären Sie die Pflichten Ihres Ausbildenden an praktischen Beispielen.
3. Warum gibt es die Probezeit, und was sollten Sie in dieser beachten?
4. Erklären Sie die Regelung für Jugendliche und für Volljährige, wenn der Berufsschulunterricht auf zwei Tage in der Woche verteilt ist.
5. Wie sind die Pausen nach dem JArbSchG geregelt?
6. Der 16-jährige Hendrik macht eine Ausbildung zum Maurer. Da im Sommer drei Bauten fertig gestellt werden müssen, wird täglich von 7:00 Uhr bis 20:00 Uhr gearbeitet. Prüfen Sie, ob Hendrik von Dienstag bis Freitag jeweils von 7:00 bis 20:00 Uhr dort arbeiten darf.
7. In der Berufsschule unterhalten sich drei Auszubildende. Hendrik erhält 27 Werktage Urlaub, der 17-jährige Dirk erhält dagegen nur 26 Werktage aber der 15-jährige Marc sogar 28 Werktage Urlaub. Prüfen Sie, ob dies rechtens ist.

Arbeitsvorschläge zur Wiederholung und Prüfungsvorbereitung (Kapitel 1–5)

1 a) Wer sind die Träger der dualen Berufsausbildung?
b) In welchem Gesetz sind die wichtigsten Regelungen über die duale Ausbildung verankert?

2 a) In welcher Form müssen Berufsausbildungsverträge geschlossen werden?
b) Wer muss den Berufsausbildungsvertrag unterschreiben?
c) Wann muss der Berufsausbildungsvertrag spätestens unterschrieben werden?
d) Welche Inhalte müssen Berufsausbildungsverträge mindestens haben?

3 a) Wie lang ist die Probezeit höchstens?
b) Mit welcher Kündigungsfrist kann der Ausbildungsvertrag von wem gelöst werden?

4 Nennen Sie jeweils mindestens sechs der Pflichten, die aus einem Ausbildungsvertrag entstehen, für ...
a) den Auszubildenden,
b) den Ausbildenden.

5 a) Was versteht man unter beruflicher Flexibilität?
b) Warum wird diese für alle Arbeitnehmer immer wichtiger?
c) Warum wird Teamfähigkeit für Arbeitnehmer zusehends wichtiger?

6 Bearbeiten Sie folgende Aufgaben soweit notwendig mit Hilfe eines Auszuges aus dem **Berufsbildungsgesetz**:

§ 15 Freistellung
Ausbildende haben Auszubildende für die Teilnahme am Berufsschulunterricht und an Prüfungen freizustellen. Das Gleiche gilt, wenn Ausbildungsmaßnahmen außerhalb der Ausbildungsstätte durchzuführen sind.

§ 17 Vergütungsanspruch
(1) Ausbildende haben Auszubildenden eine angemessene Vergütung zu gewähren.
Sie ist nach dem Lebensalter der Auszubildenden so zu bemessen, dass sie mit fortschreitender Berufsausbildung, mindestens jährlich, ansteigt.

§ 18 Bemessung und Fälligkeit der Vergütung
(1) Die Vergütung bemisst sich nach Monaten. Bei Berechnung der Vergütung für einzelne Tage wird der Monat zu 30 Tagen gerechnet.
(2) Die Vergütung für den laufenden Kalendermonat ist spätestens am letzten Arbeitstag des Monats zu zahlen.

§ 19 Fortzahlung der Vergütung
(1) Auszubildenden ist die Vergütung auch zu zahlen
1. für die Zeit der Freistellung (§ 15),
2. bis zur Dauer von sechs Wochen, wenn sie
a) sich für die Berufsausbildung bereithalten, diese aber ausfällt oder
b) aus einem sonstigen, in ihrer Person liegenden Grund unverschuldet verhindert sind, ihre Pflichten aus dem Berufsausbildungsverhältnis zu erfüllen.

Prüfen Sie, ob folgende Verfahren rechtens sind:
a) Der Meister zahlt die Vergütung jeweils am 15. des Folgemonats.
b) Monatlich erhält ein Auszubildender 450,00 €. Für den Februar werden aber nur 420,00 € bezahlt, da der Februar ja nur 28 Tage hat.
c) Ein Betrieb zieht dem Azubi die Berufsschultage bei der Vergütung ab.
d) Ein Azubi erhält eine Woche keine Ausbildungsvergütung, weil er in dieser Zeit arbeitsunfähig war.

6 Beendigung oder Verlängerung der Berufsausbildung

Moment mal!

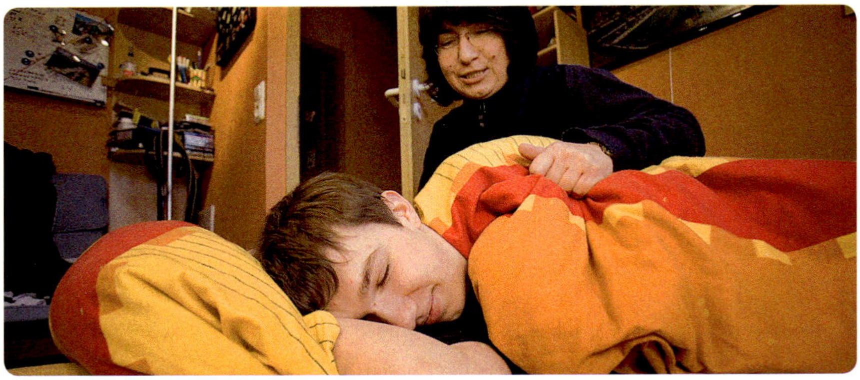

„Steh doch endlich auf!", rief die besorgte Mutter und rüttelte an Oli herum. „Wieso?", brummte Oli, „ich bin doch grad erst ins Bett gekommen ..."
„Die werden dir kündigen", entgegnete seine Mutter erregt. „Du hast doch schon eine Abmahnung bekommen." „Das können die nicht, denn ich bin nicht mehr in der Probezeit", entgegnete Oli.
Doch auch die zweite Abmahnung ließ nicht lange auf sich warten. Hierin wurde eine Kündigung angedroht. Das hatte gewirkt, denn Oli war nun wirklich jeden Morgen pünktlich am Ausbildungsplatz – jedenfalls für die erste Woche.
Doch dann kam das Schützenfest: Donnerstag „angefeiert", Freitag zu spät im Betrieb, Sonntag gefeiert und Montag nur eine halbe Stunde zu spät im Betrieb. Die Folge: Dienstag wurde gekündigt. „Denen werd ich's zeigen", dachte Oli, „wofür gibt es denn den Ausbildungsberater?"

- Wann endet die Berufsausbildung?
- Wie kann ein Ausbildungsvertrag vorher gekündigt werden?

?

Ein Ausbildungsvertrag ist ein zweiseitiger Vertrag. Er gilt für die im Vertrag geschlossene Laufzeit. Die Ausbildung ist aber tatsächlich mit dem Tag des Bestehens des letzten Teils der Abschlussprüfung beendet. Eine Änderung (Verlängerung, Verkürzung oder Aufhebung) kann nur mit beiderseitiger Zustimmung erfolgen.
Ausnahmen sind
- die einseitige Kündigung in der Probezeit,
- die Kündigung nach der Probezeit,
- die Pflicht zur Verlängerung nach nicht bestandener Abschlussprüfung.

Wie schon im Teil „Berufsbildungsgesetz" (siehe Kap. 5) beschrieben, kann ein Ausbildungsvertrag in der **Probezeit** sowohl vom Ausbilder als auch vom Auszubildenden jederzeit und fristlos gekündigt werden. Nach der Probezeit ist eine Kündigung nur unter besonderen Bedingungen möglich. Damit sollen vor allem die Auszubildenden geschützt werden.

Normale Beendigung des Ausbildungsverhältnisses
Alles hat ein Ende ... auch das Ausbildungsverhältnis, und dann darf natürlich gefeiert werden.

Die Berufsausbildung ist beendet mit dem Bestehen des letzten Teils der Prüfung. Ab dem nächsten Tag ist man dann kein Auszubildender mehr. Das bedeutet, dass man ab diesem Tag auch den Gesellenlohn oder das Gehalt bekommt.
Dies gilt auch, wenn im Ausbildungsvertrag das Monatsende als Ausbildungsende genannt wurde. Und natürlich auch, wenn die Abschlussprüfung vorgezogen wurde.

Beispiel:
Ein Ausbildungsvertrag läuft bis zum 30.07. Der letzte Teil der Abschlussprüfung wurde aber am 12.07. bestanden. An diesem Tag endet auch die Berufsausbildung. Wird der Auszubildende weiterbeschäftigt, erhält er ab dem 13.07. mindestens den tariflichen Lohn.

Weiterarbeit
Werden Auszubildende im Anschluss an das Berufsausbildungsverhältnis weiter beschäftigt (also am nächsten Tag nach bestandener mündlicher Prüfung), ohne dass hierüber ausdrücklich etwas vereinbart worden ist, dann tritt automatisch ein unbefristetes Arbeitsverhältnis in Kraft. Dies gilt nach § 24 BBiG, auch wenn kein schriftlicher Arbeitsvertrag geschlossen worden ist.

Aufhebung in beiderseitigem Einvernehmen
Nach der Probezeit kann ein Ausbildungsverhältnis jederzeit in beiderseitigem Einvernehmen durch einen Aufhebungsvertrag beendet werden.

Mögliche Gründe für eine solche Beendigung:
- kein Interesse mindestens einer Seite an einer Fortsetzung des Ausbildungsverhältnisses;
- der Auszubildende wird den Anforderungen der Ausbildung in keiner Weise gerecht, sodass ein Bestehen der Prüfung unmöglich erscheint;
- großer Streit zwischen Ausbilder und Auszubildendem usw.

!

Erst wenn alle Vermittlungsmöglichkeiten ausgeschöpft sind, sollte ein Vertrag zur Aufhebung des Ausbildungsverhältnisses geschlossen werden.

Vor Abschluss eines Aufhebungsvertrages sollte jedoch stets erwogen werden, ob das Ausbildungsverhältnis nicht durch die Einschaltung Dritter (Eltern, Berufsschullehrer, Ausbildungsberater der Kammer, Lehrlingswart der Innung) gerettet werden kann.

Ein Aufhebungsvertrag mit einem minderjährigen Auszubildenden ist nur dann wirksam, wenn der gesetzliche Vertreter (in der Regel die Eltern) zustimmt.

!

Wenn Sie Ihre Ausbildung verkürzen wollen, wenden Sie sich an Ihren Klassenlehrer oder an den Ausbildungsberater der Kammer.

Verlängerung oder Verkürzung der Ausbildung

Die Ausbildung verlängert sich automatisch bis zur nächsten Prüfung, wenn der/die Auszubildende die Abschlussprüfung nicht besteht, höchstens jedoch um ein Jahr.

Eine Verlängerung kann aber auch vor der Abschlussprüfung vom Auszubildenden beantragt werden, wenn die Verlängerung erforderlich ist, um die Prüfung zu schaffen. Hier muss der Ausbilder zustimmen. Bei besonders guten Leistungen kann die Ausbildung um ein halbes Jahr verkürzt werden, wenn zu erwarten ist, dass der Auszubildende auch in der kürzeren Zeit das Ausbildungsziel erreicht. Auch damit muss der Ausbilder einverstanden sein.

Kündigung des Ausbildungsverhältnisses

Nach der Probezeit wird eine Kündigung des Ausbildungsverhältnisses vom Gesetzgeber bewusst erschwert. Dies geschieht, um insbesondere die Auszubildenden zu schützen. Ihnen soll eine Beendigung ihrer Ausbildung unter normalen Umständen ermöglicht werden. Dennoch gibt es aber für beide Seiten die Möglichkeit, das Ausbildungsverhältnis zu kündigen:

Kündigung des Ausbildungsverhältnisses

Kündigung

durch

Auszubildende	**Ausbilder**
in der Probezeit, fristlos und ohne Grund	in der Probezeit, fristlos und ohne Grund
aus wichtigem Grund (Angriff auf Körper und Gesundheit, Krankheit durch Arbeit, Allergien usw. und Nichtzahlung der Ausbildungsvergütung) – **Kündigung erfolgt fristlos**	aus wichtigem Grund (tätlicher Angriff, schwerer Diebstahl, grobe Beleidigungen von Kunden oder Mitarbeitern, wiederholte Arbeitsverweigerung, laufende Verletzung der Betriebsordnung, Versäumnis der Berufsschule usw.) **Kündigung erfolgt fristlos**
bei Aufgabe oder Wechsel der Berufsausbildung **mit Einhaltung einer 4-Wochen-Frist**	

Nach § 21 BBiG ist eine Kündigung aus einem wichtigen Grund unwirksam, wenn die ihr zugrunde liegenden Tatsachen dem zur Kündigung Berechtigten länger als zwei Wochen bekannt sind. Ist ein vorgesehenes Güteverfahren vor einer außergerichtlichen Stelle eingeleitet, so wird bis zu dessen Beendigung der Lauf dieser Frist gehemmt.

Arbeitsvorschläge

1. Begründen Sie, ob Olis Kündigung (siehe S. 32) rechtlich möglich ist.
2. Marco hat am 19.07. seine Ausbildung mit dem letzten Prüfungsteil bestanden. Er wird für ein halbes Jahr befristet übernommen. Doch Gesellenlohn soll er erst ab dem 01.08. bekommen, da seine Ausbildung laut Ausbildungsvertrag bis zum 31.07. läuft. Und dieser wurde nicht gekündigt, meint der Meister. Prüfen Sie, ob er im Recht ist.
3. Beate möchte ihre Ausbildung nach zehn Monaten kündigen, auch ihr Ausbilder ist damit einverstanden. Prüfen Sie, ob dies möglich ist.
4. Svenja ist zum ersten Mal durch die Abschlussprüfung gefallen. Sie möchte diese nach einem halben Jahr wiederholen. Ihre Ausbilderin will sie nicht weiter ausbilden, da ja der geschlossene Ausbildungsvertrag ablaufe und vom Betrieb nicht verlängert werde. Ist dies möglich?
5. Beurteilen Sie folgende Fälle:
   a) Ein Azubi erscheint montags regelmäßig zu spät am Arbeitsplatz. Obwohl die Probezeit vorbei ist, soll er entlassen werden.
   b) Weil er die Zwischenprüfung mit „mangelhaft" abgeschlossen hat, wurde einem Azubi wegen „mangelnder Eignung" gekündigt.
   c) Pascal wurde am 12.04. bei einem Diebstahl von Werkzeugen erwischt. Als er am 02.05. wegen einer zu langen Mai-Feier nicht am Ausbildungsplatz erscheint, kündigt ihm sein Chef wegen des damaligen Diebstahls fristlos.
6. Bearbeiten Sie folgende Fragen unter Zuhilfenahme des nachstehenden Gesetzesauszuges:
   Mario hat seine Ausbildung als Bau- und Möbelschreiner gekündigt, da er auch nach acht Monaten noch immer lediglich ausbildungsfremde Handlangerarbeiten auf Neubauten verbringen musste. Er sucht daher eine neue Ausbildungsstelle als Bau- und Möbelschreiner.
   a) Wer trägt die Kosten für die Ausbildungsplatzsuche?
   b) Kann Mario seinen ehemaligen Ausbildenden wegen entgangener Ausbildungsvergütung auf Schadenersatz verklagen?

§ 23 BBiG:
Schadensersatz bei vorzeitiger Beendigung
(1) Wird das Berufsausbildungsverhältnis nach der Probezeit vorzeitig gelöst, so können Ausbildende oder Auszubildende Ersatz des Schadens verlangen, wenn die andere Person den Grund für die Auflösung zu vertreten hat. Dies gilt nicht, wenn der Azubi wegen Wechsel des Ausbildungsberufes kündigt.

7 Arbeitszeugnisse

Moment mal!

Bernd Stange ist Auszubildender bei der Müller OHG in Erfurt. Er lernt dort den Beruf des Anlagenelektronikers. Da er nach der Abschlussprüfung nicht übernommen werden kann, will er sich noch vor der Prüfung bei einer anderen Firma bewerben. Er bittet seinen Chef um ein Zwischenzeugnis. Der Chef gibt ihm zuerst das folgende einfache Arbeitszeugnis:

Herr Bernd Stange, geb. am 16.01.1988 in Erfurt, absolviert in der Zeit vom 01.08.2003 bis zum 22.01.2007 eine Ausbildung zum Energieelektroniker – Fachrichtung Anlagentechnik.
Nach der Ausbildung scheidet Herr Stange wegen schlechter Auftragslage aus.

Elektrohaus Müller OHG

Klaus Müller

Bernd meint, dass dieses Zeugnis nicht sehr aussagefähig für seine Bewerbung sei. Er verlangt ein qualifiziertes Arbeitszeugnis und erhält es auch.

Herr Bernd Stange, geb. am 16.01.1988 in Erfurt, absolviert in der Zeit vom 01.08.2003 bis zum 22.01.2007 eine Ausbildung zum Energieelektroniker – Fachrichtung Anlagentechnik. Während dieser dreieinhalbjährigen Ausbildung durchlief Herr Stange alle im Ausbildungsplan genannten Ausbildungsinhalte.

Er wurde dabei besonders bei folgenden praktischen Arbeiten eingesetzt:
- in der Montagewerkstatt: Schalt- und Verteilungsanlagen gebaut;
- auf Baustellen: Zurichten, Verlegen und Anschließen von Leitungen der Energie- und Kommunikationstechnik sowie Installation von Wärmepumpen;
- an wechselnden Orten: Anlagen der Energieverteilung, Steuerungs- und Beleuchtungstechnik montiert.

Herr Stange hat die ihm übertragenen Arbeiten stets zu unserer vollen Zufriedenheit ausgeführt. Er zeigte Interesse an allen Ausbildungsabschnitten und hat sich stets bemüht, allen Anforderungen der Ausbildung gerecht zu werden. Er war mit Interesse bei der Sache und bemühte sich stets nach Kräften und arbeitete mit größter Genauigkeit. Vor allem auf Baustellen trug er durch seine Hilfsbereitschaft zur Verbesserung des Betriebsklimas bei.
Herr Stange wird im Januar 2007 voraussichtlich seine Ausbildung beenden. Er kann wegen schlechter Auftragslage leider nicht übernommen werden. Wir wünschen ihm für seinen weiteren Lebensweg alles Gute und viel Erfolg.

Elektrohaus Müller OHG

Klaus Müller

- Wie unterscheiden sich die beiden Arbeitszeugnisse?
- Wie würden Sie das nachstehende qualifizierte Arbeitszeugnis von Bernd Stange bewerten?

?

Arbeitszeugnisse – wem sie nutzen?
Warum eigentlich ein Arbeitszeugnis nach der Berufsausbildung? Man bekommt doch schon ein Abschluss- bzw. ein Abgangszeugnis von der Berufsschule. Außerdem werden ja auch von der Kammer die Leistungen der Abschlussprüfung bescheinigt.

Arbeitszeugnisse haben zwei Aufgaben:

- Rückmeldung über die Leistung des Arbeitnehmers
  Die Arbeitnehmer erhalten mit ihm eine Bewertung der eigenen Leistung und Tätigkeit und eine Beurteilung der Persönlichkeit. So wird man auf Fehler hingewiesen und kann diese verbessern. Man bekommt aber auch eine Rückmeldung, was man gut gemacht hat.
- Unterlagen für die Bewerbung
  Bei einer Bewerbung ist ein Arbeitszeugnis sehr wichtig. Denn hier werden die betrieblichen Leistungen und Fähigkeiten aus der Sicht eines Arbeitgebers beurteilt.

Neben dem Bewerbungsschreiben, dem Assessmentcenter und/oder dem Vorstellungsgespräch sind die Arbeitszeugnisse daher ein sehr wichtiges Kriterium bei der Entscheidung über eine Einstellung.
Das Ergebnis der Abschlussprüfung und das Abschluss- (oder Abgangs-) zeugnis der Berufsschule geben mehr Aufschluss über den theoretischen Kenntnisstand. Dieser wird auch mit weiteren Bescheinigungen und Zeugnissen über besuchte Fortbildungslehrgänge belegt.

Zwischenzeugnis:
**Der Anspruch auf ein Ausbildungszeugnis entsteht mit dem Abschluss bzw. Abbruch der Ausbildung.
Um sich rechtzeitig um einen anderen Arbeitsplatz nach Beendigung der Ausbildung bewerben zu können, kann auch die Ausstellung eines Zwischenzeugnisses verlangt werden.**

Die Leistungen in der Praxis, den Einsatzwillen, das soziale Verhalten im Praxisteam und weitere Schlüsselqualifikationen werden dagegen eher in einem Arbeitszeugnis bescheinigt.
Daher ist jeder Arbeitgeber verpflichtet, beim Austritt eines ausscheidenden Mitarbeiters – auch ohne ausdrückliches Verlangen – ein Arbeitszeugnis auszustellen. Je länger die Zeit der Ausbildung vorüber ist, desto wichtiger werden die Arbeitszeugnisse.

Zwei Arten von Arbeitszeugnissen
Es gibt zwei Arten von Arbeitszeugnissen: das einfache und das qualifizierte.

Einfaches Arbeitszeugnis:
Es enthält Angaben zur Person des Arbeitnehmers, Art und Dauer der Ausbildung (oder später: der Beschäftigung) sowie eine Beschreibung der Tätigkeiten. Auf Wunsch des Arbeitnehmers kann noch erwähnt werden, dass er selbst gekündigt hat.

Qualifiziertes Arbeitszeugnis:
Es wird auf Wunsch der Arbeitnehmer ausgestellt. Es enthält zusätzliche Angaben über die Leistungen und besondere Tätigkeiten, die übernommen wurden. Außerdem beschreibt es auch besondere fachliche Fähigkeiten und die Schlüsselqualifikationen (siehe Kap. 4) der Arbeitnehmer. Diese können sein: Einsatzwille, Verhalten gegenüber Kunden, Kollegen/-innen, Vorgesetzten usw.

**Heben Sie in jedem Fall alle Arbeitszeugnisse auf.
Bei Bewerbungen verlangt man von Ihnen eine lückenlose Bestätigung Ihrer Tätigkeiten mit Arbeitszeugnissen. Kopieren Sie daher immer Ihre Zeugnisse und verschicken Sie nie die Originale mit Ihren Bewerbungen. Das gilt auch für Bescheinigungen von Lehrgängen, Kursen, Zusatzqualifikationen usw.**

Gefahr von Arbeitszeugnissen für die Beurteilten

Arbeitszeugnisse sind Beurteilungen durch andere Personen. Manche Chefs sind kritischer, andere dagegen großzügiger. So könnten gleiche Leistungen von verschiedenen Personen unterschiedlich bewertet werden. Es ist menschlich, dass man nicht alle Personen gleich sympathisch findet. Hier liegt eine große Gefahr für die Beurteilten, denn für sie sind ja die Arbeitszeugnisse sehr wichtig. Daher hat das Bundesarbeitsgericht vor allem für qualifizierte Arbeitszeugnisse festgelegt:

- Zeugnisse müssen wohlwollend abgefasst werden, um das Fortkommen des Arbeitnehmers nicht unnötig zu erschweren.
- Zeugnisse müssen der Wahrheit entsprechen.
- Einmalige Vorfälle oder Umstände, die für den Arbeitnehmer, seine Führung und Leistung nicht charakteristisch sind, dürfen nicht im Zeugnis erscheinen.

Aber: Ein stark negatives Verhalten eines Arbeitnehmers muss in das qualifizierte Arbeitszeugnis aufgenommen werden. Denn die Ausstellung eines bewusst wahrheitswidrigen Zeugnisses kann zu Schadenersatzansprüchen des neuen Arbeitgebers gegenüber dem ehemaligen führen.
Hier steckt der Schreibende in einer Zwickmühle. Er darf nichts Negatives schreiben, muss aber auch bei der Wahrheit bleiben. Dies führte dazu, dass sich immer mehr Verschlüsselungen eingebürgert haben. Einige Beispiele:

!

Sind Sie mit Ihrem Zeugnis nicht einverstanden, sollten Sie zuerst versuchen sich mit Ihrem Arbeitgeber gütlich zu einigen, um Ihr Zeugnis zu verbessern. Unterbreiten Sie ihm Änderungsvorschläge. Erst, wenn Sie auf gütlichem Wege nichts erreichen, sollten Sie sich an den Ausbildungsberater der Kammer oder gar an einen Fachanwalt für Arbeitsrecht wenden.

Beurteilungen – und was damit gemeint ist

Das steht im Arbeitszeugnis	Das ist damit gemeint
Durch seine Geselligkeit trug er zur Verbesserung des Betriebsklimas bei.	Er trank Alkohol am Arbeitsplatz.
Er bemühte sich, den Anforderungen gerecht zu werden.	Er hat versagt.
Er war immer/stets mit Interesse bei der Sache.	Er hat aber keine gute Leistung gebracht.
Er zeigte stets Verständnis für seine Arbeit.	Verständnis ja, Können nein: Er hat versagt.
Er arbeitete mit größter Genauigkeit.	Ihm fehlten Schnelligkeit und Flexibilität.
Er setzte sich im Rahmen seiner Möglichkeiten/Fähigkeiten ein.	Note: Ungenügend.
Im Kollegenkreis galt er als umgänglicher/toleranter Mitarbeiter.	Für Vorgesetzte ist er allerdings ein „harter Brocken".
Für die Belange der Belegschaft bewies er stets Einfühlungsvermögen.	Er war ständig auf der Suche nach Sexualkontakten.

Was bedeuten Noten im Arbeitszeugnis?

Noten von 1 bis 6	Texte im Arbeitszeugnis
sehr gut	*„stets zur vollsten Zufriedenheit"*
gut	*„stets zur vollen Zufriedenheit"*
befriedigend	*„zur vollen Zufriedenheit"*
ausreichend	*„zur Zufriedenheit", „zufriedenstellend"*
mangelhaft	*„insgesamt/weitgehend/im Großen und Ganzen zur Zufriedenheit", „... entsprach den Erwartungen"*
ungenügend	*„hat sich (stets) bemüht, ... zur Zufriedenheit zu erfüllen"*

Dies sind nur einige von vielen Beispielen, deren wirkliche Bedeutung man zwischen den Zeilen lesen muss. Es gibt zahlreiche weitere Verschlüsselungsmöglichkeiten. So kann z. B. das vorzeitige Ende einer Beschäftigung (nicht zum 15. oder Monatsende) eine fristlose Entlassung bedeuten. Spärliches Lob wie „sie hat sich bemüht" oder „sie zeigte Interesse" soll oftmals zeigen, dass die Leistung weit unterdurchschnittlich war.

Ein sehr gutes bis gutes Arbeitszeugnis erkennt man an der Verwendung von Superlativen (wie z. B. größte, vollste, herausragend, außergewöhnlich).

Widerspruch gegen ein Arbeitszeugnis

Gegen ein negatives Arbeitszeugnis kann man sich wehren. Man kann versuchen ein besseres Zeugnis zu erhalten. Fühlen Sie sich dann aber immer noch ungerecht bewertet, bleibt der Weg einer Schlichtung bis hin zum Arbeitsgericht (siehe hierzu Kap. 11).

Verschlüsselungen sind keine Geheimnisse mehr. Sie können sogar deren Verwendung einklagen. Denn die meisten Chefs achten bei Bewerbungen auf diese Codes.

@

Weitere Beispiele für Verschlüsselungen sowie Wissenswertes zu Arbeitszeugnissen finden Sie auf folgenden Seiten:
www.bau-job-online.de/arbeitszeugnis.html
www. Maennerseiten.de/arbeitszeugnis.htm

Arbeitsvorschläge

1. Bewerten Sie das qualifizierte Arbeitszeugnis von Seite 36 nochmals. Kommen Sie jetzt eventuell zu einem anderen Ergebnis als bei der ersten Bewertung? Wenn ja, warum?
2. Unterscheiden Sie zwischen einem einfachen und einem qualifizierten Arbeitszeugnis.
3. Warum kann ein einfaches Arbeitszeugnis schon einen negativen Eindruck machen?
4. Schauen Sie sich die „verschlüsselten" Beispiele auf Seite 38 an, und diskutieren Sie die Gefahr der Verschlüsselung in Arbeitszeugnissen.

8 Der Arbeitsvertrag

Moment mal!

Steffen: „Hallo Jenny – halt dich fest, es hat geklappt!"
Jenny: „Was hat geklappt? Bist du beim Casting angenommen worden?"
Steffen: „Nein, heute kam der Chef und sagte: ‚Ich nehme ja an, dass Sie die Abschlussprüfung schaffen werden. Da auch wir hier zufrieden mit Ihnen sind, übernehme ich Sie nach der Prüfung in einen befristeten Arbeitsvertrag. Eine Verlängerung oder eine Übernahme in ein unbefristetes Arbeitsverhältnis ist möglich, wenn die Auftragslage sich bessert.' – Jetzt können wir zusammenziehen!"
Jenny: „Halt mal, nicht so schnell ... außerdem, was heißt denn befristeter Arbeitsvertrag? Schmeißen die dich dann wieder raus? Du weißt doch, wie es der Babs voriges Jahr gegangen ist. Nach einem Vierteljahr war sie draußen – und sie sucht heute noch eine Stelle."
Steffen: „Was glaubst du, das macht mein Chef nicht, er ist O.K."
Jenny: „Aber irgendeine Bedeutung hat das doch. Frag doch mal, was der Unterschied zwischen einem befristeten und unbefristeten Arbeitsvertrag ist ..."

!

Wenn Sie nicht von Ihrem Ausbildungsbetrieb übernommen werden und sich bewerben müssen, finden Sie auf **www.top-bewerbung.de** unter den Menüpunkten: „Unsere Leistungen – für Berufseinsteiger" zahlreiche Musterbewerbungen und viele nützliche Tipps für eine erfolgreiche Bewerbung, Vorstellungsgespräch und Assessmentcenter.

- Welcher Unterschied besteht zwischen einem befristeten und einem unbefristeten Arbeitsvertrag?
- Was muss im Arbeitsvertrag stehen?

?

Arbeitsverträge werden überwiegend unbefristet abgeschlossen. In letzter Zeit nimmt aber die Zahl der befristeten Verträge zu. Vor allem werden oftmals Auszubildende nach bestandener Abschlussprüfung mit einem befristeten Arbeitsvertrag übernommen.

Anbahnung eines Arbeitsvertrages

Es gibt zur Anbahnung eines Arbeitsvertrages zwei Möglichkeiten:
1. Möglichkeit:
Der Arbeitgeber übernimmt die Initiative durch
- eine Anzeige in der Presse,
- eine Anzeige bei der Bundesagentur für Arbeit,
- ein Angebot auf seiner Homepage.

In allen Fällen muss bei einer Bewerbung genau auf die geforderten Qualifikationen eingegangen werden.

2. Möglichkeit:
Der Arbeitnehmer übernimmt die Initiative und schreibt Initiativbewerbungen oder erkundigt sich mündlich oder per Mail, ob der Betrieb eine Arbeitskraft mit seinen Qualifikationen sucht.

Vor allem, wenn zahlreiche Bewerbungen eingehen, werden diese mit einem sogenannten 30-Sekunden-Check erst einmal grob durchgesehen. Ein Teil der Bewerbungen wird daraufhin zurückgeschickt.
Das sind solche,

- die mit unvollständigen Unterlagen abgegeben wurden,
- die kein sauberes und ansprechendes Äußeres haben,
- die Lücken im Lebenslauf aufweisen.

Daher sollte zuerst einmal die äußere Form ansprechend sein, damit die Bewerbung die 30-Sekunden-Hürde überspringt.

Im Anschreiben sollte dann unbedingt auf eventuell geforderte Qualifikationen eingegangen werden. Die Botschaft muss sein, dass der Bewerber möglichst viel für den Betrieb bringt.

Wenn Ihre Bewerbung erfolgreich war, werden Sie zum Vorstellungsgespräch eingeladen. In diesem prüfen sowohl der Arbeitgeber, ob Sie in sein Team passen als auch Sie, ob diese Stelle für Sie die Richtige ist.

Bei einem Vorstellungsgespräch dürfen dem Bewerber keine persönlichen Fragen über seine Vermögensverhältnisse, Krankheit, Schwangerschaft, Religion oder politische bzw. Gewerkschaftstätigkeit gestellt werden.
Wenn der Bewerber bei solchen Fragen die Unwahrheit sagt, ist dies kein Kündigungsgrund.

Voraussetzungen für befristete Arbeitsverträge
Heute können ohne sachliche Begründung befristete Arbeitsverträge angeboten werden.

- Sie müssen die gleiche Form und die gleichen Inhalte haben, wie unbefristete Verträge.
- Sie dürfen höchstes 24 Monate Laufzeit haben.
- Sie dürfen nur zweimal verlängert werden. Beim dritten Mal wandeln sie sich automatisch in unbefristete Verträge.

Ein auf Zeit abgeschlossener Arbeitsvertrag darf allerdings nur abgeschlossen werden

- **bei Neueinstellung:** Der Arbeitnehmer wird im Betrieb für eine befristete Zeit neu eingestellt oder nach einer mindestens viermonatigen Pause nochmals auf Zeit eingestellt.
- **im Anschluss an die Berufsausbildung:** Wenn der Auszubildende nur befristet weiterbeschäftigt werden kann, weil für eine unbefristete Stelle nicht genügend Arbeit vorhanden ist.

Auf www.top-bewerbung.de finden Sie zahlreiche Vorlagen für Deckblätter, Anschreiben, Lebenslauf, Anlagenverzeichnis, aus denen eine moderne Bewerbung besteht.
Daneben sind hier auch viele Musteranschreiben und Textbausteine für eine erfolgreiche Bewerbung.

Wenn Sie zu einem Vorstellungsgespräch eingeladen werden, erhalten Sie die Aufwendungen für die Fahrt vom Arbeitgeber ersetzt.

Wertvolle Hilfen zum Vorstellungsgespräch finden Sie auf www.top-bewerbung.de

!

Wenn Sie Ihr Betrieb nach der Ausbildung nicht weiterbeschäftigen kann, bitten Sie um einen befristeten Vertrag von wenigstens drei Monaten. In dieser Zeit können Sie eine neue Stelle suchen.

!

Folgende Arbeitspapiere müssen Sie bei Einstellung zum neuen Arbeitgeber mitbringen:
- Lohnsteuerkarte,
- Sozialversicherungsausweis,
- Bescheinigung über genommenen Urlaub,
- Sozialversicherungsnachweisheft.

Neben dieser zeitlichen Befristung gibt es auch eine Zweckfristung. Hier erfolgt die Befristung nicht für eine bestimmte Zeit, sondern für einen bestimmten Zweck.

Gründe für eine Zweckfristung:
- Schwangerschaftsvertretung,
- Vertretung eines für längere Zeit kranken Mitarbeiters,
- Saisonarbeit (z. B. Ernte oder Arbeit während der Kampagne einer Zuckerfabrik),
- ein Geselle ist auf Meisterkurs usw.

Ende der befristeten Arbeitsverträge

Die befristeten Arbeitsverträge enden
- entweder nach Ablauf der genannten Frist (z. B. nach drei Monaten),
- mit dem Erreichen eines genannten Datums (z. B. am 31.12.08) oder
- mit der Zweckerreichung (z. B. wenn ein Erkrankter zurückkehrt, die Schwangerschaftsvertretung endet oder die Saison beendet ist).

Ein befristeter Arbeitsvertrag muss also nicht gekündigt werden. Er unterliegt natürlich auch keinem Kündigungsschutz.

Unbefristete Arbeitsverträge

Diese laufen auf unbestimmte Zeit. Da Arbeitsverträge von zwei Partnern (dem Arbeitgeber und dem Arbeitnehmer) geschlossen werden, müssen sie auch von beiden durch einen Aufhebungsvertrag beendet werden. Beide Partner müssen mit allen Bedingungen in diesem Vertag einverstanden sein. Da in diesen Fällen eine einseitige Trennung nicht möglich wäre, gibt es für beide Seiten die Möglichkeit zur Kündigung. Hierfür gibt es Fristen. Es kann auch der Kündigungsschutz eintreten. (Siehe hierzu: Beendigung von Arbeitsverhältnissen, Kap. 10, S. 59 ff.)

Form von Arbeitsverträgen

In zahlreichen kleineren Handwerksbetrieben war es früher üblich, dass ein Arbeitsvertrag per Handschlag zwischen dem Inhaber und dem Arbeitnehmer geschlossen wurde. Dies führte in Streitfällen häufig zu großen Schwierigkeiten. Wie sollte ein Arbeitnehmer zum Beispiel dem Arbeitsgericht beweisen, dass ihm mehr Überstundengeld, Ausgleich für Fahrten zur Montage oder Ähnliches versprochen wurde, wenn sich der Meister nicht mehr daran erinnern konnte, dies damals bei Vertragsschluss versprochen zu haben?
Daher wurde von der Europäischen Union der schriftliche Arbeitsvertrag vorgeschrieben. Diese sind nur gültig, wenn sie vom Arbeitgeber und Arbeitnehmer unterschrieben sind.

Inhalte von Arbeitsverträgen
Folgende Inhalte muss ein Arbeitsvertrag nach dem Nachweisgesetz mindestens enthalten:

- Namen und Anschriften beider Parteien,
- Bezeichnung und Beschreibung der Tätigkeit,
- Zeitpunkt des Beginns des Arbeitsvertrags,
- die Dauer des Arbeitsvertrags (nur bei befristeten Verträgen),
- Arbeitsort oder der Hinweis, dass der Arbeitnehmer an verschiedenen Orten beschäftigt werden kann,
- die Dauer des Jahresurlaubs,
- die Höhe und die Zusammensetzung des Lohnes oder Gehaltes einschließlich der Zulagen, Prämien, Sonderzahlungen sowie anderer Zahlungen (z. B. vermögenswirksame Leistungen, Betriebsrente) und die Fälligkeit der Zahlungen,
- Tages- und Wochenarbeitszeit,
- Fristen für die Kündigung des Arbeitsverhältnisses,
- Hinweis auf die geltenden Tarifverträge, Betriebs- oder Dienstvereinbarungen.

Eine Ausfertigung eines von beiden Seiten unterschriebenen Arbeitsvertrages muss dem Arbeitnehmer spätestens nach einem Monat gegeben werden. Bestehen Sie darauf, und heben Sie diesen gut auf.

Probezeit
In den meisten Arbeitsverträgen wird eine Probezeit vereinbart. Diese darf im Höchstfall sechs Monate betragen. In dieser Probezeit kann das Arbeitsverhältnis von beiden Seiten mit einer Frist von zwei Wochen gekündigt werden.

Wichtige Pflichten aus einem Arbeitsvertrag
Nach Abschluss eines Arbeitsvertrages entstehen beiden Vertragsparteien Pflichten und auch Rechte. Wobei die Pflichten des einen jeweils die Rechte des anderen sind.

Die einzelnen Pflichten von Arbeitgeber und Arbeitnehmer finden Sie auf der folgenden Seite.

Die Pflichten von Arbeitgeber und Arbeitnehmer

Pflichten des Arbeitgebers	Pflichten des Arbeitnehmers
Beschäftigung: Der Arbeitnehmer muss in der vertraglich festgelegten Tätigkeit beschäftigt werden. **Vergütung:** Das vereinbarte Gehalt und etwaige Nebenleistungen wie Urlaubsgeld, vermögenswirksame Leistungen, Überstundengeld usw. müssen pünktlich gezahlt werden. **Fürsorge:** Der Arbeitgeber ist verpflichtet, Gesundheit und Leben seiner Angestellten zu schützen (z. B durch Einhaltung des Arbeitszeitgesetzes, der Unfallverhütungsvorschriften, des Jugendarbeitsschutzgesetzes, durch die Abführung der Sozialversicherungsbeiträge). **Zeugnis:** Er muss bei Beendigung des Arbeitsverhältnisses ein Zeugnis oder auf Wunsch Zwischenzeugnisse ausstellen.	**Arbeitsleistung:** Der Arbeitnehmer muss sich bemühen, die vereinbarte Arbeitsleistung zu erbringen. **Gehorsamspflicht:** Die Anweisungen des Arbeitgebers müssen befolgt und die übertragenen Arbeiten weisungsgerecht ausgeführt werden. Die Unfallverhütungsvorschriften müssen beachtet werden. **Sorgfaltspflicht:** Die Arbeiten müssen sorgfältig und nach bestem Wissen ausgeführt und die Arbeits- und Betriebsmittel pfleglich behandelt werden. **Schweigepflicht:** Betriebsgeheimnisse und der Datenschutz von Kunden und Mitarbeitern müssen gewahrt bleiben. **Betriebsordnung:** Der Arbeitnehmer muss sich an die Betriebsordnung halten. Die Arbeits- und Pausenzeiten sind einzuhalten. **Wettbewerbsverbot:** Der Arbeitnehmer darf dem Arbeitgeber keine Konkurrenz durch Schwarzarbeit machen. Er darf nebenbei auch nicht für andere Firmen arbeiten oder für diese werben. **Erholung:** Er darf an Wochenenden, Feiertagen oder im Urlaub nicht anderweitig gegen Entgelt arbeiten. Diese Zeiten dienen zur Erholung.
= Rechte des Arbeitnehmers	**= Rechte des Arbeitgebers**

Pflichtverletzungen können ein Kündigungsgrund sein oder gar zu Schadenersatz führen.

Arbeitsvorschläge

1. Warum müssen Arbeitsverträge schriftlich abgeschlossen werden?
2. Welche Vorteile, aber auch welche Nachteile hätte es, wenn Ihnen nach bestandener Ausbildung ein auf sechs Monate befristeter Arbeitsvertrag angeboten würde?
3. Unter welchen Voraussetzungen dürfen befristete Arbeitsverträge abgeschlossen werden?
4. Welche Inhalte müssen in Arbeitsverträgen aufgenommen sein?

9 Arbeitsschutz

Moment mal!

„Wahnsinn! 2,2 Millionen Menschen! Das sind so viel wie ... wie in Köln leben", Florian betrachtet fassungslos die Statistik im Kölner Anzeiger. „Wovon redest du?", fragt ihn seine Schwester Sophie. „2,2 Millionen Tote durch Arbeitsunfälle und Berufskrankheiten – weltweit, jedes Jahr, das ist doch unglaublich."
„Na ja", meint Sophie, „wenn du dir mal überlegst, unter welchen Bedingungen in manchen Ländern die Leute arbeiten müssen ... es gibt ja nicht überall Arbeitsschutzbestimmungen wie bei uns."

- Welche Arbeitsschutzbestimmungen gelten in Deutschland?
- Welche Personengruppen werden als besonders schützenswert angesehen?

?

9.1 Notwendigkeit des Arbeitsschutzes

Vor allem in den sogenannten Billiglohnländern gibt es auch heute kaum Schutzvorschriften an den Arbeitsplätzen. Das bedeutet, dass die Arbeitnehmer schutzlos den Unfall- und Krankheitsgefahren ausgesetzt sind. Daneben wird in diesen Ländern oftmals zwölf und mehr Stunden täglich gearbeitet und das sechs Tage die Woche. So viele Urlaubstage wie in Deutschland kennen die meisten ausländischen Arbeitnehmer ebenso wenig wie Lohnfortzahlung im Urlaub. Selbst der besondere Schutz für werdende Mütter, Schwerbehinderte oder Jugendliche am Arbeitsplatz wie in Deutschland ist in vielen Ländern unbekannt. Ebenfalls unbekannt sind in zahlreichen Ländern die Standards für den technischen Arbeitsschutz, welche die gesundheitlichen Gefährdungen am Arbeitsplatz verringern sollen. Die Folgen sind zahlreiche Berufskrankheiten und Arbeitsunfälle in Deutschland und der gesamten Welt.

Die Grafik auf der folgenden Seite zeigt, was auch Florian gelesen hat: Weltweit sterben jährlich etwa 2,2 Millionen Menschen durch Unfälle am Arbeitsplatz und Berufskrankheiten – Tendenz steigend. Neben den Todesopfern gibt es Jahr für Jahr 268 Millionen nicht tödliche Arbeitsunfälle, bei denen die Arbeitnehmer jedoch mindestens drei Tage ausfallen. Und im gleichen Zeitraum erkranken 160 Millionen Arbeitnehmer neu an einer Berufskrankheit. Aufgrund dieser erschreckenden Zahlen fordern die Internationale Arbeitsorganisation (ILO) und die Weltgesundheitsorganisation (WHO) mehr Unfallschutz am Arbeitsplatz. In den Industrieländern sind die Unfallzahlen zwar rückläufig, in anderen Ländern, wie Brasilien, Mexiko oder China stiegen sie jedoch rapide an.

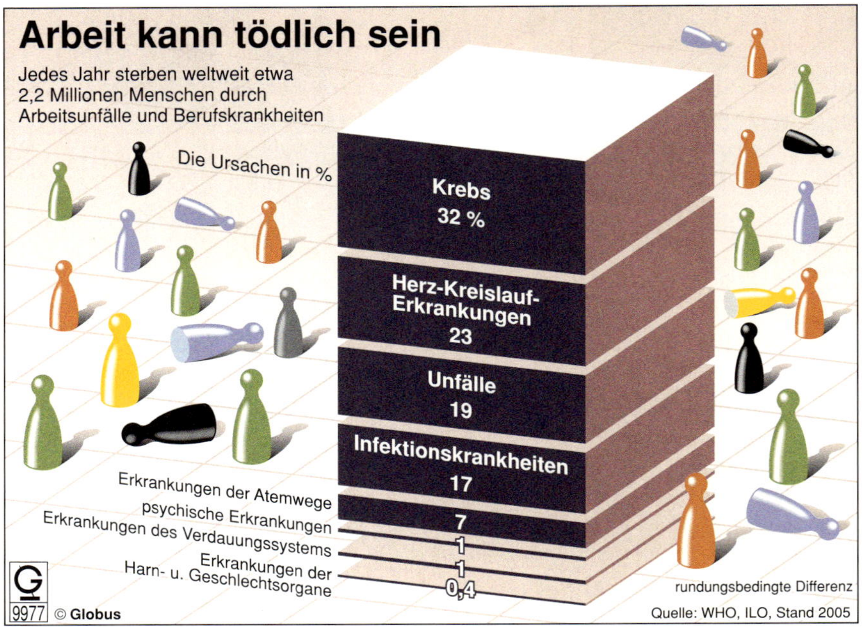

Weltweit hatte im Jahr 2004 etwa jeder 15. Arbeitnehmer im Durchschnitt einen Arbeitsunfall erlitten. In Deutschland war dies im gleichen Jahr nach Statistiken der Berufsgenossenschaften „nur" jeder 38. Arbeitnehmer. Dies hat sich durch laufend verbesserten Arbeitschutz zwar stetig gebessert, ist aber noch immer viel zu hoch. So ging die Zahl der tödlichen verlaufenden Arbeits- und Wegeunfälle zwar von 1996 bis zum Jahr 2005 von damals 1.868 auf 1.084 zurück, stieg aber im Jahr 2006 wiederum leicht an.

Neben den tragischen persönlichen Schicksalen durch Tod oder schwere Berufskrankheiten stehen die riesigen Kosten, die der Gesellschaft und den Betrieben dadurch aufgebürdet werden. Allein im Jahr 2007 betrugen die Aufwändungen der betrieblichen Unfallversicherung für Heilbehandlungen, Renten, Entschädigungen, Umschulung, Unfallverhütung usw. über 14,1 Mrd. Euro.

Wenn auch in einzelnen Wirtschaftszweigen und Berufen die Gefahren von Berufskrankheiten und -unfällen unterschiedlich hoch sind, können die meisten Arbeitsunfälle in Deutschland auf folgende Ursachen zurück geführt werden:

- technische Fehler und ungenügende Sicherheitsvorkehrungen in Betrieben: ca. 20 %
- menschliches Versagen (durch Leichtsinn, Unachtsamkeit, Verstöße gegen die Unfallverhütungsvorschriften, Bequemlichkeit und Drogen am Arbeitsplatz usw.): ca. 80 %

Berufsgenossenschaften und Gewerbeaufsichtsämtern bemühen sich vermehrt um Aufklärung, damit die menschlichen Fehler weniger werden. Daneben müssen aber auch verbesserte technische Unfallvorkehrungen entwickelt und die Gesetze und Verhütungsvorschriften den sich durch den technischen Fortschritt ständig verändernden Bedingungen angepasst werden (z. B. Strahlungsschäden, Haltungsschäden am PC). Zusätzlich muss laufende kontrolliert werden, ob die Gesetze und Richtlinien eingehalten werden, damit die Zahl der Arbeitsunfälle und Berufskrankheiten weiter vermindert wird – auch wenn klar ist, dass trotz stetiger Verbesserungen Arbeitsunfälle und Berufskrankheiten nie völlig verhindert werden können. In Deutschland unterteilt hat man hierfür den **sozialen** und den **technischen Arbeitsschutz**.

9.2 Sozialer Arbeitsschutz

9.2.1 Arbeitszeit- und Urlaubsgesetz

Beispiel

Freudentaumel in Gilsa-Jesberg. Die erste Mannschaft steigt endlich auf in die Bezirksklasse. Auf der großen Aufstiegsfeier wurde für die Mannschaftskasse gesammelt. Denn die Mannschaft will für eine Woche nach Mallorca zum „Ballermann" fahren. Dort soll der Aufstieg erst richtig gefeiert werden.

Doch Rolf ist entsetzt. Als er bei seinem Chef den Urlaub einreichen will, lehnt dieser ab. „Erstens darfst du als Auszubildender nur in den Ferien Urlaub machen und zweitens brauche ich jetzt jeden Mann. Sonst schaffen wir den Auftrag nicht und müssen Konventionalstrafe zahlen. Dann können wir den Laden hier zumachen."
„Aber man steigt doch nur einmal auf!", entgegnet Rolf.
„Na und ... Bin ich oder dein Verein dein Arbeitgeber?", antwortet sein Chef.

Wer von beiden hat wohl recht?

Arbeitszeit- und Urlaubsgesetz gelten nur für volljährige Arbeitnehmer/-innen. Für die Ausbildung und Beschäftigung von Jugendlichen (d. h. unter 18-Jährigen) gilt das Jugendarbeitsschutzgesetz (siehe S. 28 ff.).

Arbeitszeit

Als Arbeitszeit wird die Zeit vom Beginn bis zum Ende der Arbeit ohne die Ruhepausen gerechnet.

Tarifvertrag

Wenn im Tarifvertrag kürzere Arbeits- oder andere Ruhepausenzeiten festgelegt wurden, dann gelten diese als Höchstgrenze.
Die meisten Tarifverträge verbessern diese Mindestbestimmungen. So legte z. B. der Manteltarifvertrag für metallverarbeitende Betriebe für Berlin, Hamburg und Hessen für das Jahr 2007 eine wöchentliche Höchstarbeitszeit von 33 Stunden fest. Der Haustarif bei der Volkswagen AG lag im Jahr 2007 sogar bei nur 32 Wochenstunden.

Ausnahmen

Die tägliche Arbeitszeit kann bis auf zehn Stunden verlängert werden, wenn im Durchschnitt acht Stunden an den Werktagen in einem bestimmten Ausgleichszeitraum nicht überschritten werden.

Ruhepausen und Ruhezeit

Ruhepausen

Bei einer Arbeitszeit von mehr als sechs bis zu neun Stunden müssen mindestens 30 Minuten Ruhepause, bei mehr als neun Stunden mindestens 45 Minuten Ruhepause gewährt werden.
Zu beachten ist:

- Ruhepausen werden nicht als Arbeitszeit vergütet.
- Ruhepausen müssen mindestens 15 Minuten dauern.
- Länger als sechs Stunden dürfen Mitarbeiter nicht ohne Ruhepause beschäftigt werden.
- Ruhepausen müssen im Voraus festgelegt sein.

Ruhezeit

Nach Beendigung der täglichen Arbeitszeit muss eine ununterbrochene Ruhezeit von mindestens elf Stunden gewährleistet sein.

Feiertagsarbeit

Im Allgemeinen dürfen Mitarbeiter/-innen an Sonn- und Feiertagen von 0.00 bis 24.00 Uhr nicht beschäftigt werden. Ausnahmen gibt es für bestimmte Berufe im Gastgewerbe, in Verkehrsbetrieben, Krankenhäusern, bei Energieproduzenten, Tankstellen, Notdiensten usw. Daneben darf aber auch in Arbeitsstätten, deren Organisation einen dauernden Betrieb notwendig macht, an diesen Tagen gearbeitet werden. Hochöfen oder Gießereien müssen z. B. durchlaufen, um nicht wieder neu angeheizt werden zu müssen. Je Sonn- oder Feiertag ist ein Ausgleich von einem Ersatzruhetag innerhalb von zwei Wochen zu gewähren. Es müssen aber mindestens 15 Sonntage im Jahr beschäftigungsfrei bleiben.

Bundesurlaubsgesetz

Gesetzlicher Mindeststandard

Nach dem Bundesurlaubsgesetz hat jeder Arbeitnehmer Anspruch auf mindestens 24 Werktage Urlaub pro Jahr. Das entspricht – bei einer Fünf-Tage-Woche – knapp fünf Wochen Urlaub jährlich. Während des Urlaubs muss das durchschnittliche Gehalt des letzten Vierteljahres (ohne Überstundenvergütung) weitergezahlt werden.
Scheidet der Arbeitnehmer z. B. nach einer dreimonatigen Probezeit wieder aus, dann hat er Anspruch auf 3/12 Urlaub, d. h. 1/4 von 24 gleich sechs Tage Urlaub. Wechselt er nach einem halben Jahr den Betrieb, dann steht ihm die Hälfte des Jahresurlaubs zu.
In den **Manteltarifverträgen** wird meist ein längerer Urlaub ausgehandelt. Im Tarifbereich der IG Metall betrug er 30 Arbeitstage im Jahr 2007 (= sechs Wochen) pro Jahr. In **Betriebsvereinbarungen** werden häufig zusätzliche Urlaubstage z. B. für Schichtarbeiter oder zu Arbeitsjubiläen gewährt.
In zahlreichen Tarifbereichen wird zusätzlich zur Lohnfortzahlung noch ein **Urlaubsgeld** bezahlt. Die Höhe ist in den verschiedenen Tarifbereichen sehr verschieden.

!

Gesetzliche Feiertage sind, soweit sie in den Urlaub fallen, keine Arbeitstage. Wenn Sie im Urlaub krank werden und dies durch ärztliches Attest nachweisen, werden diese Krankheitstage nicht auf den Jahresurlaub angerechnet. Eine zusätzliche Sonderregelung gilt für Auszubildende: Ihnen muss der Urlaub innerhalb der Schulferien gewährt werden.

Grundsatz der Urlaubserteilung

Den Zeitpunkt des Urlaubs bestimmt der Arbeitgeber. Er muss dabei allerdings die Wünsche seiner Arbeitnehmer berücksichtigen, sofern diesen nicht dringende Belange des Betriebes entgegenstehen. Bei der Erteilung des Urlaubs kann es immer wieder zu Schwierigkeiten zwischen den Erfordernissen der Arbeitgeber und den Wünschen der Mitarbeiter oder zu Überschneidungen innerhalb der Interessen der Belegschaft kommen. Den Urlaub genehmigt grundsätzlich der Betrieb. Eine eigenmächtige Urlaubsnahme gegen diesen Willen ist nicht erlaubt und kann zur Kündigung führen (siehe Kap. 10, S. 59 ff.).
Urlaub darf generell nicht durch Geld abgegolten werden. Ausnahme: Wenn wegen Beendigung des Arbeitsverhältnisses der Urlaub nicht mehr gewährt werden kann.

Arbeitsvorschläge

1. Erklären Sie die wichtigsten Regelungen des Arbeitszeitgesetzes.
2. Wie viel Mindesturlaub hat jeder Arbeitnehmer?
3. Wird Rolf (aus dem Beispiel auf S. 47) mit der Mannschaft mitfliegen können, wenn der Chef bei seiner Meinung bleibt? Überprüfen Sie die folgende Rechtslagen:
   a) Er ist Auszubildender und die Urlaubswoche würde in die Sommerferien der Berufsschule fallen.
   b) Er ist Auszubildender und der Termin liegt außerhalb der Berufsschulferien.
   c) Er ist Arbeiter und besteht auf diesen Urlaub.
   d) Obwohl der Chef diesen Urlaub nicht genehmigt hat, fliegt Rolf einfach mit.

9.2.2 Das Mutterschutzgesetz

Beispiel

„Ja, Frau Schulte, kein Zweifel, ich darf Ihnen gratulieren", sagte die Frauenärztin Dr. Weber. „Sie sind schwanger und zwar im zweiten Monat". „Das ist ja ...", Karin Schulte wusste gar nicht, was sie sagen sollte. „Ich möchte aber, dass es keiner erfährt", sagte sie nach kurzer Überlegung zur Ärztin. „Wollen Sie das Kind nicht bekommen?", fragte Dr. Weber. „Doch, natürlich, aber es soll so lange wie möglich das Geheimnis von meinem Mann und mir bleiben."
„Da haben Sie aber ein Problem, denn Sie müssen sofort Ihren Arbeitgeber informieren", entgegnete Dr. Weber. „Den Arbeitgeber? Was geht ihn denn an, ob ich schwanger bin oder nicht?", empörte sich Frau Schulte. „Sie müssen Ihren Arbeitgeber so schnell wie möglich informieren", entgegnete Dr. Weber, „denn ab diesem Zeitpunkt kommen Sie in den Genuss des Mutterschutzgesetzes. Gehen Sie am besten morgen in Ihr Personalbüro."

!

Im Vorstellungsgespräch dürfen Frauen vom Arbeitgeber nicht gefragt werden, ob sie schwanger sind. Das Bundesarbeitsgericht hat die Frage des Arbeitgebers nach dem Bestehen einer Schwangerschaft als unzulässige geschlechtsspezifische Benachteiligung bewertet. Wird eine solche Frage gestellt und bewusst nicht zutreffend beantwortet, so liegt keine arglistige Täuschung vor. Die spätere Anfechtung des Arbeitsvertrages wäre nicht möglich.

Was „man" und „frau" wissen sollte

Nach Art. 6, Abs. 4 im Grundgesetz hat jede Mutter Anspruch auf Schutz und die Fürsorge der Gemeinschaft. Dieser Schutz wird durch das Mutterschutzgesetz festgelegt. Dieses Gesetz gilt für alle Frauen, die in einem Arbeitsverhältnis stehen, auch für Teilzeitbeschäftigte, Heimarbeiterinnen, für Beschäftigte im öffentlichen Dienst sowie für Auszubildende. Die Regelungen des Elterngeldes (siehe S. 52) gelten auch für Väter.

Bei Schwangerschaft sofort den Arbeitgeber informieren

Sobald man Gewissheit über die Schwangerschaft hat, sollte man unverzüglich den Arbeitgeber informieren, denn der Arbeitgeber muss die Mutterschutzbestimmungen ab dem Tag der Kenntnis der Schwangerschaft beachten. Er muss die Schwangerschaft dem Gewerbeaufsichtsamt mitteilen. Dieses kontrolliert dann die Einhaltung der Mutterschutzvorschriften. Die werdende Mutter soll durch die Bestimmungen des Mutterschutzgesetzes vor Gefahren, Überforderungen und Gesundheitsschädigungen am Arbeitsplatz geschützt werden. Gleichzeitig wird sie vor finanziellen Einbußen und dem Verlust des Arbeitsplatzes bewahrt.

Die Beschäftigte ist verpflichtet, den Arbeitgeber unverzüglich zu informieren, wenn z. B. aufgrund einer Fehlgeburt die Schwangerschaft vorzeitig endet.

Arbeitszeit
Werdende und stillende Mütter unter 18 Jahren dürfen nicht länger als täglich acht Stunden beschäftigt werden. Sind sie über 18 Jahre, dürfen sie täglich nicht länger als achteinhalb Stunden arbeiten.

Gestaltung des Arbeitsplatzes
Der Arbeitsplatz muss so eingerichtet sein, dass Leben und Gesundheit der werdenden Mutter geschützt sind. Der Arbeitgeber hat ihr auch eine Sitzgelegenheit zum Ausruhen bereitzustellen. Die Schwangere muss Gelegenheit zu kurzen Arbeitsunterbrechungen erhalten. Außerdem muss ein Liegeraum eingerichtet werden, in dem sich die werdende Mutter nach Bedarf ausruhen kann.

!

Beim Bundesministerium für Familie, Senioren, Frauen, Jugend, Jägerstr. 8/9, 10117 Berlin können Sie folgende beiden kostenlosen Infobroschüren bestellen:
- Erziehungsgeld/Elternzeit
- Alleinerziehend

Beschäftigungsverbote
Bescheinigt ein Arzt, dass Leben oder Gesundheit von Mutter oder Kind gefährdet sind, wenn die Mutter weiterarbeiten würde, dann darf der Arbeitgeber sie nicht beschäftigen. Dasselbe gilt auch für Arbeiten mit schädlichen Einwirkungen von Strahlen, Gasen, Dämpfen.

Weiterhin dürfen werdende Mütter nicht beschäftigt werden
- nach Ablauf des fünften Monats der Schwangerschaft mit Arbeiten, bei denen sie ständig stehen müssen,
- mit Arbeiten, bei denen sie infolge ihrer Schwangerschaft in besonderem Maße der Gefahr ausgesetzt sind, an einer Berufskrankheit zu erkranken,
- mit Mehr-, Nacht- (zwischen 20:00 und 06:00 Uhr) sowie Sonn- und Feiertagsarbeit,
- mit Akkord- und Fließbandarbeit,
- mit gesundheitsgefährdenden Stoffen.

Ein generelles Beschäftigungsverbot besteht für die Zeit von
- sechs Wochen vor der Entbindung oder
- acht Wochen bzw. zwölf Wochen bei Früh- oder Mehrlingsgeburten

bis jeweils acht Wochen nach der Entbindung.

Elterngeld und Elternzeit
Seit 2007 bekommen alle Eltern bei der Geburt des Kindes Elterngeld. Dabei haben beide Elternteile zusammen Anspruch auf zwölf Monate Elterngeld und auf weitere zwei Monate, wenn sie für mindestens zwei Monate ihre Erwerbstätigkeit reduzieren. Alle Eltern bekommen mindestens 300 Euro Elterngeld, die nicht auf andere Sozialleistungen angerechnet werden. Maximal werden 1.800 Euro Eltergeld pro Monat gezahlt. Auf Wunsch der Eltern können die monatlichen Elterngeld-Zahlungen halbiert und so die Auszahlungsmonate verdoppelt werden.

@

http://www.bmfsfj.de/Kategorien/gesetze,did=3264.html

Das Elterngeld wird nicht versteuert, es wird steuer- und abgabefrei gewährt und ist einkommensabhängig. Mutter oder Vater können zwölf Monate Erziehungsurlaub (Elternzeit) nehmen. Wenn sich beide diese Zeit teilen, dann sind es zusammen sogar 14 Monate, in denen dann auch das Elterngeld bezahlt wird. Generell kann man die Elternzeit an einem Stück nehmen oder aber splitten. Es wäre z. B. möglich, dass ein Vater einen Monat nach der Geburt und eine weitere Elternzeit im zwölften Lebensjahr des Kindes nimmt. Während dieser Zeit darf man höchsten 30 Stunden pro Woche arbeiten.

Kündigungsschutz
Das Kündigungsverbot des Arbeitgebers beginnt mit der Schwangerschaft und endet vier Monate nach der Entbindung. Ein Kündigungsschutz besteht auch während der Elternzeit. Gekündigt werden kann während der Elternzeit nur bei Ablauf des Beschäftigungsverhältnisses durch Befristung, Aufhebungsvertrag, Ende des Berufsausbildungsverhältnis oder bei Stilllegung des Betriebes.

In Ausnahmefällen ist eine Kündigung möglich, wenn der Arbeitgeber dringend auf eine qualifizierte Ersatzkraft angewiesen ist, diese aber auf einem unbefristeten Arbeitsvertrag besteht.

Arbeitsvorschläge

1. Welche Tätigkeiten sind Schwangeren untersagt? Nennen Sie als Beispiele spezielle Arbeiten aus Ihren Betrieben.
2. Welchen besonderen Kündigungsschutz haben werdende Mütter?
3. Was muss eventuell am Arbeitsplatz verändert werden, wenn eine Mitarbeiterin schwanger wird?
4. Wie lange dauert die Mutterschutzfrist?
5. Ihre Freundin plant eine baldige Schwangerschaft. Erklären Sie ihr die Elternzeit.

9.2.3 Der Schwerbehindertenschutz

Beispiel

Die Unfallfolgen

Es war ein schönes Sommerfest. Sie hatten gegrillt und natürlich auch etwas getrunken. Auch Jan und die 16-jährige Maike. Und dann nahm er doch das Auto – er wollte ja nur Maike nach Hause bringen ...
Die Fahrt endete an einem Baum. Maike war sehr schwer verletzt. Sie hatte letztendlich Glück und überlebte. Doch sie war querschnittsgelähmt – mit 16 Jahren für immer an den Rollstuhl gefesselt.
Nach zwei Jahren in verschiedenen Kliniken und Rehas wollte Maike eine Ausbildung beginnen. „Meinen Sie, ich habe überhaupt Chancen?", fragte sie den Arbeitsvermittler. „Bessere als die gesunden Bewerberinnen und Bewerber", hatte dieser entgegnet.

Warum ein besonderes Gesetz?

In Deutschland leben etwa vier Millionen körperlich und geistig behinderte Menschen. Das sind ca. fünf Prozent oder jeder 20. Mensch unter uns. Wenn die Behinderung so schwerwiegend ist, dass die Erwerbsfähigkeit unter 50 % liegt, ist man Schwerbehinderter.

!

Bei einem Vorstellungsgespräch oder im Personalfragebogen darf ein Schwerbehinderter diesen Status nicht verneinen. Sonst kann der Arbeitsvertrag wegen arglistiger Täuschung angefochten werden.

Schwerbehinderte können oftmals Arbeiten, die für Nichtbehinderte problemlos sind, nicht ausführen. Andere bewegen sich langsamer, haben Sprach- oder Konzentrationsschwierigkeiten. Daneben müssen für sie am Arbeitsplatz oftmals besondere Investitionen getätigt werden (z. B. rollstuhlgerechte Türen, Toiletten und Aufzüge). Da lag es nahe, dass die Arbeitgeber den Schwerbehinderten lieber gesunde Arbeitnehmer/-innen vorzogen. Um auch den schwerbehinderten Menschen eine Chance zu geben und sie in den Arbeitsprozess einzugliedern, wurde das Schwerbehindertengesetz geschaffen.

Die wichtigsten Bestimmungen des Schwerbehindertengesetz	
Beschäftigungs-pflicht § 5	Betriebe ab 20 Arbeitsplätzen müssen mindestens fünf Prozent Schwerbehinderte einstellen.
Ausgleichs-abgabe §§ 11, 12	Für jeden nicht mit einem Schwerbehinderten besetzten Platz muss der Arbeitgeber bei mindestens 20 Arbeitsplätzen eine Ausgleichsabgabe zwischen 100,00 € und 250,00 € an einen Ausgleichsfond bezahlen (je nach Beschäftigungsquote). Dieses Geld wird für die berufliche Förderung von Schwerbehinderten verwendet.
besonderer Kündigungs-schutz §§ 15, 16, 20	Wenn ein Schwerbehinderter, der mindestens sechs Monate im Betrieb tätig war, gekündigt werden soll, muss dies die Hauptfürsorgestelle schriftlich genehmigen.
zusätzlicher Urlaub §§ 47	Schwerbehinderten steht ein Zusatzurlaub von fünf Tagen pro Jahr zu.

@

Schwerbehindertengesetz auf: www.schwerbehindertengesetz.de
Diabetiker können prüfen, wie hoch ihre Schwerbehinderung in Prozent ist auf: www.diabetes-news.de/info/soziales2.htm

Weitere besondere Rechte für Schwerbehinderte

Bewerbung: Wenn ein Schwerbehinderter nicht eingestellt wird, muss der Arbeitgeber beweisen, dass er den Bewerber nicht wegen seiner Behinderung benachteiligt, sondern ihn aus sachlichen Gründen nicht eingestellt hat. Bei Verstoß gegen dieses Benachteiligungsverbot kann der Bewerber finanzielle Entschädigung fordern. Die Höhe beträgt höchstens drei Monatsverdienste (Einstellungsgehalt). Ein Recht auf Einstellung hat er nicht.

Einkommensteuer: Hierbei können Steuerfreibeträge geltend gemacht werden, deren Höhe mit dem Grad der Behinderung ansteigt.

Öffentliche Verkehrsmittel: Er erhält Ermäßigungen bei der Deutschen Bahn AG und im öffentlichen Nahverkehr.

Kraftfahrzeug: Schwerbehindete zahlen weniger Kraftfahrzeugsteuer. Außerdem gibt es besondere Parkplätze für Behinderte.

Zusätzlich erhalten Behinderte:

- einen Freibetrag bei der Wohngeldberechnung,
- Eintrittsermäßigungen bei verschiedenen Veranstaltungen,
- einen Nachlass bei den Rundfunkgebühren.

Arbeitsvorschläge

1. Welche Menschen gelten als „schwerbehindert"?
2. Warum müssen diese Menschen besonders geschützt werden?
3. Wie viele Schwerbehinderte müssen Arbeitgeber einstellen, bei a) 18; b) 42; c) bei 358 Arbeitsplätzen?
4. Was passiert, wenn die Schwerbeschädigtenquote in einem Betrieb nicht erfüllt wird?

9.3 Technischer Arbeitsschutz

Beispiel

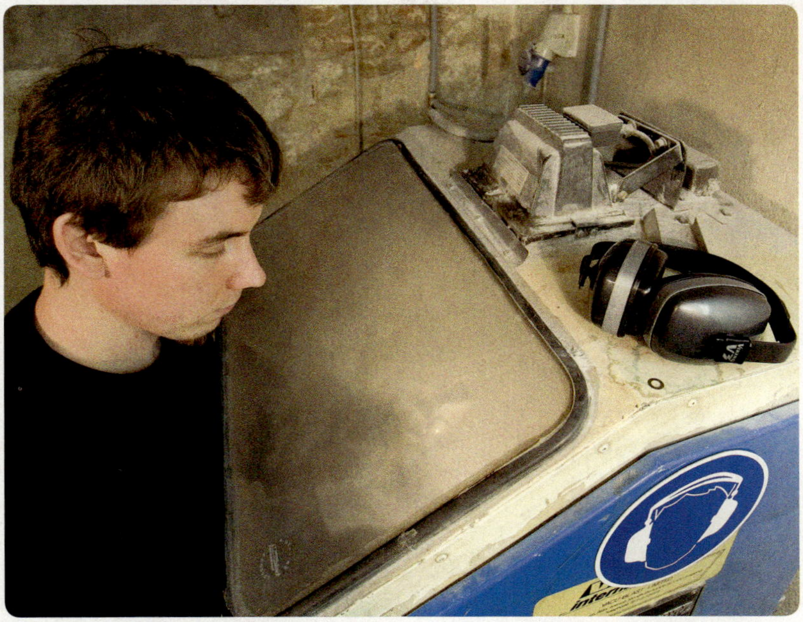

Wenn Karsten abends vor dem Fernseher sitzt, gibt es Krach. Krach mit seiner Familie, weil Krach aus dem Lautsprecher kommt. Aber ohne diese Lautstärke kann Karsten seinen Krimi nicht mehr verstehen. Er ist schwerhörig – durch Lärm. Und er wird es bleiben bis an sein Lebensende. Denn Lärmschwerhörigkeit ist nicht heilbar.

Was ist mit Karstens Gehör geschehen? Viele Jahre lang hat Karsten dort gearbeitet, wo es laut zuging. Er hat diesen Lärm im Laufe der Jahre immer weniger empfunden. Karsten dachte, das ist schon O. K. Das war sein Irrtum. Zuerst verliert ein Lärmschwerhöriger die Empfänglichkeit für hohe Töne, dann versteht er die Sprache nicht mehr richtig.

Und wie sah es bei Karsten mit Gehörschutz aus? Auch den hatte er zwischendurch getragen. Doch der brachte andere Probleme: Er schwitzte stark an den Ohren und mit seinen Kollegen konnte er sich auch nicht mehr verständigen. „Also was soll's", dachte Karsten, „runter mit den lästigen Dingern. Das wird schon gut gehen."
Karsten weiß jetzt, dass er da einen großen Fehler gemacht hat.

Belastungen am Arbeitsplatz
Wer arbeitet, braucht Sicherheit und Schutz an seinem Arbeitsplatz. Bei Karsten hat dies nicht funktioniert. Mehr als 10.000 neue Fälle von Lärmschwerhörigkeit werden bei den Berufsgenossenschaften Jahr für Jahr gemeldet. Lärmschwerhörigkeit ist damit die häufigste Berufskrankheit überhaupt. Würden alle Schutzmaßnahmen konsequent umgesetzt, ließe sich diese Krankheit völlig vermeiden. Was kann man im Einzelnen tun?

Maßnahmen zum Arbeitsschutz

!

Wer einen lauten Arbeitsplatz hat, sollte die Arbeitspause für eine Gehörerholung nutzen.
Nach einer Tätigkeit am lauten Arbeitsplatz sollte man seine Ohren nicht noch mit lautstarker Musik belasten.

Der klassische Arbeitsschutz umfasst eine Vielzahl von Maßnahmen. Sie sollen dazu beitragen,

- Leben und Gesundheit der Arbeitskräfte zu schützen,
- die Arbeit menschengerechter zu gestalten,
- die Arbeitskraft der Beschäftigten zu erhalten.

Arbeitsunfälle und Berufskrankheiten werden von vielen Faktoren beeinflusst. Lärm ist dabei nur einer von vielen. Zahlreiche andere Belastungen wie z. B. Dämpfe, Zugluft, Gefahrenstoffe, Erschütterungen und Nässe gefährden die Arbeitnehmer.

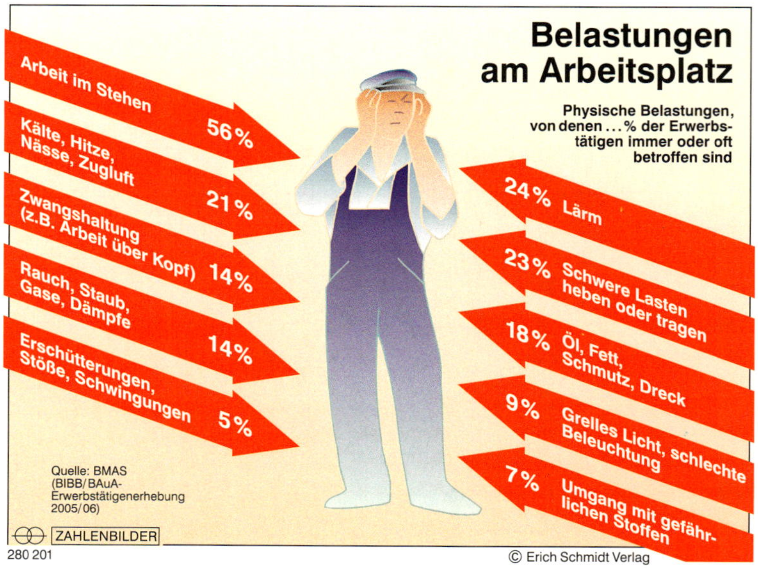

@

Interessante Informationen zum Thema Berufsgenossenschaft gibt es unter den Adressen
www.dugv.de/inhalt/index.html
www.berufsgenossenschaften.de

Organisation des Arbeitsschutzes
Der Staat hat zahlreiche Vorschriften erlassen, die dem Arbeitsschutz dienen. Die wichtigsten sind:

Vorschriften zum Arbeitsschutz

Gesetze	Inhalt
Arbeitsschutzgesetz	Es verpflichtet den Arbeitgeber, die Gesundheitsgefahren am Arbeitsplatz zu beurteilen und geeignete Schutzmaßnahmen zu treffen.
Gefahrenstoffverordnung	Sie regelt die Schutzmaßnahmen für Arbeitnehmer beim Umgang mit Gefahrenstoffen (Gifte, Säuren, Dämpfe usw.).
Arbeitsstättenverordnung	Sie bestimmt, wie Fabriken, Werkstätten, Büros und Lager ausgestattet sein müssen. Das betrifft z. B. Beleuchtung, Belüftung, Temperatur, Abmessungen.
Baustellenverordnung	Sie soll dazu beitragen, dass die im Baubereich besonders hohen Unfall- und Gesundheitsrisiken gesenkt werden.
Bildschirmarbeitsverordnung	Durch sie werden Schutzbestimmungen für die Arbeit an Bildschirmgeräten zusammengefasst und alle Arbeitgeber zu ihrer Beachtung verpflichtet.
Geräte- und Produktsicherheitsgesetz	Das Gesetz soll dafür sorgen, dass in Deutschland nur solche technischen Geräte angeboten und verkauft werden, die sicherheitstechnisch einwandfrei sind. Geräte die nach dem Gerätesicherheitsgesetz geprüft wurden, dürfen das GS-Zeichen tragen. Geprüft hat nicht der Hersteller, sondern eine unabhängige und dafür zugelassene Prüfstelle, wie z. B. der TÜV.
Biostoffverordnung	Sie dient dem Schutz der Beschäftigten, die bei der Ausübung ihres Berufs (z. B. in der Gesundheitsfürsorge oder der Abfallwirtschaft) mit krankheitserregenden Mikroorganismen in Kontakt kommen.
PSA-Benutzerverordnung	PSA ist die Abkürzung für Persönliche Schutzausrüstung. Die Verordnung regelt die Auswahl, Bereitstellung und die Benutzung der jeweils notwendigen Schutzausrüstung (Brillen, Helme, Handschuhe usw.).

Eine Unfallverhütungsvorschrift: Rettungswege und Notausgänge müssen deutlich erkennbar und dauerhaft gekennzeichnet sein und auf möglichst kurzem Weg ins Freie oder in einen gesicherten Bereich führen.

Nicht nur der Staat sondern auch die **Berufsgenossenschaften** haben eine wichtige Aufgabe im Rahmen des Arbeitsschutzes. Sie erlassen Unfallverhütungsvorschriften, die von den Unternehmen und den Beschäftigten unbedingt zu beachten sind.

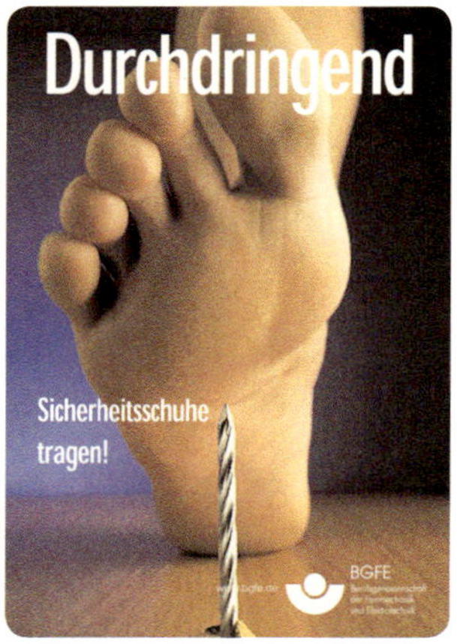

Auch ein noch so guter Arbeitsschutz kann nicht verhindern, dass Arbeitsunfälle passieren. Die Unfallhäufigkeit ist in den einzelnen Branchen sehr unterschiedlich. Auf Baustellen und in den Holz verarbeitenden Betrieben ist sie am größten. Wenige Unfälle ereignen sich in den Gesundheitsdiensten und in der Verwaltung. Ist ein Unfall passiert, so ist die gesetzliche Unfallversicherung gefordert. Sie betreut den Beschäftigten und seine Familie bei den Folgen von Arbeitsunfällen und Berufskrankheiten. Träger der gesetzlichen Unfallversicherung sind die Berufsgenossenschaften. Sie haben technische Aufsichtsdienste eingeführt. Zusammen mit den staatlichen Gewerbeaufsichtsämtern wachen sie darüber, dass alle Vorschriften des Arbeitsschutzes genau beachtet werden. Auch mit Informationsschriften und Plakaten wenden sich die Berufgenossenschaften direkt an die Beschäftigten. Sie versuchen so, deren Bewusstsein für die unmittelbaren Gefahren am Arbeitsplatz und auf dem Weg von und zur Arbeit zu stärken.

Um die Arbeitnehmer vor Gefahren und Überforderung am Arbeitsplatz zu schützen, reicht der technische Arbeitsschutz nicht aus. Auch ein **sozialer Arbeitsschutz** ist notwendig. Er enthält allgemeine Schutzbestimmungen. Sie betreffen z. B. die Arbeitszeit, den Urlaub und die Kündigung des Arbeitnehmers. Auch der Schutz von benachteiligten Arbeitnehmergruppen wie z. B. werdenden Müttern, Jugendlichen oder auch Schwerbehinderten zählt zum sozialen Arbeitsschutz. Für die jeweiligen Schutzbestimmungen gibt es spezielle Gesetze (Mutterschutzgesetz Kap. 9.2.2, Jugendarbeitsschutzgesetz Kap. 5.3, Schwerbehindertengesetz Kap. 9.2.3).

Sicherheits- und Gesundheitsunterweisungen müssen während der Arbeitszeit durchgeführt werden.

Arbeitsvorschläge

1. Welche Faktoren verursachen Belastungen am Arbeitsplatz?
2. Ein technisches Gerät trägt das GS-Zeichen. Was hat dies zu bedeuten?
3. Wer ist für den technischen Arbeitsschutz zuständig?
4. Nennen Sie Beispiele aus dem Bereich des sozialen Arbeitsschutzes.
5. Wer kontrolliert, ob die Arbeitsschutzbestimmungen auch eingehalten werden?
6. In Ihrem Ausbildungsbetrieb sehen Sie die folgenden Zeichen a–f. Erklären Sie deren Bedeutung.

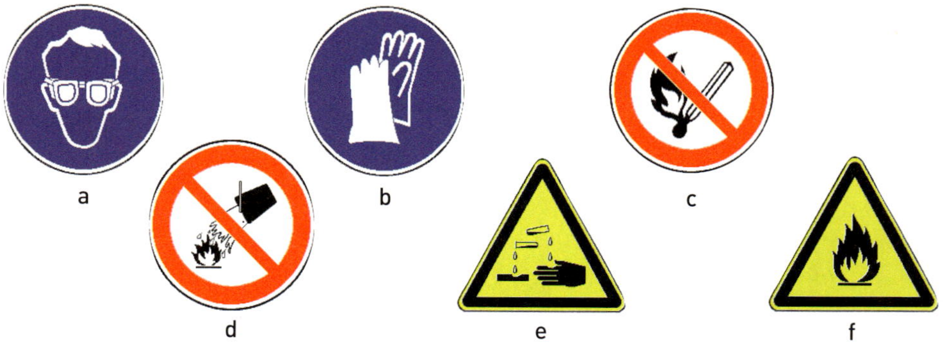

10 Beendigung des Arbeitsverhältnisses

Moment mal!

Marc hatte es geschafft. Die Abschlussprüfung war bestanden, und er wurde auch als Schreiner in seinem Ausbildungsbetrieb übernommen. Doch schon nach kurzer Zeit war er mit dem Job sehr unzufrieden. Er arbeitete jetzt nämlich in einer Abteilung, die für einen Hersteller von Fertighäusern als Subunternehmer tätig war. Sie bauten die Häuser auf und bearbeiteten auch Reklamationen. Die Aufträge waren über ganz Deutschland verteilt. So kam es immer wieder vor, dass Marc entweder sehr spät abends nach Hause kam oder sogar auswärts übernachten musste. Das hatte er sich natürlich anders vorgestellt.

In der ersten Fußballmannschaft wurde er nicht mehr aufgestellt, weil er kaum noch zum Training kam. Für seine Freunde hatte er nur noch am Wochenende Zeit. Da kam Inga gerade recht: Sie hatte eine Anzeige gefunden „Möbelhaus sucht handwerklich geschickten Schreiner für sofort. Tätigkeiten: Umbau im Möbelhaus, Auslieferung und Aufstellen der Möbel bei Kunden ..."
Marc stellte sich vor und unterschrieb am nächsten Tag schon den Arbeitsvertrag. In seinem alten Betrieb rief er an und kündigte fristlos.
„So geht das nicht, Sie können nicht einfach wegbleiben. Ich werde Sie auf Schadenersatz verklagen, wenn wir die nächsten Aufträge nicht schaffen oder die anderen Überstunden machen müssen ..." – „Das ist bestimmt eine leere Drohung!", antwortete Marc. „Sie werden schon sehen, haben wohl damals in der Schule grad geschlafen, als das Thema Kündigung dran war ...", war die wütende Antwort des Chefs.

- Wie ist Ihre Meinung zu Marcs Situation?
- Welche Kündigungsfristen gibt es?
- Wie und wen schützt das Kündigungsschutzgesetz?

?

Jeder Arbeitsvertrag kommt durch zwei übereinstimmende Willenserklärungen zustande. Eine Weiterbeschäftigung nach bestandener Prüfung ist auch eine solche zweiseitige Willenserklärung, in diesem besonderen Fall eine stillschweigende. Der Betrieb beschäftigt den ausgebildeten Schreiner zu tariflichen Bedingungen weiter, dieser willigt stillschweigend ein, indem er am Tag nach der praktischen Prüfung zur Arbeit kommt.

Arbeitsverträge können befristet oder unbefristet abgeschlossen werden (siehe hierzu auch Kap. 8). In **befristeten Arbeitsverträgen** endet das Beschäftigungsverhältnis mit Ende der im Vertrag festgelegten Frist. Eine **Beendigung unbefristeter Arbeitsverträge** geschieht entweder durch einen Aufhebungsvertrag oder durch Kündigung.
Kündigungen, Aufhebungsverträge aber auch Befristungen müssen schriftlich erfolgen.

!

Überlegen Sie sich einen Aufhebungsvertrag gut. Sie verzichten damit auf den Ihnen eventuell zustehenden Kündigungsschutz (auch auf den besonderen von Schwangeren und Schwerbehinderten). Erkundigen Sie sich auch vorher beim Arbeitsamt, ob eine Ausgleichszahlung angerechnet wird und ob Sie eine Sperrzeit für den Bezug von Arbeitslosengeld bekommen.

Aufhebungsvertrag

In einem Aufhebungsvertrag erklären sich beide Vertragspartner zur Beendigung eines bestehenden Arbeitsverhältnisses bereit. Oftmals erhält der Arbeitnehmer für die Einwilligung eine Abfindung, wenn der Arbeitgeber großes Interesse an der Beendigung hat. Ein Teil der Abfindung wird allerdings auf das Arbeitslosengeld angerechnet. Dessen Bezug kann bis zu drei Monate gesperrt werden. Aufhebungsverträge werden oft aus betriebsbedingten Gründen (z. B. Auftragsrückgang, Kosteneinsparungen) angeboten, um die Kündigungsschutzfristen zu umgehen. Sie können aber auch angewendet werden, wenn der Arbeitnehmer einen Grund für eine fristlose Kündigung liefert, der Chef ihm aber eine solche Kündigung ersparen will, damit er bei folgenden Bewerbungen bessere Chancen hat. In diesem Fall wird sicherlich keine Abfindung vereinbart.

Kündigungsfristen bei Kündigung durch den Arbeitgeber

Eine Kündigung ist eine einseitige Willenserklärung des Kündigenden, die vom anderen Vertragspartner lediglich empfangen werden muss. In der höchstens sechsmonatigen Probezeit können Arbeitsverträge mit einer Frist von zwei Wochen von beiden Seiten gekündigt werden.

Wenn der **Arbeitgeber** kündigt, gelten für Beschäftigte unter 25 Jahren die einfache Kündigungsfristen von vier Wochen zum 15. oder zum Monatsende. Für Beschäftigte über 25 Jahre hängen die Kündigungsfristen von der Betriebszugehörigkeit ab.

Kündigungsschutzfristen

Betriebszugehörigkeit	Kündigungsfrist
unter **2 Jahren**	**4 Wochen** zum 15. oder Monatsende
ab **2 Jahren**	**1 Monat** zum Monatsende
ab **5 Jahren**	**2 Monate** zum Monatsende
ab **8 Jahren**	**3 Monate** zum Monatsende
ab **10 Jahren**	**4 Monate** zum Monatsende
ab **12 Jahren**	**5 Monate** zum Monatsende
ab **15 Jahren**	**6 Monate** zum Monatsende
ab **20 Jahren**	**7 Monate** zum Monatsende

Kündigungsarten

Es gibt drei Kündigungsarten:	ordentliche, fristgemäße Kündigung	außerordentliche, fristlose Kündigung	Änderungskündigung

Ordentliche (gesetzliche) Kündigung durch den Arbeitnehmer

Die gesetzliche Kündigungsfrist für Arbeitnehmer beträgt unabhängig von seiner Betriebszugehörigkeit jeweils vier Wochen zum Monatsende oder zum 15. des Monats (der jeweils erste Termin). Wenn Sie als Arbeitnehmer am 01.05. oder am 15.05. eine neue Stelle annehmen wollen, müssen Sie an den folgenden Terminen kündigen:

Beispiele

Ende des Arbeitsverhältnisses: **30.04**	4 Wochen = 28 Tage →	Spätester Kündigungstermin: **02.04**
Ende des Arbeitsverhältnisses: **14.05**	4 Wochen = 28 Tage →	Spätester Kündigungstermin: **16.04**

Außerordentliche, fristlose Kündigung

Diese kann sowohl vom Arbeitgeber als auch vom Arbeitnehmer erfolgen. Bedingung ist, dass dem Kündigenden eine Fortsetzung des Arbeitsverhältnisses nicht mehr zugemutet werden kann. Dies ist allerdings nur möglich, wenn ein wichtiger Grund vorliegt, wie zum Beispiel:

- Diebstahl,
- Arbeitsverweigerung,
- grober Verstoß gegen die Betriebsordnung,
- ungenehmigter Urlaub,
- Beleidigungen,
- Vorenthaltung des Gehaltes,
- sexuelle Belästigung usw.

Jeder Vertragspartner muss dem anderen den Kündigungsgrund unverzüglich mitteilen. Eine fristlose Kündigung ist auch nur möglich, wenn der Kündigungsgrund nicht länger als zwei Wochen bekannt ist.

Änderungskündigung

Ein Arbeitnehmer soll an einem anderen Platz als dem im Arbeitsvertrag festgelegten eingesetzt werden. Es soll ihm aber nicht gekündigt werden. Oder aber seine im Vertrag festgelegten Arbeitsbedingungen sollen geändert werden. Dann bietet sich eine Änderungskündigung an. Dies bedeutet: Dem Beschäftigten wird die Fortsetzung der Anstellung zu geänderten Bedingungen angeboten. Diese könnten sein: weniger Lohn, Wegfall von Überstundenregelungen, eine andere Tätigkeit oder eine Beschäftigung an einem anderen Standort usw. Unterschreibt der Arbeitnehmer den neuen Vertrag nicht, verliert sein alter Vertrag trotzdem seine Gültigkeit.

Kündigungsschutz

Die zwei Voraussetzungen des Kündigungsschutzes:

- Der Kündigungsschutz gilt nur für Mitarbeiter in Betrieben mit mehr als zehn vollbeschäftigten Arbeitnehmern (über 30 Wochenstunden). Für Mitarbeiter, die ab 2004 neu eingestellt wurden, gilt er sogar erst in Betrieben ab zehn Arbeitnehmern. Auszubildende zählen nicht mit. Teilzeitbeschäftigte zählen mit geringerem Faktor.
- Zum Zeitpunkt der Kündigung muss der Arbeitnehmer länger als sechs Monate im Betrieb angestellt sein.

Allgemeiner Kündigungsschutz

Einem Arbeitnehmer darf, wenn die unten genannten Voraussetzungen erfüllt sind, nur dann gekündigt werden, wenn er durch seine Person oder sein Verhalten einen Kündigungsgrund gibt, oder wenn betriebliche Erfordernisse vorliegen.

Kündigungsgründe nach dem Kündigungsschutzgesetz

personenbedingte Gründe	verhaltensbedingte Gründe	betriebliche Gründe
▸ mangelhafte Kenntnisse und Fähigkeiten (dürfen bei der Einstellung nicht bekannt gewesen sein) ▸ mangelnde körperliche oder geistige Eignung (z. B. Allergien) ▸ lange Krankheit, deren Ende nicht absehbar ist ▸ häufige Kurzerkrankungen (wenn die wirtschaftliche Belastung für den Arbeitgeber zu groß wird)	▸ schuldhafte Vertragsverletzung wie Arbeitsverweigerung, häufige Unpünktlichkeit, selbstgenommener und nicht genehmigter Urlaub ▸ Verletzung arbeitsrechtlicher Nebenpflichten wie Nichtvorlage einer Arbeitsunfähigkeitsbescheinigung ▸ Verstöße gegen die Betriebsordnung, Verweigerung von Überstunden, Verweigerung der Aufgabenaufteilung im Betriebsteam ▸ Drogenkonsum am Arbeitsplatz (auch Alkohol) ▸ Verletzung eines Rauchverbotes im Betrieb ▸ fehlender Leistungswille ▸ Störung des Betriebsfriedens durch Beleidigung von Kollegen, des Meisters oder von Kunden; sexuelle Nötigung	▸ Umsatz- oder Ertragsrückgang ▸ Umstrukturierung des Betriebes ▸ Betriebsverkleinerung (z. B. aus Altersgründen, Krankheit) ▸ Umorganisation (z. B. Einsatz modernerer Maschinen)
Zusatzpflichten des Betriebsinhabers: ▸	**vorherige schriftliche Abmahnung:** Dadurch erhält der Arbeitnehmer die Chance, sein Verhalten zu ändern. Erfolgt dies nicht, kann die Kündigung ausgesprochen werden.	Berücksichtigung sozialer Gesichtspunkte

Kündigung nach Abmahnung

Wann ist eine Abmahnung erforderlich?

Vor Ausspruch einer Kündigung wegen vertragswidrigen Verhaltens (sogenannte verhaltensbedingte Kündigung), z. B. wegen unentschuldigten Fehlens in der Berufsschule oder mangelnder Bereitschaft zur Eingliederung in die betriebliche Ordnung, muss der Auszubildende zweimal abgemahnt

werden. Der Ausbildungsbetrieb muss dem Auszubildenden also in diesen Fällen zuerst die „gelbe Karte" zeigen und ihm damit Gelegenheit geben, sein Verhalten zu ändern. Wenn nach beiden Abmahnungen keine Besserung erfolgt, kann aus diesem Grund gekündigt werden.
Ansonsten ist die Kündigung **unwirksam**.

Nur bei **schweren** Vertrauensverstößen (z. B. bei Unterschlagung eines größeren Geldbetrages) kann eine Kündigung direkt ohne vorherige Abmahnung ausgesprochen werden.

Wie lange wirkt eine Abmahnung?
Die Rechtswirkung einer Abmahnung ist zeitlich begrenzt. Hat der Auszubildende, nachdem sie ausgesprochen wurde, längere Zeit seine Pflichten erfüllt, wird eine Abmahnung gegenstandslos.
Abmahnungen, die länger als ein Jahr zurückliegen, sind in der Regel gegenstandslos geworden.

In welcher Form muss eine Abmahnung erteilt werden?
Die Abmahnung ist formfrei, d. h. sie kann grundsätzlich auch mündlich erfolgen. Sie wird jedoch aus Beweisgründen in der Praxis schriftlich erteilt.

Soziale Abwägung
Es muss dem Kollege gekündigt werden, für den eine Kündigung die geringste soziale Härte darstellt. Zu berücksichtigende soziale Faktoren sind z.B. Lebensalter, Dauer der Betriebszugehörigkeit, Unterhaltsverpflichtung, Vermögensverhältnisse, Schulden, Krankheiten. Mitarbeiter, auf die der Betrieb aufgrund ihrer Qualifikation besonderen Wert legt, sollen aber nicht als erste gehen müssen, nur weil sie z. B. jung und unverheiratet sind.

In Betrieben mit **Betriebsrat** ist dieser vor jeder Entlassung **anzuhören**. Unterbleibt dies, ist die Kündigung unwirksam. Widerspricht der Betriebsrat einer Kündigung und es wird Klage eingereicht, muss der Gekündigte weiterbeschäftigt werden, bis vom Arbeitsgericht eine Entscheidung getroffen wurde.

Bei betriebsbedingten Kündigungen hat der Arbeitgeber die Möglichkeit, eine Abfindung anzubieten. Der Arbeitnehmer kann entscheiden, ob er das Angebot annimmt oder ob er klagen will. Dies soll langwierige juristische Streitereien vermeiden helfen.

Besonderer Kündigungsschutz

Folgende Gruppen genießen einen besonderen Kündigungsschutz:

- Wehr- und Ersatzdienstleistende sind während dieser Tätigkeit nicht kündbar, außer sie liefern einen Grund für eine fristlose Kündigung.
- Schwerbehinderte (siehe Kap. 9.2.3)
- Schwangere (siehe Mutterschutzgesetz, Kap. 9.2.2)
- Auszubildende nach der Probezeit (siehe Kap. 5.2)
- Betriebsratsmitglieder
- Jugend- und Auszubildendenvertreter sind während ihrer Amtszeit und ein Jahr danach unkündbar.

Rechte des Arbeitnehmers nach der Kündigung

- Anspruch auf angemessene Freistellung zu Vorstellungsgesprächen
- Ausstellung eines Arbeitszeugnisses (auf Wunsch qualifiziertes Zeugnis)
- eventuellen Resturlaub
- Aushändigung der Arbeitspapiere (Lohnsteuerkarte, Sozialversicherungsnachweis, Urlaubsbescheinigung)
- Der Arbeitgeber muss den gekündigten Arbeitnehmer darüber informieren, dass er sich unverzüglich bei der Arbeitsagentur melden muss, damit sich sein Arbeitslosengeld nicht vermindert. Hierfür ist er von der Arbeit freizustellen.

Arbeitsvorschläge

1. Überprüfen Sie den Fall in „Moment mal!" (S. 59): Wer hat Recht?
2. Irene hat sich in der Fabrik „ASS" beworben und könnte zum 01.06.2008 dort beginnen. Wann muss sie spätestens bei ihrem jetzigen Arbeitgeber kündigen?
3. Vergleichen Sie die Kündigungsfristen während der Probezeit in der Ausbildung mit denen in der Probezeit eines Arbeitsplatzes.
4. Beurteilen Sie die Rechtslage folgender Fälle. Entscheiden Sie, ob eine Kündigung möglich ist. Wenn ja, welche?
   a) Lars wurde nun schon zum dritten Mal aufgefordert, nicht angetrunken in die Nachtschicht zu kommen.
   b) Klaus ist vor allem freitags öfter krank. Wenn er donnerstags lange aus war, kämpft er morgens häufig mit starker „Migräne".
   c) Andreas kann wegen eines Bandscheibenvorfalles seine Tätigkeit als Gabelstaplerfahrer nicht mehr ausüben.
   d) Klara weigert sich, nachdem sie nach der Ausbildung übernommen wurde, die ihr zugewiesenen Arbeiten zu übernehmen. Sie möchte lieber im Lager arbeiten, als an der Maschine zu stehen.
   e) Maike ist nicht gewillt, einen Lehrgang für die neuen Maschinen zu machen.

11 Arbeitsgerichtsbarkeit

Moment mal!

Claudia Dombrowski arbeitet als Bäckerin in einer Großbäckerei und steht jetzt vor dem Arbeitsgericht. Sie hat mehrfach unentschuldigt an ihrem Arbeitsplatz gefehlt. Ihr Chef hat sie deshalb einige Male abgemahnt. Das hat aber alles nichts genutzt. Im Dezember war sie wieder nicht da. „Keine Entschuldigung, keine Krankmeldung – nichts. „So etwas können wir uns doch nicht bieten lassen", so ihr Arbeitgeber.
„Nicht zur Arbeit zu gehen, dass kann doch mal vorkommen, wenn man dringende Dinge zu erledigen hat. Mein Chef soll sich nicht so anstellen!"

„Immer nur geschuftet habe ich für meinen Betrieb und jetzt soll ich auch noch auf Lohn verzichten. Und das bei meinen Ausgaben. Das lasse ich mir nicht bieten!"
Holger Willems arbeitet als Maurer in einer Baufirma. Auch er steht in Neustadt vor dem Arbeitsgericht. Der Grund: Wegen der schlechten Auftragslage am Bau sollen er und seine Kollegen auf 10 % ihres Lohnes verzichten. Weigern sie sich, droht ihnen die Kündigung. „Wir müssen runter mit den Kosten, sonst kann ich meinen Betrieb zumachen", so sein Chef.

- Für welche Streitigkeiten sind die Arbeitsgerichte zuständig?
- Wie ist die Arbeitsgerichtsbarkeit aufgebaut?

?

Zuständigkeit der Arbeitsgerichtsbarkeit

Claudia und Holger haben Streit mit ihrem Arbeitgeber. Versuche, den Konflikt innerbetrieblich zu lösen, sind gescheitert. Gespräche zwischen dem Arbeitgeber, den Arbeitnehmern und dem Betriebsrat haben letztlich zu nichts geführt. Man trifft sich jetzt vor dem Arbeitsgericht.
Arbeitsgerichte sind zuständig für Rechtsstreitigkeiten, die sich im Arbeitsleben ergeben.

Zuständigkeitsbereiche der Arbeitsgerichtsbarkeit

Beispiele

Rechtsstreitigkeiten ...	Beispiele:
zwischen Arbeitgebern und Arbeitnehmern aus dem Arbeitsverhältnis	Streit zwischen Paul Hermann und seiner Firma wegen ausstehender Bezahlung von Überstunden
zwischen Arbeitgebern und Arbeitnehmern wegen unerlaubter Handlungen	Streit zwischen Olga Kretschmer und ihrem Arbeitgeber wegen angeblicher Mitnahme von betriebseigenem Material
zwischen Gewerkschaften und Arbeitgeberverbänden oder einzelnen Arbeitgebern	Streit zwischen der IG-Metall und der Volkswagen AG über den Umfang einer tariflich vereinbarten Arbeitszeitverkürzung
zwischen Arbeitnehmern untereinander	Streit zwischen den beiden im Gruppenakkord arbeitenden Transportarbeitern Felix H. und Axel M. über die Aufteilung des Akkordlohnes
die sich aus den Mitbestimmungsrechten der Arbeitnehmer nach dem Betriebsverfassungsgesetz ergeben	Streit zwischen dem Betriebsrat und der Geschäftsleitung der Holzbau AG über Inhalte einer neuen Betriebsordnung

Weiterführende Informationen zum Arbeitsgericht finden Sie im Internet unter www.bundesarbeitsgericht.de

Wie die Übersicht zeigt, sind die Arbeitsgerichte für sehr verschiedene Arten von Rechtsstreitigkeiten aus dem Arbeitsleben zuständig. Mehr als dreiviertel aller Arbeitsgerichtsentscheidungen entfallen aber auf die beiden Streitgegenstände Lohn- bzw. Gehaltsansprüche und Kündigung. An erster Stelle stehen dabei die Kündigungen. In wirtschaftlich schlechteren Zeiten mit hoher Arbeitslosigkeit haben die Arbeitsgerichte besonders viel mit Kündigungsproblemen zu tun.

Das Arbeitsrecht kennt drei Arten von Kündigungen:

- personenbedingte Kündigung, z. B. wegen lang andauernder Krankheit;
- verhaltensbedingte Kündigung, z. B. wegen unentschuldigten Fehlens des Arbeitnehmers;
- betriebsbedingte Kündigung, z. B. wegen schlechter Auftragslage des Betriebes.

Besonders häufig sind betriebsbedingte Kündigungen vor den Arbeitsgerichten anhängig.

Aufbau der Arbeitsgerichtsbarkeit

Eine Besonderheit der Arbeitsgerichtsbarkeit ist die Güteverhandlung. Sie findet vor jeder Hauptverhandlung des Arbeitsgerichts statt. Die Güteverhandlung möchte dazu beitragen, den Arbeitsfrieden im Betrieb zu wahren. Der Streit soll geschlichtet werden ohne eine gerichtliche Verhandlung. Die Parteien können sich vor den Arbeitsgerichten selbst vertreten. Ein Rechtsanwalt ist nicht unbedingt notwendig. Möglich ist auch, dass Arbeitnehmer sich durch einen Anwalt der Gewerkschaft vertreten lassen. Wenn eine gütliche Einigung nicht möglich ist, wird der Rechtsstreit vor einer Kammer des Arbeitsgerichts weiter verhandelt. Gegen Urteile des Arbeitsgerichts (1. Instanz) kann die unterlegene Partei Berufung beim zuständigen Landesarbeitsgericht (2. Instanz) einlegen. Revision gegen Urteile des Landesarbeitsgericht kann beim Bundesarbeitsgericht (3. Instanz) eingelegt werden. Dies ist aber nur in Fällen möglich, bei denen die Urteile Rechtsfehler enthalten.

!

Damit Gerichtskosten kein Hindernis für ein Arbeitsgerichtsverfahren darstellen, sind sie besonders niedrig. Anders als bei der Zivilgerichtsbarkeit müssen auch keine Vorschüsse auf die Gerichtskosten gezahlt werden. Als Gewerkschaftsmitglied erhält man kostenlosen juristischen Beistand.

Aufbau, Besetzung und Instanzenzug der Arbeitsgerichtsbarkeit

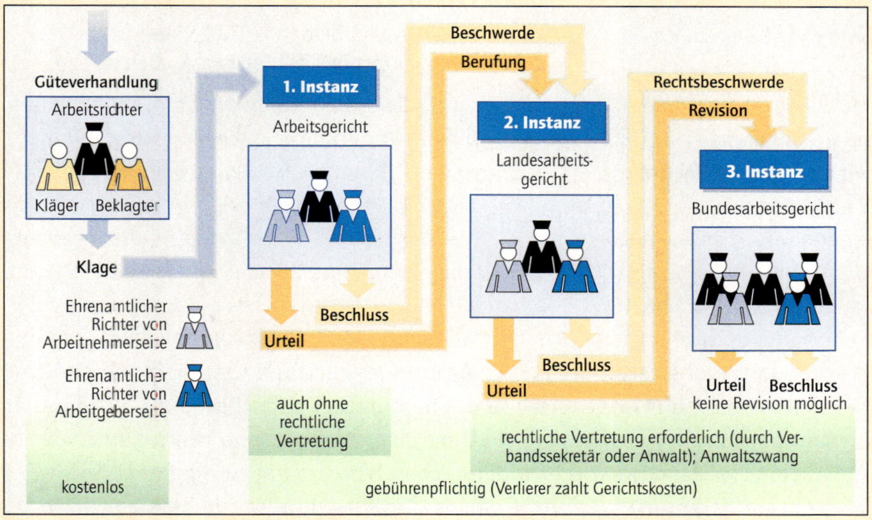

Arbeitsvorschläge

1. Beschreiben Sie den Instanzenweg der Arbeitsgerichtsbarkeit.
2. Karsten Suther und sein Chef werden zu einer Güteverhandlung vor das Neustädter Arbeitsgericht geladen. Welches Ziel hat diese Vorladung?
3. Bernd, ein Kollege des Maurers Holger Willems scheut den Gang zum Arbeitsgericht wegen der angeblich zu hohen Kosten. Wie beurteilen Sie diese Meinung?
4. Für welche Arten von Rechtsstreitigkeiten ist die Arbeitsgerichtsbarkeit zuständig?

Arbeitsvorschläge zur Wiederholung und Prüfungsvorbereitung (Kapitel 6–11)

1. Untersuchen und begründen Sie, ob in folgenden Fällen gegen Pflichten aus dem Arbeitsvertrag verstoßen wird:
   a) Während der achtmonatigen Probezeit werden 75 % des Tariflohnes gezahlt.
   b) In der Probezeit erwirbt ein Arbeitnehmer noch keinen Urlaubsanspruch.
   c) Der Maurer A. arbeitet am Wochenende und im Urlaub noch nebenbei.
   d) W. Müller weigert sich regelmäßig, eine Überstunde zu machen.
   e) Nach Arbeitszeitgesetz beträgt die tägliche Arbeitszeit 8,5 Stunden.
   f) Bei einer Arbeitszeit von mehr als 6 Stunden wird eine Pause von 15 Minuten gewährt.
   g) Die tägliche Arbeitszeit wird in der Saison auf 10 Stunden erhöht, die Überstunden werden mit Freizeit ausgeglichen.
2. Unterscheiden Sie zwischen betriebs- und verhaltensbedingten Kündigungen:
   a) Herr Meier wird wegen laufenden Zu-Spät-Kommens abgemahnt. Danach ist er erst einmal pünktlich, doch ein Jahr später kommt er wieder mehrmals zu spät. Mit der zweiten Abmahnung erhält er die Kündigung – ist das so rechtens?
   b) Dem Schlosser Nick wird aufgrund eines Diebstahls fristlos gekündigt. Er beschwert sich beim Betriebsrat. Dieser hört zum ersten Mal von dieser Kündigung. Beurteilen Sie die Rechtslage.
3. Für welche Arbeitnehmer gilt das Kündigungsschutzgesetz nicht?
4. Wie lang ist die Kündigungsfrist in folgenden Fällen:
   a) Die 44-jährige Frau Meier ist 14 Jahre im Betrieb beschäftigt.
   b) Eine 22-Jährige ist seit Ihrem 16. Lebensjahr im Betrieb tätig.
   c) Die 32-jährige schwangere Frau Schulz ist seit 6 Jahren im Betrieb.
   d) Jochen leistet zur Zeit den Wehrdienst ab. Er hat gerade ausgelernt.
5. Frau Müller möchte sich beruflich verändern. Sie will am 01.06. eine Stelle bei einem neuen Betrieb beginnen.
   a) Wann muss sie spätestens im alten Betrieb kündigen?
   b) Sie erhält eine Bescheinigung über ihren genommenen Urlaub. Diese gibt sie aber nicht beim neuen Arbeitgeber ab, da ihn das, wie sie meint, nichts angehe. Beurteilen Sie die Sachlage.
   c) Die Probezeit wurde auf drei Monate festgelegt. Ist das möglich?
   d) Sie erhält vom alten Arbeitgeber ein qualifiziertes Arbeitszeugnis. Was versteht man darunter?
   e) Sie ist im 3. Monat schwanger. Als sie dies anmeldet, kündigt ihr der neue Chef, da sie das im Vorstellungsgespräch verschwiegen habe. Prüfen Sie, ob die Kündigung rechtens ist.
   f) Frau Müller will die Sache gerichtlich klären lassen. Welches Gericht ist zuständig?
   g) Welche Instanzen gibt es bei diesem Gericht?
   h) Wer trägt die Gerichtskosten in diesem Verfahren?
6. Am Samstag führt die Schröder KG in der Freizeit einen Sicherheitslehrgang durch. Sonntags wird über die Vermeidung von Berufskrankheiten referiert. Alle Arbeitnehmer werden verpflichtet, teilzunehmen. Prüfen Sie diese Verpflichtung.
7. **Lernen durch Handeln: Verhandlungstermine vor dem Arbeitsgericht erkunden**
   Nichts ist so anschaulich wie die Praxis selbst. Das gilt auch für die Arbeitsgerichtsbarkeit. Verschaffen Sie sich mit Ihrer Klasse einen Eindruck über den Inhalt und Ablauf eines Arbeitsgerichtstermins. Sie sollten darauf achten, nicht einen Kammertermin, sondern an einem Gütetermintag das Arbeitsgericht zu besuchen. Gütetermine sind interessanter und dauern nur relativ kurze Zeit.

12 Organisation der Wirtschaft

Moment mal!

- Was will die Karikatur aussagen?
- Welche Aufgaben haben die Gewerkschaften?

?

12.1 Organisationen der Arbeitnehmer

Die Vertreter der Arbeitnehmer sind die **Gewerkschaften**. Vieles, was uns heute in der Arbeitswelt selbstverständlich erscheint, wurde erst im Laufe des letzten Jahrhunderts errungen.
Die Situation der Arbeiter und ihrer Familien war gerade zu Beginn der Industrialisierung durch menschenunwürdige Zustände gekennzeichnet. Die Arbeitszeit der Erwachsenen betrug 14 bis 16 Stunden, Kinderarbeit war an der Tagesordnung. Die Löhne reichten gerade aus, um die notwendigsten Bedürfnisse abzudecken, sozialen Schutz gab es nicht.
Der Armut und Hilflosigkeit der vielen Arbeiter, die als Einzelne keine gleichwertigen Verhandlungspartner waren, entsprach auf der anderen Seite Reichtum und Macht der wenigen Unternehmer.

In dieser Zeit wurden die sozialen Spannungen immer stärker. Arbeiterbewegungen entstanden und suchten nach Auswegen aus der hoffnungslos erscheinenden Situation.
Da der Staat die öffentliche Ordnung gefährdet sah, wurden im sogenannten „Sozialistengesetz" von 1878 alle politischen Vereine der Arbeiterbewegung – darunter auch die Gewerkschaften – verboten. Gleichzeitig wurden unter Bismarck die Grundlagen für eine umfassende Sozialgesetzgebung geschaffen. Er hoffte, dadurch die unzufriedenen Arbeiter für den bestehenden Staat zu gewinnen.
Nachdem die Gewerkschaften Ende des 19. Jahrhunderts wieder erlaubt waren, setzten sie die weitere Verbesserung der Arbeitsbedingungen durch. Dazu gehörten neben Unfallverhütungsvorschriften am Arbeitsplatz auch vorbeugende Maßnahmen gegen Berufskrankheiten, tarifliche und gesetzliche Regelungen von Sonntagsarbeit, Urlaub und Nachtarbeit.

Aufgaben und Organisationen
Heute nehmen Gewerkschaften schwerpunktmäßig folgende Aufgaben wahr:
- Verbesserung der Arbeits- und Lohnbedingungen im Rahmen von Tarifverhandlungen;
- Organisation von Arbeitskampfmaßnahmen;
- finanzielle Unterstützung der am Streik beteiligten Gewerkschaftsmitglieder;
- Beratung und Vertretung von Gewerkschaftsmitgliedern in arbeitsrechtlichen Fragen und vor dem Arbeitsgericht;
- Durchführung von Fortbildungsmaßnahmen für Gewerkschaftsmitglieder mit bestimmten Aufgabenbereichen (z. B. Betriebsräte);
- Mitwirkung bei der Rechtsprechung der Arbeits- und Sozialgerichte durch ihre Vertreter (Laienrichter);
- Vertretung von Arbeitnehmerinteressen gegenüber politischen Organen, Verbänden und der Öffentlichkeit. So versuchen z. B. Gewerkschaften zu verhindern, dass Rationalisierungsmaßnahmen in den Betrieben zu einem sozialen Rückschritt für die Arbeitnehmer führen.

Dachorganisation der Einzelgewerkschaften ist der Deutsche Gewerkschaftsbund (DGB), der 1949 gegründet wurde. Ziel der Gründung war es, eine wirkungsvolle Einheit zu schaffen, welche die gemeinsamen Interessen der Mitgliedergewerkschaften vertritt.

Neben dem DGB bestehen einige andere Arbeitnehmerorganisationen, so z. B. der Deutsche Beamtenbund und der Christliche Gewerkschaftsbund.

12.2 Organisationen der Arbeitgeber

12.2.1 Die Industrieorganisation

Industrie- und Handelskammer (IHK)
Für alle im Bereich der Kammer tätigen Gewerbebetriebe besteht eine Pflichtmitgliedschaft, soweit sie nicht von der Handwerksordnung erfasst werden.

Aufgaben der IHK sind z. B.:
- gemeinsame Interessen der Mitglieder vertreten;
- Behörden durch Gutachten, Berichte und Vorschläge unterstützen;
- Mitglieder in rechtlichen, wirtschaftlichen und finanziellen Fragen beraten;
- Berufsausbildung, Umschulung und berufliche Fortbildung regeln und überwachen;
- Verzeichnis der Berufsausbildungsverhältnisse führen.

Organe der IHK sind:
- **Vollversammlung:** Sie legt die Richtlinien der Kammerarbeit fest und entscheidet über grundsätzliche Fragen. Das Präsidium und die Mitglieder der Ausschüsse werden von ihr gewählt.
- **Präsidium:** Der Präsident und seine Stellvertreter bilden das Präsidium. Die laufenden Kammergeschäfte werden unter der Leitung des **Hauptgeschäftsführers** erledigt.
- **Ausschüsse:** Sie sind zuständig für spezielle Angelegenheiten; so ist beispielsweise ein Berufsbildungsausschuss nach dem Berufsbildungsgesetz einzurichten.

Die gemeinsamen Interessen der Industrie- und Handelskammern werden auf Bundesebene durch ihre Spitzenorganisation, den Deutschen Industrie- und Handelstag (DIHT), vertreten.

Industrielle Arbeitgeberverbände

Arbeitgeberverbände bildeten sich in den 70er-Jahren des vorigen Jahrhunderts als Abwehrorganisation gegenüber den gewerkschaftlichen Forderungen. In ihrer Eigenschaft als Arbeitgebervertreter sind sie Verhandlungspartner der Gewerkschaften bei dem Abschluss von Tarifverträgen. Aber auch sozialpolitische Aufgaben, wie z. B. Aufklärungsarbeit, Berufsausbildung, Fortbildung und Mitbestimmungsfragen, gehören in ihren Tätigkeitsbereich.

Spitzenorganisation der Arbeitgeberverbände ist die **Bundesvereinigung der Deutschen Arbeitgeberverbände** (BDA). Hier sind neben den industriellen auch Arbeitgeberverbände anderer Wirtschaftszweige (z. B. Handel, Versicherungen) vertreten.

Industrielle Wirtschaftsverbände

Sie sind mit Aufgaben betraut, die sich auf einen bestimmten wirtschaftlichen Fachbereich erstrecken, so z. B. die gemeinsamen Interessen aller Automobilfirmen. Ein freiwilliger Zusammenschluss aller Fachvereinigungen (Fachverbände) im Bundesgebiet ist der **Bundesverband der Deutschen Industrie** (BDI). Zu seinen Aufgaben zählen die Einflussnahme auf die staatliche Finanz- und Wirtschaftspolitik im Sinne seiner Mitglieder, Mitsprache bei den Problemen des Wettbewerbs und das gemeinsame Vorgehen auf ausländischen Märkten.

Ein gemeinsames Organ aller Spitzenorganisationen der gewerblichen Wirtschaft bildet der **Gemeinschaftsausschuss der Deutschen gewerblichen Wirtschaft**. Neben dem BDI, dem BDA und dem DIHT sind hier noch weitere Organisationen vertreten.

Organisation des Gemeinschaftsausschusses der DGW

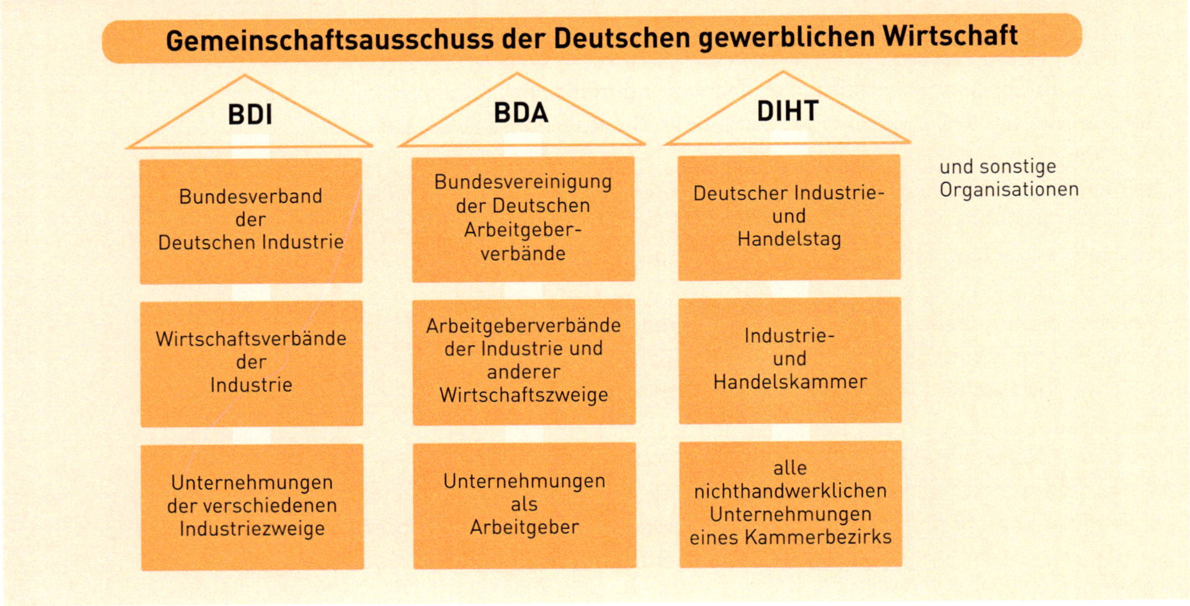

12.2.2 Die Handwerksorganisation

Das Handwerk gehört zu den tragenden Säulen der deutschen Wirtschaft. Nach der Handwerksordnung ist der handwerkliche Bereich in mehrere Organisationen gegliedert.

Organisationsstruktur im Handwerk

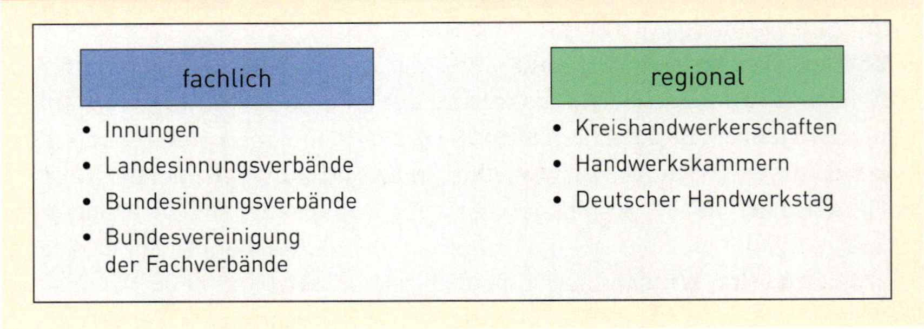

Innungen

Die Innung ist ein freiwilliger Zusammenschluss selbstständiger Handwerker des gleichen oder verwandten Handwerks. Der Innungsbezirk deckt sich im Allgemeinen mit einem Stadt- bzw. Landkreis.

Organe der Innung sind:

- **Innungsversammlung:** Sie beschließt über grundsätzliche Angelegenheiten und besteht aus den Mitgliedern der Handwerksinnung.
- **Vorstand:** Seine Aufgabe ist es, die Beschlüsse der Innungsversammlung auszuführen. Er besteht aus dem Obermeister, seinem Stellvertreter, dem Schriftführer sowie dem Lehrlingswart.
- **Ausschüsse:** In ihnen werden spezielle Angelegenheiten geregelt.

Folgende Ausschüsse sind zu unterscheiden:

- **Gesellenausschuss:** Er wird von den bei den Innungsmitgliedern beschäftigten Gesellen gewählt. Er ist insbesondere bei der Durchführung von Beschlüssen zur Berufsausbildung zu beteiligen.
- **Ausschuss für Berufsausbildung:** Er hat vor allem die Berufsausbildung der Auszubildenden zu fördern. Vorsitzender des Ausschusses ist der Lehrlingswart.
- **Schlichtungsausschuss:** Die Innung kann einen Ausschuss zur Schlichtung von Streitigkeiten, die Auszubildende betreffen, einrichten. Er kann von dem Ausbildungsbetrieb und dem Auszubildenden angerufen werden.
- **Gesellenprüfungsausschuss:** Die Innung kann von der Handwerkskammer ermächtigt werden einen Gesellenprüfungsausschuss zu errichten und Gesellenprüfungen durchzuführen.

Landesinnungsverbände sind freiwillige Zusammenschlüsse von Fachinnungen innerhalb der jeweiligen Bundesländer. Diese haben sich zu **Bundesinnungsverbänden** (Zentralfachverbänden) zusammengeschlossen. Sämtliche Bundesinnungsverbände bilden die **Bundesvereinigung der Fachverbände**.

Aufgaben der Innung bestehen darin,

- den Gemeinschaftsgeist und die Berufsehre zu pflegen,
- ein harmonisches Verhältnis zwischen Meistern, Gesellen und Auszubildenden anzustreben,
- Gesellenprüfungen abzunehmen, soweit die Innung von der Handwerkskammer hierzu ermächtigt wurde,
- für die berufliche Ausbildung der Auszubildenden zu sorgen und ihre charakterliche Entwicklung zu fördern,
- die handwerklichen Fähigkeiten der Gesellen und Meister zu fördern,
- andere handwerkliche Organisationen und Einrichtungen bei der Wahrnehmung ihrer Aufgaben zu unterstützen,
- den Behörden Gutachten und Auskünfte über Belange ihres Handwerks zu erstellen.

Kreishandwerkerschaft

Sie besteht aus den Innungen des jeweiligen Stadt- oder Landkreises. **Organe** der Kreishandwerkerschaft sind der **Vorstand** mit dem Kreishandwerksmeister und seinem Stellvertreter sowie die **Mitgliederversammlung**.

Aufgaben der Kreishandwerkerschaft sind z. B.:

- das Interesse des selbstständigen Handwerks wahrzunehmen;
- die Behörden zu unterstützen und ihnen Anregungen, Auskünfte und Gutachten zu erteilen;
- die angeschlossenen Handwerksinnungen zu unterstützen und bei Bedarf ihre Verwaltungsarbeit zu erledigen;
- die von der Handwerkskammer erlassenen Vorschriften und Anordnungen durchzuführen.

Handwerkskammer
Zur Handwerkskammer gehören alle selbstständigen Handwerker und die Inhaber handwerksähnlicher Betriebe sowie deren Mitarbeiter und Auszubildenden. Sie ist eine **Pflichtgemeinschaft** auf Bezirksebene.

Organe der Handwerkskammer sind:
- **Vollversammlung:** Sie bestimmt die Richtlinien der Kammerpolitik. Zwei Drittel ihrer Mitglieder sind selbstständige Handwerksmeister und ein Drittel sind Gesellen.
- **Vorstand:** Seine Aufgabe ist die Verwaltung der Handwerkskammer. Der Vorstand besteht aus dem Präsidenten und zwei Stellvertretern, von denen einer Geselle sein muss.
- **Ausschüsse:** Die Vollversammlung kann Ausschüsse bilden und sie mit besonderen Aufgaben betrauen (z. B. für Berufsausbildung, Prüfungswesen).

Aufgaben der Handwerkskammer sind z. B.:
- Handwerks- und Lehrlingsrolle führen,
- Berufsausbildung regeln und überwachen,
- Prüfungsordnungen für Meister und Gesellen der einzelnen Handwerke erlassen,
- Fortbildung der Meister und Gesellen fördern,
- Vermittlungsstelle einrichten, um Streitigkeiten zwischen selbstständigen Handwerkern und ihren Auftraggebern zu beheben.

Im **Deutschen Handwerkskammertag** haben sich auf Bundesebene die Handwerkskammern zusammengeschlossen. An der Spitze der Handwerksorganisation steht der **Zentralverband des Deutschen Handwerks**. Er besteht aus dem Deutschen Handwerkskammertag und der Bundesvereinigung der Fachverbände.

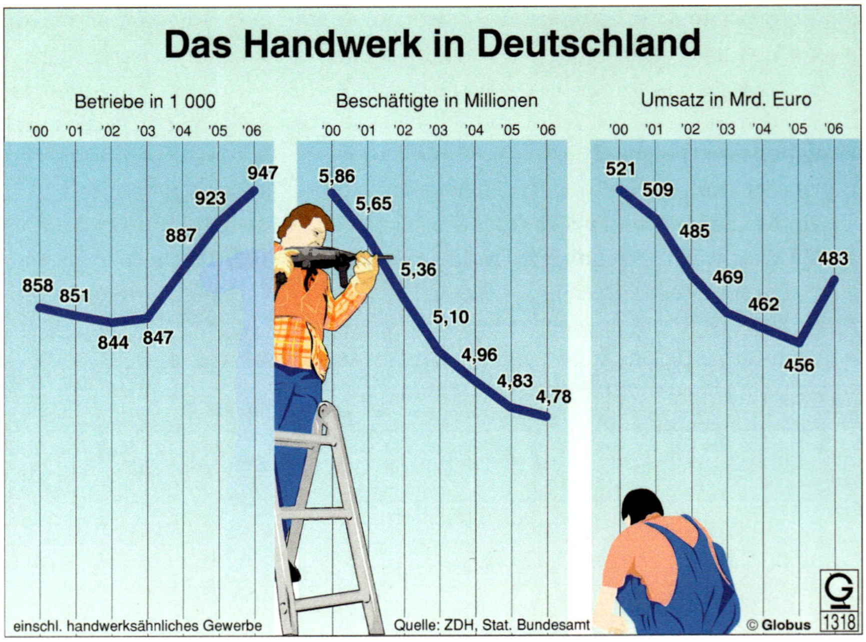

Organisation des Deutschen Handwerkskammertages

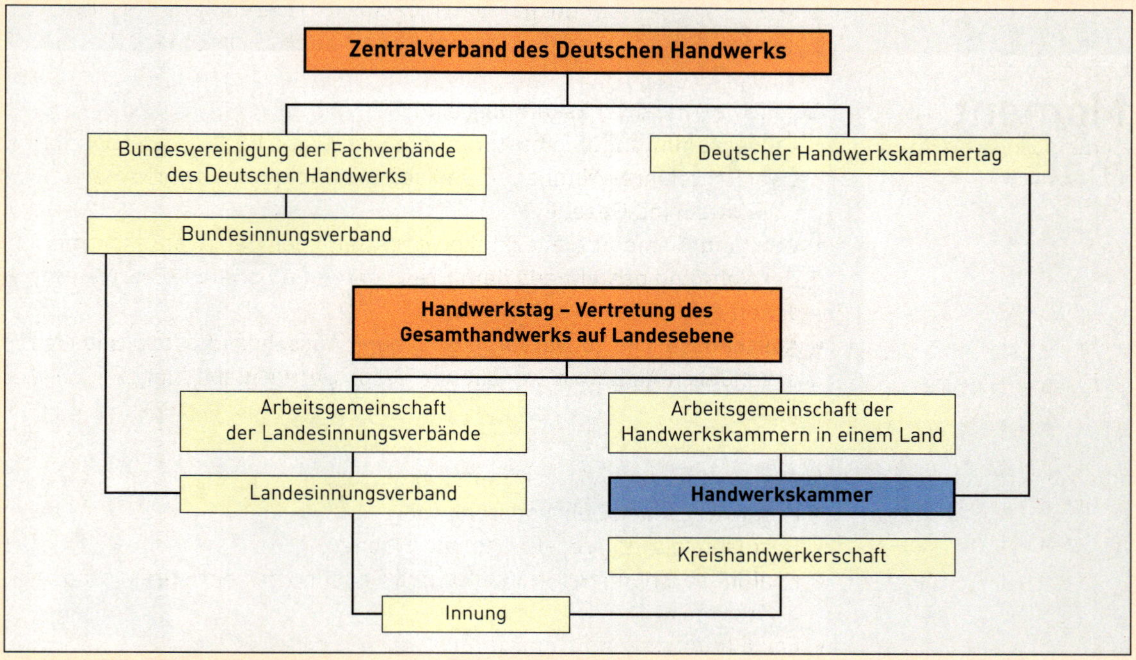

Arbeitsvorschläge

1. Wie lässt sich das Entstehen der Arbeiterbewegung begründen?
2. Welches organisatorische Verhältnis besteht zwischen den Einzelgewerkschaften und dem DGB?
3. Welche Unternehmungen sind Mitglieder der IHK?
4. Nennen Sie Aufgaben der IHK.
5. Welches ist die zentrale Aufgabe der Arbeitgeberverbände?
6. Unterscheiden Sie zwischen Wirtschafts- und Arbeitgeberverbänden.
7. Beschreiben Sie die fachliche und die regionale Gliederung der Handwerksorganisation.
8. Wie setzt sich die Kreishandwerkerschaft zusammen?
9. Nennen Sie Aufgaben der Kreishandwerkerschaft.
10. Welche Personenkreise sind Mitglieder der Handwerkskammer?

13 Tarifrecht

Moment mal!

Bitte, die Herren, das übliche Zeremoniell – es ist angerichtet!

Jedes Jahr das gleiche Spiel. Fernsehkameras surren. Ernst dreinschauende Damen und Herren verkünden, dass man sich auch in der dritten Sitzung dieser Tarifrunde nicht geeinigt habe. Schuld daran sei natürlich die starre Haltung der anderen Seite. Die sei ja so was von unbeweglich! Und dass die auf die berechtigten Forderungen nicht eingehen wollten, sei eigentlich ein Skandal. Nun ja, in 14 Tagen wird ein neuer Versuch gestartet. Und wenn die anderen nicht nachgeben werden, dann wird es ernst ...

- Tarifautonomie: Was ist das überhaupt?
- Wer sind die Tarifpartner?

?

13.1 Tarifautonomie

Tarifpartner
Wer legt sie eigentlich fest, die Löhne und Arbeitsbedingungen?

Die Tarifpartner entscheiden im Rahmen ihrer **Tarifautonomie**. Hierunter versteht man das Recht der Gewerkschaften und Arbeitgeber, Löhne und Arbeitsbedingungen in eigener Verantwortung zu vereinbaren. Der Staat mischt sich nicht ein. Er geht davon aus, dass die Sozialpartner selbst am besten wissen, welche Vereinbarungen sie treffen sollten. Für den Staat hat das den Vorteil, dass er sich aus schwierigen Lohnkonflikten heraushalten kann. Dieser Freiraum der Sozialpartner ist in der Bundesrepublik sogar in der Verfassung garantiert.

Wenn der Staat sich aus den Tarifverhandlungen heraushält, heißt das aber nicht, dass er ganz unbeteiligt ist. Zahlreiche Gesetze hat er erlassen, die auch die Arbeitsbedingungen regeln. Dies ist z. B. der Fall beim Kündigungsschutzgesetz, der Arbeitszeitordnung, dem Urlaubs- und Schwerbehindertengesetz. Aber der Staat hat durch diese Gesetze nur **Mindestbedingungen** festgelegt. Den Tarifpartnern steht es frei, andere Vereinbarungen zu treffen.

! Durch die ausgehandelten Arbeitsbedingungen der Tarifpartner darf der Arbeitnehmer nicht schlechter gestellt sein als es in den jeweiligen Gesetzen steht.

Manchmal lässt der Staat den Tarifpartnern auch „**Orientierungsdaten**" zukommen. Er gibt dadurch zu erkennen, welche Richtung er bei den Tarifverhandlungen für wünschenswert hält. Ist z. B. ein niedriges Wirtschaftswachstum zu erwarten, so könnten hohe Lohnabschlüsse das Problem der Arbeitslosigkeit verschlimmern. Der Staat wird daher vor anstehenden Tarifverhandlungen zu maßvollen Lohnabschlüssen raten. Staatliche Orientierungsdaten sind aber immer unverbindliche Empfehlungen an die Tarifpartner.

Verantwortung der Tarifpartner
Mit dem Recht der Tarifautonomie übernehmen die Tarifpartner auch **Verantwortung** für ihre Tarifpolitik:

Auswirkungen und wirtschaftliche Folgen der Tarifpolitik

Gewerkschaften und Arbeitgeber handeln Löhne und Arbeitsbedingungen aus.

Dies hat Auswirkungen auf ...		Wirtschaftliche Folgen
Beschäftigung	Wenn die Lohnabschlüsse zu hoch sind ...	kann die Arbeitslosigkeit zunehmen.
Kosten und Preise	Wenn die Lohnabschlüsse zu hoch sind ...	kann eine Inflation ausgelöst oder beschleunigt werden.
Konkurrenzfähigkeit	Wenn die Lohnabschlüsse zu hoch sind ...	kann die nationale oder internationale Wettbewerbsfähigkeit erschwert werden oder verloren gehen.
gesamtwirtschaftliche Nachfrage	Wenn die Lohnabschlüsse zu niedrig sind ...	können die Kaufkraftimpulse zur Konjunkturbelebung der Wirtschaft nicht ausreichen.
Lebensbedingungen der Arbeitnehmer	Wenn die Lohnabschlüsse zu niedrig sind ...	kann sich der Lebensstandard der Arbeitnehmer verschlechtern.

13.2 Tarifvertrag

Beispiel

IG Metall Tarifinformationen

Die IG Metall-Tarifkommission hat am 23. September in Darmstadt für die Beschäftigten der Textil- und Bekleidungsindustrie einen guten Tarifabschluss erzielt. Ergebnis: Es gibt 3 % mehr Lohn und Gehalt, plus 30,00 € für die Auszubildenden und 60,00 € für die Altersversorgung. „Mit dem Abschluss haben wir den Anschluss an die Einkommensentwicklung in anderen Wirtschaftsbereichen gehalten", erklärte der Verhandlungsführer der IG Metall, Peter Donath. Als Erfolg werteten er und die IG Metall-Tarifkommission auch, dass sich die Arbeitgeber in Zukunft an der betrieblichen Altersvorsorge beteiligen und dass die Auszubildenden zusätzlich mehr Geld erhalten.

Abschluss der Tarifverträge

Tarifverträge werden von den Tarifpartnern ausgehandelt. Die Gewerkschaften, einzelne Arbeitgeber sowie Arbeitgeberverbände (Vereinigungen von Arbeitgebern) können Vertragspartner sein. Die Arbeitgeberverbände für das Handwerk sind die Landesinnungsverbände. Der Tarifvertrag regelt die Rechte und Pflichten der Vertragspartner. Wie jeder andere Vertrag kommt auch er zustande, wenn die Vertragspartner sich in allen Punkten einig sind.

Kernstück eines Tarifvertrags sind die Vereinbarungen über Lohn, Gehalt und Ausbildungsvergütungen. Weitere Angelegenheiten, die geregelt werden können, sind z. B.:

- Urlaubsdauer,
- Urlaubsgeld,
- Arbeitszeit,
- Eingruppierung in Lohn- und Gehaltsklassen,
- Prämienzahlungen,
- Erfolgsbeteiligungen,
- Kurz- und Mehrarbeit,
- menschengerechte Gestaltung der Arbeit.

Wer im Einzelnen zu den Tarifvertragsparteien gehört, ist im Tarifvertragsgesetz (TVG) festgelegt:

§ 2 Tarifvertragsparteien.

(1) Tarifvertragsparteien sind Gewerkschaften, einzelne Arbeitgeber sowie Vereinigungen von Arbeitgebern.

(2) Zusammenschlüsse von Gewerkschaften und von Vereinigungen von Arbeitgebern (Spitzenorganisationen) können im Namen der ihnen angeschlossenen Verbände Tarifverträge abschießen, wenn sie eine entsprechende Vollmacht haben.

(3) Spitzenorganisationen können selbst Parteien eines Tarifvertrages sein, wenn der Abschluss von Tarifverträgen zu ihren satzungsmäßigen Aufgaben gehört.

Wenn alles stimmt ...

Arten der Tarifverträge

Bei den zahlreichen Tarifverträgen, die jedes Jahr abgeschlossen werden gibt es viele Unterschiede:

Unterscheidung der Tarifverträge

Unterscheidungsmerkmale	Erklärung
Inhalt der Tarifverträge	• Manteltarifverträge regeln Arbeits- und Ausbildungsbedingungen, Urlaub, Kündigungsfristen, Arbeitszeiten. • Rahmentarifverträge regeln z. B. die Lohngruppeneinteilung. So könnte hier festgelegt sein, dass gewerbliche und kaufmännische Auszubildende nach Abschluss ihrer Ausbildung den gleichen Lohn bekommen. • Vergütungstarifverträge (Lohn- und Gehaltstarifverträge) regeln die Vergütung der Arbeitnehmer.
Laufzeit der Tarifverträge	• Vergütungstarifverträge haben häufig nur ein Jahr Laufzeit. • Rahmen- und Manteltarifverträge haben Laufzeiten von mehreren Jahren.
beteiligte Tarifpartner	• Firmentarifverträge (Haustarifverträge) werden zwischen Gewerkschaften und großen Firmen abgeschlossen. Sie gelten nur für ein Unternehmen. • Verbandstarifverträge werden zwischen Gewerkschaften und Arbeitgebern abgeschlossen, die Mitglied eines tarifabschließenden Verbandes sind (z. B. Arbeitgeberverband der Metall- und Elektroindustrie).
räumlicher Geltungsbereich der Verträge	• Bundestarifvertrag: gilt für das gesamte Bundesgebiet. • Landestarifverträge: gelten nur in einem oder mehreren Bundesländern. • Regionaltarifverträge: gelten nur für eine bestimmte Region oder einen Ort.

Die für bestimmte Regionen geltenden Tarifverträge werden auch als **Flächentarifverträge** bezeichnet. Arbeitgeberverbände und Gewerkschaften handeln Lohn und Arbeitsbedingungen aus. Das Ergebnis ist dann quasi Gesetz für ein bestimmtes Tarifgebiet. Flächentarifverträge sind in die Kritik geraten. Der Grund: Die wirtschaftliche Situation der Betriebe ist häufig sehr unterschiedlich.
Manche Firmen können die regional ausgehandelten Tariflöhne nicht bezahlen. Diese Arbeitgeber möchten daher lieber einen individuellen **Haustarifvertrag** speziell für ihren Betrieb abschließen. Dass sich dieser Wunsch verwirklichen lässt, haben die letzten Jahre bewiesen. Immer häufiger werden neben den üblichen Flächentarifverträgen maßgeschneiderte Haustarifverträge abgeschlossen.

Gewerkschaftsvertreter stehen Haustarifverträgen häufig skeptisch gegenüber. Sie setzen sich eher für Flächentarifverträge ein.

Funktionen und Pflichten beim Tarifvertrag
Für wen gelten die Tarifverträge? Sie gelten eigentlich nur für die Arbeitnehmer, die der tarifabschließenden Gewerkschaft angehören. Ganz grob gesagt wären das etwa 30 % aller Arbeitnehmer. Und die vielen anderen? Gehen die leer aus?
Das ist nicht der Fall. Ein Tarifvertrag kann nämlich für allgemein verbindlich erklärt werden (Allgemeinverbindlichkeitserklärung). Dies geschieht durch den Bundesminister für Arbeit und Sozialordnung. Vorausgehen muss ein Antrag von einer Tarifvertragspartei. Auch wenn Arbeitnehmer und Arbeitgeber nicht einer Tariforganisation angehören, wird für sie der Tarifvertrag zu zwingendem Recht.

Tarifverträge haben für die Arbeitnehmer eine **Schutzfunktion**. Die hier vereinbarten Regelungen sind Mindestleistungen. Durch die im Arbeitsvertrag getroffenen Vereinbarungen darf ein Arbeitnehmer nicht schlechter gestellt werden als tariflich vereinbart wurde. Eine Besserstellung ist dagegen zulässig.

Während der Laufzeit des Tarifvertrages sind von den Tarifpartnern bestimmte **Pflichten** zu erfüllen:

Pflichten beim Tarifvertrag

Erfüllungspflicht	Friedenspflicht	Nachwirkung
Vertragspartner müssen die im Tarifvertrag getroffenen Vereinbarungen auch wirklich erfüllen.	Alle Kampfmaßnahmen wie Streik und Aussperrung müssen während der Laufzeit eines Tarifvertrages unterbleiben.	Die alten Vereinbarungen sind auch nach Ablauf des Tarifvertrags einzuhalten und zwar so lange, bis ein neuer Vertrag abgeschlossen wurde.

Arbeitsvorschläge

1. Was versteht man unter Tarifautonomie?
2. Erklären Sie den Aussagegehalt der Karikatur auf Seite 76.
3. Der Staat hält sich aus den Tarifverhandlungen heraus. Er ist aber nicht unbeteiligt am Tarifgeschehen. Wie ist das zu verstehen?
4. Wenn Gewerkschaften und Arbeitgeber Löhne und Gehälter aushandeln, hat dies auch volkswirtschaftliche Auswirkungen. Nennen Sie Beispiele hierfür.
5. Diskutieren Sie über die Meinung des ernst dreinschauenden „Wikingers“, kundgetan bei einer gewerkschaftlich organisierten Demonstration.

6. Unterscheiden Sie zwischen einem Mantel- und einem Vergütungstarifvertrag.
7. Immer mehr Betriebe wollen statt Flächen- Firmentarifverträge abschließen. Begründen Sie, warum.
8. Welche Pflichten sind mit einem Tarifvertrag verbunden?
9. Welche Bedeutung hat die „Allgemeinverbindlichkeitserklärung“ bei Tarifverträgen?
10. Warum haben Manteltarifverträge wohl eine längere Laufzeit als Vergütungstarifverträge?
11. **Lernen durch Handeln:**
    Rollenspiel: Ist „Trittbrettfahren“ eigentlich in Ordnung?
    Holger und Erik sind Kollegen. Erik ist Gewerkschaftsmitglied. Holger ist nicht organisiert. Beide sind heute ganz happy. Sie haben gerade gehört, dass die Tarifverhandlungen nun endlich erfolgreich abgeschlossen wurden. 3,5 % mehr Lohn und zwei Tage zusätzlichen Urlaub gibt es im kommenden Jahr. Für Erik hat die Sache aber einen Pferdefuß. Und damit hält er auch nicht hinter dem Berg: „Nicht in der Gewerkschaft zu sein und trotzdem die zusätzliche Kohle einzustreichen, das finde ich ungerecht. Diese Trittbrettfahrer, die nur ihre Vorteile sehen, die stinken mir ganz gewaltig!“ Holger sieht die ganze Sache anders ...
    Führen Sie ein Rollenspiel durch:
    1. Teilen Sie die Klasse in Kleingruppen zu jeweils drei Schüler/-innen auf.
    2. Besetzen Sie die beiden Rollen von Holger und Erik.
    3. Überlegen Sie sich Argumente, die Ihre Einstellung untermauern.
    4. Tauschen Sie die Argumente aus und nehmen Sie kritisch Stellung zu den Argumenten Ihres Rollengegners.
    5. Besetzen Sie als dritte Rolle die des Arbeitgebers. In dieser Rolle sollen Sie zwischen den Positionen von Erik und Holger abwägen und Ihre eigene Meinung finden.
    6. Sprechen Sie anschließend in der Klasse darüber, welche Erfahrungen Sie in Ihren jeweiligen Rollen gemacht haben.

13.3 Arbeitskampfmaßnahmen

Beispiel

Die Tarifverhandlungen sind gescheitert. Die Gewerkschaft lässt in einer Urabstimmung ihre Mitglieder abstimmen, ob sie für einen Streik sind.

75 % der Gewerkschaftsmitglieder sind bereit für die Forderungen der Gewerkschaft zu streiken.
Der Streik beginnt.

Nach dem Scheitern der Verhandlungen, nach den einstimmigen Beschlüssen von Tarifkommission und Vorstand läuft jetzt die Urabstimmung. Gebt die richtige Antwort auf das Diktat der Stahlindustriellen.
Die Tarifkommission empfiehlt, mit J A zu stimmen.

STIMMZETTEL

zur Urabstimmung ab Samstag, dem 18. November 20.., 14.00 Uhr, bis Dienstag, den 21. November 20.., 14.00 Uhr.

Bist du bereit, für folgende Forderungen zu streiken?

Verkürzung der tariflichen Wochenarbeitszeit bei vollem Lohnausgleich mit dem Ziel der 35-Stunden-Woche, auch durch Freizeitausgleich.

Erhöhung der Tariflöhne und Tarifgehälter um 5 % sowie Erhöhung der Ausbildungsvergütung
für das 1. und 2. Ausbildungsjahr um 20,00 €,
für das 3. und 4. Ausbildungsjahr um 15,00 €.

☒ JA ○ NEIN

Die Tarifkommission empfiehlt: Stimme mit „JA".

Schlichtung, Streik und Aussperrung

Tarifverhandlungen führen nicht immer zum Erfolg. Sie können auch scheitern. Gemeinsam können die Tarifparteien dann ein **Schlichtungsverfahren** beantragen. Auch eine Partei allein kann das tun. Die andere Seite muss das hinnehmen. In der Schlichtungsstelle sind beide Parteien mit gleicher Personenzahl vertreten. Eine unparteiische Person führt den Vorsitz.

Erst wenn die Schlichtung gescheitert ist, darf gestreikt werden. Manchmal graben allerdings die Gewerkschaften das „Kriegsbeil" schon vorher aus. Während die Verhandlungen noch laufen, kommt es zu **Warnstreiks**. Eigentlich besteht zu dieser Zeit noch Friedenspflicht. Warnstreiks sind daher, wie alle anderen „wilden Streiks" auch, rechtswidrig. Löhne und Gehälter braucht der Arbeitgeber für die ausgefallenen Arbeitsstunden nicht zu zahlen.

Ist die Schlichtung gescheitert, **darf** gestreikt werden. Bedingung ist, dass mindestens 75 % der gewerkschaftlich organisierten Arbeitnehmer sich in einer **Urabstimmung** für einen Streik aussprechen. Werden Betriebe bestreikt, wachen häufig Streikposten vor den Betriebstoren, um Arbeitswillige zu überreden, sich am Streik zu beteiligen. Soll ein Streik beendet werden, müssen sich mindestens 25 % der Gewerkschaftsmitglieder in einer Urabstimmung dafür aussprechen. Eine große Bedeutung hat der **Schwerpunktstreik** als Kampfmittel der Gewerkschaft gewonnen. Wenige Arbeiter in Schlüsselpositionen sind heute in der Lage, wichtige Funktionen in der Wirtschaft zu unterbinden. Wird z. B. ein bedeutender Autozulieferer bestreikt, können ganze Automobilfabriken lahmgelegt werden.

Arbeitgeber sind im Arbeitskampf nicht wehrlos. Sie können Streiks mit **Aussperrung** beantworten. Die Folge für die Arbeitnehmer ist, dass sie nicht mehr an ihre Arbeitsplätze gelassen werden. Wer ausgesperrt wird, bestimmt der Arbeitgeber. Er kann die ganze Belegschaft aussperren, einzelne Gruppen oder wenige Arbeitnehmer. Ebenso wie streikende Arbeitnehmer erhalten auch ausgesperrte Arbeiter keinen Lohn und kein Gehalt. Die Gewerkschaft zahlt nur an ihre Mitglieder eine **Streikunterstützung**. Sie liegt meist erheblich unter dem Nettolohn. Die Höhe dieses Streikgeldes richtet sich nach den gezahlten Beiträgen und der Dauer der Zugehörigkeit zur Gewerkschaft. Arbeitnehmern, die sich nicht an einem Streik beteiligen, steht auch weiterhin Lohn zu.

Verlauf eines Arbeitskampfes

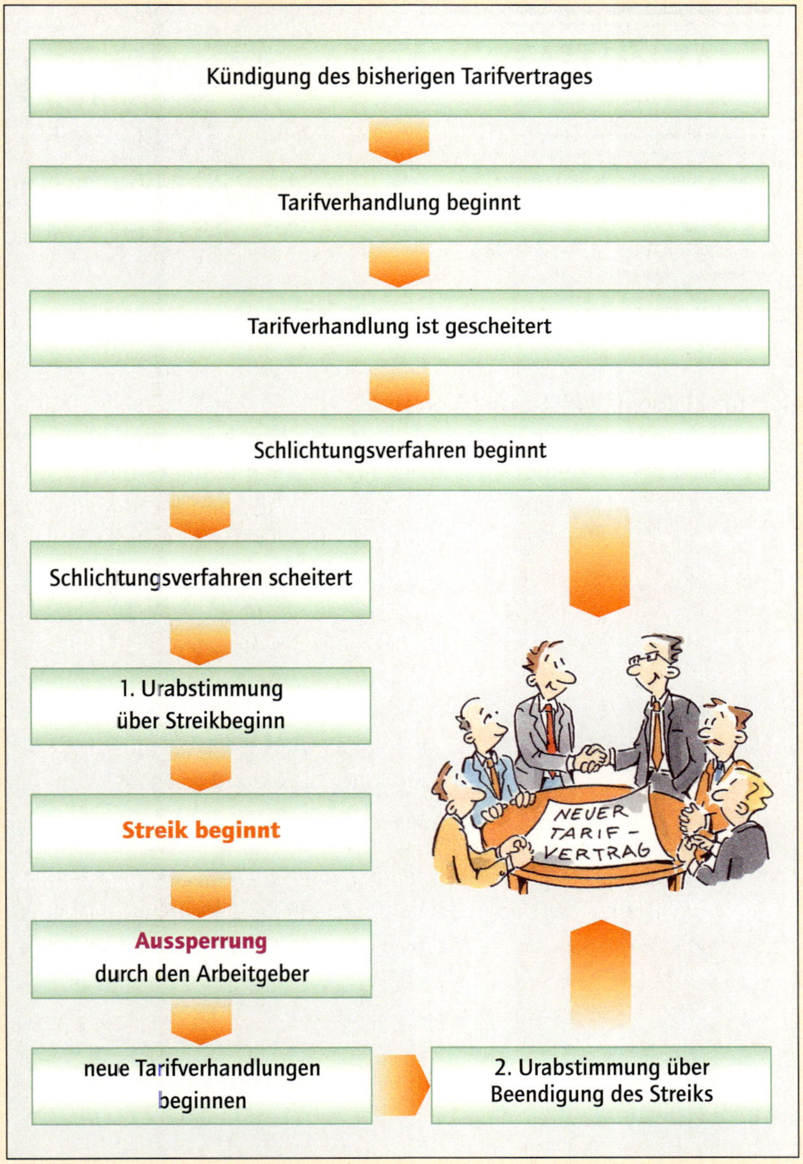

Verschiedene Streikarten lassen sich unterscheiden

Ein Streik kann sein ...

Schwerpunktstreik	Vollstreik	Sympathiestreik	Warnstreik	Generalstreik
Nur in einzelnen ausgewählten Betrieben wird die Arbeit niedergelegt.	Von allen Arbeitnehmern eines bestimmten Tarifgebiets wird die Arbeit niedergelegt.	Streikende Arbeitnehmer eines anderen Tarifgebiets sollen durch die Niederlegung der eigenen Arbeit unterstützt werden.	Durch kurzzeitiges Niederlegen der Arbeit soll Streikbereitschaft demonstriert werden.	Alle Arbeitnehmer in allen Wirtschaftszweigen stellen ihre Arbeit ein. Der Generalstreik ist ein politischer Streik und grundsätzlich nicht zulässig.

Arbeitsvorschläge

1. Beschreiben Sie den Ablauf von Tarifverhandlungen vom Scheitern der Verhandlungen bis hin zum Abschluss eines neuen Tarifvertrages.
2. Was bedeutet es, wenn sich in einer Urabstimmung 72 % der Gewerkschaftsmitglieder für einen Streik aussprechen?
3. Peter Müller soll 1,50 € weniger von seinem Arbeitgeber als Stundenlohn erhalten als tariflich vereinbart wurde. Wie ist die Rechtslage?
4. Ein großer Reifenhersteller wird bestreikt. Wer kann alles von diesem Streik betroffen sein?
5. Welche Pflichten sind während der Laufzeit eines Tarifvertrages zu erfüllen?
6. Wann werden bei Tarifauseinandersetzungen Schlichter eingeschaltet?
7. **Lernen durch Handeln:**
   Fall: Der Motorenhersteller Agro AG wird bestreikt
   Schon 14 Tage dauert der Streik in der Agro AG. Der Standort des Unternehmens, mit immerhin 1.280 Beschäftigten, befindet sich in einer strukturschwachen Region. Der Betrieb liegt am Rande einer Kleinstadt in Sachsen-Anhalt. Die Agro AG ist dort der einzige größere Arbeitgeber. Produziert werden Motoren für Zweiräder. Zu dem Kundenkreis des Betriebs zählen namhafte Motorradhersteller in verschiedenen europäischen Staaten. Bestandteile des Produktionsprogramms sind auch Motorenersatzteile, die vor allem an Reparaturwerkstätten geliefert werden. Nicht alle Bauteile für ihre Erzeugnisse stellt die Agro AG selbst her. So werden z. B. Vergaser und Zündkerzen als Zulieferteile von französischen Firmen bezogen.

   1. Überlegen Sie, wer alles von dem Streik der Agro AG betroffen ist.
   2. Benennen Sie die Folgen für die jeweils Betroffenen.
   3. Erstellen Sie eine Übersicht, in der Sie Ihre Überlegungen aus Aufgabe 2 vermerken.

Wer ist betroffen?	Welche Auswirkungen?

   4. Diskutieren Sie im Klassenverbund über den Inhalt Ihrer Übersichten.

14 Mitwirkung und Mitbestimmung der Arbeitnehmer

Moment mal!

Wirtschaftsdemokratie: Gibt es sie wirklich?
Kassel. „Lässt sich das Demokratieprinzip auf die Wirtschaft übertragen?" Diese Frage wurde wieder einmal auf der Tagung der Sozial-Akademie in Kassel von Vertretern der Wirtschaft diskutiert. Einhellig war die Meinung der Gewerkschaftsvertreter, dass es eigentlich keinen Grund gibt, die Produktionsfaktoren Arbeit und Kapital nicht gleichwertig zu behandeln. Der betriebliche Erfolg, so ihr Standpunkt, habe doch schließlich immer zwei Wurzeln. Hat eine von beiden keine gute Bodenhaftung mehr, droht auch einem erfolgreich gewachsener Betrieb die wirtschaftliche Instabilität. Wie nicht anders zu erwarten, kam von der Arbeitgeberseite unverzüglich heftiger Protest. Dr. Neumann, Geschäftsführer der Metall AG, wies darauf hin, dass ein demokratisch geführtes Unternehmen zu Misserfolg verdammt sei. Unternehmerische Entscheidungen, die immer stärker vor dem Hintergrund eines brutalen Überlebenskampfes auf den internationalen Märkten getroffen werden müssen, könnten Arbeitnehmerinteressen nur dann berücksichtigen, wenn sie einem profitablen Kapitaleinsatz nicht im Wege stünden.

- Welche Möglichkeiten der Mitbestimmung und Mitwirkung gibt es für Arbeitnehmer?
- Wie sind diese Möglichkeiten organisiert?

?

In einer Betriebsordnung aus dem frühen 20. Jahrhundert ist zu lesen: **„Der Arbeiter ist Untergebener und ist Gehorsam schuldig."** Die Zeiten haben sich geändert. Unternehmer sind heute verpflichtet, auch die Interessen der Arbeitnehmer zu berücksichtigen. Das geht aber nicht soweit, dass in den Betrieben nur noch demokratisch gehandelt wird. Aber immerhin: Viele Konflikte werden nicht mehr durch Anweisung des Chefs gelöst, sondern im Gespräch mit den Mitarbeitern. Denn auch die Arbeitgeber wissen: Wer mitbestimmen darf, ist motivierter und leistet bessere Arbeit.

Um in Betrieben mitwirken und mitbestimmen zu können, sind die Arbeitnehmer in verschiedenen Organen vertreten:

Vertretungsorgane der Arbeitnehmer

Betriebsrat	Betriebs-versammlung	Jugend- und Auszubildendenvertretung	Einigungsstelle	Wirtschafts-ausschuss	Vertretung im Aufsichtsrat

14.1 Der Betriebsrat

Beispiel

Karsten, Serina und Simon finden es Klasse, dass es in ihrem Unternehmen einen Betriebsrat gibt. Warum stehen sie so hinter ihrem Betriebsrat?

Karsten: „Vor zwei Jahren sah es in unserem Werk ganz mies aus. Alle redeten nur noch von Entlassungen, aber der Betriebsrat hat es hinbekommen. Statt Leute vor die Tür zu setzen, war unser Chef damit einverstanden zu versuchen, mit Kurzarbeit über die Durststrecke zu kommen. Und es hat geklappt!"

Serina: „Letztes Jahr ist der Urlaub mit meinem Freund ins Wasser gefallen. Wegen angeblich dringender betrieblicher Aufgaben wurde ihm der schon lang geplante Urlaub einfach gestrichen. Bei uns wäre das nicht passiert. Da hat nämlich der Betriebsrat ein Wörtchen mitzureden."

Simon: „Wie in vielen anderen kleinen Betrieben ging es bei uns auch zu. Ohne Vorankündigung wurden mal eben ein paar Überstunden angeordnet. Geregelte Arbeitszeiten gab es häufig gar nicht. Seitdem wir einen Betriebsrat haben, ist alles anders. Er bestimmt mit über Beginn und Ende der Arbeitszeit und über Überstunden."

Wahl des Betriebsrats

Der Betriebsrat vertritt die Interessen der Arbeitnehmer im Betrieb. Auch für Karsten, Serina und Simon haben sich die Arbeitsbedingungen durch den Einfluss des Betriebsrats verbessert. Bei den nächsten Wahlen zum Betriebsrat geben auch sie wieder ihre Stimme ab. Das ist alle vier Jahre der Fall und zwar jeweils in der Zeit vom 1. März bis 31. Mai.

Betriebsräte können gewählt werden in Betrieben mit fünf ständigen wahlberechtigten Arbeitnehmern. Drei von ihnen müssen wählbar sein. Betriebsratsmitglieder müssen für die Betriebsratsarbeit und zur Teilnahme an Schulungs- und Bildungsveranstaltungen freigestellt werden. Die gewählten Mitglieder des Betriebsrats wählen aus ihrer Mitte den Vorsitzenden und seine Stellvertreter.

Wahl des Betriebsrates

Wahlberechtigt ist jeder Arbeitnehmer, der das 18. Lebensjahr vollendet hat.

Wählbar ist jeder Wahlberechtigte, der mindestens ein halbes Jahr dem Betrieb angehört.

Wahlausschreiben für die Wahl des Betriebsrats

Aufgrund des Betriebsverfassungsgesetzes ist im Betrieb Heinz Naumann OHG

ein Betriebsrat zu errichten.

Die Wahl des Betriebsrats findet am ..-04-15 statt.

Der Betriebsrat besteht aus 7 Mitgliedern, davon erhalten

die Arbeiter 5 Mitglieder,

die Angestellten 2 Mitglieder (§§ 9 und 10 BetrVG).

Aufgrund der am ..-01-30 erfolgten Abstimmung wird die Betriebsratswahl in **gemeinsamer Wahl** durchgeführt.

Wahlberechtigt sind alle Arbeitnehmer, die das 18. Lebensjahr vollendet haben (§ 7 BetrVG).

Wählbar sind alle Wahlberechtigten, die sechs Monate dem Betrieb angehören oder als in Heimarbeit Beschäftigte in der Hauptsache für den Betrieb gearbeitet haben. Auf diese sechsmonatige Betriebszugehörigkeit werden Zeiten angerechnet, in denen der Arbeitnehmer unmittelbar vorher einem anderen Betrieb desselben Unternehmens oder Konzerns (§ 18 Abs. 1 des Aktiengesetzes) angehört hat. Nicht wählbar ist, wer infolge strafgerichtlicher Verurteilung die Fähigkeit, Rechte aus öffentlichen Wahlen zu erlangen, nicht besitzt (§ 8 Abs. 1 BetrVG).

Wählen oder gewählt werden kann nur, wer in die Wählerliste eingetragen ist (§ 2 Abs. 3 WO).

Die Wählerliste und die Wahlordnung (WO) liegen wie folgt bereit:

für Arbeiter im Personalbüro

für Angestellte im Personalbüro

Die Wählerliste kann von jedem Wahlberechtigten täglich von 08:00 bis 15:30 Uhr eingesehen werden. ...

Größe der Betriebsräte nach Betriebsgrößenklassen

Wahlberechtigte Arbeitnehmer	Betriebsratsmitglieder
5-20	1
21 - 50	3
51 - 100	5
101 - 200	7
201 - 400	9
401 - 700	11
2.001 - 2.500	19
4.001 - 4.500	27
5.001 - 6.000	31
7.001 - 9.000	35

Wirtschaftsausschuss

Haben Unternehmen mehr als 100 ständig beschäftigte Arbeitnehmer, so ist ein Wirtschaftsausschuss zu bilden. Er hat die Aufgabe, die wirtschaftlichen Angelegenheiten mit dem Arbeitgeber zu beraten. Alle Mitglieder des Ausschusses müssen dem Betrieb angehören. Mindestens ein Mitglied muss aus dem Betriebsrat stammen. Der Betriebsrat ist über das Ergebnis der Beratung zu unterrichten.

Mitwirkungs- und Mitbestimmungsrecht des Betriebsrats

Die rechtliche Grundlage für die Arbeit des Betriebsrates ist das Betriebsverfassungsgesetz (BetrVG). Es enthält Hinweise auf Rechte, die dem Betriebsrat gegenüber der Unternehmensleitung zustehen. Betriebsräte haben in betrieblichen Angelegenheiten ein **Mitbestimmungsrecht**, ein **Mitwirkungsrecht** oder zumindest ein **Informations- und Beratungsrecht**.
Neben diesen Beteiligungsrechten hat der Betriebsrat auch verschiedene **allgemeine Aufgaben** zu erledigen. So muss er z. B. Beschwerden von Arbeitnehmern entgegennehmen, und er unterstützt besonders schutzbedürftige Personen (z. B. Schwerbeschädigte).

Die Rechte des Betriebsrats im Überblick

	Umfang der Rechte	Bedeutung	Beispiele
	Mitbestimmungsrechte	Betriebsrat und Arbeitgeber können **Entscheidungen** nur **gemeinsam treffen.** Bei Meinungsverschiedenheiten entscheidet eine Einigungsstelle.	Geschäftsleitung und Betriebsrat der Fahrradfabrik Velo AG beschließen gemeinsam den täglichen Betriebsbeginn vorzuverlegen.
	Mitwirkungsrechte	**Zustimmung** des Betriebsrats ist erforderlich. Die kann er nur verweigern, wenn er wichtige Gründe gegen eine Entscheidung der Geschäftsleitung vorbringen kann (eingeschränktes Mitwirkungsrecht).	In der Velo AG soll einem Facharbeiter gekündigt werden. Der Betriebsrat verweigert seine Zustimmung, da soziale Gesichtspunkte (Familienvater von drei Kindern) nicht berücksichtigt wurden.
	Beratungs- und Informationsrechte	▸ Der Arbeitgeber und der Betriebsrat **beraten** gemeinsam eine betriebliche Angelegenheit. Die Geschäftsleitung **kann** die Meinung des Betriebsrats berücksichtigen, sie muss es aber nicht.	Die Fertigungszeit der Fahrradherstellung soll aus Kostengründen vermindert werden. Der Betriebsrat gibt zu bedenken, dass die höhere Arbeitsgeschwindigkeit die Arbeitnehmer körperlich stärker belastet.
		▸ Die Geschäftsleitung **informiert** den Betriebsrat über wichtige Änderungen bei wirtschaftlichen Angelegenheiten.	Die Geschäftsleitung der Velo AG hat beschlossen, das Produktionsprogramm zu erweitern. Der Betriebsrat wird von der Geschäftsleitung über diesen Plan informiert.

In Unternehmen sind ständig betriebliche Angelegenheiten zu regeln. Sie lassen sich einteilen in **soziale**, **personelle** und **wirtschaftliche** Angelegenheiten. Welche Rechte der Betriebsrat hierbei hat, zeigt die folgende Tabelle:

Die Rechte des Betriebsrats im Einzelnen

Mitbestimmungsrechte in sozialen Angelegenheiten	Mitwirkungsrechte in personellen Angelegenheiten	Unterrichtungsrechte in wirtschaftlichen Angelegenheiten
Der Betriebsrat hat, soweit keine gesetzliche Regelung besteht, u. a. in folgenden Fällen mitzubestimmen: • Betriebsordnung und Arbeitnehmerverhalten • Beginn, Ende und Verteilung der täglichen Arbeitszeit, Pausen • Urlaubsplan • Einführung von technischen Einrichtungen zur Überprüfung von Verhalten und Leistung der Arbeitnehmer • Unfallverhütung • Sozialeinrichtungen im Betrieb • betriebliche Entlohnungsgrundsätze und -methoden • Akkord- und Prämiensätze • betriebliches Vorschlagswesen	**Der Betriebsrat ist bei der Durchführung jeder der folgenden Maßnahme zu beteiligen:** • Einstellung, Ein- und Umgruppierung, Versetzung • betriebliche Berufsbildungsmaßnahmen • Kündigungen	**Der Arbeitgeber muss den Betriebsrat/Wirtschaftsausschuss unterrichten und sich mit ihm beraten:** • wirtschaftliche und finanzielle Lage • Produktions- und Absatzlage • Investitionen und Rationalisierungen • Arbeitsmethoden • Stilllegen, Verlegen und Zusammenschließen von Betrieben • Änderung der Betriebsorganisation • Getaltung des Arbeitsplatzes

nach: Sozialpolitik, Arbeitsgemeinschaft Jugend & Bildung e. V. (Hrsg.), Wiesbaden 2002, S. 13

Besonders wichtig für den Arbeitnehmer ist das Mitwirkungsrecht des Betriebsrats bei Kündigungen. Vor jeder **Kündigung** muss der Betriebsrat gehört werden. Er kann einer ordentlichen Kündigung innerhalb einer Woche widersprechen, wenn bestimmte Gründe vorliegen. Diese sind im Einzelnen:

- Es besteht die Möglichkeit, den Arbeitnehmer an einem anderen Arbeitsplatz im Betrieb weiter zu beschäftigen.
  Beispiel: Ein Gabelstaplerfahrer kann weiterbeschäftigt werden, wenn er in das Verkaufslager des Betriebes wechselt.
- Soziale Gesichtspunkte wurden bei der Kündigung nicht berücksichtigt.
  Beispiel: Ein Familienvater mit drei schulpflichtigen Kindern soll statt eines jüngeren ledigen Arbeitnehmers entlassen werden.
- Eine Weiterbeschäftigung ist nach einer zumutbaren Umschulungs- oder Fortbildungsmaßnahme möglich.
  Beispiel: Ein Kraftfahrzeugtechniker lässt sich weiterbeschäftigen, wenn er sich zum Schweißfachmann ausbilden lässt.
- Die Kündigung verstößt gegen eine zwischen dem Arbeitgeber und dem Betriebsrat vereinbarten Auswahlrichtlinie.
  Beispiel: Es wurde von der Geschäftsleitung gegen die Vereinbarung mit dem Betriebsrat verstoßen, im laufenden Geschäftsjahr keine Facharbeiter zu entlassen.

Wird eine Kündigung ohne Anhörung des Betriebsrates ausgesprochen, so ist sie unwirksam.

Organisationen, in denen der Betriebsrat mitwirkt

Betriebsvereinbarungen

Mitbestimmung im betrieblichen Alltag erfolgt auch häufig durch Betriebsvereinbarungen. Diese werden gemeinsam vom Betriebsrat und dem Arbeitgeber beschlossen. Sie sind schriftlich abzufassen und an geeigneter Stelle im Betrieb so auszulegen, dass die Arbeitnehmer/-innen sie jederzeit lesen können. Betriebsvereinbarungen betreffen u. a. das Verhalten der Arbeitnehmer/-innen am Arbeitsplatz, beispielsweise das Tragen von Schutzkleidung oder die Einhaltung des Rauchverbots. Betriebsvereinbarungen dürfen den Gesetzen und den geltenden Tarifverträgen nicht widersprechen.

Betriebsversammlung

Einmal im Vierteljahr hat der Betriebsrat eine Betriebsversammlung einzuberufen. Die Betriebsversammlung besteht aus den Arbeitnehmern des Betriebes. Geleitet wird sie vom Vorsitzenden des Betriebsrats. Er hat einen Tätigkeitsbericht vorzulegen. Der Arbeitgeber ist zu der Betriebsversammlung einzuladen.

Einigungsstelle

Bestehen Meinungsverschiedenheiten zwischen Arbeitgeber und Betriebsrat in Angelegenheiten, in denen der Betriebsrat mitzubestimmen hat, ist eine Einigungsstelle anzurufen. Sie besteht aus einer gleichen Anzahl von Beisitzern, die jeweils vom Arbeitgeber und vom Betriebsrat bestellt werden. Hinzu kommt ein unparteiischer Vorsitzender.

Beispiele für die Anrufung einer Einigungsstelle

Situation

1 Die Unternehmensleitung der Metallbau AG beschließt, am Werkstor Taschenkontrollen einzuführen.

2 Mehrere Arbeitnehmer weigern sich ihre Taschen zu öffnen. Sie wenden sich an den Betriebsrat. Auch der ist mit der Entscheidung der Unternehmensleitung nicht einverstanden.

3

4 Um die Meinungsverschiedenheiten beizulegen, wird eine Einigungsstelle gebildet.

Ergebnis:
Mit der Stimmenmehrheit (2 Stimmen der Betriebsratsbeisitzenden und der des neutralen Vorsitzenden) wird beschlossen, dass die einseitige Entscheidung der Unternehmensleitung nicht zulässig war.

Begründung: Die Einführung der Taschenkontrolle ist eine Abänderung der Betriebsordnung. Dies bedarf der Zustimmung des Betriebsrats.

5

Entweder verzichtet die Unternehmensleitung auf die Taschenkontrolle oder sie legt dem Betriebsrat einen Antrag zur Zustimmung vor.

Arbeitsvorschläge

1 Beurteilen Sie, ob in den folgenden Fällen rechtlich korrekt gehandelt wurde:

a) Die Unternehmensleitung teilt dem Betriebsrat mit, dass ab sofort das Radiohören während der Arbeitszeit verboten ist.

b) Die Unternehmungsleitung beschließt in ihrer letzten Sitzung, dass die geplanten Investitionen wegen der schlechten Absatzlage erst einmal zurückgestellt werden und informiert den Betriebsrat.

c) Der Betriebsrat verweigert bei einer Neueinstellung seine Zustimmung, weil sein Mitbestimmungsrecht verletzt worden sei.

d) Der Betriebsrat verweigert die Zustimmung zu einer einer Kündigung, weil die Arbeitskraft in einer anderen Abteilung weiterbeschäftigt werden könnte.

e) Die Geschäftsleitung informiert den Betriebsrat, dass die Prämienraten beim Lohn um 10 % gesenkt werden.

2 Ab welcher Anzahl von Mitarbeitern kann ein Betriebsrat gewählt werden?

3 In welchen Zeitabständen ist ein Betriebsrat zu wählen?

4 Welche Aufgabe erfüllt der Wirtschaftsausschuss?

5 Entscheiden Sie, ob der Betriebsrat in den folgenden Fällen ein Mitbestimmungsrecht, Mitwirkungsrecht oder nur ein Beratungs- und Informationsrecht hat.

a) Die Verteilung der Arbeitszeit soll neu geregelt werden.

b) Eine Arbeitskraft soll in eine andere Abteilung versetzt werden.

c) Ein Zweigwerk soll wegen Auftragsmangels stillgelegt werden.

d) Ein betriebseigener Kindergarten soll eingerichtet werden.

e) Zum Bau einer neuen Lagerhalle ist geplant, einen Kredit aufzunehmen.

6 Bearbeiten Sie die folgende Aufgabe mithilfe eines Auszugs aus dem Betriebsverfassungsgesetz (BetrVfG).

§ 77 Betriebsvereinbarungen

(1) Vereinbarungen zwischen Betriebsrat und Arbeitgeber [...] führt der Arbeitgeber durch [...]

(2) Betriebsvereinbarungen sind von Betriebsrat und Arbeitgeber gemeinsam zu beschließen und schriftlich niederzulegen [...]

(3) Arbeitsentgelte und sonstige Arbeitsbedingungen, die durch den Tarifvertrag geregelt sind, [...] können nicht Gegenstand einer Betriebsvereinbarung sein.

(4) Betriebsvereinbarungen gelten unmittelbar und zwingend. Werden Arbeitnehmern durch die Betriebsvereinbarung Rechte eingeräumt, so ist ein Verzicht auf sie nur mit Zustimmung des Betriebsrats zulässig [...]

(5) Betriebsvereinbarungen können [...] mit einer Frist von drei Monaten gekündigt werden.

a) Zwischen welchen Partnern werden Betriebsvereinbarungen abgeschlossen?

b) Nennen Sie zwei Beispiele von Betriebsvereinbarungen.

c) Der Betriebsrat möchte die tariflich vereinbarte Arbeitszeit von 8 Stunden über eine Betriebsvereinbarung auf 7,5 Stunden reduzieren. Beurteilen Sie, ob das möglich ist.

d) Der Personalchef einer Firma möchte die mit dem Betriebsrat auf 40 Minuten vereinbarte Mittagspause um 10 Minuten kürzen. Ist das möglich?

e) Karl Martens, ein Mitarbeiter der Firma ist gegen eine Verkürzung der Mittagspause. Er vertritt die Meinung: „Was einmal zwischen Betriebsrat und Arbeitgeber vereinbart wurde, kann nicht mehr geändert werden". Sein Arbeitskollege Holger Koch sieht das ganz anders. Wer von beiden hat Recht?

14.2 Die Jugend- und Auszubildendenvertretung (JAV)

Beispiel

Sich stark machen für die Interessen der Auszubildenden und richtig was für sie bewegen – geht das überhaupt? Es geht – und zwar mit Hilfe der JAV.

Claudia, Mike und Jens arbeiten mit in der JAV der Möbelwerke Holzbau AG. Hier ihr Kommentar:

Claudia: „Kaffeekochen, Papierkörbe leeren und Getränke holen sind jetzt tabu. Wir haben uns erfolgreich gegen ausbildungsfremde Arbeiten gewehrt. Auch kümmern wir uns darum, dass Azubis keine Überstunden mehr machen müssen und die Arbeitszeitregelungen eingehalten werden."

Mike: „Wir haben auch erreicht, dass es in jeder Abteilung einen Azubi-Paten gibt, der bei Problemen ein offenes Ohr hat. Gemeinsam mit dem Betriebsrat haben wir es geschafft, dass es mit der Vorbereitung auf die Abschlussprüfung jetzt besser klappt."

Jens: „Wir haben es durchgesetzt, dass wir eine neue Drehmaschine und eine neue Fräsmaschine für die Lehrwerkstatt bekommen haben. Tolle Geräte sind das. Wir kümmern uns auch darum, dass die Azubis möglichst alle übernommen werden."

! Die JAV kann zu allen Betriebsratssitzungen einen Vertreter entsenden.

Claudia, Mike und Jens arbeiten seit einem Jahr in der JAV. Vieles wäre in ihrem Ausbildungsbetrieb ohne die JAV und deren Unterstützung durch den Betriebsrat nicht erreicht worden.

Die JAV ist die gewählte Interessenvertretung aller Jugendlichen und Auszubildenden in Betrieben mit fünf Arbeitnehmern, die noch keine 18 Jahre alt sind. Wahlberechtigt sind alle jugendlichen Arbeitnehmer unter 18 Jahren und alle Auszubildenden bis zum 25. Lebensjahr. Wählbar sind alle, die das 25. Lebensjahr noch nicht vollendet haben.

Die JAV kümmert sich um die unterschiedlichsten Probleme, die Auszubildende an ihrem Arbeitsplatz haben. Sie achtet darauf, dass Gesetze und auch die Tarifverträge eingehalten werden.

Die JAV arbeitet mit dem Betriebsrat zusammen. In Jugendfragen hat sie hier ein Stimmrecht. Über den Betriebsrat reicht die JAV Beschwerden und Verbesserungsvorschläge zur Ausbildung an den Arbeitgeber weiter. Sie kann sich dafür einsetzen, die Qualität der Ausbildung zu verbessern. Und sie kann sich dafür stark machen, dass die Auszubildenden nach abgeschlossener Ausbildung übernommen werden.

Über weitere Einzelheiten zur JVA informiert das folgende Schaubild.

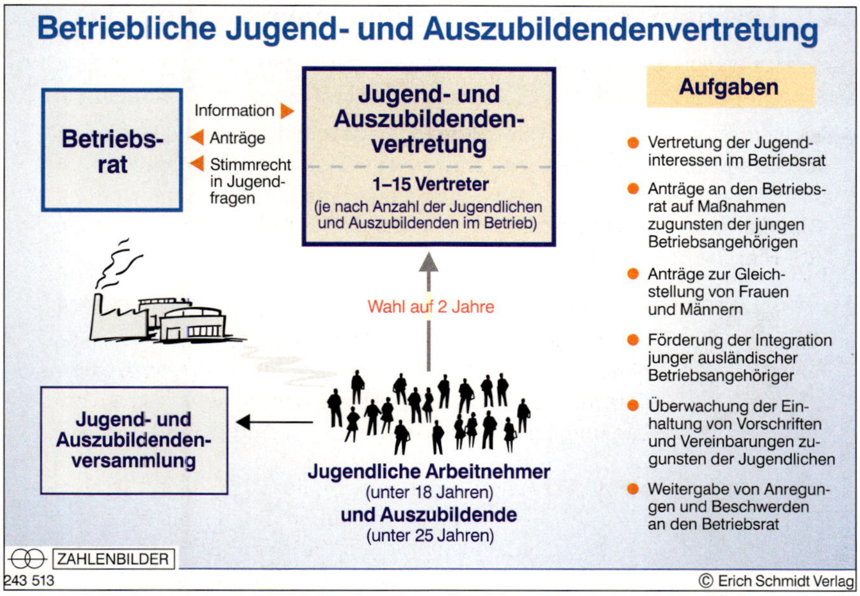

Weiterführende Informationen zum Betriebsrat und zur Jugend- und Auszubildendenvertretung gibt es unter der Internetadresse: **www.mitbestimmung.dgb.de**

Wie einflussreich die Jugend- und Auszubildendenvertretung sein kann, zeigt sich auch an einer Bestimmung ans dem Betriebsverfassungsgesetz (BetrVfG). Sie sieht in § 66 vor, dass sogar Beschlüsse des Betriebsrates auszusetzen sind, wenn die Mehrheit der JAV diese als eindeutige Verletzung ihrer Interessen ansieht.

Ein Beispiel: Ein Betriebsrat spricht sich dafür aus, wegen einer unsicheren Arbeitsplatzsituation in einer Firma den Auszubildenden nach abgeschlossener Berufsausbildung keinen Arbeitsvertrag anzubieten, um so die bisherigen Arbeitsplätze nicht zu gefährden. Auf Antrag der JAV ist dieser Beschluss des Betriebsrates eine Woche auszusetzen. In dieser Zeit soll der JAV Gelegenheit gegeben werden, sich zusammen mit der im Betrieb vertretenen Gewerkschaft mit dem Betriebsrat zu verständigen.

Arbeitsvorschläge

1. Wer darf die JAV wählen und wer darf gewählt werden?
2. Welche Aufgaben hat die JAV?
3. Welche Beziehung besteht zwischen der JAV und dem Betriebsrat?
4. In welchen zeitlichen Abständen finden die Wahlen zur JAV statt?
5. Verwenden Sie das vorstehende Zahlenbild und halten Sie einen Kurzvortrag zum Thema Jugend- und Auszubildendenvertretung.

14.3 Mitbestimmung von Arbeitnehmern im Aufsichtsrat

Beispiel

Petra und Olga sind Arbeitskolleginnen. Ihr Arbeitsplatz ist die Fertigungsabteilung der Maschinenfabrik Construkta AG. Das Unternehmen hat 680 Beschäftigte. Petra und Olga machen gerade Mittagspause in der Großkantine und unterhalten sich ...

Petra: „Olga, du als Betriebsratsmitglied kannst mir sicher was erklären. Am Schwarzen Brett hängt die Aufforderung, die Arbeitnehmervertreter in den Aufsichtsrat zu wählen. Was soll das eigentlich? Wir sind doch so kleine Rädchen im Getriebe. Und unsere Arbeitnehmervertreter im Aufsichtsrat, was können die schon gegen die Bosse ausrichten?"

Olga: „Du musst das anders sehen, Petra. Der Aufsichtsrat kontrolliert nämlich den Vorstand. Er bestimmt auch, wer in den Vorstand kommt. Das kann uns doch nicht egal sein. Und wenn es in der Geschäftspolitik ums ‚Eingemachte' geht, dann wird der Aufsichtsrat auch gefragt. Denk doch nur mal an letztes Jahr. Unser geschätzter Vorstand wollte die Montageabteilung aus Kostengründen nach Ungarn verlegen. Die 42 dort arbeitenden Kollegen hätten dann mit ihrem Arbeitsplatz ganz schlechte Karten gehabt. Der Aufsichtsrat war es, der große Bedenken gegen diesen Plan hatte. Und hier sind ja auch unsere Leute mit dabei.
So wurde die Sache erst einmal auf Eis gelegt. Also Petra, ran an die Wahlurne ..."

Warum Mitbestimmung im Aufsichtsrat?

Petra und Olga wissen, die wichtigsten Entscheidungen in ihrem Betrieb betreffen wirtschaftliche Aufgaben. Sie haben es selbst an ihrer Arbeitsstelle am Beispiel der Montageabteilung miterlebt. Das große Zittern ging dort um, als die Schließung der Abteilung befürchtet wurde.
Egal, ob es um die Beschaffung von Maschinen, die Güterherstellung, den Absatz von Erzeugnissen oder die Auslagerung ganzer Abteilungen geht:

Alle Entscheidungen, die im Aufsichtsrat getroffen werden, wirken sich stark auf den Erfolg eines Unternehmens aus. Und der ist natürlich auch wichtig für die Sicherheit der Arbeitsplätze. In all diesen wirtschaftlichen Angelegenheiten hat der Betriebsrat kein Mitbestimmungsrecht. Die hier wichtigen Führungsentscheidungen werden in den jeweiligen Unternehmensorganen getroffen.
Bei Aktiengesellschaften (AG) ist dies der Vorstand (leitendes Organ), der Aufsichtsrat (überwachendes Organ) und die Hauptversammlung (beschlussfassendes Organ). Bei der Gesellschaft mit beschränkter Haftung (GmbH) heißen die entsprechenden Organe Geschäftsführer, Aufsichtsrat und Gesellschafterversammlung.

Unternehmensorgane von AG und GmbH

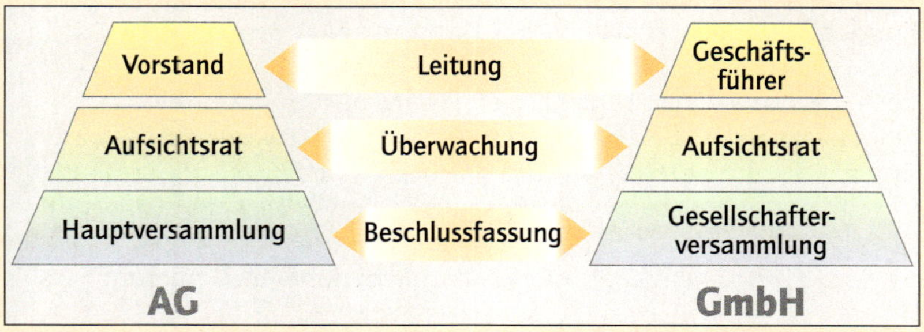

Die gesetzlichen Regelungen zu dieser Unternehmensmitbestimmung sollen den Arbeitnehmern die Möglichkeit einräumen, wichtige unternehmerische Planungen und Entscheidungen zu beeinflussen. Die Mitbestimmung bezieht sich vor allem auf die Zusammensetzung des **Aufsichtsrats**. Dieser bestellt die Mitglieder des Vorstandes, kontrolliert sie und kann so die Unternehmenspolitik in ihren Grundzügen mitbestimmen. Bei zwei der drei Mitbestimmungsmodellen werden außerdem Arbeitnehmervertreter direkt in den Vorstand gewählt. Die Modelle sind im Einzelnen:

Betriebsverfassungsgesetz von 1952

Das Gesetz regelt die Mitbestimmung von Arbeitnehmervertretern im Aufsichtsrat von Kapitalgesellschaften mit 501–2.000 Beschäftigten (Aktiengesellschaften, Gesellschaften mit beschränkter Haftung) und Genossenschaften.
Der Aufsichtsrat muss hier zu einem Drittel aus Vertretern der Arbeitnehmer bestehen. Zwei Drittel der Mitglieder sind Vertreter der Kapitaleigner.

Bei Aktiengesellschaften sind dies Vertreter der Aktionäre. Im Vorstand dieser Betriebe sitzt kein Vertreter der Arbeitnehmer.

Mitbestimmungsgesetz von 1976
Es gilt für Aktiengesellschaften, Gesellschaften mit beschränkter Haftung und Genossenschaften, die mehr als 2.000 Arbeitnehmer beschäftigen und nicht der Montanmitbestimmung unterliegen.

Das Gesetz sieht vor, dass ...

- der Aufsichtsrat je zur Hälfte aus Vertretern der Kapitaleigner und der Arbeitnehmer besteht. Eine echte paritätische Mitbestimmung ist aber nicht gegeben, da unter den Arbeitnehmervertretern ein leitender Angestellter sein muss.

- bei Stimmengleichheit im Aufsichtsrat die Stimme des Vorsitzenden den Ausschlag gibt. Der Aufsichtsratsvorsitzende ist im Allgemeinen ein Vertreter der Kapitaleigner.

- für soziale und personelle Fragen ein Arbeitsdirektor als Mitglied des Vorstands zuständig ist. Er kann **gegen** die Stimmer der Arbeitnehmer bestellt und abberufen werden.

Montanmitbestimmungsgesetz von 1951
Die Montanmitbestimmung ist die älteste Form der Mitbestimmung. Das Gesetz gilt für Unternehmen im Bergbau und in der Eisen- und Stahlindustrie mit mehr als 1.000 Beschäftigten. Die Unternehmen müssen in Form einer Aktiengesellschaft oder als Gesellschaft mit beschränkter Haftung betrieben werden.

Das Gesetz sieht vor, dass ...

- der Aufsichtsrat je zur Hälfte mit Vertretern der Kapitaleigner und der Arbeitnehmer besetzt wird (echte paritätische Mitbestimmung).

- sich die Vertreter der beiden Gruppen auf ein neutrales Mitglied einigen. Bei Abstimmungen soll so Stimmengleichheit vermieden werden.

- im Vorstand von Montangesellschaften ein Arbeitsdirektor als Arbeitnehmervertreter bestellt wird. Er ist auch hier zuständig für soziale und personelle Fragen. Der Arbeitsdirektor kann **nicht gegen** die Stimmen der Arbeitnehmer bestellt oder abberufen werden.

Arbeitsvorschläge zur Wiederholung und Prüfungsvorbereitung (Kapitel 12–14)

1. Frau Simon tritt einer Gewerkschaft bei. Nennen Sie vier Vorteile, die sie durch diesen Beitritt hat.
2. Wie finanzieren sich die Gewerkschaften?
3. Welche Aufgabe hat der deutsche Gewerkschaftsbund (DGB)?
4. Wie heißt die Spitzenorganisation der Arbeitgeberverbände?
5. Bearbeiten Sie die folgende Aufgabe soweit notwendig mit Hilfe eines Auszugs aus dem Tarifvertragsgesetz (TVG).
   a) Wer gehört zu der Gruppe der Tarifvertragsparteien?
   b) Wie lange sind die Tarifvertragsparteien an den Tarifvertrag gebunden?
   c) Was bedeutet es, wenn ein Tarifvertrag für allgemeinverbindlich erklärt wird?
   d) Welche Bedingungen müssen erfüllt sein, damit ein Tarifvertrag für allgemeinverbindlich erklärt wird?

§ 2 Tarifvertragsparteien
Tarifvertragsparteien sind Gewerkschaften, einzelne Arbeitgeber sowie Vereinigungen von Arbeitgebern.

§ 3 Tarifgebundenheit
Tarifgebunden sind die Mitglieder der Tarifvertragsparteien und der Arbeitgeber, der selbst Partei des Tarifvertrags ist [...]
Die Tarifgebundenheit bleibt bestehen, bis der Tarifvertrag endet.

§ 5 Allgemeinverbindlichkeit
Das Bundesministerium für Wirtschaft und Arbeit kann einen Tarifvertrag [...] für allgemeinverbindlich erklären, wenn die tarifgebundenen Arbeitgeber nicht weniger als 50 von Hundert der unter dem Geltungsbereich des Tarifvertrages fallenden Arbeitnehmer beschäftigen und die Allgemeinverbindlichkeitserklärung im öffentlichen Interesse geboten erscheint.

6. Nennen Sie beispielhaft vier Arten von Vereinbarungen, die in einem Tarifvertrag geregelt werden können.
7. Zur Abwendung eines Streiks vereinbaren die Tarifvertragsparteien ein Schlichtungsverfahren.
   a) Was ist bei der Besetzung der Schlichtungsstelle zu beachten?
   b) Zu welchem Zeitpunkt endet die Friedenpflicht?
   c) Welche Voraussetzungen sollte der Vorsitzende der Schlichtungsstelle erfüllen?
8. Erklären Sie den Aussagegehalt der folgenden Tabelle:

Von je 100 Beschäftigten arbeiten in Betrieben	West	Ost
mit Branchentarifvertrag	59	42
mit Firmentarifvertrag	8	11
ohne Tarifvertrag	34	47
davon		
• in Anlehnung an einen Tarifvertrag	16	23
• ohne Anlehnung an einen Tarifvertrag	18	24

9. In den neuen Bundesländern sind viele Arbeitgeber kein Mitglied des Arbeitgeberverbandes. Welche Bedeutung haben für diese Arbeitgeber Flächentarifverträge, welche die Gewerkschaft für die verschiednen Branchen aushandeln?
10. Ein Arbeitgeber ist Mitglied eines Arbeitgeberverbandes, der Arbeitnehmer jedoch nicht Mitglied einer Gewerkschaft. Prüfen Sie ob, in dieser Situation die Vereinbarungen aus einem Tarifvertrag auch für den Arbeitnehmer gültig sind.
11. Kirsten Stein wird in einem Betrieb, der Baumaschinen herstellt, zur Chemielaborantin ausgebildet. Welchem Interessenverband könnte sie beitreten?

Arbeitsvorschläge zur Wiederholung und Prüfungsvorbereitung (Kapitel 12–14)

12 Der Betriebsrat hat bei sozialen Angelegenheiten einer Unternehmung ein weitgehend uneingeschränktes Mitbestimmungsrecht.
a) Nennen Sie drei Beispiele für soziale Angelegenheiten.
b) Erklären Sie, was man unter einem Mitbestimmungsrecht im Gegensatz zu einem Mitwirkungsrecht versteht.

13 Etwa nur 25 % aller Jugendlichen werden in Betrieben ausgebildet, die eine Jugend- und Auszubildendenvertretung (JAV) haben. Nennen Sie drei Vorteile, welche eine JAV für die Auszubildenden hat.

14 Frau Sonja Klug wurde zur Arbeitsdirektorin des Stahlwerks RUPP-AG berufen.
a) Für welchen Aufgabenbereich ist sie zuständig?
b) Welchen Einfluss haben die Arbeitnehmer auf die Besetzung dieser Stelle?

15 Der Streik in der Metallindustrie dauerte schon die dritte Woche. Der volkswirtschaftliche Schaden wird inzwischen auf 350 Millionen geschätzt. Alle Einigungsversuche zwischen den Tarifpartnern blieben bisher erfolglos. Aufgrund der schwierigen wirtschaftlichen Lage erwägt der zuständige Bundesminister, den Streik per Verordnung zu verbieten und die tarifliche Lohnerhöhung auf 3,5 % allgemeinverbindlich festzulegen.
a) Beurteilen Sie, ob diese Vorgehensweise rechtlich zulässig ist.
b) Begründen Sie Ihre Meinung.

16 Auf welche Unternehmungen sind die einzelnen Mitbestimmungsgesetze anzuwenden?

17 Beschreiben Sie das zahlenmäßige Verhältnis von Arbeitnehmervertretung zu Anteilseignern nach den einzelnen Mitbestimmungsgesetzen und vergleichen Sie diese.

18 Das Chemiewerk BUNO AG hat 3.100 Beschäftigte.
a) Welches Mitbestimmungsgesetz ist für diesen Betrieb anzuwenden?
b) Wie setzt sich der Aufsichtsrat zusammen?
c) Beurteilen Sie, ob die Vertreter der Arbeitnehmer und die der Aktionäre wirklich gleichberechtigt verteilt sind.

19 Formulieren Sie eine passende Überschrift zu der nachfolgenden Karikatur.

15 Berufliche Weiterbildung und Umschulung

Moment mal!

André Hellwig hat nachgedacht. Er hat beschlossen, voranzukommen „auf der Straße des beruflichen Erfolgs". Nicht langsam dahin schleichen will er wie viele andere. Nein, auf die Überholspur möchte er wechseln. An anderen vorbeiziehen und Karriere machen als Meister oder Techniker, so seine Vorstellung.

Seit über drei Jahren arbeitet André als Gas- und Wasserinstallateur. „Duschen und Wannen einbauen, Armaturen montieren und ab und zu mal einen Wasserrohrbruch beheben, das reicht mir eigentlich auf Dauer nicht aus. Ich möchte mehr und das auch auf meinem Gehaltskonto sehen", so seine Worte zu seiner Freundin.

André Hellwig weiß, um so richtig in die berufliche Zukunft durchstarten zu können, muss er sich jetzt um eine entscheidende Sache kümmern: um seine Weiterbildung.

- Warum soll man schon jetzt an Weiterbildung denken?
- Welche Möglichkeiten der Weiterbildung gibt es?
- Wie wird Weiterbildung finanziell gefördert?

?

Warum Weiterbildung und Umschulung?
André möchte beruflich weiterkommen. Ohne Weiterbildung läuft da wenig, und wenn er wirklich seinen Meister machen möchte, geht das nicht ohne Büffeln. So manchen Abend wird er wohl in der Schule und manches Wochenende hinter seinen Büchern zubringen. Ohne eine ständige Anpassung an eine sich immer schneller wandelnde Berufswelt geht heute nichts mehr.

Neue Techniken, neue Arbeitsabläufe und veränderte Produktionsverfahren sind eine ständige Herausforderung an die Arbeitnehmer. Galt früher ein gutes Fachwissen als ihre wichtigste Eigenschaft, so sieht die Sache heute anders aus. Fachwissen ist nach wie vor zwar unverzichtbar. Für wichtiger werden aber in immer mehr Berufen die Schlüsselqualifikationen (siehe Kap. 4) gehalten. Eine dieser Qualifikationen ist das lebenslange Lernen. Wer dazu nicht bereit ist, gerät sehr schnell ins berufliche Abseits.

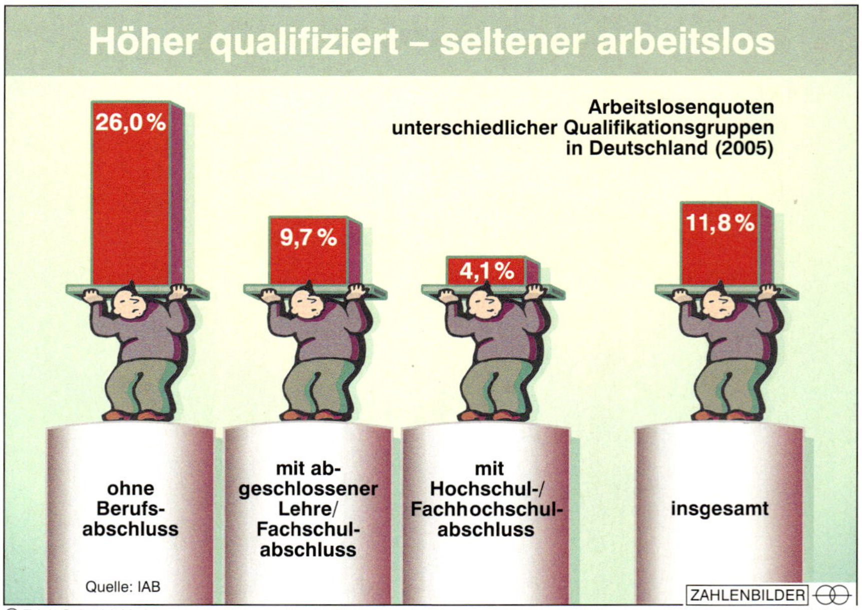

© Erich Schmidt Verlag 258 332

Experten sagen, dass die Arbeitsanforderungen in der Zukunft weiter ansteigen werden. Der Bedarf an ungelernten Arbeitskräften wird weiter zurückgehen. Zunehmen wird die Nachfrage nach Meistern, Technikern und Hochschulabsolventen.
Wer besser qualifiziert ist, wird auch seltener arbeitslos. Das vorstehende Schaubild informiert über diese Tatsache. Und ein anderer Zusammenhang liegt natürlich auch auf der Hand: Mit der Qualifikation steigt auch das Einkommen. Weiterbildung wird häufig durch bessere Verdienstmöglichkeiten belohnt.
Die berufliche **Umschulung** ist eine **Zweitausbildung**. Durch die Teilnahme an geeigneten Umschulungsmaßnahmen soll es ermöglicht werden, eine andere berufliche Tätigkeit auszuüben. Gründe, die eine Umschulung notwendig machen, sind:

- Der betreffende Arbeitnehmer kann aus gesundheitlichen Gründen seinen Beruf nicht mehr ausüben.
- Es besteht auf dem Arbeitsmarkt für den zur Zeit ausgeübten Beruf kein Bedarf. Das ist häufig der Fall, wenn Arbeitskräfte in Branchen arbeiten, die mittel- und langfristig Arbeitskräfte abbauen, z. B. verarbeitendes Gewerbe wie Textil- oder Möbelherstellung.
- Eine drohende Arbeitslosigkeit soll verhindert werden, weil z. B. durch betriebliche Rationalisierungsmaßnahmen der alte Arbeitsplatz weggefallen ist.

Wer eine neue Arbeitsstelle sucht, weil er arbeitslos geworden ist oder sich beruflich verbessern möchte, muss über eine Eigenschaft verfügen, die immer wichtiger wird: Er muss mobil sein. **Mobilität** wird auch immer mehr von den Beschäftigten innerhalb einer Firma gefordert. Von Arbeitnehmern wird einfach erwartet, dass sie bereit sind, auch an einem anderen Standort zu arbeiten, wobei es immer häufiger vorkommt, dass Firmenangehörige eine gewisse Zeit im Ausland arbeiten.

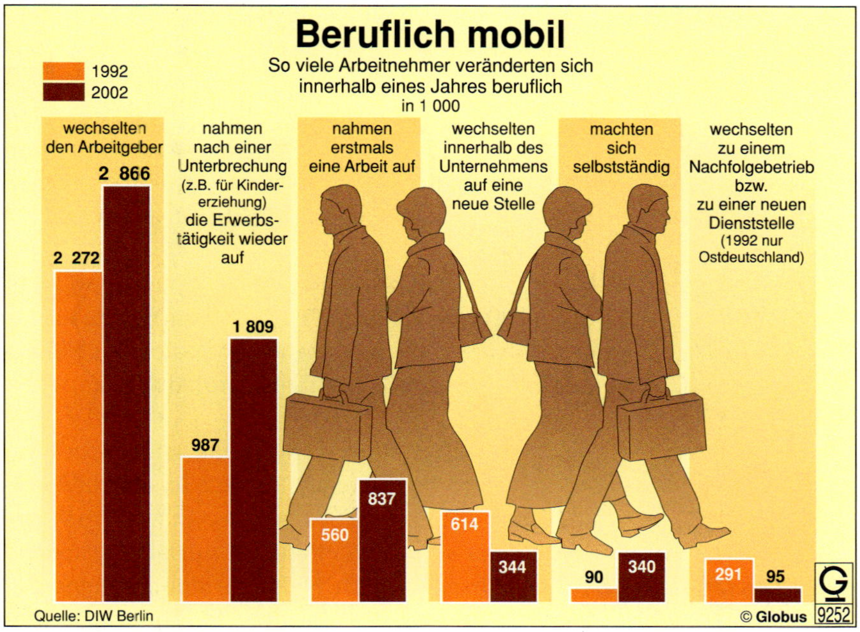

Möglichkeiten zur beruflichen Weiterbildung und Umschulung
Die Möglichkeiten zur beruflichen Weiterbildung sind vielfältig. Das Angebot an Kursen und Lehrgängen ist riesengroß. Berufliche Schulen, Volkshochschulen, Arbeitsämter, Kammern und Gewerkschaften sind nur einige Anbieter von Kursen. Mit etwas Mühe kann jeder den für seine beruflichen Ziele richtigen Lehrgang finden. Die jeweiligen Bildungsträger sind bei der Auswahl der Kurse gern behilflich.
Die häufigsten **Weiterbildungsziele** nach einer abgeschlossenen Berufsausbildung sind der folgenden Übersicht zu entnehmen:

Beispiele zur beruflichen Weiterbildung

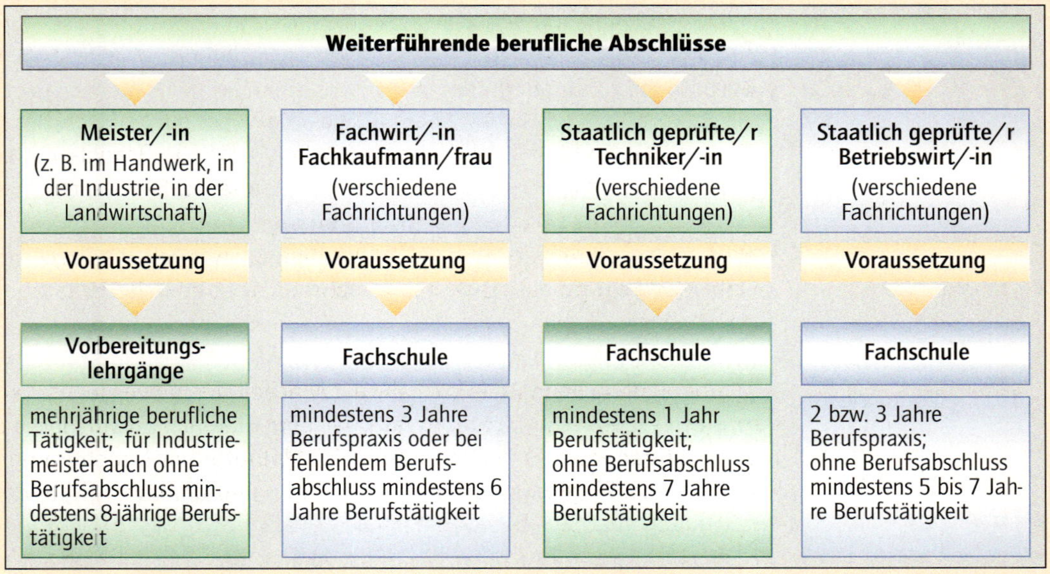

Zusatzqualifikation

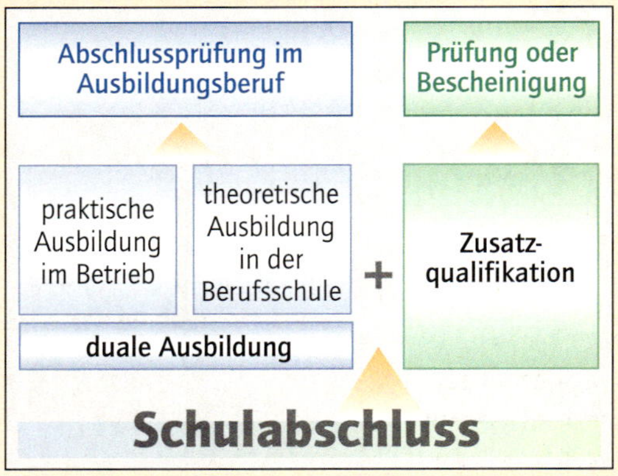

Großes Interesse an der Weiterbildung ihrer Mitarbeiter haben die Betriebe selbst. Um sicherzustellen, dass die neuartigen Arbeitsanforderungen von den Beschäftigten erfüllt werden können, schicken sie ihre Mitarbeiter auf Lehrgänge. Betriebe führen aber auch im eigenen Haus direkt an dem jeweiligen Arbeitsplatz Fortbildungsmaßnahmen durch.

Mit der beruflichen Weiterbildung muss man nicht unbedingt bis nach dem Abschluss der Berufsausbildung warten. Schon während der dualen Ausbildung lassen sich parallel hierzu **Zusatzqualifikationen** erwerben.
Welche Qualifikationen sinnvoll sind, ist natürlich abhängig von dem jeweiligen Berufsbild. Auszubildende in Handwerksberufen können z. B. zusätzlich betriebswirtschaftliche Kenntnisse erwerben. Während der Ausbildung können sie sich so schon einen Teil des Wissens für die Meisterprüfung aneignen. In anderen Berufsbildern können z. B. durch den Besuch von Fremdsprachen- oder EDV-Kursen sinnvolle Zusatzqualifikationen erworben werden.

Eine „Ausbildung im Doppelpack" gibt es aber auch in der Kombination von Studium und Berufsausbildung. Zum Erfolgsrezept gemausert hat sich das Konzept der Berufsakademie. Die Ausbildung erfolgt sowohl im Ausbildungsbetrieb als auch an einer mit dem Betrieb zusammenarbeitenden Studienakademie. Die Studierenden schließen einen Ausbildungsvertrag mit dem Betrieb. Hier leisten sie ihre Praxisphasen ab. Sie erhalten während der ganzen Ausbildungsdauer eine Vergütung. Ihre dreijährige Ausbildung schließen sie mit einem „BA-Diplom" ab.

Finanzielle Förderung

Aus- und Weiterbildung kann manchmal teuer sein. Damit sie nicht am Geld scheitert, gewährt der Staat finanzielle Hilfen. Im Einzelnen sind zu unterscheiden:

- **Berufsausbildungsbeihilfen (BAB):** Anspruch auf BAB haben Auszubildende und Teilnehmer an einer berufsvorbereitenden Ausbildungsmaßnahme. Die Beihilfe soll helfen, den Lebensunterhalt und die Ausbildungskosten bezahlen zu können. Auszubildende haben nur dann einen Anspruch, wenn sie nicht bei ihren Eltern wohnen. BAB wird immer nur als Zuschuss gewährt (d. h., sie deckt nicht alle Kosten ab) und braucht nicht zurückgezahlt zu werden.

- **BAföG-Zahlungen:** Mögliche Empfänger sind Schüler und Studenten. Schüler erhalten BAföG als Zuschuss, Studenten jeweils zur Hälfte als Zuschuss und als Darlehen. Zu den Schülergruppen, die BAföG erhalten, gehören:
  - Schüler weiterführender allgemeinbildender Schulen und Berufsfachschulen ab Klasse 10 und Schüler von Fachoberschulklassen ohne abgeschlossene Berufsausbildung, sofern sie nicht bei ihren Eltern wohnen;

@

Weitergehende Infos zum BAföG gibt es unter: www.bafoeg-infos.de

- Schüler von Abendschulen und Berufsaufbauschulen;
- Schüler ohne abgeschlossene Berufsausbildung in Fach- und Berufsschulklassen;
- Schüler in Fachoberschul- und Fachschulklassen, deren Besuch eine abgeschlossene Berufsausbildung voraussetzt.

- **Aufstiegsfortbildungsförderung:** Sie wird auch als Meister-BAföG bezeichnet. Diese Fördermaßnahme hat das Ziel, die berufliche Fortbildung zu erleichtern. Die Fördermittel werden nur gewährt, wenn der angestrebte Abschluss über dem Niveau einer Facharbeiter-, Gesellen- oder Gehilfenprüfung liegt. Zu den geförderten Personen gehören z. B. Handwerker, die sich auf die Meisterprüfung vorbereiten wollen. Aber auch andere Fachkräfte wie z. B. Techniker, Kaufleute, Informatiker und Beschäftigte in Gesundheitsberufen können finanziell unterstützt werden. Voraussetzung für eine Förderung ist eine abgeschlossene Erstausbildung. Die staatlichen Zuschüsse werden als regelmäßige monatliche Unterhaltsbeträge gezahlt. Möglich ist aber auch, dass ein zinsgünstiges Darlehen gewährt wird.

@

Weitergehende Infos zum Meister-BAföG gibt es unter: www.meister-bafoeg.info

Um notwendige Weiterbildungsmaßnahmen für bestimmte Personengruppen finanziell zu unterstützen, hat der Staat eine weitere gesetzliche Bestimmung geschaffen: das **Job-AQTIV-Gesetz**. Nach diesem Gesetz werden Zuschüsse für folgende Maßnahmen gezahlt:

- **Förderung der Weiterbildung von Arbeitnehmern, die von Arbeitslosigkeit bedroht sind**
  Durch die Zuschüsse sollen sich deren Chancen verbessern erst gar nicht arbeitslos zu werden. Werden sie trotzdem entlassen, können sie leichter eine neue Stelle finden.

- **Förderung der Weiterbildung von Ungelernten**
  Der gewährte Zuschuss soll ihnen helfen, einen fehlenden Berufsabschluss nachzuholen ohne ihr Arbeitsverhältnis kündigen zu müssen.

- **Förderung der Weiterbildung von Arbeitnehmern ab 50 Jahre**
  Durch die gewährten Zuschüsse soll es Betrieben erleichtert werden, ihre älteren Arbeitnehmer auf den neuesten Stand der beruflichen Anforderung zu bringen.

- **Förderung der Weiterbildung durch Vertretung**
  Der Zuschuss soll es Arbeitgebern erleichtern, Arbeitnehmer für die berufliche Weiterbildung freizustellen. Das gezahlte Geld soll dazu dienen, befristet einen Arbeitslosen einzustellen, der währenddessen seine Arbeit im Betrieb leistet.

@

Weitergehende Infos zu den beschriebenen Zuschüssen gibt es unter: www.arbeitsagentur.de

Wer private Bildungsausgaben hat, die dazu dienen, die beruflichen Fertigkeiten zu erhalten oder zu erweitern, kann auch Steuern sparen. Er kann diese Ausgaben als Werbungskosten gegenüber dem Finanzamt geltend machen.

Arbeitsvorschläge

1. Welches sind die häufigsten Weiterbildungsziele nach einer abgeschlossenen Berufsausbildung?
2. Wer hat Anspruch auf eine Berufsausbildungsbeihilfe?
3. Mit welcher Art von finanzieller Förderung kann André Hellwig rechnen (siehe „Moment mal!“, S. 99)?
4. Welche Weiterbildungsmaßnahmen werden nach dem Job-AQTIV-Gesetz gefördert?
5. Zeigen Sie den Zusammenhang zwischen beruflicher Qualifikation und Arbeitslosigkeit mithilfe des Schaubildes auf Seite 100 auf.
6. **Lernen durch Handeln:**
   Wie soll es beruflich weitergehen? – Checken Sie Ihre Möglichkeiten.
   Beruflich am Ball zu bleiben, ist wichtiger denn je. Wer sich rechtzeitig darüber informiert, welche Möglichkeiten der Weiterbildung es für seinen Beruf gibt, hat die Nase vorn.
   1. Besorgen Sie sich Informationen über Möglichkeiten der Weiterbildung nach dem Abschluss Ihrer Berufsbildung.
   2. Informieren Sie sich darüber, welche Zusatzqualifikationen Sie eventuell schon während Ihrer Berufsausbildung erwerben können. Klären Sie, ob auch Ihr Ausbildungsbetrieb daran Interesse hätte und Sie unterstützen würde.

Hinweis: Um an Informationen zu kommen, gibt es viele Möglichkeiten. Zum Beispiel geben die Kammern jährlich ein umfangreiches Verzeichnis ihrer regionalen Weiterbildungsangebote heraus.
Eine gute Informationsquelle ist auch eine spezielle Datenbank mit der Bezeichnung „Kurs“. Kurs ist das zentrale Informationssystem für Aus- und Weiterbildung der Bundesagentur für Arbeit. Es dokumentiert alle berufsbezogenen Bildungsmöglichkeiten in Deutschland. Auch Angebote über Zusatzqualifikationen sind hier zu finden.
Über Zusatzqualifikationen speziell für Auszubildende informiert die Datenbank „AusbildungPlus“. Es handelt sich hier um ein Projekt des Instituts der Deutschen Wirtschaft. Auch diese Infos sind kostenlos.

Datenbank für Aus- und Weiterbildung der Bundesagentur für Arbeit:
www.kursnet.arbeitsagentur.de/Kurs/C

Datenbank des Instituts der Deutschen Wirtschaft über Zusatzqualifikationen bei Auszubildenden:
www.ausbildungplus.de

Arbeitsvorschläge zur Wiederholung und Prüfungsvorbereitung (Kapitel 15)

1. Geben Sie den Inhalt der folgenden Tabelle wieder:

Motive für Fortbildung

Von je 100 Beschäftigten geben als Grund für die Teilnahme an Weiterbildungsmaßnahmen an:

Aktualisierung des beruflichen Wissens	30
Förderung der beruflichen Karriere	22
Pflichtübung (vom Betrieb gefordert)	9
Spaß	8
Freizeitgestaltung	7
Erwerb eines Berufsabschlusses	4
Wissenserweiterung	3
Arbeitsplatzsicherung	3
Andere Menschen kennen lernen	3
Persönliches Interesse	3
Höheres Einkommen	2
Nachholen eines Schulabschlusses/ Aufnahme eines Studiums	2

(Mehrfachnennungen)

2. Analysieren Sie die folgende Zeitungsmeldung:
   a) Welche Personenkreise sollen durch die geplanten Maßnahmen gefördert werden?
   b) In welcher Form erfolgt die Förderung?

Neue Chance für 100.000 ohne Arbeit

BERLIN. Mit neuen Lohnkostenzuschüssen sollen rund 100.000 schwer vermittelbare Langzeitarbeitslose wieder eine Beschäftigungschance erhalten. Der Bundestag beschloss dies am Freitag mit den Stimmen der Koalitionsfraktionen von Union und SPD. Die Zuschüsse können Arbeitgeber erhalten, die Menschen mit Vermittlungshemmnissen einstellen. Dazu zählen auch Jugendliche ohne Schul- oder Berufsabschluss: Rund 50.000 von ihnen soll damit nach den Vorstellungen der Koalition zu einer beruflichen Qualifizierung verholfen werden.

Quelle: HNA v. 07.07.2007

3. Welche Gründe können eine Umschulung notwendig machen?

4. Welche Schülergruppen sind mögliche Empfänger von BAföG-Zahlungen?

5. Ivan Kubitsch arbeitete als Mechaniker in einer Baumaschinenfabrik. Als die Auftragslage der Bauindustrie sich ständig verschlechterte und weniger Baumaschinen nachgefragt wurden, führte dies schließlich zu seiner Entlassung. Der befreundete Inhaber eines Fahrradhandels bot ihm an, ihn zu beschäftigen, wenn er sich zum Fahrradmonteur umschulen lässt.
   a) Prüfen Sie anhand des nachstehenden Auszugs aus dem Sozialgesetzbuch (SGB III), ob er mit einer finanziellen Förderung durch die Arbeitsagentur rechnen kann.
   b) Welche Bedingungen stellt die Arbeitsagentur an eine Übernahme der Weiterbildungskosten?

§ 77 Grundsatz

(1) Arbeitnehmer können bei beruflicher Weiterbildung durch Übernahme der Weiterbildungskosten gefördert werden, wenn
1. die Weiterbildung notwendig ist, um sie bei Arbeitslosigkeit beruflich einzugliedern, eine ihnen drohende Arbeitslosigkeit abzuwenden oder weil bei ihnen wegen fehlendem Berufsabschluss die Notwendigkeit der Weiterbildung anerkannt ist.
2. vor Beginn der Teilnahme eine Beratung durch die Agentur für Arbeit erfolgt ist und
3. die Maßnahme und der Träger der Maßnahme für die Förderung zugelassen sind.

16 Entgeltabrechnung

Moment mal!

Katja Meier hat es geschafft. Nach bestandener Prüfung wird sie von ihrer Ausbildungsfirma übernommen – und das sogar zu einem übertariflichen Entgelt. „Na, dann ist ja alles in trockenen Tüchern", erklärt ihr Freund und die Planung des gemeinsamen Urlaubs beginnt.
Und dann kommt endlich der erste Zahltag. Katja erhält ihre Entgeltabrechnung und ist enttäuscht. Ihre Wünsche platzen wie Seifenblasen, als sie sieht, wie wenig sie von ihrem Bruttogehalt überwiesen bekommt. „Das kann nicht sein. Diese Rechnung soll mir mal jemand erklären", denkt Katja und macht sich ärgerlich auf den Weg in die Personalabteilung.

- Wurde das Entgelt von Katja richtig errechnet?
- Wie ist eine Entgeltabrechnung aufgebaut?
- Welche Entgeltabzüge sind im Einzelnen zu berücksichtigen?

?

Entgeltabrechnung von Katja Meier (ledig, evangelisch, 21 Jahre alt, Krankenversicherung 7,9 % für den Arbeitnehmer)

Bezeichnung	bezahlte Menge	Faktor	Zuschlag	St	SV	Betrag
Festlohn				J		1.937,00 €
vermögenswirksame Leistung				J		–
						Bruttoverdienst
						1.937,00 €

steuerliche Abzüge

Steuer brutto	Lohnsteuer	Kirchensteuer	Soliz	Steuerklasse		Betrag
1.937,00 €	243,25 €	19,46 €	13,37 €	I		276,08 €

SV-rechtliche Abzüge:

KV/PV brutto	RV/AV brutto	KV-Betrag	PV-Betrag	RV-Betrag	AV-Betrag	Betrag
1.937,00 €	1.937,00 €	153,02 €	16,46 €	192,73 €	27,12 €	389,33 €
						Nettoverdienst
						1.271,59 €

Abkürzungen: AV = Arbeitslosenversicherung, KV = Krankenversicherung, PV = Pflegeversicherung, RV = Rentenversicherung, Soliz = Solidaritätszuschlag

Das Abrechnungsschema
Bruttogehalt
+ vermögenswirksame Leistung
= Summe der Bezüge
– Lohnsteuer
– Solidaritätszuschlag
– Kirchensteuer
– Krankenversicherung
– Rentenversicherung
– Arbeitslosenversicherung
– Pflegeversicherung
= Nettoverdienst
– vermögenswirksames Sparen
= Auszahlungsbetrag

Alle Lohn- und Entgeltabrechnungen sind so aufgebaut, dass sie ausgehend vom Bruttogehalt den Betrag ermitteln, der ausgezahlt wird. Der Auszahlungsbetrag ist nicht gleichzusetzen mit dem Nettogehalt. Ersterer ist häufig niedriger, weil es noch um bestimmte Abzüge vermindert werden muss. Um die hiermit verbundenen Arbeiten zu erleichtern, lassen sich spezielle Tabellen anwenden. Inzwischen sind sie allerdings ein Auslaufmodell, denn die Datenverarbeitung bietet hier ganz andere Möglichkeiten.

Lohnsteuer, Solidaritätszuschlag und Kirchensteuer

Die Lohnsteuer ist eine besondere Form der Einkommensteuer. Sie bezieht sich auf Einkünfte aus nichtselbstständiger Arbeit (Arbeitslohn). Die Steuerbelastung hängt von der Höhe des Bruttolohns, den Lohnsteuerklassen und bestimmten Freibeträgen ab.

Steuerklassen

Das deutsche Einkommensteuersystem kennt sieben Steuerklassen. Die Einordnung der Steuerpflichtigen in diese Klassen erfolgt nach ihren persönlichen und familiären Verhältnissen. Die Steuerschuld wird mithilfe von Steuertabellen ermittelt. Sie informieren über die Steuerbelastung der in Steuerklassen eingeteilten Steuerpflichtigen. Je nach Steuerklasse zahlen die Steuerpflichtigen für das gleiche Entgelt unterschiedlich hohe Steuern. Der Sinn besteht darin, die Steuerpflichtigen je nach Leistungsfähigkeit (abhängig vom Familienstand, Kinderzahl ...) unterschiedlich zu besteuern. Ein Familienvater, der für seine Kinder und nicht berufstätige Frau sorgen muss, zahlt somit weniger Steuern als beispielsweise ein Alleinstehender ohne Kinder.

Steuer-klassen	Personenkreise (vereinfachte Angaben)
I	Ledige, Geschiedene, Verwitwete oder dauernd getrennt lebende Ehepartner
II	Ledige, Geschiedene und Verwitwete mit mindestens einem Kind, für das sie einen Kinderfreibetrag haben
III	Verheiratete, wenn nur ein Ehegatte Arbeitslohn bezieht oder wenn beide arbeiten und einer Steuerklasse V wählt. Die Kombination III/V ist dann sinnvoll, wenn der Ehegatte mit dem deutlich niedrigeren Einkommen die Steuerklasse V wählt.
IV mit Faktor	Durch die Kombination der Klassen „IV/IV mit Faktor" soll ein Nachteil der Klassen III/V ausgeglichen werden. Die steuermäßige Belastung in der Steuerklasse V wird deutlich vermindert.
IV	Verheiratete, wenn beide Ehegatten Arbeitslohn beziehen
V	Wenn Verheiratete beide Arbeitslohn beziehen, kann der Ehegatte mit dem niedrigeren Einkommen die Steuerklasse V, der andere die Klasse III wählen.
VI	Wenn mehrere Arbeitsverhältnisse bei verschiedenen Arbeitgebern bestehen, werden die zusätzlichen Arbeitsverhältnisse mit Klasse VI besteuert.

Freibeträge

Sie sind Steuerentlastungen, die vom Staat aus sozialen oder politischen Gründen festgelegt werden. Freibeträge sind zum Teil in der Steuertabelle bereits berücksichtigt. Ein Beispiel ist der Grundfreibetrag. Er dient dazu, Einkommensbezieher mit sehr geringem Einkommen von der Steuerzahlung zu befreien. Bis zu einem Jahreseinkommen von 7.804,00 € müssen keine Steuern gezahlt werden. Im Übrigen mindert der Grundfreibetrag die steuerliche Belastung des Steuerpflichtigen.

Solidaritätszuschlag

Er wurde eingeführt, um den Aufbau in den neuen Bundesländern zu erleichtern. Der Solidaritätszuschlag beträgt 5,5 % der Lohn- und Einkommensteuer. Ist jemand Geringverdiener und muss keine Steuern zahlen, so entfällt auch der Solidaritätszuschlag.

Kirchensteuer

Mitglieder der evangelischen und römisch-katholischen Religionsgemeinschaft müssen Kirchensteuer zahlen. Der Betrag ist abhängig von der Höhe der Lohnsteuer. Zwischen den einzelnen Bundesländern gibt es Unterschiede bei den Steuersätzen. Der Regelsteuersatz beträgt 9 %. Nur in Baden-Württemberg, Bayern, Bremen und Hamburg sind 8 % Kirchensteuer zu entrichten.

Die Ermittlung der zu entrichtenden Lohnsteuer, Kirchensteuer und des Solidaritätszuschlags erfolgt mithilfe der in sechs Steuerklassen eingeteilten Lohnsteuertabelle.

MONAT

Lohn/ Gehalt bis €*	Abzüge an Lohnsteuer, Solidaritätszuschlag (SolZ) und Kirchensteuer (8%, 9%) in den Steuerklassen																								
	I – VI		ohne Kinderfreibeträge			I, II, III, IV		mit Zahl der Kinderfreibeträge . . . 0,5			1			1,5			2			2,5			3**		
		LSt	SolZ	8%	9%		LSt	SolZ	8%	9%	SolZ	8%	9%	SolZ	8%	9%	SolZ	8%	9%	SolZ	8%	9%	SolZ	8%	9%
1 937,99	I,IV	243,25	13,37	19,46	21,89	I	243,25	9,81	14,28	16,06	6,43	9,36	10,53	—	4,76	5,35	—	1,02	1,15	—	—	—	—	—	—
	II	213,66	11,75	17,09	19,22	II	213,66	8,27	12,03	13,53	1,88	7,23	8,13	—	2,95	3,32	—	—	—	—	—	—	—	—	—
	III	30,33	—	2,42	2,72	III	30,33	—	—	—	—	—	—	—	—	—	—	—	—	—	—	—	—	—	—
	V	527,83	29,03	42,22	47,50	IV	243,25	11,57	16,84	18,94	9,81	14,28	16,06	8,10	11,79	13,26	6,43	9,36	10,53	1,30	7,—	7,87	—	4,76	5,35
	VI	557,83	30,68	44,62	50,20																				
1 940,99	I,IV	244,08	13,42	19,52	21,96	I	244,08	9,86	14,34	16,13	6,47	9,42	10,59	—	4,81	5,41	—	1,06	1,19	—	—	—	—	—	—
	II	214,50	11,79	17,16	19,30	II	214,50	8,31	12,09	13,60	2,01	7,28	8,19	—	3,—	3,37	—	—	—	—	—	—	—	—	—
	III	30,83	—	2,46	2,77	III	30,83	—	—	—	—	—	—	—	—	—	—	—	—	—	—	—	—	—	—
	V	529,—	29,09	42,32	47,61	IV	244,08	11,61	16,90	19,01	9,86	14,34	16,13	8,14	11,84	13,32	6,47	9,42	10,59	1,43	7,05	7,93	—	4,81	5,41
	VI	559,—	30,74	44,72	50,31																				
1 943,99	I,IV	244,83	13,46	19,58	22,03	I	244,83	9,90	14,40	16,20	6,51	9,48	10,66	—	4,86	5,47	—	1,10	1,24	—	—	—	—	—	—
	II	215,25	11,83	17,22	19,37	II	215,25	8,35	12,15	13,67	2,16	7,34	8,26	—	3,04	3,42	—	—	—	—	—	—	—	—	—
	III	31,16	—	2,49	2,80	III	31,16	—	—	—	—	—	—	—	—	—	—	—	—	—	—	—	—	—	—
	V	530,16	29,15	42,41	47,71	IV	244,83	11,66	16,96	19,08	9,90	14,40	16,20	8,19	11,91	13,40	6,51	9,48	10,66	1,58	7,11	8,—	—	4,86	5,47
	VI	560,16	30,80	44,81	50,41																				

Weitere Entgeltabzüge

Neben den Entgeltabzügen, die an den Staat und die Sozialversicherungen fließen, gibt es weitere mögliche Abzüge. So ist z. B. denkbar, dass ein Entgeltvorschuss vom letzten Monat diesen Monat zurückgezahlt wird. Auch etwaige Entgeltpfändungen führen zu einer Minderung des ausgezahlten Betrages. Vom Entgelt abzuziehen sind auch die Beiträge des Arbeitnehmers, die als vermögenswirksame Leistung z. B. in einen Bausparvertrag einfließen. Der Arbeitgeberanteil zu den vermögenswirksamen Leistungen erhöht dagegen das Bruttoentgelt und muss in der Entgeltabrechnung addiert werden.

Sozialversicherung

Etwa 90 % der Arbeitnehmer sind in der gesetzlichen Sozialversicherung pflichtversichert. Das System der Sozialversicherung steht auf fünf Säulen:

- gesetzliche Krankenversicherung
- gesetzliche Rentenversicherung
- Arbeitslosenversicherung
- gesetzliche Pflegeversicherung
- gesetzliche Unfallversicherung

Sozialversicherungsbeiträge sind anteilmäßig vom Arbeitnehmer und Arbeitgeber an die zuständigen Sozialversicherungsträger (z. B. gesetzliche Krankenkasse) abzuführen. Eine Ausnahme bilden die Beiträge zur gesetzlichen Unfallversicherung. Sie muss der Arbeitgeber allein aufbringen.

Arbeitsvorschläge

1. Bearbeiten Sie folgende Aufgaben mit der Entgeltabrechnung von Katja Meier (siehe „Moment mal!", S. 106):
   a) Erklären Sie den Aufbau der Entgeltabrechnung.
   b) Welche Beträge fließen an den Staat und welche an die Sozialversicherungsträger?
   c) Wie hoch ist die prozentuale Steuerbelastung von Katjas Bruttoeinkommen?
   d) Wie hoch ist die prozentuale Belastung durch die Sozialversicherungsbeiträge?
   e) Welchen Betrag muss Katjas Arbeitgeber insgesamt (inklusive des Arbeitgeberanteils) an die Sozialversicherungszweige zahlen?
2. Welche Lohnsteuerklasse empfehlen Sie jeweils folgenden Personen?
   a) Dimitrij Vasko ist ledig und arbeitet als Zahntechniker in einem Dentallabor.
   b) Linda Hohmann ist Leiterin des Rechnungswesens in einer Möbelfabrik. Ihr Mann Bernd ist Hausmeister an einer Schule.
   c) Thomas Schmidt übt den Beruf eines Anlageelektronikers aus. Seine Frau Susanne ist seit zwei Monaten wegen der Geburt ihres Sohnes nicht mehr berufstätig.
   d) Felipe Santos ist neben seiner ersten Berufstätigkeit zusätzlich als Wachmann für einen Sicherheitsdienst tätig.
3. Bearbeiten Sie mithilfe der vorstehenden Lohnsteuertabelle (S. 108) die Abzüge für Lohnsteuer, Solidaritätszuschlag und Kirchensteuer (ohne Kinderfreibeträge).

Summe der Bezüge	**Peter Hohmann 1.939,50 €**	**Karsten Neuwert 1.943,75 €**
Kirchensteuersatz	8 %	9 %
Steuerklasse	III	V
Lohnsteuer	?	?
Solidaritätszuschlag	?	?
Kirchensteuer	?	?

4. Olga Stein arbeitet als Informationselektronikerin in dem Reparaturservice eines Elektrogrätefachhandels. Im Monat März arbeitete sie an 22 Arbeitstagen zu je acht Stunden. Ihr Stundenlohn beträgt 11,20 €. Wegen dringender Terminarbeiten war es notwendig, am 16. und 17. März jeweils drei Überstunden zu machen. Dafür wurde ein Überstundenzuschlag von 20 % gezahlt.
   Olga hat einen vermögenswirksamen Sparvertrag. Ihr Chef zahl ihr 25,00 € monatlich als vermögenswirksame Leistung. Ihr Anteil beläuft sich auf 15,00 €. Der Arbeitnehmeranteil zur Sozialversicherung beträgt rund 21 %. Die zu zahlende Lohnsteuer für den Monat März hat eine Höhe von 530,16 €. Als Mitglied einer Religionsgemeinschaft fallen außerdem 9 % Kirchensteuer an.
   a) Ermitteln Sie den Bruttolohn.
   b) Wie hoch ist der Betrag für den zu zahlenden Solidaritätszuschlag und die Kirchensteuer?
   c) Wie hoch ist der Auszahlungsbetrag für Olga Stein?
5. Im deutschen Einkommensteuertarif gibt es einen Grundfreibetrag von 7.664,00 €. Welche Bedeutung hat dieser Betrag für einen Steuerpflichtigen?
6. Warum wurde der Solidaritätszuschlag eingeführt und wie hoch ist er?
7. Das deutsche Steuersystem kennt verschiedene Steuerklassen.
   a) Welche Steuerklassen gibt es?
   b) Nach welchen Merkmalen erfolgt die Einordnung in diese Klassen?
   c) Sie sind ledig und haben als Auszubildender bereits ein so hohes Entgelt, dass Sie steuerpflichtig sind. In welche Steuerklasse sind sie eingestuft?

17 Leben, Lernen und Arbeiten in Europa

Moment mal!

„Ich will wieder arbeiten", war ein Entschluss, der für Oliver Schumann feststand. Als gelernter Maurer hat es Oliver in Deutschland z. Zt. schwer. Schon 11 Jahre dauerte die Krise in der Baubranche. Viele seiner Kollegen waren inzwischen entlassen worden. Vor einem halben Jahr hatte es ihn auch erwischt. Seine Firma musste Konkurs anmelden, und er stand plötzlich ohne Arbeit da. Er hatte versucht, eine andere Stelle zu finden, aber leider ohne Erfolg. In dieser Zeit war sein Entschluss gereift. „Als gut ausgebildeter Bauarbeiter mit Berufserfahrung werde ich in England mit Sicherheit gebraucht. Die Baukonjunktur brummt dort, und der Bedarf an Fachkräften ist sehr groß. Land und Leute sagen mir zu, das weiß ich aus dem Aufenthalt in einem englischen Jugendlager. Auch die Sprache macht mir deshalb keine allzu großen Probleme."

- Welcher zeitliche Rahmen kommt für Auslandsaufenthalte überhaupt in Frage?
- Welche Besonderheiten weisen ausländische Arbeitsmärkte auf?
- Welche rechtlichen und organisatorischen Hilfen gibt es für das Leben und Arbeiten in Europa?

?

Der Europäische Wirtschaftsraum (EWR) mit ca. 520 Millionen Bürgern ist einer der größten Arbeitsmärkte der Welt. Ihm gehören die 27 Mitgliedsländer der Europäischen Union und zusätzlich Liechtenstein, Norwegen, Island und die Schweiz an.

Immer mehr Menschen entscheiden sich im Rahmen ihres schulischen oder beruflichen Werdegangs dazu, Erfahrungen im Ausland zu sammeln. Die Gründe hierfür sind unterschiedlich, ebenso wie der zeitliche Rahmen des Auslandsaufenthalts.

17.1 Zeitlicher Rahmen des Auslandsaufenthalts

Der Auslandsaufenthalt nach dem Schulabschluss

Die Phase zwischen dem Schulabschluss und dem Beginn der Berufsausbildung bzw. des Studiums ist ein idealer Zeitpunkt, um erste Erfahrungen im Ausland zu sammeln und seine Sprachkenntnisse zu verbessern. Für diejenigen, die erste berufspraktische Erfahrungen machen möchten, bietet die Bundesagentur für Arbeit in Zusammenarbeit mit ausländischen Partnern spezielle Programme aus dem Bereich Jobs und Praktika an. Wer bei seinen späteren Bewerbungen eine Bescheinigung über ein Praktikum im Ausland nachweisen kann, hat gegenüber seinen Mitbewerbern einen erhebliche Vorteil.

Der Auslandsaufenthalt während oder unmittelbar nach der Berufsausbildung

Wer im Rahmen seiner Ausbildung berufliche Erfahrungen im Ausland sammeln möchte, sollte sich zuerst an seinen Ausbilder oder den Berufsschullehrer wenden. Austauschprogramme werden z. B. von Handwerkskammern, Industrie- und Handelskammern, Betrieben oder den Schulen selbst organisiert.

Ein Auslandsaufenthalt bedarf einer ausdrücklichen Vereinbarung zwischen Auszubildenden und Ausbildungsbetrieb.

Ein Auslandsaufenthalt ist in der Regel nur ein Teil der Ausbildung in Deutschland und wird im Allgemeinen auf die deutsche Ausbildungszeit angerechnet. Im Berufsbildungsgesetz (BBiG) ist in § 2.3 (Lernorte der Berufsausbildung) ausdrücklich festgehalten:

> Teile der Berufsausbildung können im Ausland durchgeführt werden, wenn dies dem Ausbildungsziel dient. Ihre Gesamtdauer soll ein Viertel der in der Ausbildungsordnung festgelegten Ausbildungsdauer nicht überschreiten.

Die finanziellen Mittel für diese Maßnahmen werden über spezielle Förderprogramme der Bundesregierung und der Europäischen Union bereitgestellt. Das bedeutendste Förderprogramm der EU trägt den Namen eines italienischen Allroundgenies aus dem 15. Jahrhundert und heißt LEONARDO DA VINCI. Es hat die Aufgabe, den Austausch von Auszubildenden und Berufsschülern aus 31 Ländern finanziell zu unterstützen. Auch junge Berufstätige, die sich im europäischen Ausland weiterbilden möchten, können Zuschüsse oder Stipendien erhalten.

Die Ausbildungsgänge in Europa weisen von Land zu Land erhebliche Unterschiede auf. Die Auslandsaufenthalte während der Ausbildung sind deshalb im Allgemeinen zeitlich befristet. Für einige Berufe und bestimmte Länder gibt es aber die Möglichkeit, die gesamte berufliche Ausbildung im Ausland zu durchlaufen. So bietet z. B. die französische Gesellenvereinigung **Kompagnons du Devoir** für deutsche Berufseinsteiger im Alter von 16–19 Jahren die Chance, eine komplette in Deutschland anerkannte Handwerksausbildung zu durchlaufen.

Französische Arbeitgeber schätzen die Kompetenzen, die Arbeitnehmer auf dem deutschen Arbeitsmarkt erwerben. Das gilt grundsätzlich für alle Ebenen und Berufsgruppen. Besonders gefragt sind Fachleute aus der Automobilindustrie und dem Maschinenbau, da die geschäftlichen Beziehungen nach Deutschland hier besonders eng sind. Wer den deutschen Markt genau kennt, hat sehr gute Aussichten auf eine Stelle. Voraussetzung ist allerdings, dass man Französisch beherrscht.

Quelle: Hrsg. BA – ZAV, Mobil in Europa, Frankreich 2006, S. 13

Später leben und arbeiten in Europa
Europa- und sogar weltweite Kontakte gehören für immer mehr Firmen zum Alltag. Besonders Mitarbeiter von großen und mittelständischen Betrieben verbringen einige Jahre im Ausland, um dort die wirtschaftlichen Interessen ihrer Arbeitgeber zu vertreten. Andere zieht es ins Ausland, weil sie arbeitslos und ihre Beschäftigungschancen und Verdienstmöglichkeiten im Ausland ganz einfach besser sind.

Ein Auslandsaufenthalt kann zu einem Meilenstein der beruflichen Entwicklung werden. Wer heute als qualifiziert gelten möchte, muss nicht nur über eine gute Fachkompetenz verfügen, sondern auch die passenden Schlüsselqualifikationen vorweisen. (siehe S. 21 ff.) Über Sach- und Kulturgrenzen mit anderen Menschen zusammenarbeiten zu können, ist eine Schlüsselqualifikation, die in der modernen Arbeitswelt eine immer größere Bedeutung gewinnt.

17.2 Der europäische Arbeitsmarkt

Wer sich überlegt, im Ausland zu arbeiten, sollte wissen, dass es dort nicht unbedingt leichter als im Inland ist, einen Arbeitsplatz zu finden. In der Europäischen Union ist der Anteil der Arbeitslosen bei der Altersgruppe der unter 25-Jährigen oft viel höher als in den anderen Altersgruppen. Und wer Arbeit bekommt, hat häufig nur eine Teilzeitstelle oder einen zeitlich befristeten Job. Allgemein gilt in der Europäischen Union das **Beschäftigungslandprinzip**. Arbeitnehmer, die sich in einem anderen Land niederlassen, werden behandelt wie die Einwohnen des Aufnahmelandes.

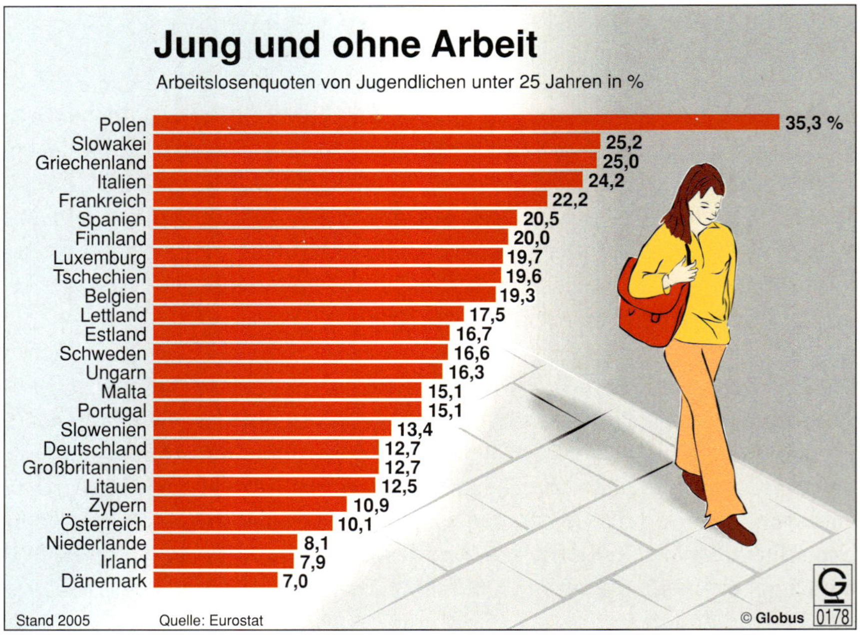

Weitere Einzelheiten im Überblick

Stichworte	Hinweise
Lohn und Gehalt	Im Vergleich mit Deutschland haben viele Länder ein niedrigeres Lohn- und Gehaltsniveau. Einen Anhaltspunkt über die Höhe liefert ein Gehaltsrechner im Internet. (www.wagendicator.org)
Kündigungsschutz, Lohnfortzahlung im Krankheitsfall, Vergütung von Überstunden	Die Unterschiede in Europa sind bei arbeitsrechtlichen Bestimmungen in den einzelnen Ländern sehr groß. So kennen z. B. viele Länder keine Kündigungsschutzzeiten. Um keine unangenehme Überraschung zu erleben, sollte sich jeder, der im Ausland arbeiten will, vor der Unterzeichnung des Arbeitsvertrages gründlich informieren.
Soziale Absicherung	Wer in einem europäischen Staat arbeitet, unterliegt dem dortigen nationalen Sozialversicherungssystem. Die Länder des europäischen Wirtschaftsraums haben vereinbart, dass Rechte auf dem Gebiet der sozialen Sicherung beibehalten werden. Dies bezieht sich auf die Leistungen aus der Kranken-, Renten-, Arbeitslosen- und Unfallversicherung. Bei Rückkehr in das Heimatland gehen die im Ausland erworbenen Ansprüche nicht verloren, sondern sind übertragbar.
Europäische Krankenversicherung	In allen Staaten des Europäischen Wirtschaftsraums ist die Krankenversicherungskarte heute gültig und ersetzt den Auslandskrankenschein. Häufig deckt das ausländische Sozialversicherungssystem nicht alle Kosten für ärztliche Behandlung und Arzneimittel ab. Auch zahlt der Patient oft das Arzthonorar zunächst selbst und erhält dann eine teilweise Rückerstattung von der Krankenversicherung.
Arbeitslosengeld	Ausländische Versicherungszeiten werden für einen Anspruch auf Arbeitslosengeld in Deutschland berücksichtigt. Eine Bedingung ist aber, dass zwischen der Auslandsbeschäftigung und dem Beginn der Arbeitslosigkeit in Deutschland eine Zeitlang gearbeitet und Beiträge in die Arbeitslosenversicherung gezahlt wurden.
Rentenversicherung	Die in den Staaten des europäischen Wirtschaftsraums erworbenen Ansprüche auf spätere Rentenzahlung werden in jedem Staat zusammengerechnet. Jeder Staat zahlt nur eine Leistung aus seinen Versicherungszeiten.

17.3 Rechtliche und organisatorische Rahmenvereinbarungen für das Leben und Arbeiten in Europa

17.3.1 Die Europäische Sozialcharta

Sie wurde 1961 durch den Europarat ausgearbeitet. Bisher (Stand 2007) haben 27 Staaten die Sozialcharta ratifiziert und fünf weitere haben sie unterzeichnet. Die Sozialcharta wurde in der Absicht geschaffen, bestimmte soziale Rechte in den Mitgliedsstaaten zu gewährleisten. Diese Rechte betreffen vor allem den Arbeitsmarkt, die berufliche Bildung, die Chancengleichheit und die Arbeitsbedingungen.

ratifiziert: Bestätigung eines vor der Regierung abgeschlossenen völkerrechtlichen Vertrags durch das Parlament.

Europäische Sozialcharta

Vertragschließende Länder verpflichten sich, eine Politik zu betreiben, welche die Voraussetzungen schafft, um folgende Rechte zu gewährleisten ...

Artikel		Artikel		Artikel	
1	Recht auf Arbeit	7	Recht der Kinder und Jugendlichen auf Schutz	14	Recht auf Inanspruchnahme sozialer Dienste
2	Recht auf gerechte Arbeitsbedingungen	8	Recht der Arbeitnehmermeinung auf Schutz	15	Recht der körperlich, geistig oder seelisch Behinderten auf berufliche Ausbildung sowie auf berufliche und soziale Eingliederung oder Wiederherstellung
3	Recht auf sichere und gesunde Arbeitsbedingungen	9	Recht auf Berufsberatung	16	Recht der Familie auf sozialen, gesetzlichen und wirtschaftlichen Schutz
4	Recht auf gerechtes Arbeitsentgelt	10	Recht auf berufliche Ausbildung	17	Recht der Mütter und der Kinder auf sozialen und wirtschaftlichen Schutz
5	Vereinigungsrecht	11	Recht auf Schutz der Gesundheit	18	Recht auf Ausübung einer Erwerbstätigkeit im Hoheitsgebiet der anderen Vertragsparteien
6	Recht auf Kollektivverhandlungen	12	Recht auf soziale Sicherheit	19	Recht der Wanderarbeitnehmer und ihrer Familien auf Schutz und Beistand
		13	Recht auf Fürsorge		

In der Europäischen Sozialcharta sind in den einzelnen Artikeln nachzulesen, welche Verpflichtungen die Vertragspartner haben.
Beispiel Artikel 3:

Artikel 3 – Das Recht auf sichere und gesunde Arbeitsbedingungen
Um die wirksame Ausübung des Rechtes auf sichere und gesunde Arbeitsbedingungen zu gewährleisten, verpflichten sich die Vertragsparteien:
1. Sicherheits- und Gesundheitsvorschriften zu erlassen;
2. für die Kontrollmaßnahmen zur Einhaltung dieser Vorschriften zu sorgen;
3. die Arbeitgeber- und Arbeitnehmerorganisationen in geeigneten Fällen bei Maßnahmen zu Rate zu ziehen, die auf eine Verbesserung der Sicherheit und der Gesundheit bei der Arbeit gerichtet sind.

17.3.2 Der Europass

Um das Lernen und Arbeiten in Europa zu erleichtern, wurde der Europass eingeführt. Er ist eine europäische Bewerbungsmappe, mit der die Bürger der Europäischen Union ihre persönlichen Fähigkeiten und Qualifikationen in verständlicher Form dokumentieren und darstellen können. Die Vergleichbarkeit von Zeugnissen und anderen Diplomen zwischen einzelnen Staaten wird verbessert.

Der Europass besteht aus fünf Bausteinen:

- Europäischer Lebenslauf
- Europäisches Sprachendokument
- Europäische Zeugniserläuterungen für den Bereich der beruflichen Bildung
- Europäischer Diplomzusatz
- Europass-Mobilitätsnachweis

Erste Adresse für Fragen rund um den Europass ist die nationale Agentur Bildung für Europa beim Bundesinstitut für Berufsbildung. Kontaktaufnahme kann unter der Internetadresse www.europass-info.de erfolgen.

Beispiel: Europass-Mobilitätsnachweis

Zielgruppe des Europass Mobilität sind neben den Jugendlichen in der Aus- und Weiterbildung auch Schüler, Studierende und ältere Erwachsene. Bedingung ist, dass der betreffende den Aufenthalt im Ausland zu Lernzwecken verbringt. Das kann sowohl ein Praktikum als auch ein Teil der beruflichen Aus- und Weiterbildung oder auch ein Semester an einer Universität sein. Der Europass Mobilität kann nur vergeben werden, wenn genau bestimmte Qualitätskriterien erfüllt sind. (Beispiel: Bescheinigung über erfolgreich abgeleistetes Praktikum).

So sieht er aus, der ...

EUROPASS-MOBILITÄTSNACHWEIS

1. DIESER EUROPASS-MOBILITÄTSNACHWEIS WIRD AUSGESTELLT FÜR

(1)* Nachname(n): Mustermann

(2)* Vorname(n): Klaus

(4) Foto

(3) Adresse (Straße, Hausnummer, Postleitzahl, Ort, Staat):
Baumstraße 44
50545 Köln
Deutschland

(5) Geburtsdatum: 25 02 1986 (TT MM JJJJ)

(6) Staatsangehörigkeit(en): DE

(7) Unterschrift des Inhabers:

Achtung: Die mit einem Sternchen (*) versehenen Rubriken sind unbedingt auszufüllen.

2. DIESER EUROPASS-MOBILITÄTSNACHWEIS WIRD AUSGESTELLT DURCH

(8)* Bezeichnung der ausstellenden Organisation: Berufsschule Ideal

(9)* Europass-Mobilitätsnachweis Nummer: – siehe unten – see below – cf ci-dessous –

(10)* Ausstellungsdatum: 15 11 2006 (TT MM JJJJ)

Europass-Sicherheitsnummer: EZ2WRXELJ2QF2PEUJJ9I

Achtung: Die mit einem Sternchen (*) versehenen Rubriken sind unbedingt auszufüllen.

Quelle: Bundsministerium für Bildung und Forschung (Hrsg.), www.europass-info.de

17.3.3 Beratung und Vermittlung

Über das Beratungsteam des Euroservice der Bundesagentur für Arbeit (ES-BA) erhalten Interessierte aktuelle Informationen über Einstellungs- und Arbeitsbedingungen, Anerkennung von Berufsabschlüssen, Niederlassungsmodalitäten und Kontaktadressen.

Arbeitsvorschläge

1. Nicht jeder, der im Ausland arbeiten möchte, ist auch dafür geeignet. Erstellen Sie eine Liste mit mindestens fünf Fähigkeiten bzw. Eigenschaften, die Sie als besonders wichtig erachten.
2. Zeigen Sie Besonderheiten auf, die Arbeitsmärkte in der Europäischen Union gegenüber dem deutschen Arbeitsmarkt haben können.
3. In der Europäischen Union gibt es das Beschäftigungslandprinzip. Erklären Sie, was hiermit gemeint ist.
4. Über Sach- und Kulturgrenzen mit anderen Menschen zusammenarbeiten zu können, wird immer mehr zu einer unverzichtbaren Schlüsselqualifikation. Erklären Sie, was mit dieser Aussage gemeint ist.
5. LEONARDO DA VINCI ist ein bekanntes Förderprogramm in der europäischen Union. Welche Ziele verfolgt das Programm?
6. Wer sind die möglichen Ansprechpartner für einen Auslandsaufenthalt während oder unmittelbar nach der Berufsausbildung?
7. Die Europäische Sozialcharta ist ein wichtiges Abkommen zwischen den Staaten der Europäischen Union bzw. des Europäischen Wirtschaftraumes.
   a) Durch welche Institution wurde die Europäische Sozialcharta ausgearbeitet?
   b) In welcher Absicht wurde die Sozialcharta geschaffen?
   c) Nennen Sie fünf Beispiele von Rechten, welche in die Sozialcharta aufgenommen wurden.
8. Die Länderauswahl von Arbeitsuchenden in Europa wird sehr häufig auch beeinflusst durch die Höhe der dort zu erzielenden Einkommen. Diese weisen in der Europäischen Union erhebliche Unterschiede zwischen den einzelnen Ländern auf. Der Abstand verringert sich deutlich, wenn die Kaufkraft berücksichtigt wird. Schließlich ist z. B. ein Haarschnitt in Sofia oder Bukarest sehr viel billiger als in London oder Kopenhagen.
   a) Erklären Sie den Aussagegehalt des folgenden Schaubildes.
   b) Um wie viel Prozent unterscheidet sich das erzielte Einkommen zwischen dem ärmsten und dem reichsten Land nominal und kaufkraftbereinigt.

Starkes Einkommensgefälle in der EU

Bruttonationaleinkommen je Einwohner im Jahr 2006 in Euro (Auswahl)		kaufraftbereinigt EU–27 = 100
Luxemburg	59.500	232
Dänemark	41.100	129
Schweden	33.800	121
Finnland	31.900	118
Vereinigtes Königreich	31.900	121
Österreich	30.700	127
Frankreich	28.600	114
Deutschland	28.500	115
Italien	25.000	104
Spanien	21.800	100
Griechenland	17.100	86
Portugal	14.100	72
Malta	12.300	75
Tschechien	10.500	75
Ungarn	8.200	60
Lettland	6.900	54
Polen	6.800	51
Bulgarien	3.300	37

9. **Lernen durch Handeln:**
   Annahme: Sie überlegen sich, nach Ihrer Ausbildung in das europäische Ausland zu gehen um dort zu arbeiten. Eine Entscheidungshilfe bietet das Internetprojekt „fit for europe". Es ermöglicht allen Interessierten, sich einen schnellen Überblick über Bildung, Studium und Beruf in 31 europäischen Ländern zu verschaffen. Die Europäische Kommission fördert das Projekt im Rahmen des gemeinschaftlichen Bildungsprogramms LEONARDO DA VINCI.
   a) Rufen Sie im Internet unter www.info-europe.de das Projekt auf.
   b) Entscheiden Sie sich bei der Länderauswahl für ein Land Ihrer Wahl.
   c) Verschaffen Sie sich über die betreffenden Links Informationen, die für Arbeitsuchende von Bedeutung sind (z. B. ausländische Arbeitsvermittlung, Arbeitsagenturen, sprachliche Voraussetzungen).

Zukunftspläne und Existenzsicherung

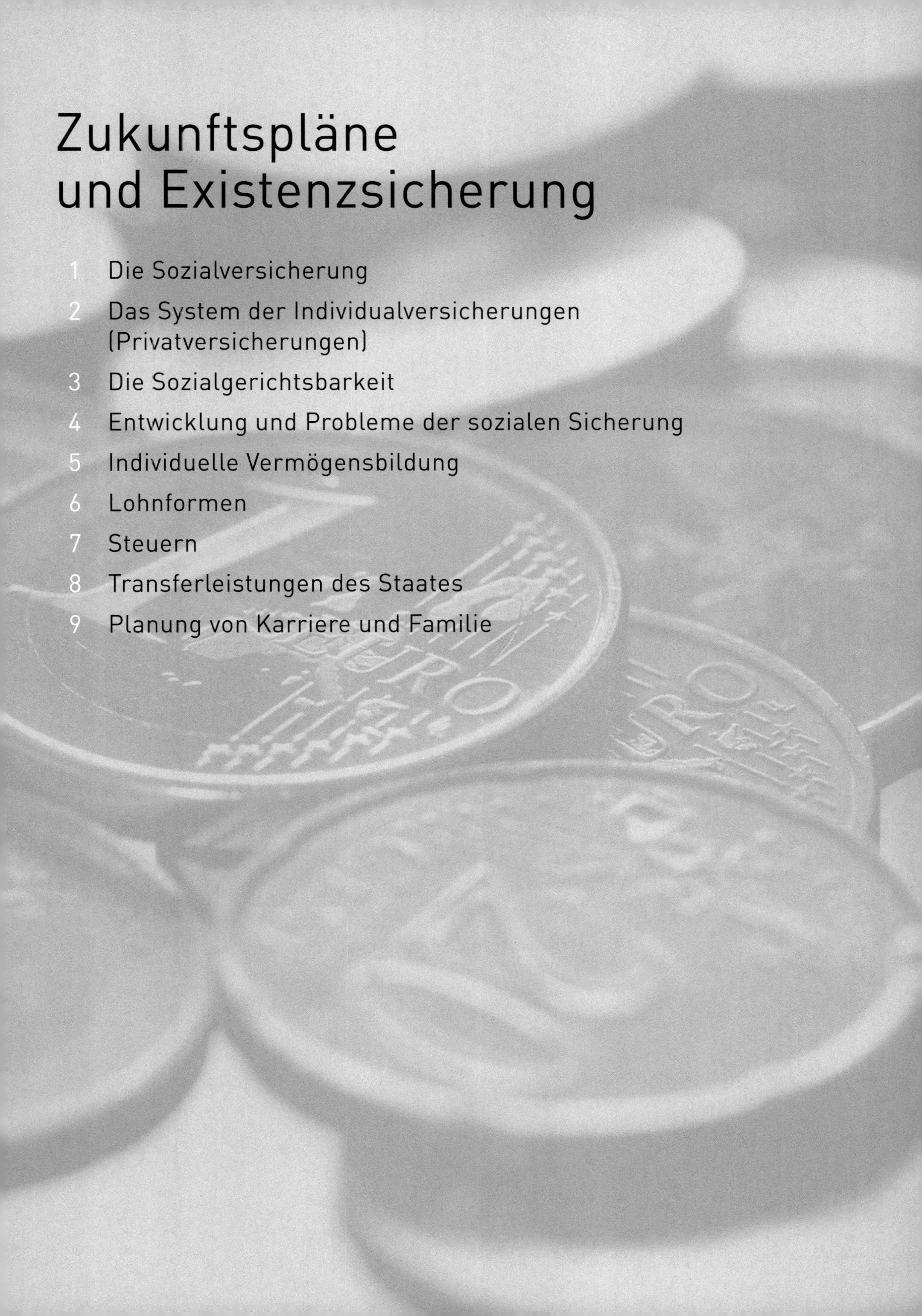

1 Die Sozialversicherung

Moment mal!

Petra, Mareike, Andreas und Sven sind gut drauf. Die Welt ist für sie in Ordnung. Es könnte zur Zeit kaum besser sein. Wie alle Menschen haben sie natürlich auch Wünsche. Ganz oben auf ihrer Wunschliste sind die nebenstehenden Punkte zu finden.

Nun weiß jeder, mit Wünschen ist das so eine Sache. Einige gehen in Erfüllung, andere zerplatzen wie Seifenblasen. Es ist sicher nicht sehr schlimm, statt eines größeren ein bescheideneres Auto zu fahren.

Wer aber an einer schweren Krankheit leidet und deshalb nicht mehr arbeiten kann, was wird aus dem?
Im Gegensatz zu früheren Zeiten bleibt ihm ein Fall ins Bodenlose erspart. Dafür sorgt unser soziales Netz, das allerdings heutzutage nicht mehr so dicht geknüpft ist wie vor einigen Jahrzehnten. Es macht einschneidende Risiken des Lebens besser kalkulierbar. Den wichtigsten Beitrag für ein Leben in relativer Sicherheit bietet die Sozialversicherung.

- Welche Sozialversicherungsarten gibt es, von denen die Menschen in Problemsituationen Hilfe erwarten können?
- Wie hat sich unser Sozialsystem entwickelt?

?

1.1 Das System der sozialen Sicherung

Die Sozialversicherung steht auf fünf Säulen:
- gesetzliche Krankenversicherung
- gesetzliche Rentenversicherung
- Arbeitslosenversicherung
- gesetzliche Unfallversicherung
- gesetzliche Pflegeversicherung

In der Sozialversicherung ist der größte Teil der deutschen Bevölkerung versichert.

Die Sozialversicherungs- und Beitragspflicht

Wer einem Beschäftigungsverhältnis nachgeht, ist sozialversicherungspflichtig. Sozialversicherungsfrei für Arbeitnehmer sind geringfügige Beschäftigungen. Für diese Mini-Jobs braucht der Arbeitnehmer auch keine Steuern zu bezahlen. Die monatliche Verdienstgrenze hierfür beträgt 400,00 Euro. Die Mini-Jobs können auch nebenberuflich ausgeübt werden und bleiben auch dann versicherungsfrei. Im Gegensatz zum Arbeitnehmer muss der Arbeitgeber bei diesen Beschäftigungsverhältnissen 30 % pauschale Abgaben abführen. Sie bestehen aus:

- 15 % für die Rentenversicherung,
- 13 % für die Krankenversicherung,
- 2 % Steuern.

Die Geringverdienergrenze für Auszubildende beträgt nicht 400,00 Euro, sondern 325,00 Euro. Nur bis zu diesem Betrag ist die Vergütung sozialversicherungsfrei für den Arbeitnehmer.

Von 400,01 € bis 800,00 € muss der Arbeitnehmer verminderte Sozialabgaben zahlen. In diesem Einkommensbereich besteht eine Gleitzone bei der Aufteilung der Beitragssätze. Je höher das Einkommen ist, desto höher ist der Beitragssatz des Arbeitnehmers.

Ab einem bestimmten Bruttoeinkommen werden die Beiträge zur Sozialversicherung „eingefroren“, d. h. sie steigen nicht mehr weiter. Diese **Beitragsbemessungsgrenze** wird jährlich der Einkommensentwicklung angepasst.

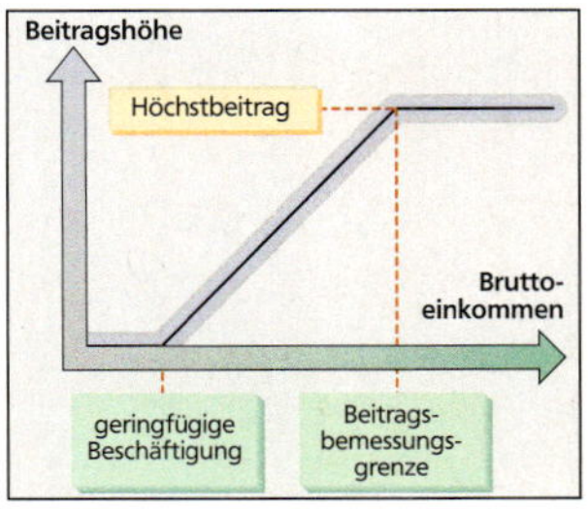

Beitragssätze bis 800 Euro Einkommen

	Arbeitnehmer zahlt ...	Arbeitgeber zahlt ...
bis 400,00 € pro Monat	• keine Steuern • keine Sozialabgaben (gilt auch für Nebenjobs)	pauschal 30 % davon: • 15 % Rentenversicherung • 13 % Krankenversicherung • 2 % Steuern
von 400,01 € bis 800,00 € pro Monat	Gleitzone bei der Aufteilung der Beitragssätze zwischen Arbeitgeber und Arbeitnehmer	

Arbeitsvorschläge

1. Was ist das Soziale an der Sozialversicherung?
2. Welche Bedeutung hat die Beitragsbemessungsgrenze bei der Sozialversicherung?
3. Wie hoch ist die Geringverdienergrenze bei Auszubildenden und welche Bedeutung hat sie für diese Gruppe der Arbeitnehmer bei der Sozialversicherung?
4. Wie ist die Sozialversicherungspflicht bei Mini-Jobs geregelt?

1.2 Die gesetzliche Krankenversicherung

Beispiel

Der Winterurlaub in Gerlos war für Petra und ihren Freund bisher einfach toll verlaufen. Pulverschnee, blauer Himmel und dann mit dem Snowboard die Hänge runter, das war Klasse. Und abends, beim Après-Ski, da ging die Post noch mal so richtig ab. So konnte man es aushalten. Doch dann, am vorletzten Urlaubstag, passierte es: Petra kam durch eine Schneewehe von der Piste ab, rutschte den Abhang hinunter, überschlug sich und prallte gegen einen Baum. Das Ergebnis: komplizierter Schienbeinbruch und schmerzhafte Prellungen im Beckenbereich.
Petra liegt seit 21 Tagen im Krankenhaus und musste schon dreimal operiert werden. Bis sie ihre Ausbildung als Zahntechnikerin fortsetzen kann, werden noch mindestens zwei Monate vergehen.

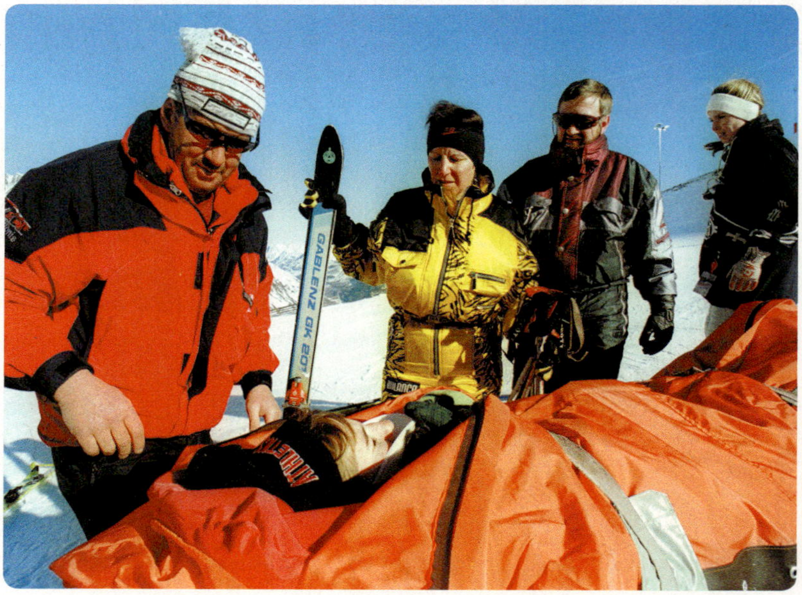

Versicherte Personen

Neunzig Prozent aller Bürger sind heute Mitglied der gesetzlichen Krankenversicherung. Wie alle übrigen Sozialversicherungszweige beruht diese auf der **Solidarität**. Alle Versicherten bilden eine Gemeinschaft und unterstützen sich gegenseitig. Die Aufgabe der Krankenversicherung besteht darin, den Gesundheitszustand der Versicherten zu erhalten, ihn wiederherzustellen oder aber ihn zu bessern.
Als Arbeitnehmer ist man automatisch versicherungspflichtig, wenn das Einkommen eine bestimmte Höchstgrenze (Versicherungspflichtgrenze) pro Jahr nicht übersteigt. Außerdem besteht eine Versicherungspflicht für folgende Bevölkerungsgruppen: Rentner, Studenten, selbstständige Landwirte, Arbeitslose, Behinderte. Neben diesen Pflichtmitgliedern hat die gesetzliche Krankenversicherung auch freiwillige Mitglieder. Zu ihnen zählen im Wesentlichen Arbeitnehmer, die wegen ihres hohen Einkommens eigentlich nicht mehr versicherungspflichtig sind und bestimmte Versicherungszeiten erfüllt haben.

Finanzierung

Die gesetzliche Krankenversicherung finanziert sich durch die Beiträge ihrer Mitglieder. Was Petra zahlen muss, hängt ab von dem Beitragssatz ihrer Krankenkasse und von ihrem Verdienst. Die **Höhe der Beiträge** beschließt der Verwaltungsrat der jeweiligen Versicherung. Jeder Versicherte hat somit einen anderen Beitragssatz. Besser Verdienende zahlen mehr als die einkommensschwächeren Versicherten und das, obwohl sie gleiche Leistungen erhalten. Dies bezeichnet man als **Solidarität der Versicherten**. Die Beitragssolidarität ist allerdings begrenzt. Ab 2009 werden die Beiträge im Rahmen der Gesundheitsreform staatlich festgelegt. Höher verdienende Arbeitnehmer zahlen ihren prozentualen Beitrag nur bis zur Beitragsbemessungsgrenze. Diese wird jährlich der allgemeinen Einkommensentwicklung angepasst. Während früher Unternehmen und Arbeitgeber jeweils die Hälfte des Betrages aufzubringen hatten, zahlen die Arbeitnehmer inzwischen 0,9 % mehr an Beiträgen. Das Gleiche trifft für Rentner zu. Sie selbst und der Rentenversicherungsträger zahlen anteilsmäßig die Beiträge zur Krankenversicherung. Beiträge für Arbeitslose zahlt die Agentur für Arbeit. Für Wehr- und Zivildienstleistende bringt der Bund die Beiträge aus Steuermitteln auf. Rentner zahlen ebenfalls nur die Hälfte des Beitrages. Die andere Hälfte zahlt der Rentenversicherungsträger.

Eine besondere Regelung besteht für Arbeitnehmer, die Mini-Jobs ausüben. Der Arbeitgeber muss die Kassenbeiträge allein tragen, wenn das Monatseinkommen unter 400,00 Euro liegt. Bei Auszubildenden beträgt diese Grenze 325,00 Euro. Einen Beitrag zur Finanzierung der Krankenversicherung leisten die Versicherungsnehmer auch durch die **Praxisgebühr**. Wer das 18. Lebensjahr erreicht hat, muss bei jeder Inanspruchnahme eines Arztes, Zahnarztes oder Psychotherapeuten 10,00 Euro im Quartal zahlen. Bei Vorsorgeuntersuchungen, Schwangerschaftsvorsorge, Zahnprophylaxe und Schutzimpfungen entfällt diese Gebühr.

Das deutsche Gesundheitssystem ist viel zu teuer, es gibt zu viel Bürokratie und seine Strukturen sind unflexibel. Eine neue umfassende Reform des Gesundheitssystems soll es nun richten.

Die wichtigsten Regelungen der **Gesundheitsreform** sind z. B.:

- Alle Einwohner ohne Absicherung im Krankheitsfall werden in die Krankenversicherung einbezogen.
- Die privaten Krankenkassen müssen einen günstigen Basistarif für alle anbieten, die privat versichert sind oder privat versichert sein könnten.
- Patienten, die an schweren Krankheiten wie z. B. Aids oder Krebs leiden, wird der Zugang zu ambulanten Behandlungen in Krankenhäusern erleichtert.
- Wichtige Impfungen müssen künftig von den Krankenkassen bezahlt werden.
- Jüngere Versicherte müssen künftig die empfohlenen Untersuchungen zur Vorsorge und Früherkennung wahrnehmen. Nur dann haben sie bei einer späteren chronischen Erkrankung einen Anspruch auf eine verminderte Belastung bei Medikamentenzuzahlungen.
- Zukünftig wird geprüft, ob die Preise der Arzneimittel in einem angemessenen Verhältnis zu ihrem medizinischen Nutzen stehen.

!

Kassenversicherte können ihre Kasse jederzeit mit einer Frist von zwei Kalendermonaten zum Monatsende kündigen. Der Gesetzgeber verlangt aber, dass sich der Versicherte 18 Monate an die neue Kasse bindet. Werden die Beiträge von der Kasse erhöht, hat der Versicherte ein verkürztes Sonderkündigungsrecht.

- Apotheken dürfen künftig auch einzelne Tabletten an Patienten abgeben.
- Unnötige Mehrfachuntersuchungen sollen durch geeignete Maßnahmen künftig vermieden werden.
- Jede Krankenkasse muss künftig ihren Versicherten einen speziellen kostengünstigen Hausarzttarif anbieten. Wer ihn wählt, hat die Pflicht, bei einer Krankheit zuerst zum Hausarzt zu gehen.

Als Antwort auf die Finanzkrise der gesetzlichen Krankenversicherung wurde ein **Gesundheitsfond** beschlossen.
Er hat am 1. Januar 2009 seine Arbeit aufgenommen.

Und so funktioniert er:

Weitergehende Informationen zur gesundheitsreform gibt es im Internet unter www.die-gesundheitsreform.de

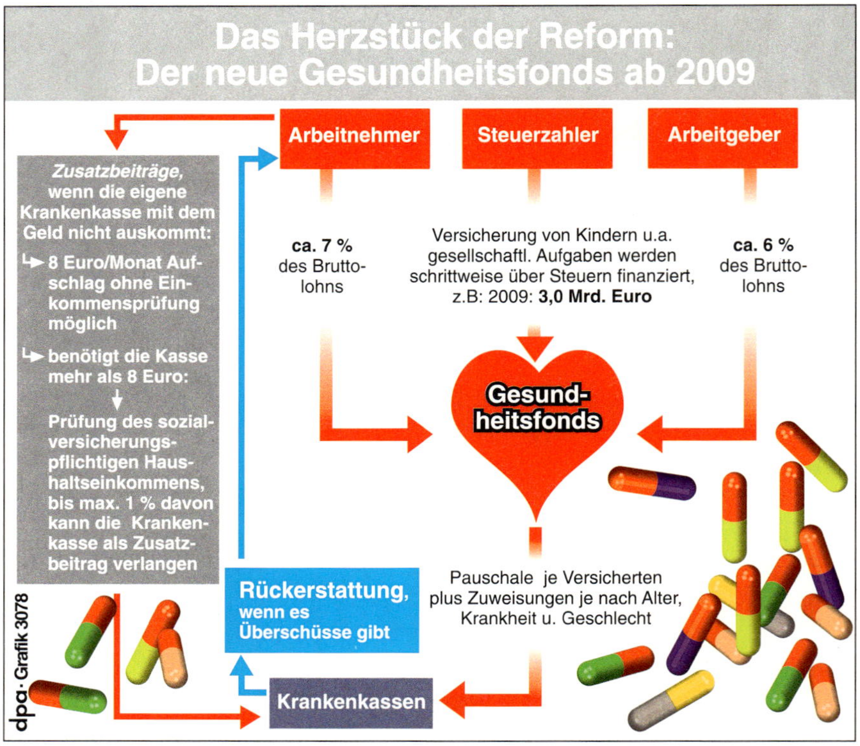

Träger der gesetzlichen Krankenversicherung

In der Bundesrepublik besteht ein gegliedertes Krankenkassensystem, weil es sieben Kassenarten mit zahlreichen Krankenkassen gibt. Die Arten im Einzelnen sind:

- Allgemeine Ortskrankenkasse
- See-Krankenkasse
- Landwirtschaftliche Krankenkasse
- Innungskrankenkassen
- Betriebskrankenkassen
- Bundesknappschaft
- Ersatzkassen

Alle Krankenkassen unterliegen der staatlichen Aufsicht. Ihre Ausgaben müssen durch Beiträge finanziert werden. Die Beitragssätze werden noch bis 2009 von jeder Krankenkasse selbst festgelegt. Die Höhe der Beiträge ist bis dahin von Kasse zu Kasse unterschiedlich.

Leistungen

Versicherte der gesetzlichen Krankenkassen haben folgende Leistungsansprüche:

Leistungen	Was sie beinhalten ...
Förderung der Gesundheit	Maßnahmen zur Früherkennung von Krankheiten, so z. B. Herz- und Kreislauferkrankungen, Krebsvorsorge
Krankengeld	Arbeitnehmer, die durch Krankheit arbeitsunfähig sind, erhalten sechs Wochen lang ihren Lohn weitergezahlt (Lohnfortzahlung im Krankheitsfall). Danach erhalten sie von der gesetzlichen Krankenversicherung Krankengeld. Es beträgt 70 % vom Bruttolohn oder 90 % vom Nettolohn. Der jeweils niedrigere Wert dient als Berechnungsgrundlage.
Krankenbehandlung	Dazu gehören ärztliche und zahnärztliche Behandlung, Versorgung mit Arznei- und Verbandmitteln, Krankenhausbehandlung, Versorgung mit Heil- und Hilfsmitteln.
Leistungen bei Schwangerschaft und Mutterschaft	ärztliche Betreuung und Hebammenhilfe, Versorgung mit Arznei-, Verband- und Heilmitteln, stationäre Entbindung, häusliche Pflege, Mutterschaftsgeld
Maßnahmen zur Rehabilitation	ambulante oder stationäre Rehabilitationskuren

514W

Arbeitsvorschläge

1. Petra kann nach ihrem Snowboard-Unfall erst nach zwei Monaten wieder arbeiten.
   a) Wie lange muss nun ihr Arbeitgeber ihr Gehalt weiterzahlen?
   b) Wie sieht ihre finanzielle Situation anschließend aus?
2. Diskutieren Sie den Aussagegehalt der nebenstehenden Karikatur.
3. Was bedeutet die Aussage: „Die gesetzliche Krankenversicherung ist eine Familienversicherung."?
4. Auf welche Leistungen haben die Mitglieder der gesetzlichen Krankenkasse Anspruch?

1.3 Arbeitslosenversicherung und Arbeitsförderung

Beispiel

Leistungen	**Was sie beinhalten ...**
Förderung der Gesundheit	Maßnahmen zur Früherkennung von Krankheiten, so z. B. Herz- und Kreislauferkrankungen, Krebsvorsorge
Krankengeld	Arbeitnehmer, die durch Krankheit arbeitsunfähig sind, erhalten sechs Wochen lang ihren Lohn weitergezahlt (Lohnfortzahlung im Krankheitsfall). Danach erhalten sie von der gesetzlichen Krankenversicherung Krankengeld. Es beträgt 70 % vom Bruttolohn oder 90 % vom Nettolohn. Der jeweils niedrigere Wert dient als Berechnungsgrundlage.
Krankenbehandlung	Dazu gehören ärztliche und zahnärztliche Behandlung, Versorgung mit Arznei- und Verbandmitteln, Krankenhausbehandlung, Versorgung mit Heil- und Hilfsmitteln. Ab 2005 wurde der Zahnersatz aus dem Leistungskatalog der gesetzlichen Krankenversicherung gestrichen. Deren Mitglieder sind aber verpflichtet sich selbst zu versichern.
Leistungen bei Schwangerschaft und Mutterschaft	ärztliche Betreuung und Hebammenhilfe, Versorgung mit Arznei-, Verband- und Heilmitteln, stationäre Entbindung, häusliche Pflege, Mutterschaftsgeld
Maßnahmen zur Rehabilitation	ambulante oder stationäre Rehabilitationskuren

Sven war sehr froh, als er vor einem Jahr endlich die Abschlussprüfung als Maurer bestanden hatte. Das Büffeln hatte sich gelohnt, und der Stellenwechsel hatte ihm auch richtig Geld gebracht. Aber letzte Woche passierte es: Sven wurde zu Herrn Krause, dem Personalchef bestellt. Er ahnte schon nichts Gutes ...

Herr Krause: „Sven, ich muss Ihnen leider mitteilen, dass wir Sie nicht weiterbeschäftigen können. Sie müssen verstehen: die schwierige Auftragslage, die hohen Lohnkosten und überhaupt ....“

Sven: „Und warum gerade ich?“

Herr Krause: „Sven, Sie sind noch ledig, und außerdem wurden Sie als Letzter eingestellt.“

Sven: „Na klar, den letzten beißen die Hunde.“

Als Sven sich von diesem Tiefschlag etwas erholt hatte, war ihm klar: „Ich muss unbedingt zum Arbeitsamt. Vielleicht können die mir ja helfen!“

Versicherte Personen

„Zähle ich überhaupt zu den versicherten Personen?“, war eine der Fragen, die Sven durch den Kopf ging.

In der Arbeitslosenversicherung gibt es nur Pflichtversicherte. In diese Gruppe gehören alle Arbeiter, Angestellte, Auszubildende und Heimarbeiter. Wer sich allerdings selbstständig macht und dafür seinen bisherigen Job aufgibt, kann in der Arbeitslosenversicherung bleiben. Beamte, geringfügig Beschäftigte und Arbeitnehmer ab dem 65. Lebensjahr sind keine Mitglieder der Arbeitslosenversicherung.

Träger der Versicherung

Träger der Arbeitslosenversicherung und auch der Arbeitsförderung ist die Bundesagentur für Arbeit in Nürnberg. Für die einzelnen Bundesländer werden die Aufgaben von den Regionalämtern und den örtlichen Ämtern der Bundesagentur für Arbeit wahrgenommen.

Beiträge

Bei der Arbeitslosenversicherung sind die Beiträge jeweils zur Hälfte vom Arbeitgeber und Arbeitnehmer zu zahlen. Die Beitragshöhe wird begrenzt durch die jeweils aktuelle Beitragsbemessungsgrundlage. Der Arbeitgeber trägt die Beiträge allein, wenn der Arbeitnehmer nur wenig verdient. Geringfügig Beschäftigte brauchen keinen Beitrag zu zahlen. Die Bestimmung über die Mini-Jobs, wonach jemand, der nicht mehr als 400,00 Euro monatlich verdient, keine Sozialabgaben zu zahlen hat, gilt nicht für Auszubildende.

! Für Arbeitslose zahlt die Bundesagentur für Arbeit die Beiträge zur Sozialversicherung in voller Höhe allein.

Leistungen

Aufgabenbereiche der Bundesagentur für Arbeit

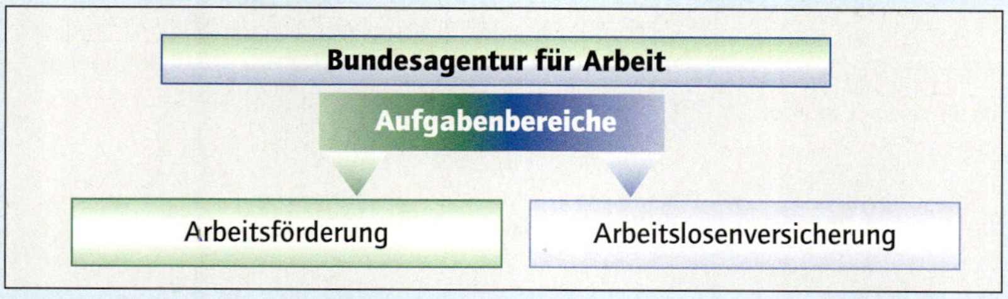

! In nahezu allen Agenturen für Arbeit sind Berufsinformationszentren (BIZ) vorhanden. Jeder kann sich dort über Fragen zur Aus- und Weiterbildung kostenlos informieren. Auch das Internet bietet zahlreiche Informationsmöglichkeiten, so z. B.: unter der Internetadresse: www.arbeitsagentur.de.

Arbeitsförderung

Folgende Leistungen werden angeboten:

- Arbeitsvermittlung
- Berufsberatung
- Förderung der beruflichen Bildung und Weiterbildung
- Gewährung von Eingliederungszuschüssen
- Maßnahmen zur Arbeitsbeschaffung (ABM)

Arbeitslosenversicherung

An individuellen Leistungen werden vor allem erbracht:

Leistungen der Arbeitslosenversicherung

Arbeitslosengeld	Grundlage für die Berechnung des Arbeitslosengeldes ist der früher erzielte Nettolohn. Das Arbeitslosengeld beträgt 67 % für Arbeitslose mit Kindern und 60 % für Arbeitslose ohne Kinder. Die Zahlung des Arbeitslosengeldes ist befristet. Sie beträgt im Normalfall 12 Monate; bei über 50-Jährigen 15 Monate. Ab einem Alter von 55 Jahren wird das Arbeitslosengeld I 18 Monate lang bezahlt und ab 58 Jahren sogar 24 Monate.
Arbeitslosengeld II	Dies ist eine fürsorgliche Leistung aus Steuermitteln, die an die bisherigen Empfänger von Arbeitslosenhilfe sowie an erwerbsfähige Sozialhilfeempfänger gezahlt wird. Arbeitslosengeld II wird nur gewährt, wenn der Arbeitslose den Lebensunterhalt für sich und seine Familie nicht durch andere Einkommensarten bestreiten kann. Anspruch auf Arbeitslosengeld II haben alle Erwerbstätigen zwischen 15 und 65 Jahren, die bedürftig sind. Mit der Reform der Arbeitslosenversicherung ist der Name des ehemaligen VW-Vorstandsmitglied Hartz verbunden. Die Reform wird deshalb auch als „Hartz IV" bezeichnet.
Kurzarbeitergeld	wird gewährt bei Kurzarbeit im Betrieb.
Insolvenzausfallgeld	wird gezahlt bei Ansprüchen auf rückständiges Arbeitsentgelt für die letzten drei Monate vor Eröffnung des Insolvenzverfahrens.
Saison-Kurzarbeitergeld (Saison-Kug)	Um Entlassungen in der Baubranche in der Winterzeit zu verhindern, zahlt die Arbeitsagentur Zuschüsse zu den Löhnen der Bauarbeiter. Mit Beginn der Schlechtwetterzeit (01.12.–31.03.) können Betriebe bei saisonalen Arbeitsausfällen Anträge bei der Arbeitsagentur stellen.
Wintergeld	Bauarbeiter erhalten für geleistete Arbeitsstunden innerhalb der tariflichen Arbeitszeit zwischen dem 15. Dezember und Ende Februar. Die Zahlung erfolgt zum Ausgleich für witterungsbedingte Erschwernisse.
Arbeitsbeschaffungsmaßnahme (ABM)	Für schwer vermittelbare Arbeitslose in Regionen mit hoher Arbeitslosigkeit können Arbeitgeber Zuschüsse zum auszuzahlenden Arbeitsentgelt erhalten.

Arbeitsvorschläge

1. Welche Leistungen erbringen die Agentur für Arbeit im Rahmen der Arbeitsförderung?
2. Berechnen Sie das Arbeitslosengeld für folgende Fälle:
   - Sven Lodicek, ledig, bisheriges Nettoeinkommen 1.380,00 Euro
   - Gudrun Heinemann, ein Kind, bisheriges Nettoeinkommen 1.820,00 Euro
3. Peter Hülya, seit fünf Jahren verheiratet mit der Besitzerin einer gutgehenden Gaststätte, ist seit einem Jahr arbeitslos. Letzte Woche wurde ihm mitgeteilt, dass der Anspruch auf Arbeitslosengeld in zwei Monaten ausläuft. Beurteilen Sie seine Chance, ab diesem Zeitpunkt das Arbeitslosengeld II zu erhalten.
4. Welche Leistungen erbringt die Bundesagentur für Arbeit neben der Arbeitsförderung?

1.4 Die gesetzliche Rentenversicherung

Beispiel

Senioren sind heute weitgehend finanziell abgesichert. Für das Baby sieht es da viel schlechter aus: Seine Rente ist alles anderes als sicher. Außerdem wird es bis zum 67 Lebensjahr arbeiten müssen.

Und wie sieht es mit den zukünftigen Rentenbeiträgen aus? Bis 2020 sollen sie zwar geringfügig steigen, aber unter 20 % bleiben. Bis 2030 werden Beitragssätze von 22 % vorausgesagt. Gibt es für die höheren Beiträge auch mehr Rente?
Das Gegenteil wird der Fall sein: Bis 2020 werden 46 % und bis 2030 nur noch 43 % des Durchschnittseinkommens in die Taschen der zukünftigen Rentner fließen.

Versicherte Personen
In der Rentenversicherung gibt es Pflicht- und freiwillig Versicherte. Pflichtversicherte Mitglieder sind Auszubildende, Arbeiter, Angestellte, Wehr- und Zivildienstleistende sowie Behinderte. Von den Selbstständigen sind nur bestimmte Personenkreise pflichtversichert (z. B. selbstständige Handwerker), andere dagegen können sich freiwillig versichern (z. B. Ärzte, Rechtsanwälte).

Finanzierung
Die Rentenversicherung finanziert sich vor allem aus Beiträgen der Versicherten und der Arbeitgeber. Über ihre Höhe entscheidet die Bundesregierung. Sie werden von ihnen jeweils zur Hälfte aufgebracht. Für Arbeitslose zahlt die Agentur für Arbeit die Beiträge, für die Wehr- und Zivildienstleistenden zahlt der Bund. Geringfügige Beschäftigungen bleiben versicherungsfrei. Bei einem geringen Arbeitsentgelt von nicht mehr als 400,00 Euro monatlich zahlt der Arbeitgeber die Beiträge allein. Für Auszubildende liegt die Grenze bei 325,00 Euro.
Die Beiträge richten sich nach dem Arbeitsverdienst. Sie sind nicht von jeder Einkommenshöhe zu zahlen, sondern nur bis zur Beitragsbemessungsgrenze.

Träger und Leistungen der gesetzlichen Rentenversicherung
Die Zahl der Versicherungsträger ist auf zwei reduziert worden. Neben der Vereinigung der Bundesversicherungsanstalt und der Landesversicherungsanstalten zur **„Deutschen Rentenversicherung Bund"** sind die Bundesknappschaft, die Bahnversicherungsanstalt und die Seekasse zur **„Deutschen Rentenversicherung Knappschaft-Bahn-See"** vereinigt worden.
Zuständig für Arbeiter und Angestellte ist die Deutsche Rentenversicherung Bund. Für Angestellte der Bahn, für Seeleute und Beschäftigte im Bergbau gibt es einen anderen Versicherungsträger: die Deutsche Rentenversicherung Knappschaft-Bahn-See.

Von der gesetzlichen Rentenversicherung werden Leistungen zur Rehabilitation erbracht und Renten gezahlt.

Leistungen der Rentenversicherung

Leistungen	Was sie beinhalten ...
Leistungen zur Rehabilitation	Ziel der Maßnahmen ist es, die Arbeitskraft des Versicherten wiederherzustellen. Erbracht werden medizinische Leistungen (ärztliche Behandlung, Kuren usw.) und berufliche Leistungen (berufliche Umschulung, Umzugskosten zum neuen Arbeitsplatz usw.).
Rentenzahlungen	**Altersrente, Witwen-** und **Waisenrente, Erziehungsrente** Eine **Erwerbsminderungsrente** wird Versicherten gewährt, die nicht mehr voll arbeiten können. Für alle nach 1960 geborenen Arbeitnehmer gibt es die Erwerbsminderungsrente in 2 Arten: • Rente wegen teilweiser Erwerbsminderung. Diese erhalten Versicherte, die weniger als sechs, aber mindestens drei Stunden am Tag arbeiten können. • Rente wegen voller Erwerbsminderung. Sie erhalten Versicherte, die weniger als drei Stunden am Tag arbeiten können. Die Rente ist dynamisch. Sie folgt der wirtschaftlichen Entwicklung während des Jahres. Die Rentenhöhe orientiert sich an der Entwicklung der Nettolöhne. Wegen finanzieller Probleme in der Rentenversicherung finden Rentenanpassungen nicht mehr jedes Jahr statt. Sogar mit einigen Nullrunden mussten sich die Rentner in den letzten Jahren abfinden. Experten halten es für wahrscheinlich, dass die Renten in Zukunft sogar sinken werden.

!

Auch Berufsanfänger haben bei einem Arbeitsunfall vom ersten Tag an einen Rentenanspruch in der gesetzlichen Rentenversicherung.

Die Rentenreform

Die Grundlage unseres Rentensystems ist der **Generationenvertrag**. Er beruht auf dem Umlageverfahren. Das bedeutet, dass die arbeitende Bevölkerung die Renten der Alten bezahlt. Seit Jahren ist klar, dass dieses System so nicht mehr funktionieren kann. Die Sicherheit der Renten ist nicht mehr gegeben. Große Versorgungslücken sind nach dem Modell des Generationenvertrages nicht mehr zu vermeiden.

Probleme, die dem alten System das Leben schwer machten, sind:

- Der Anteil der älteren Menschen erhöht sich bei anhaltend niedrigen Geburtenraten.
- Die jungen Menschen treten später in das Erwerbsleben ein. Dadurch zahlen sie auch später in die Rentenkassen ein.
- Die Rentenlaufzeit ist länger, weil der Rentenbeginn häufig schon früher eintritt. Kaum ein Arbeitnehmer hört heute erst mit 65 Jahren auf zu arbeiten.
- Außerdem steigt die Lebenserwartung.

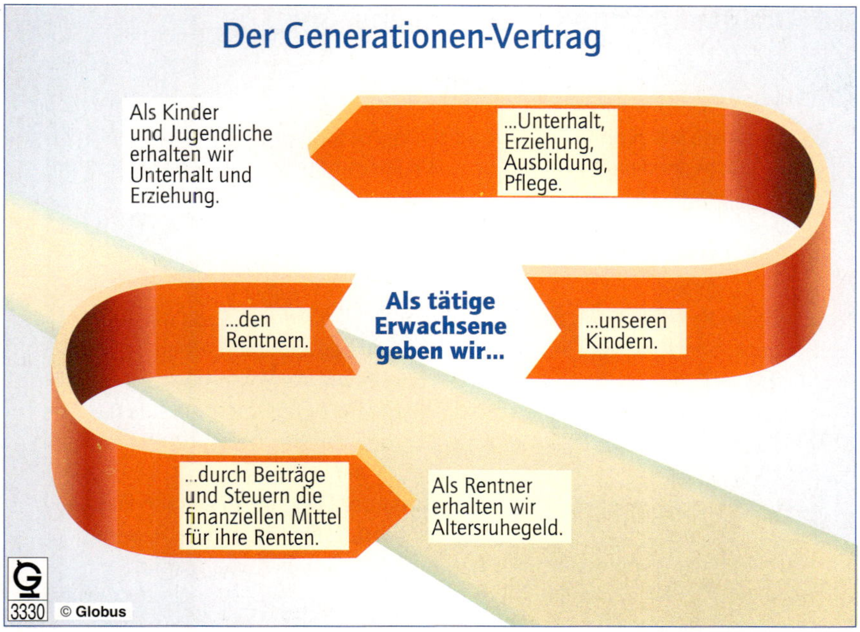

Eine Antwort auf diese Entwicklung ist die Rentenreform. Ihr Kernstück ist das **„Altersvermögensergänzungsgesetz"**. Danach sollen möglichst viele für eine zusätzliche Altersvorsorge Geld zurücklegen. Das staatliche System soll so entlastet werden. Arbeitnehmer können bis zu vier Prozent ihres Bruttolohnes in einem Renten- oder Wertpapiervertrag anlegen. Als Belohnung gibt es vom Staat – je nach Kinderzahl und Einkommen – Zulagen und Steuervorteile. Wer möchte, kann sich auch für eine Betriebsrente entscheiden. Auch diese wird staatlich gefördert.

Arbeitsvorschläge

1. Diskutieren Sie über die Karikatur auf Seite 128.
2. Welche Leistungen erbringt sie?
3. Welche Probleme hat die Rentenversicherung?
4. Was versteht man unter einer dynamischen Rente?
5. Wie heißen die Träger der Rentenversicherung für Arbeiter?
6. In der gesetzlichen Rentenversicherung hat der Begriff Generationenvertrag eine große Bedeutung.
   a) Was meint man, wenn man von dem Generationenvertrag spricht?
   b) Warum funktionierte der Vertrag früher besser als heute?
7. Wer zahlt die Beiträge zur gesetzlichen Rentenversicherung des Kraftfahrzeugmechanikers Jörg Schuster (monatliche Ausbildungsvergütung 520,00 Euro) und der Friseurin Daniela Kolbe (Ausbildungsvergütung 312,00 Euro)?

1.5 Die gesetzliche Unfallversicherung

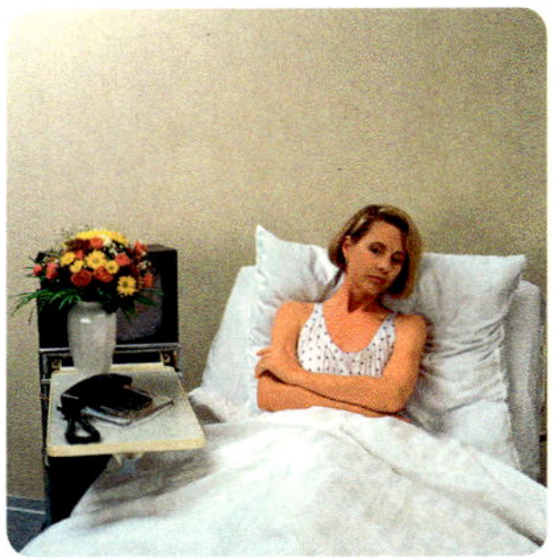

Beispiel

Es ging alles blitzschnell. Wie jede Nacht musste Mareike auch diesmal um 2:00 Uhr an der Arbeit sein. Als Bäckerin hatte sie wahrhaftig keinen leichten Beruf. Aber in dieser Nacht war alles etwas anders. Lag es daran, dass sie nicht richtig einschlafen konnte, oder lag es daran, dass sie sich mit ihrem Freund Michael etwas „gezofft" hatte?

Als sie im Krankenhaus aufwachte, konnte sie sich nur noch daran erinnern, dass sie während der Fahrt zur Arbeit plötzlich einen Schreck bekam, weil sie von irgend etwas geblendet wurde. Von einem entgegenkommenden Auto hatten die Unfallzeugen allerdings nichts bemerkt.
Die Polizei tippte auf „Sekundenschlaf", der bei ihr ernste Folgen hatte. Trotzdem hatte sie noch Glück im Unglück gehabt.
Nach drei Tagen Krankenhausaufenthalt konnte sie wieder nach Hause gehen. Der kleine Blechschaden an ihrem Auto war nicht der Rede wert. „Aber es hätte auch schlimmer kommen können und was wäre dann geworden?", war ein Gedanke, der ihr immer wieder durch den Kopf ging.

!

Die Berufsgenossenschaft versichert keine absichtlich herbeigeführten Unfälle. Auch bei Unfällen, die auf Trunkenheit oder anderen Drogenmissbrauch zurückzuführen sind oder die bei privaten Tätigkeiten geschehen, erbringt die Berufsgenossenschaft keine Leistung. Der Versicherungsschutz erlischt übrigens, wenn der Versicherte auf der Fahrt zur Arbeit sein Auto verlässt, um noch etwas einzukaufen.

Versicherte Personen

Wer bei der Ausübung seiner beruflichen Tätigkeit einen Unfall erleidet, wird von der gesetzlichen Unfallversicherung betreut. Aber auch auf dem direkten Weg zur und von der Arbeit besteht Versicherungsschutz. Das gilt also auch für Mareike, die ja nachts auf dem Weg zu ihrer Arbeit war, als der Unfall passierte.
Außer Arbeitnehmern sind noch weitere Personenkreise versichert. Welche das sind, zeigt folgende Übersicht:

Unfallversicherungsschutz

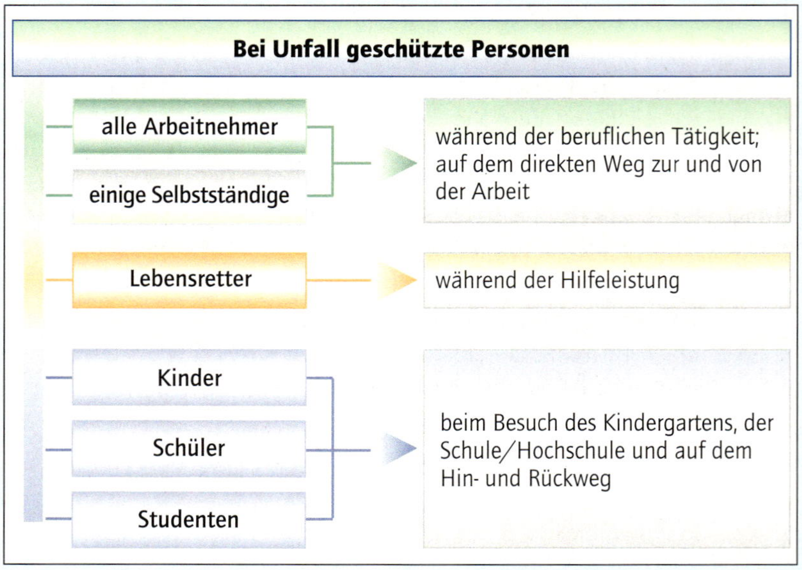

Träger der gesetzlichen Unfallversicherung
Für die Unfallversicherung sind in erster Linie die gesetzlichen Berufsgenossenschaften zuständig. Die Unfallrisiken der Gebietskörperschaften (z. B. Gemeinden, Städte) werden durch spezielle Versicherungsträger abgedeckt.

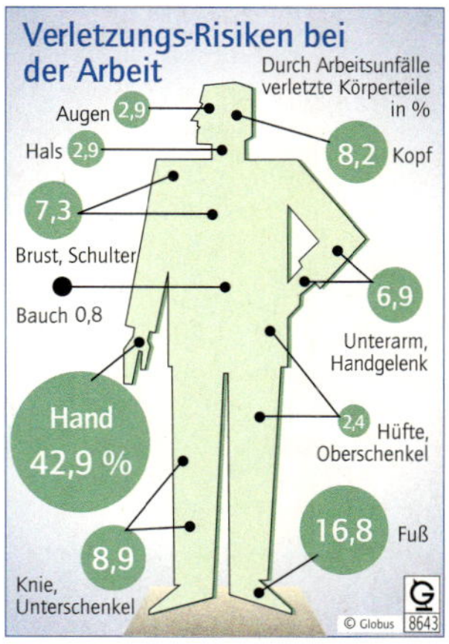

Leistungen
Die wichtigsten Leistungen der Unfallversicherung sind:
- Maßnahmen zur Verhütung von Arbeitsunfällen;
- Maßnahmen zur Früherkennung von Berufskrankheiten;
- Bei einem Unfall während der beruflichen Tätigkeit oder auf dem Weg zur Arbeit: Heilbehandlung, Kuren, Verletztengeld, Umschulung, Renten an Verletzte oder Hinterbliebene, Sterbegeld.

Finanzierung
Die Berufsgenossenschaften finanzieren sich allein aus den Beiträgen der Arbeitgeber. Die Beitragshöhe wird bestimmt durch die
- Unfallgefährdung in einem Betrieb,
- Lohn- und Gehaltssumme der Mitarbeiter,
- Schwere, Anzahl und Kosten der Unfälle.

Arbeitsvorschläge

1. Wie ist die gesetzliche Unfallversicherung aufgebaut?
2. Welche Leistungen erbringt sie?
3. In welchem der folgenden Fälle erbringt die gesetzliche Unfallversicherung dem Arbeitnehmer Leistungen?
   a) Der Montagearbeiter Bernd Friedrichs bricht sich beim Fußballspielen das rechte Handgelenk und fällt im Betrieb für acht Wochen aus.
   b) Die Auszubildende Katja Schröder wird von ihrem Chef zu einem PC-Laden geschickt, um dort Druckerpapier zu kaufen. Von einem unbekannt bleibenden Motorradfahrer wird sie angefahren und zieht sich eine tiefe Fleischwunde zu.
   c) Der Maurer Peter Kowalcik stürzt bei der Arbeit von einem Gerüst und muss in ein Krankenhaus eingeliefert werden. Bei der Untersuchung wird festgestellt, dass er am Abend vorher große Mengen Alkohol getrunken hat.
   d) In der Frühstückspause rutscht der Holzmechaniker Frank Silin auf verschüttetem Orangensaft aus und verletzt sich am Arm.
4. Wer sind die Träger der gesetzlichen Unfallversicherung?
5. Welchen speziellen Verletzungsrisiken sind Sie an Ihrem Arbeitsplatz ausgesetzt?

1.6 Die gesetzliche Pflegeversicherung

Beispiel

Andreas Bertram erzählte: „Meine Oma Gertrud ist einfach Klasse. Wie die mit 85 trotz ihrer kaputten Knie und ihres hohen Blutdrucks immer noch allein in ihrem Haushalt klar kommt, das finde ich super. Und dabei ist die Frau immer gut drauf."
Doch dann, zwei Tage vor Weihnachten, passierte es. Oma Gertrud bekam einen Schlaganfall und war rechtsseitig gelähmt. Trotz eines mehrwöchigen Aufenthalts in einer Spezialklinik stand bald fest, dass Gertrud Schmick für immer ein Pflegefall bleiben würde. Andreas Eltern mussten nicht lange überlegen, sie nahmen die 85-Jährige in ihrem Haus auf.
Die alte Frau in einem Pflegeheim unterzubringen, kam für sie erst einmal nicht in Frage.

Ein Jahr später klingelt das Telefon bei Andreas' Mutter, einer gelernten Bankkauffrau. Ihr früherer Chef will sie für drei Stunden täglich einstellen. Ein verlockendes Angebot, doch wer kümmert sich um ihre pflegebedürftige Mutter, wenn sie in der Bank arbeitet? Sie allein zu lassen, geht nicht. Gibt es nicht eine andere Lösung, die es Andreas' Mutter ermöglicht, stundenweise zu arbeiten und trotzdem Oma Gertrud in guten Händen zu wissen?

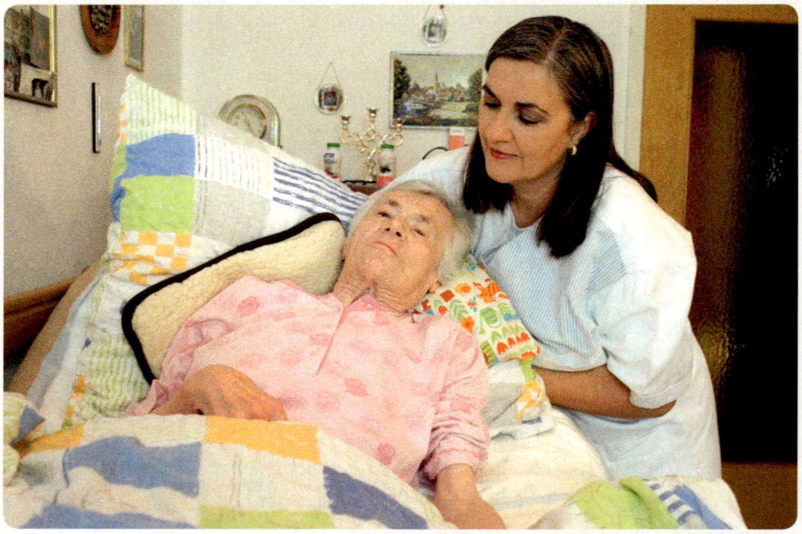

Versicherte Personen

Eine Versicherungspflicht besteht in der sozialen Pflegeversicherung für alle versicherungspflichtigen Mitglieder der gesetzlichen Krankenkasse. Die nicht berufstätigen Ehepartner und Kinder sind mitversichert. Alle privat krankenversicherten Personen müssen eine private Pflegeversicherung abschließen.

Träger

Die Pflegeversicherung hat keine eigenständigen Träger. Die Aufgaben der Pflegeversicherung werden von den gesetzlichen bzw. privaten Krankenkassen wahrgenommen.

Finanzierung

Grundsatz

Finanzierung erfolgt nach dem Umlageverfahren. Dies bedeutet, dass Beitragszahler für heutige Pflegebedürftige aufkommen.

Einzelheiten zur Finanzierung

- Arbeitnehmer und Arbeitgeber finanzieren die Versicherung je zur Hälfte.
- Es sind 1,95 % vom Einkommen des Versicherungsnehmers zu zahlen.
- Kinderlose Versicherte zahlen ab dem 23. Lebensjahr 2,2 % vom krankenversicherungspflichtigen Einkommen. Die 0,25 % höhere Mehrbelastung gegenüber dem Standardbeitragssatz von 1,95 % trägt der Arbeitnehmer allein.
- Der Ausgleich des Arbeitgeberanteils erfolgt durch Streichung eines Feiertages.[1]
- Rentner müssen nicht den halben, sondern den vollen Beitragssatz bezahlen.

1 Diese Regelung wird in den Bundesländern unterschiedlich gehandhabt.

!

Unterhaltspflichtige Kinder und Ehegatten, deren monatliches Gesamteinkommen eine bestimmte Höhe (Geringfügigkeitsgrenze) nicht übersteigt, sind beitragsfrei mitversichert.

Leistungen

Die finanziellen Leistungen, die erstattet werden, richten sich nach der **Pflegestufe**, in welche der Pflegebedürftige eingeordnet ist. Drei Stufen werden unterschieden:

- Stufe I: erhebliche Pflegebedürftigkeit
- Stufe II: Schwerpflegebedürftigkeit
- Stufe III: Schwerstpflegebedürftigkeit

@

Weitergehende Informationen zur Sozialversicherung gibt es im Internet unter:
www.bma.bund.de
Hier lassen sich auch Broschüren bestellen, die fast alle kostenlos erhältlich sind.

Leistungen aus der Pflegeversicherung

Leistungen	Was sie beinhalten ...
Leistungen für die häusliche Pflege	Die Pflegebedürftigen erhalten ein Pflegegeld, das nach der Stufe der Pflegebedürftigkeit gestaffelt ist. Die häusliche Pflege kann dabei von Familienangehörigen oder auch durch ambulante Dienste erbracht werden.
Pflegevertretung	Bei Verhinderung der Pflegeperson, z. B. weil diese in Urlaub ist, besteht ein Anspruch auf Pflegevertretung.
Pflegehilfsmittel	Die Leistungen der Versicherung zur häuslichen Pflege werden ergänzt durch Pflegehilfsmittel. Dies sind z. B. Pflegebetten, Rollstühle, Gehwagen.
Leistungen für die stationäre Pflege	Bei Unterbringung in einem privaten Pflegeheim übernimmt die Pflegeversicherung ganz oder teilweise die Kosten.

Mit der **Reform der Pflegeversicherung**, die ab dem 1. Juli 2008 in Kraft trat, werden nachfolgende Leistungen erbracht. Alle haben das Ziel, die Qualität der Pflege zu verbessern.

Weitere Leistungen aus der Pflegeversicherung	
Leistungen	**Was sie beinhalten ...**
Arbeitsauszeit für pflegende Arbeitnehmer	Dem Arbeitnehmer wird eine unbezahlte kurzzeitige Freistellung eingeräumt, wenn er dringend die Pflege eines Angehörigen organisieren muss.
Geld für Pflegestufen	In drei Schritten (2008, 2010, 2012) werden die finanziellen Leistungen für die verschiedenen Pflegestufen angehoben.
Versorgung bei Demenz	Anders als früher erhalten altersverwirrte Menschen bei Betreuung zu Hause auch Leistungen aus der Pflegeversicherung.
Heimärzte	Pflegeheime sollen zur besseren ärztlichen Versorgung einen Heimarzt anstellen können.
Qualitätskontrolle	Um gegen die Missstände vorzugehen, die etwa jeden zehnten Pflegeheimbewohner treffen, sollen künftig jährlich unangekündigte Kontrollen in den Heimen durchgeführt werden. Die Qualitätsberichte werden veröffentlicht.
Pflegestützpunkte	Um Pflegebedürftige und deren Angehörige besser beraten zu können, wollen die Pflegekassen in den Bundesländern Pflegestützpunkte einrichten.
Pflege in Alten-WGs	Haben alte Menschen die Absicht, in Haus- oder Wohngemeinschaften zu leben, können sie die Betreuungsleistungen gemeinsam organisieren.

Die Oma von Andreas ist schwerpflegebedürftig. Wenn Andreas' Mutter zur Arbeit ist, wird die alte Frau von einem Pflegedienst betreut. Als schwerpflegebedürftig werden Personen wie folgt eingestuft:

Hilfebedarf/Zeitaufwand

- mindestens drei Mal täglich zu verschiedenen Tageszeiten bei der Körperpflege, Ernährung oder Mobilität
- mehrfach wöchentlich bei hauswirtschaftlicher Versorgung
- wöchentlich im Tagesdurchschnitt mindestens drei Stunden, davon mindestens zwei Stunden Grundpflege

Arbeitsvorschläge

1. Welche Aufgaben hat die Pflegeversicherung?
2. Wie ist die Pflegeversicherung aufgebaut?
3. Welche Pflegearten werden bei der gesetzlichen Pflegeversicherung unterschieden?
4. Welche sonstigen Leistungen werden von der Pflegeversicherung ganz oder teilweise erbracht?
5. Die Eltern von Andreas wollen vierzehn Tage Urlaub an der See machen. Welche Regelung sieht die Pflegeversicherung für diesen Fall vor?
6. Wie erfolgt die Finanzierung der gesetzlichen Pflegeversicherung?
7. Die Reform der Pflegeversicherung sieht vor, dass Pflegestützpunkte eingerichtet werden. Was ist hiermit gemeint?
8. Was sieht die Reform der Pflegeversicherung vor, um die Missstände bei der Pflege von älteren Menschen zu bekämpfen?
9. **Lernen durch Handeln:**
   Rollenspiel: Rentenversicherung
   Bei Diskussionen über die Rentenversicherung kann es hoch hergehen. Unterschiedlichste Meinungen treffen aufeinander. Versuchen Sie in einem Rollenspiel, die Interessen verschiedener Personen auf den Punkt zu bringen.

Rolle	Situationsbeschreibung
Oskar Schulz, Rentner	hat 40 Jahre Beiträge in die Rentenkasse gezahlt und hat noch einiges vor im Leben.
Renate Bachmann, Inhaberin einer Möbelfabrik	hat einen Betrieb, der unter den hohen Personalnebenkosten leidet. Immer wieder muss sie feststellen, dass die ausländische Konkurrenz aufgrund der niedrigeren Kosten die Möbel günstiger herstellen kann.
Florian Kroll, junger Arbeitnehmer	packt am Monatsende der Zorn, wenn er sieht, wie wenig er von seinem Bruttogehalt überwiesen bekommt.
Dr. Erika Braun, Wissenschaftlerin	setzt sich für ein Rentensystem ein, dass auch noch zukünftig funktioniert.
Monika Hartmann, Witwe	hat ihren berufstätigen Mann durch einen privaten Autounfall verloren. Sie ist Mutter einer einjährigen Tochter.

1. Bilden Sie mehrere Gruppen in der Klasse, sodass jede Rolle auch vertreten ist.
2. Sammeln Sie ausgehend von der kurzen Situationsbeschreibung in der Tabelle Argumente für die Interessenlage der jeweiligen Person.
3. Verteidigen Sie deren Interessen gegenüber den Vertretern der anderen Rollen in einer Diskussion.

2 Das System der Individualversicherungen (Privatversicherungen)

Moment mal!

Karsten Hoffmann, Bäcker, 19 Jahre alt und hat seit einem Jahr ausgelernt, im Gespräch mit seinem Arbeitskollegen Bernd Vaupel:
Karsten: „Stell dir vor, mein Kumpel Sven hat vor einem Jahr als Bäcker ausgelernt, und jetzt muss er sich einen ganz anderen Job suchen."
Bernd: „Wo gibt's denn so was?"
Karsten: „Tja, schwerer Trümmerbruch am linken Bein durch einen Sturz beim Skifahren. Der kann sein Bein nicht mehr voll belasten. Von seinem Beruf kann er sich verabschieden."
Bernd: „Verdammt harter Schicksalsschlag. Wie sieht es denn jetzt mit seinem Einkommen aus? Der hat doch auch 'ne Menge Ausgaben ...."
Karsten: „Ganz mau! Sven hat sich erkundigt. Rente würde es in seinem Fall erst nach fünf Jahren Wartezeit geben. Und die Berufsgenossenschaft rückt auch kein Geld raus, denn es war ja kein Arbeitsunfall."
Bernd: „Ich habe das Gefühl, wenn so etwas passiert, sitzt man auf einem Pulverfass. Vielleicht gibt es eine private Versicherung, die man für solche Fälle abschließen kann?"

- Welche Versicherung kann in dieser Situation helfen?
- Welche Arten der Privatversicherung lassen sich unterscheiden?

?

Individualversicherungen im Überblick
Als Arbeitnehmern werden Karsten und Bernd monatlich Beiträge zur Sozialversicherung vom Lohn abgezogen. Die Sozialversicherung ist für sie eine Pflichtversicherung. Die Beitragszahlungen richten sich nach der Höhe des Einkommens oder bei der Unfallversicherung (die der Arbeitgeber allein bezahlt) vor allem nach dem Risiko der jeweiligen Branche.
Anders als Sozialversicherungen bieten private Zusatzversicherungen (Individualversicherungen) die Möglichkeit der persönlichen Gestaltung des Versicherungsschutzes. Vieles spricht für, manches aber auch gegen eine Individualversicherung.

Individualversicherungen lassen sich einteilen in Personen-, Vermögens- und Sachversicherungen.

Das System der Individualversicherungen

Personenversicherungen	Vermögensversicherungen	Sachversicherungen
Beispiele:	**Beispiele:**	**Beispiele:**
Berufsunfähigkeitsversicherung	Privat-Haftpflichtversicherung	Hausratversicherung
private Krankenversicherung	Kfz-Haftpflichtversicherung	Feuerversicherung
private Unfallversicherung	Rechtsschutzversicherung	Einbruchdiebstahlversicherung
Lebensversicherung	Reiserücktrittsversicherung	Kaskoversicherung
	Reisegepäckversicherung	

Personenversicherungen

Berufsunfähigkeitsversicherung

Laut Statistik muss jeder vierte Beschäftigte wegen Krankheit aus seinem Beruf aussteigen. In diesen Fällen soll eigentlich die gesetzliche Rentenversicherung greifen. Wie Sven (siehe „Moment mal!") bereits erfahren musste, hat diese einen gewichtigen Nachteil: In den ersten fünf Versicherungsjahren zahlt sie keinen Cent. Auch gibt es eine volle Erwerbsminderungsrente nur dann, wenn der Versicherte weniger als drei Stunden täglich irgendeiner Tätigkeit nachgehen kann. Eine private Berufsunfähigkeitsversicherung bietet hier Abhilfe.

Eine private Absicherung ist in jungen Jahren besonders preiswert.
Wer eine Berufsunfähigkeitsversicherung abschließt, sollte sich nicht auf die billigste Police stürzen.
In manchen Policen ist nämlich eine „Verweisungsklausel" enthalten. Sie besagt, dass der Versicherer den Kunden im Ernstfall auf einen anderen Beruf verweisen kann, anstatt ihm die Rente auszuzahlen.
Wichtig ist, eine ausreichend hohe Rente abzusichern. Sparen wäre an dieser Stelle verfehlt, denn es ist ja möglich, dass man später von dem Geld leben muss.

Lebensversicherung

Im Gegensatz zu den meisten Versicherungsarten wird bei der Lebensversicherung kein Schadensersatz geleistet, sondern eine bestimmte Summe ausbezahlt. Die Zahlung kann auf einmal **(Kapitalversicherung)** oder in Teilbeträgen **(Rentenversicherung)** erfolgen. Folgende Formen der Lebensversicherung werden unterschieden:

- Bei der **Todesfallversicherung** (Kapitallebensversicherung auf den Todesfall) wird die Versicherungssumme erst beim Tod des Versicherten fällig. Sie eignet sich als preisgünstige Hinterbliebenenversorgung.
- Bei der **Erlebensfallversicherung** wird die Leistung fällig, wenn der Versicherungsnehmer einen bestimmten Zeitpunkt erlebt (z. B. 60 Jahre alt wird).
- Die **gemischte Lebensversicherung** ist eine Versicherung auf den Erlebens- oder Todesfall. Die Versicherungssumme wird ausbezahlt, wenn ein bestimmtes Lebensalter erreicht wird. Stirbt der Versicherungsnehmer schon früher, wird der gesamte Betrag bereits zu diesem Zeitpunkt fällig.

Private Unfallversicherung

Sie zahlt für Invalidität oder Tod infolge von Unfällen, die nicht in den Bereich der gesetzlichen Unfallversicherung fallen (z. B. Freizeitunfälle).

Insassenunfallversicherung

Durch sie haben Kraftfahrer die Möglichkeit, mitfahrende Insassen gegen Unfälle zu versichern.

Private Krankenversicherung

Sie gilt für Angestellte und Selbstständige, die über der Gehaltsgrenze der gesetzlichen Krankenversicherung liegen. Die Mitglieder einer gesetzlichen Krankenversicherung können aber auch eine private Zusatzversicherung abschließen. So z. B. in Form einer Krankenhaustagegeldversicherung oder einer Krankenhauskosten-Zusatzversicherung. Eine besondere Art der privaten Krankenversicherung ist die Auslandsreise-Krankenversicherung. Sie ist für Kassenpatienten, die ins außereuropäische Ausland reisen, unverzichtbar.

Seit 2007 sind die privaten Krankenversicherungen verpflichtet, Nicht-Versicherte jeden Alters in einen Standardtarif aufzunehmen. Die Leistungen orientieren sich an denen der gesetzlichen Kassen.

Vermögensversicherungen

Kraftfahrzeug-Haftpflichtversicherung

Für die Folgen aller Unfälle, die der Fahrer eines Autos oder Zweirades einem anderen zufügt, kommt die Kfz-Haftpflichtversicherung auf. In Deutschland muss jedes Fahrzeug versichert sein.

Privat-Haftpflichtversicherung

Nach dem Gesetz haftet jeder unbegrenzt für Schäden, die er anderen zufügt. Wer z. B. als Fußgänger oder Radfahrer einen Verkehrsunfall verursacht, als Hausbesitzer seiner Streupflicht nicht nachkommt, wessen Kind die Scheibe des Nachbarn einschießt bzw. wer einen Hund besitzt, der den Briefträger beißt, haftet für die Schäden. Die Haftpflichtversicherung bezahlt den Schaden in Höhe der vereinbarten Deckungssumme. Sie übernimmt auch den Rechtsschutz, um ungerechtfertigte Ansprüche abzuwehren.

!

Die Rechtsschutzversicherung übernimmt nur dann die Kosten, wenn der Rechtsstreit nicht von Anfang an aussichtslos ist. Darüber entscheidet der Rechtsanwalt des Versicherungsnehmers.

Rechtschutzversicherung

Wer in einem Rechtsstreit unterliegt, hat die entstehenden Kosten zu tragen. Sie zu übernehmen, ist Aufgabe der Rechtschutzversicherung. Sie ersetzt die Aufwendungen für den Rechtsanwalt, die Gerichtskosten, die Auslagen für Zeugen und Sachverständige.

Reiserücktrittsversicherung

Versichert sind die dem Reiseveranstalter geschuldeten Rücktrittskosten. Das sind die Stornogebühren, die anfallen, wenn man eine Reise nicht antreten oder eine Ferienwohnung nicht nutzen kann.

Reisegepäckversicherung

Sie sichert den Versicherten vor dem finanziellen Schaden, der durch Verlust oder Beschädigung des Reisegepäcks entstehen kann. Versichert sind sämtliche Sachen des persönlichen Reisebedarfs.

Sachversicherungen

Hausratversicherung

Sie ersetzt Schäden am Hausrat (z. B. Bekleidung, Elektrogeräte, Möbel), die durch Feuer, Sturm, Hagel, Raub, Leitungswasser und Einbruchdiebstahl verursacht worden sind. Der Normaltarif der Hausratversicherung kann erweitert werden, sodass auch Schadenersatz bei Fahrraddiebstahl und Glasbruch geleistet wird.

Feuerversicherung

Ersetzt werden Schäden, die durch Brand, Blitzschlag, Explosion oder Flugzeugabsturz entstanden sind. Der Versicherungsschutz wird nur für Sachen gewährt, die dem Versicherungsnehmer selbst gehören.

Einbruchdiebstahlversicherung

Der Versicherer leistet Ersatz für Gegenstände, die durch Einbruchdiebstahl aus einem Gebäude entfernt oder dabei beschädigt bzw. zerstört werden. Wie der Name schon sagt, müssen bei dieser Versicherung **zwei Tatbestände** zusammentreffen:

- der Einbruch und
- der Diebstahl.

Kaskoversicherung

Sie beinhaltet einen Versicherungsschutz gegen Schäden am eigenen Fahrzeug. Als **Teilkaskoversicherung** tritt sie z. B. ein bei Schäden durch Brand, Explosion, Entwendung, Sturm und Hagel. Die **Vollkaskoversicherung** deckt darüber hinaus Schäden, die der Besitzer durch einen selbst verschuldeten Unfall am eigenen Fahrzeug verursacht hat.

Arbeitsvorschläge

1. Beschreiben Sie die Unterschiede zwischen Individual- und Sozialversicherung.
2. Entscheiden Sie, ob die gesetzliche oder die private Unfallversicherung zuständig ist: Unfall
   a) beim Fußballspielen,
   b) auf dem Weg zur Arbeit,
   c) als Lkw-Fahrer auf der Fahrt zu einer betrieblichen Baustelle,
   d) als Friseurin auf dem Weg zur Schwiegermutter, die kostenlos frisiert werden soll.
3. Welche Versicherung ist für folgende Schadensfälle zuständig:
   a) Frau Bachmann verursachte schuldhaft einen Unfall, bei der ihre Mitfahrerin erheblich verletzt wurde. Diese fordert ein Schmerzensgeld von 80.000,00 Euro.
   b) Im Sommerurlaub verkratzte Frau Möller mit ihrem Surfbrett die Autotür eines Bekannten. Der Lackschaden ist beträchtlich.
   c) Um ein nicht begründetes Bußgeldverfahren abwehren zu können, entstanden Herrn Frank Anwaltskosten von 1.800,00 Euro.
   d) Durch einen geplatzten Schlauch an der Waschmaschine kam es in der Wohnung von Frau Sabine Ziller zu einem Wasserschaden von über 3.000,00 Euro.

3 Die Sozialgerichtsbarkeit

Moment mal!

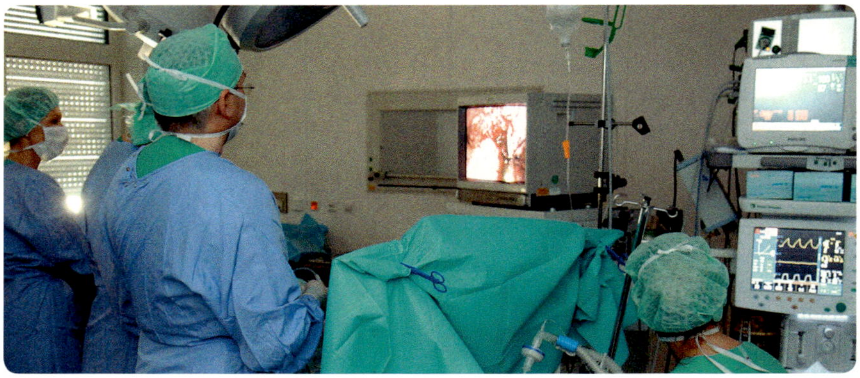

Während eines Besuchs bei seinem Freund in Düsseldorf wird Tobias Bartel plötzlich krank. Der behandelnde Arzt stellt eine Blinddarmentzündung fest und rät zu einer sofortigen Operation in der Düsseldorfer Langenberg-Klinik. Als Tobias wieder zu Hause in Regensburg ist, erhält er von seiner Betriebskrankenkasse einen Brief mit dem Inhalt: „... können leider nur 80 % der Pflegesätze der Langenberg-Klinik übernehmen, da sie unangemessen hoch sind." „Das lasse ich mir nicht bieten", ist Tobias' erste Reaktion, als er ärgerlich die Nachricht liest. Er erkundigt sich und erfährt, dass man gegen den Bescheid der Krankenkasse Widerspruch einlegen kann. Er schreibt einen Brief an die Krankenkasse:

Sehr geehrte Damen und Herren,

am 15. Juni 20.. teilten Sie mir mit, dass Sie die Pflegesätze des Krankenhauses in Düsseldorf nicht anerkennen. Gegen diesen Bescheid möchte ich mit folgender Begründung Widerspruch einlegen:

1. Die Operation in Düsseldorf war dringend erforderlich und konnte nicht verschoben werden.
2. Aus Ihren Versicherungsbedingungen ist zu entnehmen, dass den Versicherten eine freie Krankenhauswahl zusteht.

- Für welche Angelegenheiten ist die Sozialgerichtsbarkeit zuständig?
- Wie ist die Sozialgerichtsbarkeit aufgebaut?

?

Zuständigkeit der Sozialgerichtsbarkeit

Die Bedeutung der Sozialgerichtsbarkeit wird deutlich, wenn das breite Feld der Rechtsfragen betrachtet wird, für die diese Gerichte zuständig sind. Sie entscheiden über Rechtsstreitigkeiten, die insbesondere folgende Angelegenheiten betreffen:

- Sozialversicherung (Renten-, Kranken-, Pflege-, Unfallversicherung),
- Ansprüche an die Bundesagentur für Arbeit (z. B. Arbeitslosenversicherung, Insolvenzausfallgeld),
- Kassenarztrecht (z. B. Streit über Kürzung von Arzthonoraren),
- soziale Entschädigung für Soldaten,
- Gewaltopferentschädigung.

Aufbau der Sozialgerichtsbarkeit

Tobias Bartel legt gegen die Entscheidung seiner Krankenkasse (Sozialversicherungsträger) **Widerspruch** ein. Zwei Wochen später erhält er einen Antwortbrief, dass sein Widerspruch zurückgewiesen wurde. Er entschließt sich daher vor dem Sozialgericht zu einer Klage.

Die Verfahren vor den Gerichten der Sozialgerichtsbarkeit sind kostenfrei. Eine persönliche Vertretung vor dem Sozial- und Landessozialgericht ist möglich.

Sozialgerichtsbarkeit und Widerspruchsausschuss im Überblick:

1. Der **Versicherungsträger** (z. B. Krankenkasse) fällt eine Entscheidung, mit der der Versicherungsnehmer nicht einverstanden ist.
2. Der Versicherungsnehmer legt Widerspruch beim zuständigen **Widerspruchsausschuss** ein.
3. Wurde der Widerspruch zurückgewiesen, kann Klage vor dem **Sozialgericht** erhoben werden. Dieses ist besetzt mit einem Berufs- und zwei ehrenamtlichen Richtern.
4. Gegen das Urteil des Sozialgerichts kann Berufung eingelegt werden beim **Landessozialgericht**. Das mit drei Berufsrichtern und zwei ehrenamtlichen Richtern besetzte Gericht prüft den Streitfall erneut.
5. Lehnt das Landessozialgericht das Begehren des Versicherungsnehmers ab, so kann Revision beim **Bundessozialgericht** eingelegt werden. Bedingung: Das Verfahren muss von grundsätzlicher Bedeutung sein. Das Bundessozialgericht ist mit drei Berufsrichtern und zwei ehrenamtlichen Richtern besetzt.

Arbeitsvorschläge

1. Für welche Rechtsstreitigkeiten sind die Gerichte der Sozialgerichtsbarkeit zuständig?
2. Beschreiben Sie den Aufbau der Sozialgerichtsbarkeit.
3. Wie begründet das Bundessozialgericht die Ablehnung des Versicherungsschutzes in folgendem Zeitungsartikel?

Krankenkasse muss Auslandstransport nicht bezahlen

Kassel. Wer im Ausland erkrankt und sich in sein Heimatland zurücktransportieren lässt, könnte auf den Kosten sitzen bleiben. Denn die gesetzlichen Krankenkassen müssen in der Regel nicht für die Kosten eines Krankentransportes aus dem Ausland aufkommen. Das gilt nach einer [...] Entscheidung des Bundessozialgerichtes (BSG) in Kassel auch für Transporte aus EU-Ländern. Aus möglicherweise vorhandenen Unterschieden in der Qualität der jeweiligen medizinischen Versorgung lasse sich kein Anspruch auf einen Rücktransport ableiten.

4 Entwicklung und Probleme der sozialen Sicherung

Moment mal!

Der Sozialstaat ist aufgebläht. Es besteht die Gefahr, aus dem Gleichgewicht zu geraten. Immer häufiger sind Stützungsaktionen erforderlich. Über die Medien werden nahezu jede Woche Nachrichten verbreitet, die neue Probleme aufzeigen.

- Worin bestehen die Probleme der sozialen Sicherung?
- Wie hat sich die Sozialversicherung entwickelt?

?

4.1 Grundlagen und Entwicklung der staatlichen Sozialpolitik

Otto von Bismarck

Historischer Hintergrund

Eine Botschaft macht Geschichte: „Wir Wilhelm, von Gottes Gnaden …", so beginnt die kaiserliche Botschaft, die am 17.11.1881 verkündet wurde. Das Datum gilt als Geburtsstunde der deutschen Sozialversicherung, die untrennbar mit dem Namen von **Otto von Bismarck** verbunden ist. Drei Versicherungszweige entstanden damals: 1883 die gesetzliche Krankenversicherung, 1884 die gesetzliche Unfallversicherung und 1889 die gesetzliche Rentenversicherung für Arbeiter.

Welches Ziel verfolgte damals der Staat mit der Einführung der Sozialversicherung? Wir wissen heute, dass es keine humane Überlegung, sondern politische Taktik war, die zu diesem Schritt führte. Durch soziale Verbesserungen sollte das politische System stabilisiert werden. Die Missstände einer frühkapitalistischen Entwicklung hatten nämlich zu einem sozialen Elend geführt, durch das der innerstaatliche Frieden in Gefahr geriet. Armut und Krankheit bedrohten die Menschen jener Zeit. Viele von ihnen waren vom Land in die großen Städte gezogen und hatten sich von der schutzbietenden Großfamilie gelöst.

Entwicklungsstufen

Die Sozialversicherung blieb und bleibt in ihrer Entwicklung nicht stehen. Seit Einführung der gesetzlichen Krankenversicherung im Jahre 1883 ist viel passiert. Durch den Ausbau der Sozialversicherung wurden immer mehr Risiken des Lebens abgemildert. Bis in unsere heutige Zeit werden die Leistungen der Sozialversicherung weiter entwickelt und dem gesellschaftlichen Wandel angepasst. Eine Übersicht gibt die folgende Abbildung:

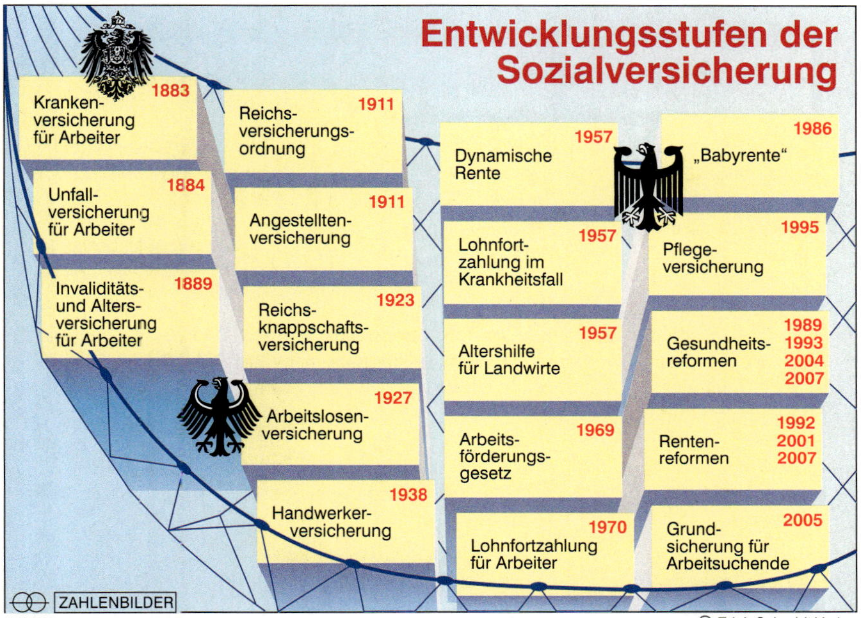

Rechtliche Grundlagen

Die wichtigste rechtliche Grundlage für die Sozialpolitik in der Bundesrepublik bildet das Grundgesetz (GG). In Artikel 20 Abs. 1 ist das **Sozialstaatsprinzip** (Sozialstaatsgebot) verankert.

> „Die Bundesrepublik Deutschland ist ein demokratischer und sozialer Bundesstaat."

Im Artikel 20 Abs. 3 wird das Sozialstaatsprinzip erklärt. Hier ist zu lesen:

> „Der Sozialstaat ist ein Staat, der den wirtschaftlichen Verhältnissen [...] in der Gesellschaft wertend, sichernd und verändernd mit dem Ziele gegenübersteht, jedermann ein menschenwürdiges Dasein zu gewährleisten, Wohlstandsunterschiede zu verringern und Abhängigkeitsverhältnisse zu beseitigen oder zu kontrollieren."

Das Sozialrecht, das mit der Sozialgesetzgebung Bismarcks Ende des 19. Jahrhunderts seinen Anfang nahm, ist in den folgenden Jahrzehnten immer umfangreicher und komplizierter geworden und wies teilweise auch Unstimmigkeiten auf. Um diesen Zustand zu ändern, wurde beschlossen, das aus vielen Einzelbestimmungen bestehende Sozialrecht in einem mehrbändigen Gesamtwert, dem **Sozialgesetzbuch (SGB)**, zusammenzufassen.

4.2 Prinzipien und Umfang der sozialen Sicherung

Die drei Prinzipien der sozialen Sicherung

Das System der sozialen Sicherung in der Bundesrepublik Deutschland wird aus drei Prinzipien gebildet: **Vorsorge,- Versorgungs- und Fürsorgeprinzip**.

Prinzipien der sozialen Sicherung

Vorsorgeprinzip	Versorgungsprinzip	Fürsorgeprinzip
Bürger werden verpflichtet, sich gegen die Grundrisiken des Lebens zu versichern. Dies ist der Fall bei den fünf Zweigen der Sozialversicherung. Der Entschluss, für Lebensrisiken vorzubeugen, wird auch durch den Staat gefördert. Er erlaubt, die Beiträge zu vielen Versicherungen steuermindernd geltend zu machen.	Entschädigt werden einzelne Bürger, die schuldlos Opfer wurden oder besondere Leistungen für die Gemeinschaft erbracht haben. Zu den Empfängern von Versorgungsleistungen zählen z. B. Opfer von Gewalttaten, Kriegsopfer, politische Häftlinge, Eltern von Kindern einer bestimmten Altersgruppe (letzteres wird als Kindergeld gezahlt).	Es wird auch bezeichnet als Prinzip der staatlichen Barmherzigkeit. Es greift dort ein, wo Menschen in Not geraten sind. Insbesondere die Zahlung von Sozialhilfe beruht auf dem Fürsorgeprinzip. Aber auch Wohngeldzahlungen an einkommensschwächere Mieter sind hier einzuordnen.
Finanzierung	**Finanzierung**	**Finanzierung**
vor allem durch Beiträge der Mitglieder; teilweise werden staatliche Zuschüsse gezahlt	aus öffentlichen Mitteln, insbesondere aus Steuern	aus Steuern, Gebühren und Beiträgen, die Gemeinden bzw. Städten zufließen

Umfang der sozialen Sicherung

Die Prinzipien der sozialen Sicherung wirken zusammen und ergänzen sich. Ihre umfangreichen Leistungen, die gegen die unterschiedlichsten Lebensrisiken absichern, werden auch als **soziales Netz** bezeichnet. Im internationalen Vergleich der Sozialleistungen nimmt Deutschland eine Spitzenstellung ein. Die Kosten dafür tragen alle Versicherten, die Unternehmen und der Staat. An den Gesamtkosten sind die Arbeitnehmer mit ca. 32 %, die Arbeitgeber mit 35 % und der Staat mit 33 % beteiligt.

Wie dicht das soziale Netz in Deutschland geknüpft ist, zeigt das nachfolgende Schaubild:

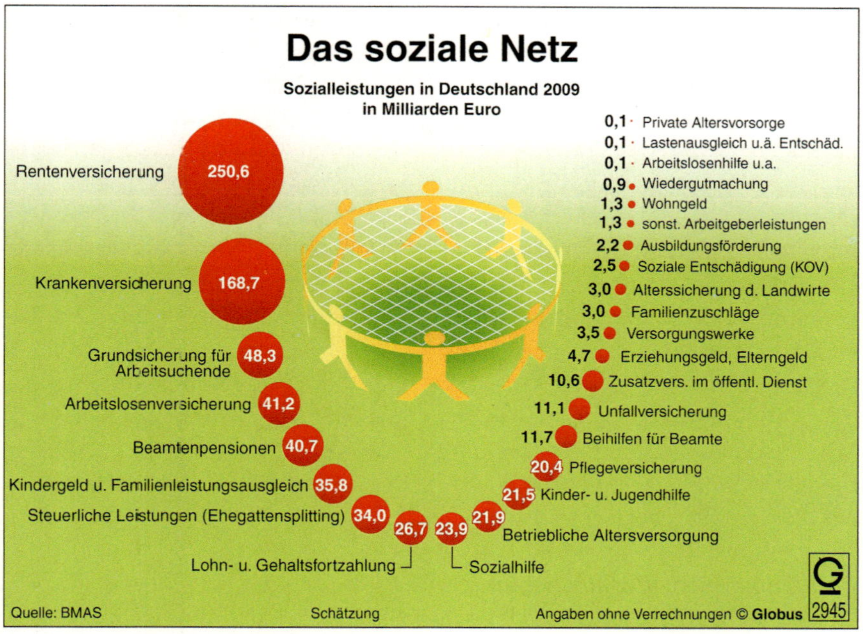

4.3 Probleme der sozialen Sicherung

Im Leben gibt es nichts umsonst. Diese Aussage trifft auch auf die soziale Sicherung zu. Umso dichtmaschiger das soziale Netz ist, desto teurer ist es auch. Vergleicht man das soziale Sicherungssystem von seinen Anfängen bis heute, so fällt auf, dass das Netz über die Jahre immer dichter wurde. Der Staat hat sich von seinen Bürgern in die Pflicht nehmen lassen und immer mehr Aufgaben zur sozialen Sicherung übernommen. So werden z. B. mehr als die Hälfte der Ausgaben des Bundeshaushalts jährlich nur zu diesem Zweck ausgegeben. Wer in den Genuss der sozialen Leistungen kommt, wird sich freuen. Aber die Gelder, die der Staat ausgeben möchte, müssen zuvor ja erst aufgebracht werden. Dazu greift er seinen Bürgern tief in die Tasche und lässt sie Steuern und Beiträge zahlen.

Was sich als selbstverständlich anhört, hat in Deutschland im Laufe der Zeit zu erheblichen Problemen geführt: im wirtschaftlichen Umfeld, aber auch bei der Sozialversicherung selbst.

4.3.1 Probleme im wirtschaftlichen Umfeld

Problembereich: Einkommensbelastung

Die Belastung des Einkommens der Bürger mit Steuern und Sozialabgaben, die der Staat zunächst einbehält, ist gestiegen. Dieser als Einkommensbelastungsquote bezeichnete Sachverhalt beträgt ca. 53 % (Stand 2008). Anders ausgedrückt: Mehr als ein halbes Jahr lang arbeitet der Deutsche rein rechnerisch nur für die Ansprüche des Staates. Gebraucht werden die Gelder vor allem, um die zahlreichen Sozialleistungen zu finanzieren.

Problembereich: Belastung nachfolgender Generationen

Staaten, die mehr ausgeben als sie einnehmen, verschulden sich. Nicht nur die Schulden müssen getilgt werden, sondern auch die Zinsen sind an die Gläubiger zu zahlen.

Um seine Aufgaben zu erfüllen – und hier sind vor allem die sozialen Verpflichtungen zu nennen – hat der deutsche Staat sich in einer Größenordnung von 1,6 Billionen Euro verschuldet (Stand 2007). Nach wie vor werden Kredite aufgenommen, und die Schulenlast steigt weiter. Allein die Zinsbelastung des Bundes betrug 2007 fast 40 Milliarden Euro, bei einem Gesamthaushalt von nur 270 Mrd. Euro.
Die Schuldenlast ist so hoch, dass sie zukünftigen Generationen aufgebürdet werden muss. Dass diese sich nicht darüber freuen, liegt auf der Hand. Wird ihnen doch zugemutet, für eine großzügige Verteilung von Sozialleistungen an ihre Väter und Großväter als Steuer- und Beitragszahler später in die Pflicht genommen zu werden.

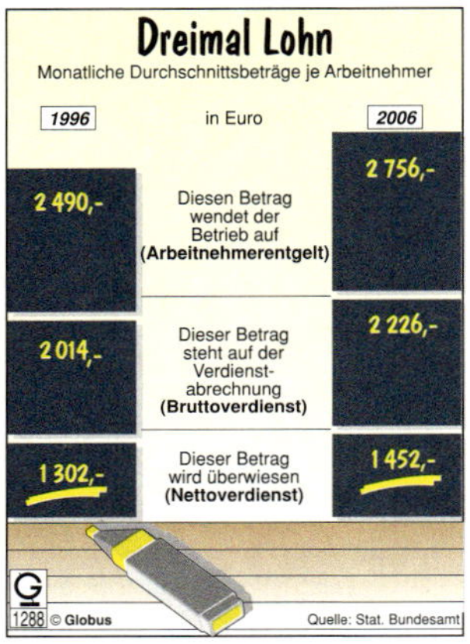

Problembereich: Sozialabgaben

Wehklagen setzt bei vielen Arbeitnehmern regelmäßig ein, wenn sie ihre Lohnabrechnung sehen. Im Durchschnitt erhalten ledige und kinderlose Arbeitnehmer nur ca. 62 % (Stand 2009) ihres Bruttoeinkommens als Nettoeinkommen überwiesen.

Der größte Teil der Abzüge ist für die Sozialversicherung bestimmt. Kranken-, Pflege-, Renten- und Arbeitslosenversicherung kosten die Arbeitnehmer ca. 21 % ihres Bruttoeinkommens. Das gilt für Arbeitnehmer sowohl mit als auch ohne Familie. Die Belastung hat eine Größenordnung erreicht, die von vielen als unzumutbar empfunden wird. Besonders die Bezieher kleiner und mittlerer Einkommen klagen über die Lohn- und Gehaltsabzüge. So mancher ihrer Wünsche lässt sich aufgrund der hohen Belastung von Sozialabgaben nicht erfüllen.

Problembereich: Gefährdung der Wettbewerbsfähigkeit

Auch die Betriebe werden durch die Sozialabgaben kräftig zur Kasse gebeten. Sie werden belastet durch den Arbeitgeberanteil zur Sozialversicherung. Zusammen mit dem Arbeitnehmeranteil ist die Summe dieser Beiträge an die Sozialkassen abzuführen. Von dem Aufwand für Arbeit, wie sie der Betrieb in seiner Kalkulation ansetzt, landet nur etwas mehr als die Hälfte auf dem Konto des Arbeitnehmers. Im internationalen Vergleich sind die Belastungen der deutschen Unternehmer besonders hoch.
Da diese in die Produktpreise einfließen, besteht die Gefahr, dass ihre Wettbewerbsfähigkeit gegenüber der ausländischen Konkurrenz gefährdet wird. Zahlreiche Unternehmen haben deshalb in den letzten Jahren im Rahmen der globalisierten Handelsbeziehungen Zweigwerke im Ausland errichtet. Als ein Hauptgrund für diese Standortentscheidung werden immer wieder die hohen einheimischen Lohn- und Lohnnebenkosten von deutschen Unternehmen genannt.
Alle Apelle der Wirtschaft an die Politiker, diesen Zustand zu ändern, haben bisher nur geringe Erfolge gehabt.

Problembereich: Schwarzarbeit

Schwarzarbeiter gehen einer Arbeit gegen Entgelt nach, ohne diese ordnungsgemäß beim Staat zu melden. Man schätzt, dass der Anteil der Schwarzarbeit an der Wirtschaftsleistung in Deutschland im Jahr 2007 ca. 15 % betrug. Den Hauptgrund hierfür sehen Experten in der hohen Belastung mit Sozialabgaben und Steuern. Diese Abgabenlast macht das illegale Arbeiten am Fiskus vorbei für den Schwarzarbeiter und den Auftraggeber lohnend. Der Gemeinschaft entstehen so jedoch riesige Verluste.

Problembereich: Einstellungshemmnis

Die Arbeitslosenquote in Deutschland wird 2009 wahrscheinlich die 9 %-Marke überschreiten. Betriebe nennen unterschiedliche Gründe, warum sie nicht mehr Arbeitskräfte einstellen bzw. entlassen. Neben dem Mangel an Fachkräften, den Kündigungsschutzbestimmungen und dem Tarifrecht werden als große Einstellungshemmnisse die hohen Lohn- und Lohnnebenkosten und die aktuelle Wirtschaftskrise genannt.

4.3.2 Probleme im System der Sozialversicherung

In der Sozialversicherung herrscht das Solidarprinzip. Das heißt: Die Gesunden zahlen für die Kranken, die Jungen für die Alten und die Beschäftigten für die Arbeitslosen. In den letzten Jahren hat dieses schöne Bild Risse bekommen. Der Solidarpakt zwischen den Generationen funktioniert nicht mehr so wie früher. Durch die hohe Lebenserwartung und die niedrige Geburtenrate hat sich der Altersaufbau der Bevölkerung in Deutschland verändert. Die Anzahl der alten Menschen ist stark angestiegen. Die Veränderung dieser Bevölkerungsstruktur wird auch in den nächsten Jahren weitergehen. Die Belastung für die im Erwerbsleben stehende Generation hat die Grenze des Zumutbaren überschritten. Das Sozialsystem wurde daher schon einige Male reformiert. Weitere Korrekturen sind zu erwarten.

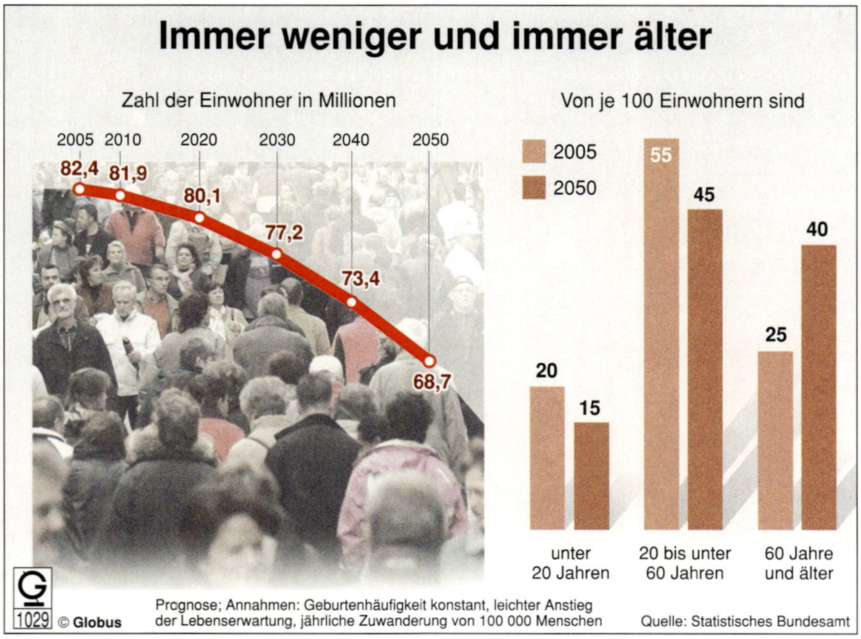

Welche **Korrekturen** wurden unternommen, um das System der Sozialversicherung finanzierbar zu halten? Hier einige Beispiele:

Problembereich Rentenversicherung
Das Rentenalter wurde angehoben. Zwischen 2012 und 2029 wird das Eintrittsalter schrittweise von 65 auf 67 Jahre erhöht. Das Rentenniveau wird weiter sinken. Um einen annehmbaren Lebensstandard im Alter zu haben, ist eine individuelle Vermögensbildung notwendig.

Problembereich Arbeitslosenversicherung
Die maximale Anspruchsdauer für Arbeitslosengeld wurde gekürzt. Für die Altergruppe unter 50 Jahren beträgt sie noch zwölf Monate. Wer sich als Langzeitarbeitsloser mehrfach weigert, einen Job anzunehmen, dem droht eine komplette Streichung aller Leistungen.

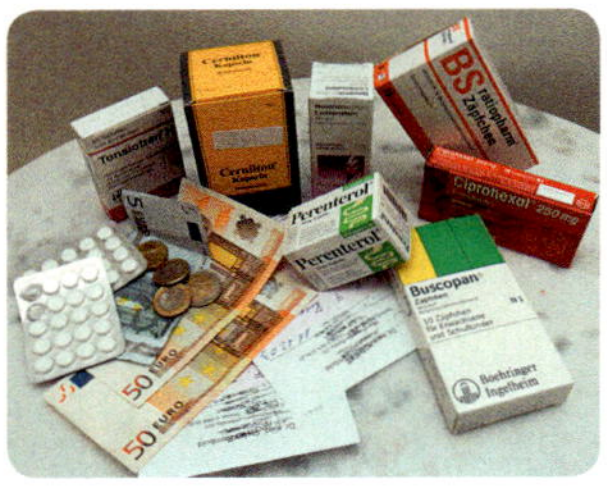

Problembereich Krankenversicherung
Um die Finanzkrise der gesetzlichen Sozialversicherung in den Griff zu bekommen, wurde eine Gesundheitsreform beschlossen. Sie sieht z. B. vor, dass kostenintensive Mehrfachuntersuchungen zukünftig unterbleiben und nicht ein teures Medikament verschrieben wird, wenn es auch ein preiswerteres mit gleicher Wirkung gibt.

Problembereich Pflegeversicherung
Sie soll angepasst werden an die steigende Pflegebedürftigkeit einer immer älter werdenden Bevölkerung. Die Leistungen wurden im Rahmen der Pflegereform ausgedehnt, um die Qualität der Pflege zu verbessern. Um dies zu finanzieren, wurden die Beiträge erhöht.

Arbeitsvorschläge

1. Kritische Stimmen bezeichnen das soziale Netz auch als soziale Hängematte. Was soll durch diese Bezeichnung ausgedrückt werden?
2. Unterscheiden Sie bei der sozialen Absicherung von Bürgern zwischen dem Vorsorge- und Versorgungsprinzip.
3. Das Fürsorgeprinzip wird auch als „Prinzip der staatlichen Barmherzigkeit" bezeichnet. Was ist damit gemeint?
4. Diskutieren Sie die Behauptung: „Staatliche Sozialleistungen haben für die Bürger nur Vorteile. Sie sollten daher unbedingt weiter ausgedehnt werden."
5. Nennen Sie sechs Beispiele von Sozialleistungen, die der Staat finanziert.
6. Beschreiben Sie, wie sich die Altersstruktur in Deutschland verändert, und nennen Sie Gefahren dieser Entwicklung.

Arbeitsvorschläge zur Wiederholung und Prüfungsvorbereitung (Kapitel 1–4)

1. Erklären Sie nachfolgendes Schaubild.

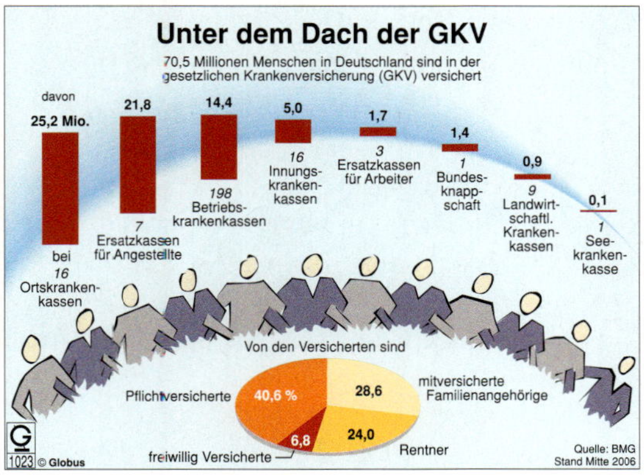

2. Nennen Sie die einzelnen Versicherungsarten der Sozialversicherung und deren Aufgabe.
3. Wer gehört bei der Krankenversicherung zu der Gruppe der Pflicht- und wer zu der Gruppe der freiwillig Versicherten?
4. Für welche Art der Sozialversicherung trägt der Arbeitgeber die gesamten Beiträge allein?
5. Bei welcher Art der Sozialversicherung gibt es keine Beitragsbemessungsgrenze?
6. Für welche Dauer zahlt die Krankenkasse für eine bestimmte Krankheit Krankengeld?
7. Wonach richtet sich die Höhe des Beitrages bei der gesetzlichen Krankenversicherung?
8. In den zurückliegenden Jahren haben die Krankenkassen häufig ihre Beiträge erhöhen müssen. Nennen Sie zwei Gründe hierfür.
9. Fachleute aus dem Bereich der Rentenversicherung sagen voraus, dass das Verhältnis von Rentnern zu Beitragszahlern im Jahr 2030 = 1:1 betragen wird.
   a) Nennen Sie Gründe für diese Entwicklung.
   b) Welche Auswirkung hat diese Entwicklung auf den Generationenvertrag (Umlageverfahren) bei der Rentenversicherung?
10. Durch wen werden die Leistungen zur Rentenversicherung finanziert?
11. Aufgrund einer Erkrankung ist Herr Özeln nicht mehr voll belastbar und kann nur noch fünf Stunden täglich arbeiten. Welche Art von Rente kann er beanspruchen?
12. Wer entscheidet über die Höhe der Beiträge zur Rentenversicherung?
13. Wer zahlt bei Arbeitslosigkeit das Arbeitslosengeld I?
14. Nennen Sie die Aufgaben der Berufsgenossenschaften.
15. Für welche Unfallarten erbringt die gesetzliche Unfallversicherung keine Leistungen?
16. Durch welche Träger werden die Aufgaben der Pflegeversicherung wahrgenommen?
17. Erläutern Sie die Hauptaussagen des nachfolgenden Schaubildes.

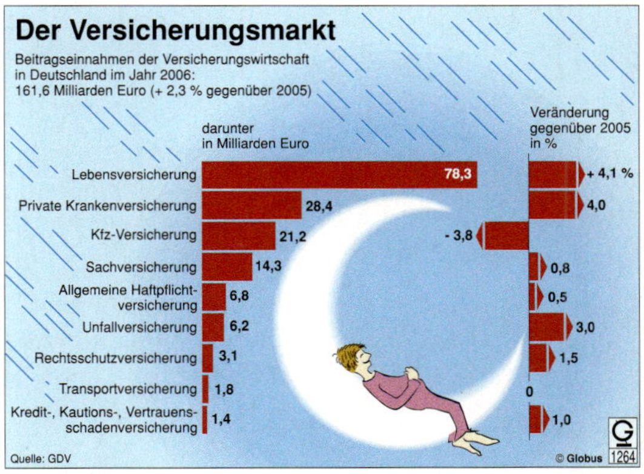

18. Nennen Sie jeweils drei Beispiele für Personen-, Vermögens- und Sachversicherungen.
19. Der Abschluss einer Berufsunfähigkeitsversicherung wird von vielen Fachleuten auch schon den Berufseinsteigern empfohlen. Begründen Sie diese Empfehlung.
20. Welche Art von Schäden deckt eine Vollkaskoversicherung ab?
21. Gegenüber seinen Freunden äußert Carsten die Absicht, eine Rechtsschutzversicherung abzuschließen. Seine Begründung: „Dann kann man bei einem Rechtsstreit keine böse Überraschung mehr erleben, denn die Versicherung übernimmt ja immer alle Kosten". Diskutieren Sie diese Auffassung.
22. Welchen Namen verbinden Sie mit der Geburtsstunde der deutschen Sozialversicherung?

5 Individuelle Vermögensbildung

Moment mal!

Die Überraschung war groß, als Karin Meier erfuhr, dass der kürzlich verstorbene Onkel ihr 76.000 Euro hinterlassen hatte. Die Planung dauerte nicht lange: Ein neues Auto, ein moderner Wohnzimmerschrank und eine Urlaubsreise nach Spanien stehen ganz oben auf der Wunschliste. „Und den Rest packen wir auf unser Sparbuch", so der Vorschlag von ihrem Mann Frank. Und er ergänzt: „Wenn wir mal was brauchen, kommen wir schnell an das Geld ran." „Aber mit den Zinsen sieht es doch ganz mau aus", so Karin. „Dann können wir das Geld doch gleich unters Kopfkissen legen", ist ihr nicht ganz ernst gemeinter Einwand. „Da fällt mir ein", erwidert Frank und wird nachdenklich, „vielleicht sollten wir schon mal was für unsere Altersversorgung tun. Denn was man so hört, soll es ja mit den späteren Zahlungen aus der gesetzlichen Rentenversicherung ziemlich mies bestellt sein."
Für beide ist nun klar: Man muss sich beraten lassen.

- Welche Formen der Geldanlage gibt es?
- Warum ist es wichtig, schon frühzeitig an die spätere Altersversorgung zu denken?
- Welche Arten der Altersversorgung sind zu unterscheiden?

?

5.1 Formen der Geldanlage

Sparbuch
Das Sparbuch hat in der Regel eine dreimonatige Kündigungsfrist. Innerhalb eines Monats können ohne Ankündigung bis zu 2.000,00 Euro abgehoben werden. Wer kurzfristig mehr benötigt, bekommt auch ohne Kündigung den Betrag ausgezahlt, die Bank berechnet aber Vorschusszinsen für den Betrag über 2.000,00 Euro.

Es werden von den meisten Banken nur relativ geringe Zinsen bezahlt. Für eine Geldanlage ist dies zu wenig. Daher gilt das Sparbuch auch als schnell verfügbare Geldreserve mit höherer Verzinsung als das Girokonto. Für Sparbücher mit längerer Kündigungsfrist werden höhere Zinsen bezahlt.
Bei Sparverträgen und Sonderformen des Sparens sind Loseblattsammlungen, Kontoauszüge und Sparzertifikate gebräuchlich.

Termingeld/Festgeld

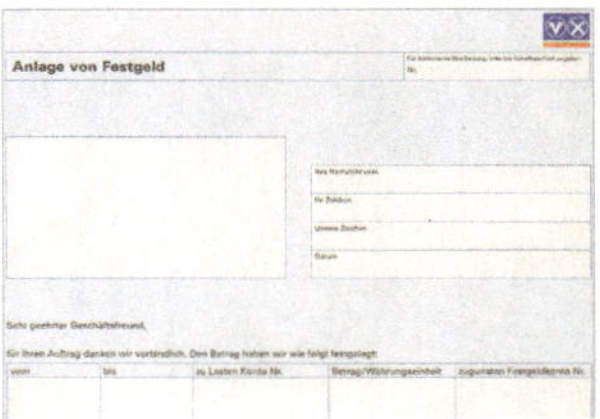

Hier wird ein Betrag (in der Regel ab 1.000,00 Euro) für einen bestimmten Zeitraum festgelegt – z. B. einen Monat, halbjährlich, jährlich oder länger. Die Zinsen sind höher als beim Sparbuch. Der Sparer kann aber auch nicht früher als vereinbart über das Geld verfügen. Benötigt er das Geld dringend, muss er auf die Zinsen ganz verzichten.

Prämiensparen

Man zahlt für eine Laufzeit von mehreren Jahren einen festen monatlichen Betrag (z. B. 50,00 Euro). Die Bank zahlt etwas höhere Zinsen als beim Sparbuch und am Ende der Laufzeit zusätzlich eine einmalige Prämie.

Aktien

Aktien sind Beteiligungen an Aktiengesellschaften. Ihr Nennwert lautet in der Regel über 1,00 Euro (oder in Stück, d. h. Anteile am Unternehmen) – dies ist der Betrag der Beteiligung an der AG. Auf ihn bekommt man auch eine Dividende (Gewinnanteil). Kaufen muss man die Aktien über die Banken an der Börse. Die Beträge, die man bezahlen muss, nennt man Kurswerte. Sie können, je nach Angebot und Nachfrage, höher oder niedriger sein als der Nennwert (der auf der Aktie aufgedruckte Wert). Man kann mit Aktien unter Umständen recht gute Gewinne erwirtschaften. Es ist aber auch möglich, dass die Börsenkurse fallen und man Verluste macht.

Wertpapierfonds

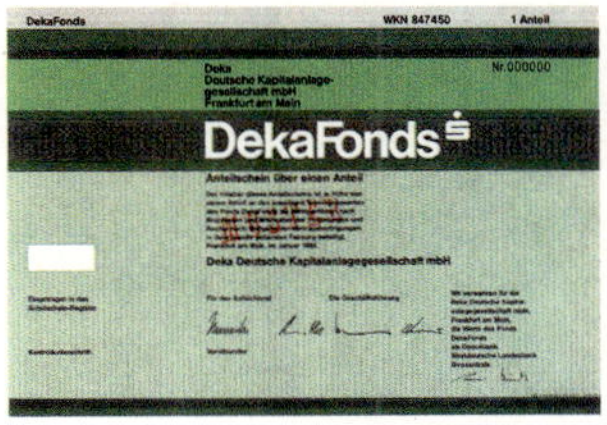

Risikoärmer als der Erwerb von einzelnen Aktien ist der Kauf von **Fondsanteilen**. In einem Fonds bündelt eine Kapitalanlagegesellschaft die Gelder zahlreicher Anleger, um sie nach dem Prinzip der Risikostreuung in verschiedenen Vermögenswerten (z. B. Aktien, Immobilien oder Bankguthaben) anzulegen. Die Vermögenswerte werden von den Gesellschaften fachmännisch verwaltet. Dahinter steht die Absicht, für den Anleger einen möglichst hohen Ertrag zu erwirtschaften. Für ihre Tätigkeit verlangen die Kapitalanlagegesellschaften im Normalfall einen Ausgabenaufschlag und eine jährliche Verwaltungsgebühr. Auch mit geringem finanziellem Einsatz lassen sich schon Fondsanteile erwerben. Es ist z. B. möglich, mit einer Bank einen Sparplan über eine monatliche Summe von 50,00 Euro zu vereinbaren, die jeweils zum Kauf von Fondsanteilen dient (Fondssparen).

Zertifikate

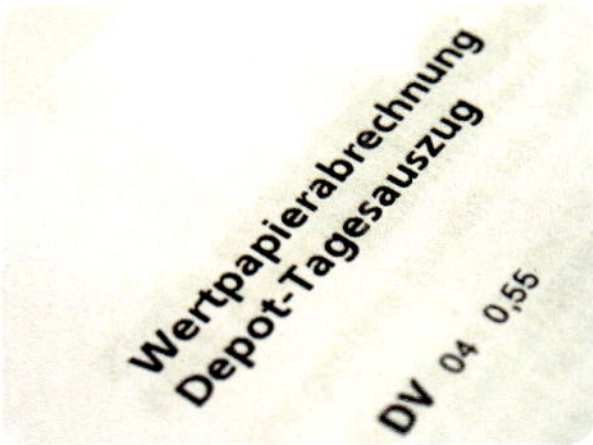

Es handelt sich hier um eine Art von Wertpapieren (Fachausdruck: Inhaberschuldverschreibung), bei denen der Käufer (Gläubiger) das Recht erwirbt, z. B. jährlich die versprochenen Zinsen zu erhalten. Bei Fälligkeit erhält er von dem Schuldner (z. B. einer Bank) seinen ausgeliehenen Betrag zurück. Häufig beziehen sich Zertifikate auch auf den Kurs einer bestimmten Aktie. Die Sicherheit von Zertifikaten ist abhängig von der Zahlungsfähigkeit (Bonität) des Emittenten (Herausgeber des Wertpapiers).

Bundesschatzbriefe
Sie werden von der Bundesrepublik Deutschland ausgegeben und von den Banken an Privatpersonen verkauft. Im ersten Jahr liegen sie fest; danach kann man sie bis zu einer Summe von max. 5.000,00 Euro innerhalb von 30 Zinstagen verkaufen.
Bundesschatzbriefe haben einen jährlich steigenden Zinssatz. Beim Typ A werden die Zinsen jährlich ausgezahlt, beim Typ B werden sie angesammelt und am Ende der Laufzeit ausgeschüttet. Bundesschatzbriefe liegen im Depot einer Bank oder – gebührenfrei – bei der Bundesschuldenverwaltung (Vermittlung durch die Bank).

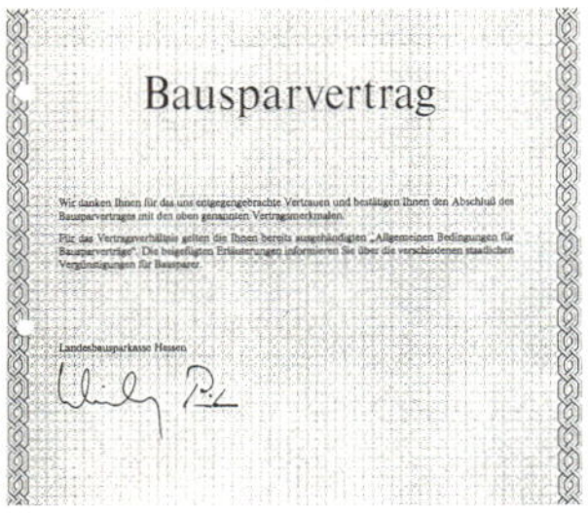

Bausparvertrag
Ein Bausparvertrag wird mit einer Bausparkasse abgeschlossen. Er läuft über viele Jahre. Die Guthabenzinsen sind relativ niedrig. Bei Fälligkeit des Vertrages erhält der Bausparer nicht nur seine eingezahlten Beiträge plus Zinsen, sondern auch einen Kredit von der Bausparkasse.
Interessant hierbei sind die niedrigen Schuldzinsen, wenn man bauen, umbauen, modernisieren oder Wohnraum kaufen will. Der Bausparvertrag wird fällig (zuteilungsreif), wenn eine bestimmte Bewertungszahl erreicht wird. Diese berechnet sich in der Regel aus der Summe der Einzahlungen und der Laufzeit.

5.2 Vermögenswirksame Leistungen

Zusätzlich zur normalen Vergütung lassen viele Arbeitgeber ihren Auszubildenden und Arbeitnehmern ein kleines Geschenk in Form von vermögenswirksamen Leistungen (VL) zukommen. Deren Höhe ist in den einzelnen Wirtschaftsbereichen sehr unterschiedlich. Einen besonders hohen Betrag von 40,00 Euro erhalten z. B. die Beschäftigten bei Banken und Versicherungen. Die Höhe des Arbeitgeberzuschusses ist in den jeweiligen Manteltarifverträgen geregelt.
Nicht nur der Arbeitgeber zahlt Zuschüsse bei vermögenswirksamen Leistungen, sondern auch der Staat fördert durch die so genannte **Arbeitnehmersparzulage** die Vermögensbildung der Arbeitnehmer. Besonders für Arbeitnehmer mit niedrigerem Einkommen lohnt sich das vermögenswirksame Sparen.
Nach dem Vermögensbildungsgesetz gibt es unterschiedliche Möglichkeiten, seine VL-Gelder anzulegen. Manche sind allerdings nicht ganz ohne Risiko. Die Möglichkeiten im Einzelnen sind: **Investmentfonds, Bausparverträge, Anlage in Unternehmen des Arbeitgebers**.

!

Bei Heirat, einer mehr als einjährigen Arbeitslosigkeit oder dem Tod des Ehepartners ist eine vorzeitige Kündigung des Vertrages möglich.

Wer einen VL-Vertrag abschließt, muss auch wirklich regelmäßig sparen. Er darf das Angesparte nicht anrühren. Die Anspardauer beträgt sechs Jahre. Danach liegen die Gelder für ein Jahr fest (Sperrfrist). Erst danach kann der Sparer über die gesamte Summe verfügen.

Vermögenswirksame Verträge abschließen

Wie funktioniert das?

Schritte	Erklärungen
1 die Frage klären, wie viel Arbeitgeber gibt	Häufig gibt es die VL erst nach der Probezeit. Bei Auszubildenden erfolgt die Zahlung im Allgemeinen erst im zweiten Ausbildungsjahr (tarifliche Regelung).
2 den passenden Vertrag auswählen	Zu überlegen ist, welche Art von VL-Vertrag am besten zu der persönlichen Situation und Risikoneigung passt. Wer z. B. Aktienfonds wählt, muss eventuell mit Kursverlusten rechnen. Die gibt es bei Bausparverträgen nicht.
3 den Arbeitgeber informieren	Der Arbeitnehmer hat seinen Chef über den Abschluss seines VL-Vertrages zu informieren. Dieser überweist die Beträge, d. h. seinen Zuschuss und das, was der Arbeitnehmer freiwillig drauflegt.
4 die Arbeitnehmer-Sparzulage beantragen	Der Sparer muss jedes Jahr beim Finanzamt seine Sparzulage beantragen. Dies geschieht mit der Anlage „VL" zur Steuererklärung. Das Institut (z. B. Bausparkasse), das die VL-Gelder verwaltet, stellt das Formular aus. Die gesamte Fördersumme wird erst nach Ablauf der Sperrfrist vom Finanzamt überwiesen.

5.3 Vermögensbildung und Altersvorsorge

Wer kurz davor steht, seinen ersten Schritt ins Berufsleben zu machen, tut sich wahrscheinlich schwer, schon jetzt an seinen späteren Ruhestand zu denken. Wer im Alter aber ein finanziell abgesichertes Leben führen möchte, dem bleibt nichts anderes übrig, als sich schon in jungen Jahren Gedanken über seine spätere Altersversorgung zu machen. Die immer kleiner werdenden Renten sind ein großes Problem für die kommenden Generationen. Nach Expertenmeinung wird die Standardrente im Jahr 2030 nach 45 Beitragsjahren auf etwa 43 % des durchschnittlichen Bruttoeinkommens gesunken sein. Davon kann keiner leben.

Weitergehende Informationen zur Vermögensbildung und Altersvorsorge erhalten Sie unter der Adresse: **www.altersvorsorge-macht-schule.de**

Deshalb ist die finanzielle Vorsorge für jeden unverzichtbar und schon in jungen Jahren ein Gebot der Stunde. Die Geburtenraten sinken, die Lebenserwartung wird weiter steigen, und die im Berufsleben stehenden Beitragszahler werden ständig weniger. Für die gesetzliche Rentenversicherung ist es unmöglich, diese finanziell belastende Entwicklung ohne eine weitere Absenkung des Rentenniveaus zu bewältigen.

Damit die jetzigen Arbeitnehmer auch zukünftig im Alter sorgenfrei leben können, gibt es ein neues Modell der Altersversorgung: Das **„Drei-Schichten-Modell"**:

Altersvorsorge

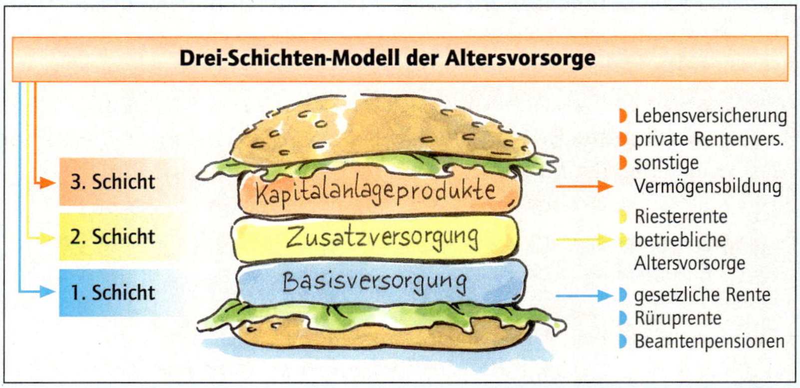

Bernd Rürup gilt als der geistige Vater der neuen Vorsorge.

1. Schicht: Basisversorgung

Neben Pensionen für die Beamten und der gesetzlichen Rente gehört auch die nach ihrem Erfinder benannte **Rüruprente** (auch Basisrente genannt) zum Baustein der Basisversorgung. Die Rüruprente soll vor allem dabei helfen, die beschlossenen Kürzungen bei der gesetzlichen Rentenversicherung auszugleichen. Die durch den Staat finanziell geförderte Rente ist an bestimmte Bedingungen gebunden. So wird z. B. das Geld frühestens ab einem Lebensalter von 60 Jahren in monatlichen Teilbeträgen ausbezahlt.

2. Schicht: Zusatzversorgung

Seit einiger Zeit bietet das Altersvermögensgesetz die Möglichkeit, eine sogenannte **Riesterrente** abzuschließen. Zusammen mit der Betriebsrente bildet sie die **zweite Schicht** der Altersversorgung.
Bei der **Betriebsrente** erhalten die Arbeitnehmer Unterstützung vom Chef. Jeder Arbeitnehmer hat das Recht, Teile seines Gehalts in eine betriebliche Altersversorgung fließen zu lassen (Entgeltumwandlung). Da der Betrieb die Beiträge subventioniert (finanziell gefördert), rechnet sich die Betriebsrente fast für jeden. Beiträge, die im Rahmen einer Betriebsrente z. B. in eine Direktversicherung oder einen speziellen Fonds einfließen, sind außerdem steuerfrei. Allerdings müssen die späteren Auszahlungsbeträge versteuert werden (nachgelagerte Besteuerung).

Nach Walter Riester ist eine Form der Vorsorge benannt.

Um mehr Bürger zu privater Vorsorge zu motivieren, brachte der ehemalige Arbeitsminister Walter **Riester** eine private Zusatzrente auf den Weg, die seinen Namen trägt. Um das Ziel einer dauerhaften Absicherung für den Lebensabend zu erreichen, werden nur solche Kapitalanlagen mit Extrageld und Steuervorteilen bedacht, die bestimmte Bedingungen erfüllen. So werden z. B. nur solche Produkte bezuschusst, die mindestens die Auszahlung des angesammelten Kapitals garantieren.

3. Schicht: Kapitalanlageprodukte

Basisrente und Riesterrente sind interessante Möglichkeiten, steuerbegünstigt die persönliche Versorgungslücke zu schließen. Für persönliche Wünsche lassen sie jedoch kaum Spielraum. Dies ist anders bei den Produkten aus der **dritten Schicht**. Die Anlageprodukte, die hier infrage kommen können, müssen nicht allein der Altersvorsorge dienen. Wer z. B. eine große Urlaubsreise machen möchte, kann sich bei Rentenbeginn eine größere Summe auszahlen lassen. Zu den Kapitalanlageprodukten dieser Art zählen vor allem die Kapitallebensversicherung und die private Rentenversicherung. Bei der Kapitallebensversicherung müssen die Erträge, das ist die Differenz zwischen eingezahlten Beiträgen und ausgezahlter Summe, voll versteuert werden. Wer aber mindestens zwölf Jahre lang Beiträge zahlt und erst ab 60 Jahren die Auszahlung wünscht, für den wird die Steuer halbiert. Todesfallleistungen bleiben generell steuerfrei. Auch die Hinterbliebenen sind so gut abgesichert.

Wer eine private Rentenversicherung abschließt, stellt sich steuerlich noch günstiger als bei der Kapitallebensversicherung. Geht man mit 65 Jahren in Rente, muss nur ein geringer Teil der ausgezahlten Beträge versteuert werden. Der Sparer hat auch hier die Möglichkeit, sich sein Guthaben auf einmal auszahlen zu lassen. Dann gelten aber hier die gleichen ungünstigen steuerlichen Bestimmungen wie bei der Lebensversicherung.

!

Je früher man mit der Vorsorge beginnt, desto besser ist die Absicherung im Ruhestand. Das neue Rentensystem ist kompliziert. Deshalb sollte man sich vor Vertragsabschluss von möglichst unabhängigen Fachleuten beraten lassen. Bevor Verträge abgeschlossen werden, sollten erst verschiedene Angebote verglichen werden.

Arbeitsvorschläge

1. Die Zeiten haben sich bei der Altervorsorge geändert: 1986 konnte der damalige Arbeitsminister Norbert Blüm noch behaupten: „Die Renten sind sicher."
   a) Beurteilen Sie diese Aussage aus heutiger Sicht.
   b) Welche Gründe haben zu dieser geänderten Rentensituation geführt?
2. Es wird geschätzt, dass ein 65-Jähriger, der 2040 in Rente geht, noch eine restliche Lebenserwartung von 19 Jahren hat. Bei Frauen beläuft sich dieser statische Wert sogar auf 23,2 Jahre. Was schließen Sie daraus?
3. Karin und Frank Meier haben eine Erbschaft gemacht (siehe „Moment mal!"). Beide sind sich einig, eine Anlageform zu wählen, die einen hohen Ertrag verspricht. Karin rät nun zum Kauf von Bundesschatzbriefen, Frank möchte das Geld lieber in einen Aktienfond stecken. Beurteilen Sie die Meinungen von Karin und Frank.
4. Beschreiben Sie das Ablaufschema für den Abschluss eines vermögenswirksamen Vertrages.
5. Beschreiben Sie das Drei-Schichten-Modell der Altersvorsorge.
6. **Lernen durch Handeln: Expertenbefragung**
   Das Gebiet der Vermögensbildung und Altersvorsorge ist nicht leicht zu verstehen. Es ist aber auch für Sie als Berufsangfänger und Ihr jetziges Leben sehr wichtig, darüber Bescheid zu wissen. Laden Sie einen Spezialisten aus einer Bank ein. Sammeln Sie zuvor Fragen, deren Beantwortung für Sie und Ihre Klasse von besonderem Interesse sind.

6 Lohnformen

Moment mal!

Fünf Arbeitnehmer: fünf verschiedene Formen der Entlohnung

1. Bernd Fuhrmann ist Fliesenleger in einem handwerklichen Verlegebetrieb. Er arbeitet im **Akkord** und hatte letzten Monat 2.469,00 Euro auf seinem Konto. Wenn er so richtig „loslegt" sind noch 150,00 Euro mehr drin.
2. Olga Kulitsch arbeitet als Modeschneiderin in einer Textilfabrik. Letzte Woche passierte es: Eine Maschine fiel aus und ein Liefertermin für Wintermäntel war gefährdet. Letztlich konnte die verlorene Zeit noch aufgeholt werden. Als Belohnung wurde zusätzlich eine **Prämie** von 80,00 Euro gezahlt.
3. Hasan Yildiz ist Industriemechaniker in der Konstrukta AG. Auch dieses Jahr ist der Gewinn wieder stark angestiegen. Als „kleines Dankeschön" beschließt der Vorstand eine **Kapitalbeteiligung** der Arbeitnehmer. Jeder erhält 15 Gratisaktien zugeteilt.
4. Claudia Koch arbeitet als Bäckerin in einer Konditorei. Ihre tägliche Arbeitszeit beträgt 7,5 Std. Ihr **Stundenlohn** beträgt 13,50 Euro. Im letzten Monat hat sie 2.025,00 Euro brutto verdient.
5. Dirk Maibaum ist Meister und arbeitet als Ausbilder in der Lehrlingswerkstatt einer Automobilfirma. Sein monatliches **Entgelt** beträgt 3.050,00 Euro. Die Jugendlichen immer bei Laune zu halten und den häufigen Zoff zwischen ihnen zu schlichten, ist ziemlich anstrengend.

- Welche Grundformen der Entlohnung werden unterschieden?
- Welche Vor- und Nachteile haben diese Lohnformen?

?

Wenn Menschen arbeiten, erhalten sie Lohn oder Entgelt. Die Schwierigkeit, einen geeigneten Maßstab für eine angemessene Entlohnung zu finden, hat zu zahlreichen Entlohnungsformen geführt:

Grundformen der Entlohnung

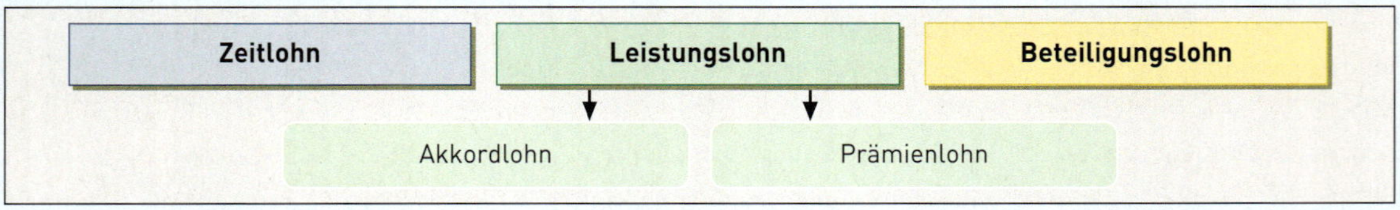

6.1 Zeitlohn

Beispiele für Zeitlohn sind das Monatsentgelt von Angestellten und der Stundenlohn von Arbeitern. Zum Beispiel erhält die als Bäckerin arbeitende Claudia Koch einen Zeitlohn. Ihr Verdienst richtet sich nicht danach, wie viel Kuchen, Brot und Brötchen sie hergestellt hat, sondern nach der im Betrieb zugebrachten Arbeitszeit, für die sie pro Stunde 13,50 Euro bekommt. Anders ist die Situation bei dem als Meister beschäftigten Dirk Maibaum. Sein monatliches Entgelt ist eine feste Größe, die nicht über eine stundenmäßige Arbeitszeitermittlung berechnet wird.

Der Zeitlohn wird als Entlohnungsform verwendet, wenn
- die Qualität der Arbeit eine besondere Rolle spielt (z. B. Arbeiten im Labor);
- die Arbeitsleistung nicht oder nur schwer zu messen ist (z. B. Bürotätigkeit);
- der Arbeitnehmer die Arbeitsmenge nicht beeinflussen kann (z. B. Fließbandarbeit).

Der Zeitlohn hat Vor- und Nachteile:

Vorteile	Nachteile
▸ Vermeidung von Leistungsdruck ▸ einfache Art der Lohnberechnung ▸ einfache Kontrolle der Arbeitszeit (z. B. durch Stechuhr)	▸ geringer Anreiz zur Leistungssteigerung ▸ Risiko von Minderleistungen trägt der Betrieb. ▸ Auf Lohnhöhe hat der Arbeitnehmer kaum Einfluss.

6.2 Leistungslohn

Wie es das Wort Leistungslohn schon sagt: Die Lohnhöhe ist abhängig von der erbrachten Leistung des Arbeitnehmers. Zu der Gruppe der Leistungslöhne gehören der Akkord- und der Prämienlohn.

Akkordlohn

Nur die erbrachte Menge ist für die Höhe des Akkordlohns entscheidend. Je höher die Arbeitsleistung ist, desto höher ist auch der zu zahlende Lohn. Nicht jede Art von Arbeit ist zur Bezahlung im Akkord geeignet. Zwei wichtige Bedingungen müssen erfüllt sein:
- der Arbeitnehmer muss sein Arbeitstempo den Arbeitsbedingungen anpassen können;
- die auszuführenden Arbeiten müssen sich ständig wiederholen.

Für die Berechnung der Akkordlöhne sind die tariflichen Mindestlöhne heranzuziehen. Sie müssen dann gezahlt werden, wenn der Arbeitnehmer z. B. wegen gesundheitlicher Probleme nur unterdurchschnittliche Leistungen erbringt. Außerdem ist der Akkordzuschlag zu beachten. Er wird dem Mindestlohn hinzugerechnet. Das Ergebnis ist der **Akkordrichtsatz**.

Beispiel

Mindestlohn	10,00 € je Stunde
+ 20 % Akkordzuschlag	2,00 €
= Akkordrichtsatz	12,00 €

Der Akkordrichtsatz ist der Grundlohn im Akkord, der bei Normalleistung zu zahlen ist. Wie hoch die Normalleistung ist, wird zuvor in Zeitstudien mit der Stoppuhr festgelegt.
Wird Akkordlohn gezahlt, so sind zwei Möglichkeiten zu unterscheiden: Entlohnung mit Geldakkord und Entlohnung mit Zeitakkord.

- **Entlohnung mit Geldakkord**
  Das **Entlohnungsprinzip**: Ein Arbeiter erhält für den Transport von Kartons von Lager 1 nach Lager 2 pro Karton 0,40 Euro. Seine Lohnhöhe ist abhängig von der Anzahl der transportierten Kartons. Die Entlohnungsform Geldakkord findet man vor allem im Bauhaupt- und -nebengewerbe. Der Arbeitnehmer erhält für jedes hergestellte Stück oder jede erbrachte Arbeitsleistung einen bestimmten Geldbetrag.

Beispiel

Die Normalleistung von Verlegarbeiten von Fliesen beträgt 2 m² pro Stunde. Der Fliesenleger Bernd Fuhrmann (siehe „Moment Mal!") hat eine tägliche Arbeitszeit von sieben Stunden. Als Akkordrichtsatz werden 12,00 Euro ermittelt. Das Arbeitsentgelt, das er pro m² verlegte Fliesen erhält, wird als **Stückakkordsatz** bezeichnet. Es beträgt 6,00 Euro.

$$\text{Stückakkordsatz} = \frac{\text{Akkordrichtsatz}}{\text{Normalleistung}} = \frac{12}{2} = 6{,}00\ €$$

Der **Tagesverdienst** beträgt bei einer Verlegeleistung von z. B. 2,1 m² pro Stunde (Istleistung) 88,20 €.

Rechenweg:	Stückakkordsatz	· Tagesleistung	= Tagesverdienst (brutto)
	6 m²	· 2,1 · 7	= 88,20 €

Jugendliche dürfen grundsätzlich nicht mit Akkordarbeiten beschäftigt werden. Damit soll sichergestellt werden, dass sie keinem erhöhten Leistungsdruck ausgesetzt sind. Von diesem Verbot darf jedoch abgewichen werden, wenn es zur Erreichung des Ausbildungsziels notwendig ist. Diese Ausnahme gilt nur für Jugendliche, die älter als 16 Jahre sind. Die entsprechende Bestimmung findet sich im Jugendarbeitsschutzgesetz.

- **Entlohnung mit Zeitakkord**
  Das **Entlohnungsprinzip**: Ein Arbeiter hat für den Transport von Kartons von Lager 1 nach Lager 2 eine Vorgabezeit von acht Minuten pro Stück. Braucht er weniger Zeit und kann er deshalb mehr transportieren, steigt sein Lohn. Benötigt er mehr Zeit, erhält er weniger Lohn.

In Industriebetrieben mit stark arbeitsteiliger Produktion findet man vor allem den Zeitakkord. Grundlage für die Lohnberechnung bildet hierbei der Zeitwert, den der Arbeitnehmer je Arbeitsgang angerechnet bekommt. Man bezeichnet ihn als **Zeitakkordsatz**. Beim Zeitakkord ist auch der **Minutenfaktor** zu berechnen. Er gibt den Wert einer Arbeitsminute in Euro an.

Beispiel

Sylvia Schuster arbeitet als Zweiradmechanikerin in der Vormontageabteilung einer Fahrradfabrik. Sie montiert Gangschaltungen an die Rahmen. Die Normleistung wurde durch Zeitstudien mit „20 Gangschaltungen" pro Stunde ermittelt. Daraus berechnet sich eine Vorgabezeit (Zeitakkordsatz) von drei Minuten pro Stück. Der Akkordrichtsatz (Grundlohn + Akkordzuschlag) beträgt 12,00 Euro pro Stunde. Sylvia Schuster arbeitet täglich 7,5 Stunden.

Zur Verdeutlichung hier nochmals:

$$\text{Zeitakkordsatz} = \frac{\text{60 Minuten}}{\text{Normalleistung}} = \frac{60}{20} = \text{3 Minuten pro Stück}$$

$$\text{Minutenfaktor} = \frac{\text{Akkordrichtsatz}}{60} = \frac{12}{60} = 0{,}20\ \text{€ pro Minute}$$

Der **Tagesverdienst** von Sylvia Schuster beträgt bei einer Montageleistung von z. B. 21 Gangschaltungen pro Stunde (Istleistung) 94,50 €.

Rechenweg: Zeitakkordsatz · Minutenfaktor · Tagesleistung = Tagesverdienst (brutto)

3 · 0,20 · 21 · 7,5 = 94,50 €

Vor- und Nachteile des Akkordlohns

Vorteile	Nachteile
• Die Entlohnung richtet sich nach der erbrachten Leistung. • Die Arbeitnehmer haben Einfluss auf ihre Lohnhöhe. • Auf Leistungskontrollen kann verzichtet werden. • Die Betriebsmittel werden gut ausgenutzt.	• Durch hohes Arbeitstempo können Arbeitnehmer gesundheitliche Probleme bekommen. • Es besteht Gefahr von Qualitätseinbußen und Ausschuss. • Die Produktqualität muss ständig kontrolliert werden, was zusätzliche Kosten verursacht. • Die Betriebsmittel unterliegen starkem Verschleiß. • Die Arbeit kann sehr monoton sein.

Name:	Auftrag:	Auftragsmenge:	Gute Stücke:
Olga Kulitsch	WM-02	680	672
Prämienlohn – Scheck			
Zahlungsgrund: Terminauftrag Wintermäntel pünktlich erledigt			
Prämie: 80,00 €	Datum: 20..-10-01	Meister: Müller	

Prämienlohn

Prämienlohn ist eine Form des Leistungslohns. Zu einem vereinbarten Grundlohn wird zusätzlich eine leistungsabhängige Vergütung gezahlt. Der Grundlohn darf dabei nicht unter dem Tariflohn liegen. Prämien werden nur dann gezahlt, wenn eine bestimmte Normalleistung überschritten wird. Gründe um Prämien zu zahlen können z. B. sein:

- wichtiger Fertigungstermin wird trotz Zeitdruck eingehalten (Termineinhaltungsprämie);
- Ausschussquote wird unterschritten (Qualitätsprämie);
- geringer Energieverbrauch und sparsamer Rohstoffeinsatz (Ersparnisprämie);
- kurze Reparaturzeiten und niedrige Leerlaufzeiten der Betriebsmittel (Nutzungsgradprämie).

Häufig werden auch Prämien an Mitarbeiter gezahlt, die Verbesserungsvorschläge machen (Anerkennungsprämie). Gute Ideen, die die Kosten senken, werden von den Betrieben dankbar begrüßt und finanziell belohnt. Wie bei den anderen Prämienarten auch fließt dem Prämienberechtigten nicht der gesamte eingesparte Betrag zu, er bekommt nur einen Anteil.

Vor- und Nachteile des Prämienlohns:

Vorteile	Nachteile
Der Betriebsprozess verläuft reibungsloser (z. B. durch Qualitätsprämien, Terminprämien).	Die richtige Prämienhöhe zu finden kann problematisch sein.
Für Arbeitnehmer besteht zusätzlicher Leistungsanreiz.	Die Arbeitnehmer müssen den Wert ihrer Mehrleistung mit dem Betrieb teilen.

6.3 Beteiligungslohn

Um das Interesse des Arbeitnehmers an „seinem" Betrieb und seiner Arbeit zu steigern, sind zahlreiche Unternehmen dazu übergegangen, die Belegschaft zu beteiligen. Über ihren normalen Lohn hinaus erhalten die Arbeitnehmer einen Beteiligungslohn.

Beteiligungen an Unternehmen sind als Leistungsanreize für die Arbeitnehmer gedacht, damit sich diese an ihrer Arbeitsstelle besonders anstrengen. Der Unternehmer hofft auf eine verbesserte Leistung und eine stärkere Bindung an seinen Betrieb. Wird Beteiligungslohn gezahlt, verbessert dies auch die Lohngerechtigkeit. Denn nicht nur der Produktionsfaktor Kapital, sondern auch der Faktor Arbeit wirken ja am Erfolg eines Unternehmens mit. Da liegt es nahe, die Arbeitskräfte hieran zu beteiligen.

Mitarbeiter können am Gewinn oder am Kapital eines Unternehmens beteiligt werden.

- **Gewinnbeteiligung:** Der Gewinn wird ausgezahlt oder einem Konto gutgeschrieben, über das der Arbeitnehmer nur verfügen kann, wenn er eine vereinbarte Kündigungsfrist einhält.

- **Kapitalbeteiligung:** Die Gewinnanteile bleiben im Unternehmen in Form eines Darlehens, das der Arbeitnehmer seinem Betrieb gewährt. Er wird damit zum Gläubiger seines Betriebes. Möglich ist auch, dass die Mitarbeiter in den Genuss von Belegschaftsaktien kommen. Sie werden damit zu Kapitaleignern (Gesellschaftern) ihrer Arbeitsstätte. Einzuhaltende Sperrfristen verhindern, dass die Aktien sofort wieder verkauft werden.

Vor- und Nachteile des Beteiligungslohns:

Vorteile	Nachteile
stärkerer Leistungsanreiz geringere Fluktuation innerhalb der Belegschaft verbessertes Betriebsklima höhere Lohngerechtigkeit	stärkere finanzielle Belastung des Unternehmens durch den Produktionsfaktor Arbeit Probleme können auftreten, wenn das Unternehmen Verluste erwirtschaftet. (Frage: Sind die Arbeitnehmer auch daran beteiligt?)

Arbeitsvorschläge

1. Beim Zeitlohn wird der Arbeitnehmer zwar nicht nach Leistung bezahlt, aber dennoch wird seine Leistungsfähigkeit berücksichtigt. Wie funktioniert das?
2. Ermitteln Sie die Lohnhöhe für den Fliesenleger Bernd Fuhrmann.
   a) Wie hoch ist sein Tagesverdienst gemäß den folgenden Angaben:
   Akkordrichtsatz: 10,00 €
   Normalleistung: 2 m² pro Stunde
   Ist-Leistung: 2,2 m²
   tägliche Arbeitszeit: 7,5 Stunden
   b) Wie verändert sich sein Tageslohn, wenn der Akkordrichtsatz auf 12,00 € steigt und als Normalleistung 2,2 m² angesetzt werden? Ist-Leistung und Arbeitszeit bleiben unverändert.
   c) Der tariflich vereinbarte Grundlohn steigt auf 11,00 €, der Akkordzuschlag wird auf 15 % gesenkt. Wie hoch ist der Akkordrichtsatz?
3. Lösen Sie die Lohnaufgabe zu der Zweiradmechanikerin Sylvia Schuster.
   a) Wie hoch ist ihr Tagesverdienst bei den folgenden Lohnangaben:
   Akkordrichtsatz: 11,50 €
   Normalleistung: 24 Gangschaltungen pro Stunde
   Ist-Leistung: 25 Stück
   tägliche Arbeitszeit: 8 Stunden
   b) Um wie viel Euro hat sich der Tagesverdienst gegenüber a) verändert, wenn durch die Anschaffung leistungsfähiger Maschinen die Normalleistung auf 28 Stück angestiegen ist und die Ist-Leistung von Sylvia Schuster ebenfalls nur 28 Stück beträgt?
4. Beschreiben Sie beim Beteiligungslohn den Unterschied zwischen Gewinn- und Kapitalbeteiligung.

7 Steuern

Moment mal!

Ausgepresst und abgeschöpft. So fühlen sich viele Steuerzahler. Eine Gruppe von ihnen klagt besonders laut: die Autofahrer. Sie stecken eingezwängt in der staatlichen Steuerschraube und fühlen sich „total besteuert". Ein paar Zahlen belegen, wie kräftig der Staat bei ihnen die Steuerschraube angezogen hat und das Geld aus ihnen herausquetscht.

Beispiel: **Mercedes E-Klasse**
Neupreis 48.000,00 €

Und das kassiert der Staat in fünf Jahren:

8.590,00 €	MWSt. Kaufpreis
2.040,00 €	Kraftfahrzeugsteuer
1.270,00 €	Versicherungsteuer
4.492,00 €	Mineralölsteuer
1.800,00 €	Ökosteuer
2.043,00 €	MWSt. Kraftstoff
524,00 €	MWSt. Reparatur/Wartung
314,00 €	MWSt. Zubehör/Reifen
426,00 €	MWSt. Fahrzeugpflege
786,00 €	MWSt. Stellplatzmiete
650,00 €	Gebühren öffentlicher Parkraum
100,00 €	Zulassungskosten, Kennzeichen
23.035,00 €	**für den Fiskus**

- Warum benötigt der Staat Steuern?
- Welche Steuerarten gibt es?

?

7.1 Steuerarten im Überblick

Notwendigkeit von Steuern und anderen Abgaben

Steuern ist für alle von uns ein heißes Thema. Wir zahlen selbst dann Steuern, wenn es uns gar nicht bewusst ist. Egal ob wir verreisen, einkaufen oder unserer Arbeit nachgehen, der Staat verdient immer mit. Warum müssen wir überhaupt Steuern und andere Abgaben zahlen? Die Antwort ist einfach: Mit den Einnahmen finanzieren Bund, Länder und Gemeinden ihre Aufgaben.

Die Ausgaben des Staates nennt man öffentliche Ausgaben. Sie fallen z. B. an für die Bundeswehr, die Polizei, den Straßenbau, für den Unterhalt der Universitäten und vieles andere mehr. Da die Einnahmen im Allgemeinen nicht ausreichen um die vielen Ausgaben zu bezahlen, nimmt der Staat Kredite auf. Die Sache hat einen Nachteil. Der Staat muss einen großen Teil der laufenden Einnahmen für Zinsen und Tilgung seiner Schulden ausgeben.
Um seine Ausgaben bezahlen zu können gibt es außer Steuern noch drei weitere Arten von Abgaben, die der Staat von den Bürgern einkassiert. Im Einzelnen sind dies: **Gebühren** (z. B. in Form von Müllabfuhrgebühren), **Beiträge** (z. B. in Form von Erschließungsbeiträgen für Grundstücke) und **Zölle** (z. B. Einfuhrzölle). Gebühren, Zölle und Beiträge sind stets zweckgebunden. Steuern jedoch nicht. So fließt z. B. die Kraftfahrzeugsteuer zum Leidwesen vieler Autofahrer nur zum Teil in den Straßenbau.

Das Bundesfinanzministerium in Berlin

Steuerarten und Einteilung der Steuern
In der Bundesrepublik werden zahlreiche Steuerarten erhoben. Die Steuereinnahmen sind in ihrer Höhe sehr unterschiedlich. Den größten „Batzen" der Einnahmen bringen die Umsatzsteuer und die Lohnsteuer. Die „Schlusslichter" bilden solche Steuerarten wie Schankerlaubnis- und Getränkesteuer. Die Übersicht zeigt, wie erfinderisch der Staat ist, wenn es darum geht Einnahmequellen zu erschließen. Immer mehr Besteuerungsquellen hat der Staat sich ausgedacht, um an das Geld seiner Bürger zu kommen.

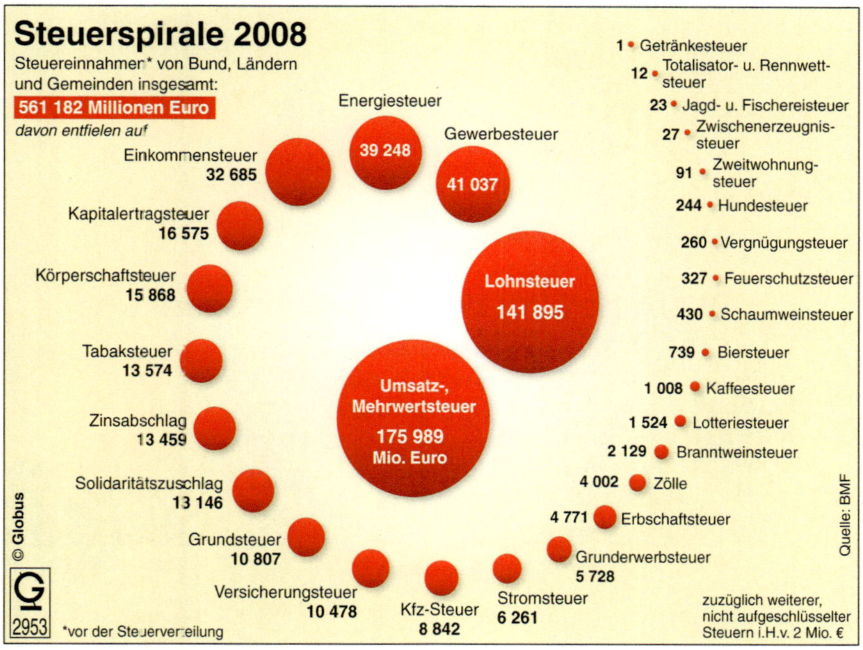

Steuerarten lassen sich nach unterschiedlichen Kriterien einteilen.

- **Unterscheidung der Steuer nach ihrer Auswirkung**
  Bei dieser Unterscheidung sind die Begriffe **Steuerschuldner** und **Steuerträger** wichtig. Steuerschuldner ist die Person, welche die Steuer zu bezahlen hat. Steuerträger ist derjenige, der durch die Steuer tatsächlich belastet wird. So ist z. B. bei der Mineralölsteuer der Benzinhersteller Steuerschuldner, Steuerträger dagegen der Autofahrer.

Einteilung der Steuer nach ihrer Auswirkung

direkte Steuern	indirekte Steuern
Merkmal: Steuerschuldner und Steuerträger sind dieselbe Person.	**Merkmal:** Steuerschuldner und Steuerträger sind unterschiedliche Personen.
Beispiele: Lohnsteuer, Vermögensteuer	*Beispiele:* Umsatzsteuer, Tabaksteuer

- **Unterscheidung der Steuer nach dem Steuergegenstand**
  Danach gibt es Besitz-, Verkehrs- und Verbrauchsteuern.

Einteilung der Steuer nach dem Steuergegenstand

Besitzsteuern	Verkehrsteuern	Verbrauchsteuern
Merkmal: Besteuert wird der Besitz in Form von Einkommen und Vermögen.	**Merkmal:** Besteuert wird ein wirtschaftlicher Vorgang.	**Merkmal:** Besteuert wird der Verbrauch von Gütern.
Beispiele: Grundsteuer, Einkommensteuer	*Beispiele:* Umsatzsteuer, Grunderwerbsteuer	*Beispiele:* Kaffeesteuer, Getränkesteuer

- **Einteilung der Steuer nach dem Steuerempfänger**
  Zu unterscheiden sind Bundes-, Länder- und Gemeindesteuern.

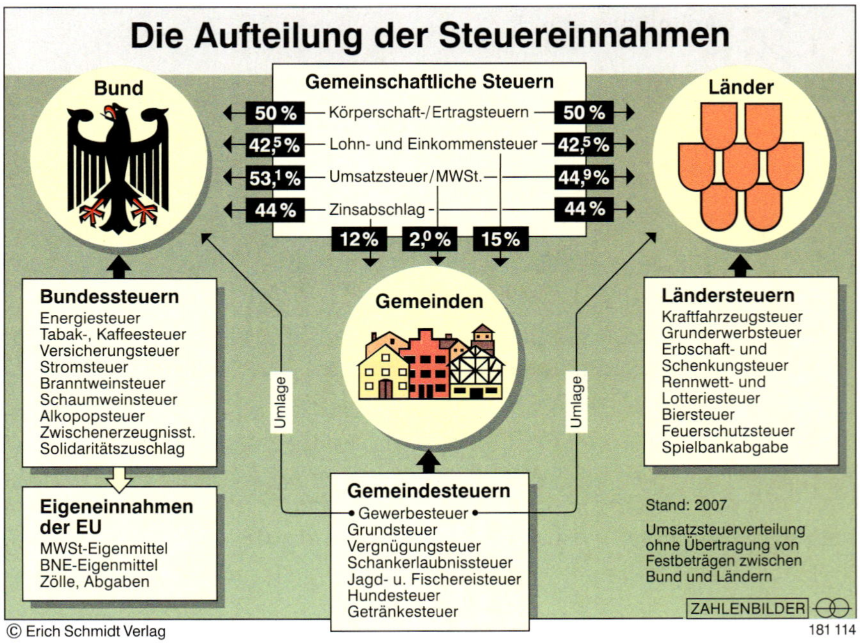

© Erich Schmidt Verlag
181 114

7.2 Einkommen- und Lohnsteuer

Die Einkommensteuer ist die bedeutendste Einnahmequelle der öffentlichen Haushalte. Gegenstand der Besteuerung ist das Einkommen der natürlichen Personen. Rechtsgrundlage der Einkommensteuer ist das Einkommensteuergesetz. Danach unterliegen dieser Steuer folgende Einkunftsarten:

1. Einkünfte aus Land- und Forstwirtschaft (Beispiel: Einkünfte aus Garten-, Wein- und Obstanbau).
2. Einkünfte aus Gewerbebetrieb: Besteuert werden Einkünfte aus Betrieben, die keine juristischen Personen sind (Beispiel: Einkünfte eines Einzelhandelskaufmanns aus seinem Textilgeschäft).
3. Einkünfte aus selbstständiger Tätigkeit: Dazu zählen Einkünfte, die von Freiberufen erzielt werden (Beispiel: Einkünfte eines Arztes, Rechtsanwalts, Steuerberaters).
4. Einkünfte aus nichtselbstständiger Arbeit: Lohn und Entgelt unterliegen der Besteuerung durch die Lohnsteuer. Sie ist eine besondere Erhebungsform der Einkommensteuer. Der Arbeitgeber behält die Lohnsteuer ein und führt sie an das Finanzamt ab.
5. Einkünfte aus Kapitalvermögen: Zu versteuern sind die Einnahmen aus dem Kapitalvermögen, die einem Kapitalgeber zufließen (Beispiel: Zinsen, Dividenden). Sparer haben einen Freibetrag von 801,00 Euro oder 1.602,00 Euro, je nachdem ob sie ledig oder verheiratet sind.
6. Einkünfte aus Vermietung und Verpachtung: z. B. Einnahmen aus der Vermietung von Wohnungen.
7. Sonstige Einkünfte: Hierzu zählen Einkünfte aus Spekulationsgeschäften (Beispiel: Gewinne, die aus Hausverkäufen innerhalb von zehn Jahren erzielt werden).

Arbeitsvorschläge

1. Nennen Sie jeweils zwei Beispiele für
   Bundes-,
   Landes-,
   Gemeinde-
   und Gemeinschaftssteuern.
2. Was sind direkte und was sind indirekte Steuern?
3. Welches sind die größten Einnahmeposten im Bundeshaushalt?
4. Welche Abgabearten lassen sich unterscheiden?
5. Entscheiden Sie, welche der drei Steuerarten eine Besitz-, Verbrauch- oder Verkehrsteuer darstellt:
   a) Biersteuer
   b) Erbschaftsteuer
   c) Versicherungsteuer
6. Zu welchen Einkünften gehören die folgenden Einnahmen?
   Ausbildungsvergütung, Betriebsgewinn eines Wirtschaftsprüfers, Erlöse aus dem Verkauf landwirtschaftlicher Produkte, Dividendenbezüge, Pachtzahlungen.

8 Transferleistungen des Staates

Moment mal!

„Wie soll das nur weitergehen?", fragt Anke Schubert ihre beste Freundin Hannolore Wiesner.
Anke Schubert ist in einer schwierigen finanziellen Lage. Sie ist ledig und hat einen einjährigen Sohn. Der Vater des Jungen hat sie verlassen und ist nicht mehr erreichbar. Wegen des Kindes kann Anke nur halbtags arbeiten. Als Friseurin erhält sie monatlich einschließlich Kindergeld 560,00 Euro. Allein die Mietkosten betragen – nach Abzug des Wohngeldes – 250,00 Euro. Für den bevorstehenden Winter benötigt sie dringend warme Kleidung für sich und ihren Sohn. Außerdem müssen 85,00 Euro als monatliche Rate für ein Fernsehgerät aufgebracht werden. Auf Rat ihrer Freundin wendet sich Anke an das örtliche Sozialamt, um dort Sozialhilfe zu beantragen.

- Was sind Transferleistungen?
- Wem steht Sozialhilfe zu?
- Welche anderen Transferleistungen gibt es?

?

8.1 Erklärung des Begriffes „Transferleistungen"

Transferleistungen haben große Ähnlichkeit mit „privaten Geschenken" des Staates an seine Bürger. Empfänger können Unternehmen oder private Haushalte sein. Transferzahlungen, die den Unternehmen zufließen, werden als **Subventionen** bezeichnet. Sie dienen vor allem dazu, Standortnachteile von Betrieben einer bestimmten Region oder Branche auszugleichen. Beispiel: Zahlung von Kohlesubventionen an die deutschen Zechen. Sie dienen dazu, die gegenüber der ausländischen Konkurrenz höheren Förderkosten wirtschaftlich verkraften zu können. Außer für den Bergbau fließt noch ein größerer Teil der Subventionen in die Landwirtschaft und den Verkehrssektor.

@

Tiefergehende Informationen finden Sie unter:
www.familienhandbuch.de

8.2 Arten der Transferleistungen

Zu den staatlichen Transferleistungen, die an die privaten Haushalte fließen, zählen vor allem: Sozialhilfe, Eltern-, Kinder- und Wohngeld, sowie Arbeitslosengeld II und Ausbildungsbeihilfe. Bei allen Arten handelt es sich um vom Staat erbrachte Sozialleistungen. Deren Empfänger haben vorab keine Beiträge hierfür gezahlt.

Sozialhilfe

Sozialhilfe ist eine vom Staat gewährte Leistung an bedürftige Menschen in einer Notlage, in denen ihnen keine Arbeitsagentur, keine Verwandten, keine Banken und auch keine Versicherung mehr helfen. Für diese Menschen gibt es die Sozialhilfe. Sie soll sie unterstützen, ein menschenwürdiges Leben zu führen. Für die Gewährung der Sozialhilfe spielt es grundsätzlich keine Rolle, ob eine Notlage selbst verursacht wurde oder nicht.

Die gesetzliche Grundlage ist das **Bundessozialhilfegesetz**.
Um Sozialhilfe zu erhalten, empfiehlt es sich, einen schriftlichen Antrag beim örtlichen Sozialamt zu stellen. Alle notwendigen Unterlagen (z. B. Lohnabrechung, Mietvertrag, Rentenbescheid), die über die persönlichen und finanziellen Verhältnisse des Antragstellers Auskunft geben, sind dem Sozialamt vorzulegen.
Gegen den Bescheid des Sozialamtes kann Widerspruch eingelegt werden. Gegen den Widerspruchsbescheid kann Klage beim Verwaltungsgericht erhoben werden.

Ablehnung von Sozialhilfe

Gründe		
Antragsteller ...	►	bezieht genug Einkommen.
Antragsteller ...	►	erhält ausreichende Hilfe von Verwandten, Arbeitsamt oder anderen Stellen.
Antragsteller ...	►	ist erwerbsfähig und noch keine 65 Jahre alt.

Das Sozialamt ist verpflichtet, auch von Amts wegen tätig zu werden, wenn ihm bekannt wird, dass sich ein Mensch in einer Notlage befindet. So könnte z. B. der Nachbar einer hilfsbedürftigen Person das Sozialamt über die Situation informieren. Die Leistungen, die vom Sozialamt als Hilfe zum Lebensunterhalt erbracht werden, sind seit 2005 erheblich zurückgegangen. Seit diesem Zeitpunkt erhalten ehemalige Sozialhilfeempfänger, die noch erwerbsfähig sind, Arbeitslosengeld II.

Die Sozialhilfe ist eine nachrangige Hilfe. Das Sozialamt zahlt nur dann, wenn alle anderen Möglichkeiten ausgeschöpft sind.

Die Sozialhilfe umfasst im Wesentlichen folgende Bereiche:

- **Hilfe zum Lebensunterhalt:** Hierbei werden Gelder vom Sozialamt an Bedürftige für Ernährung, Unterkunft, Kleidung, Körperpflege, Heizung und Hausrat gezahlt. Empfänger dieser Leistung sind z. B. allein erziehende Mütter mit kleinen Kindern.
- **Grundsicherung im Alter und bei Erwerbsminderung:** Bedürftigen Personen ab dem 65. Lebensjahr steht eine Grundsicherung zu, um ihren Lebensunterhalt zu bestreiten. Das gilt auch für Bedürftige ab dem 18. Lebensjahr, die nicht erwerbsfähig sind.
- **Hilfe zur Pflege:** Das Sozialamt unterstützt pflegebedürftige Personen. Die mit der Pflege verbundenen Kosten werden übernommen, soweit die Leistungen der Pflegeversicherung nicht ausreichen.
- **Hilfen zur Überwindung besonderer sozialer Schwierigkeiten:** Sie richtet sich an Personen, die in besonders schwierigen Verhältnissen leben, wie z. B. Obdachlose.

Das Kindergeld für ein Kind über 18 Jahre entfällt bei eigenem Einkommen des Kindes ab 8.004,00 Euro monatlich.

Kindergeld

Der Anspruch auf Kindergeld besteht

- für alle Kinder bis zum 18. Lebensjahr,
- für arbeitslose Kinder bis zum 21. Lebensjahr,
- für Kinder in einem Ausbildungsverhältnis oder ohne Ausbildungsplatz bis zum 27. Lebensjahr,
- für Kinder, die nicht in der Lage sind, sich selbst zu unterhalten. Für diese Gruppe wird das Kindergeld unbegrenzt bezahlt.

Kindergeld wird unabhängig vom Einkommen der Eltern gezahlt. Seine Höhe ist abhängig von der Zahl der Kinder.

Der Antrag auf Kindergeld muss schriftlich bei der zuständigen Familienkasse gestellt werden. Eltern, die ein so niedriges Einkommen beziehen, dass es nicht für den Bedarf der Kinder ausreicht, gewährt der Staat eine zusätzliche Hilfe. Sie können auf Antrag einen **Kindergeldzuschlag** von monatlich 140,00 Euro erhalten.

Elterngeld und Elternzeit

Durch das **Elterngeld** wurde ein weiterer Schritt zur Familienförderung getan. Seinem Wesen nach ist diese Förderung eine Lohnersatzleistung. Es soll Einkommensverluste während der Betreuung eines Babys ausgleichen. Auch Paare mit höherem Einkommen soll so ein Anreiz geboten werden, sich für Kinder zu entscheiden.

Unabhängig von der Geldzahlung haben junge Eltern, die beschäftigt, sind die Möglichkeit, eine berufliche Auszeit (**Elternzeit**) zu beantragen. Das Elterngeld löst das bisherige Erziehungsgeld ab.

Wohngeld

Wohngeld ist ein Zuschuss vom Staat zu den Kosten des Wohnraums. Sowohl Mieter als auch Eigentümer können ihn erhalten. Voraussetzung ist, dass die Kosten für den Wohnraum die wirtschaftliche Leistungsfähigkeit des Mieters oder Eigentümers übersteigen.
Wird Wohngeld an Mieter gezahlt, so spricht man von **Mietzuschuss**. Fließt der Betrag einem Eigentümer zu, bezeichnet man die Zahlung als **Lastenzuschuss**.

Wohngeld kann man nur dann erhalten, wenn ein Antrag bei der zuständigen Wohngeldstelle der Gemeinde-, Stadt- oder Kreisverwaltung gestellt wird.

Ob Wohngeld gezahlt wird, hängt ab von
- der Anzahl der Familienmitglieder,
- der Höhe des Familieneinkommens,
- der Höhe der Miete oder der Belastung durch den Wohnraum.

Der Bewilligungszeitraum für das Wohngeld beträgt im Allgemeinen zwölf Monate.

Weitere Transferleistungen des Staates sind das Arbeitslosengeld II und die Ausbildungsbeihilfe.

Arbeitsvorschläge

1. Welche Besonderheit weisen Transferleistungen auf?
2. Wie ist es zu erklären, dass die Hilfe zum Lebensunterhalt bei der Sozialhilfe drastisch zurückgegangen ist?
3. Familie Meier stellt bei ihrer Familienplanung eine Ausnahme dar, da sie vier Kinder hat.
   a) Berechnen Sie die Höhe des Kindergeldes.
   b) Wie lange wird höchstens für den Sohn Karsten Kindergeld gezahlt, der sich in einem Ausbildungsverhältnis befindet?
   c) Wie viel darf Karsten als Auszubildender im Jahr höchstens netto verdienen, damit seine Eltern noch Kindergeld für ihn bekommen?
4. Der Staat hat seine „Spendierhosen" an, wenn er seine Bürger in den Genuss von Transferleistungen kommen lässt. Aber diese Großzügigkeit hat einen gewaltigen Haken. Die Karikatur nimmt diesen Sachverhalt kritisch auf's Korn. Erläutern Sie, was die Karikatur ausdrücken möchte.

9 Planung von Karriere und Familie

Moment mal!

- Was soll mit der Karikatur ausgesagt werden?
- Welche Faktoren beeinflussen die berufliche Laufbahn?

?

9.1 Karriereplanung

Wer die Ziele verfolgt, einmal ein höheres Einkommen zu erhalten, Anerkennung im Beruf zu finden, einen sicheren Arbeitsplatz zu haben und beruflich voranzukommen, wird das schwerlich ohne eine abgeschlossene Berufsausbildung erreichen. Auf welcher Stufe der Karriereleiter der Einzelne landet, wird von vielen Faktoren beeinflusst. Einige lassen sich über den eigenen Willen und Anstrengungen beeinflussen (z. B. welche Schule besuchte wird), andere dagegen müssen als gegeben hingenommen werden (z. B. staatliche Fördermaßnahmen). Eine Übersicht über einige der wichtigsten Faktoren, welche die berufliche Laufbahn (Karriere) beeinflussen zeigt die folgende Darstellung:

Einflussfaktoren auf die Karriere

durch den Einzelnen beeinflussbare Faktoren	durch den Einzelnen kaum beeinflussbare Faktoren
• schulischer Werdegang, Studium • abgeschlossene Berufsausbildung • Berufswahl • Weiterbildung • Schlüsselqualifikation	• Bildungssystem • soziale Herkunft • Geschlecht • Belohnungssystem der Unternehmung • finanzielle Förderung

Erstsemesterstudenten der Fachhochschule Jena

Durch den Einzelnen beeinflussbare Karrierefaktoren

- **Schulischer Werdegang, Studium:** Die richtige Schulwahl ist eine der wichtigsten Faktoren für die spätere berufliche Laufbahn. Immer mehr Ausbildungsberufe setzen heute den Realschulabschluss, die Fachhochschulreife oder sogar das Abitur voraus, da die Lerninhalte immer anspruchsvoller geworden sind. Auch wer später einmal an einer Fachhochschule oder Universität studieren will, muss zuvor die notwendigen Schulabschlüsse erworben haben.

  Als Alternative gibt es aber inzwischen für beruflich besonders qualifizierte Bewerber die Möglichkeit, auch ohne die üblichen Zugangsvoraussetzungen zu studieren. Nicht nur in kaufmännischen, sondern auch in gewerblichen Berufsschulklassen nimmt die Zahl der Schüler mit hohem Bildungsabschluss ständig zu. Wer die Schule ohne den Hauptschulabschluss verlässt, ist in seiner Berufswahl sehr eingeschränkt. Ein Großteil dieser Schüler findet gar keine Lehrstelle. Sie sind häufig darauf angewiesen, als ungelernte Kräfte beschäftigt zu werden. Schulische Erfolge sind nicht nur das Ergebnis eigener Anstrengungen, sondern werden auch durch die soziale Herkunft mitbestimmt.

- **Berufsausbildung:** Wer besser ausgebildet ist, hat nicht nur die besseren Berufsaussichten, sondern ist auch seltener arbeitslos. Bei Arbeitskräften ohne Berufsabschluss betrug die Arbeitslosenquote z. B. im Jahr 2007 in den westlichen Bundesländern 23,7 %, mit Abschluss dagegen nur 6,4 %. Die besten Chancen hatten hier die Akademiker. Ihre Arbeitslosenquote belief sich im gleichen Zeitraum nur auf 3,4 %.

- **Berufswahl:** Auch die Wahl des Ausbildungsberufs hat Einfluss auf den späteren Werdegang. Wer z. B. den Beruf eines Elektronikers erlernt, hat die Chance, seinen Industriemeister in Elektrotechnik zu machen oder bei entsprechenden Voraussetzungen Elektrotechnik zu studieren.

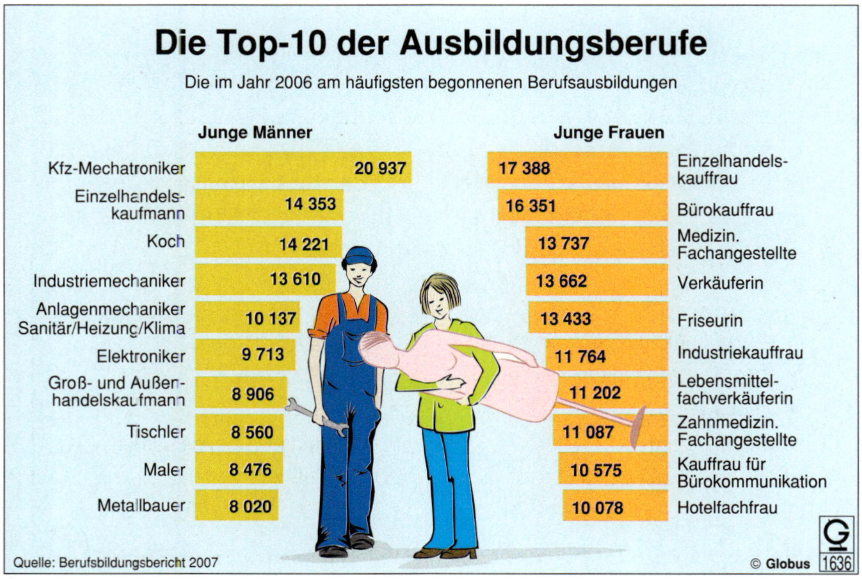

Mädchen beziehen bei der Wahl ihres Ausbildungsberufs oft die zukünftig geplante Familienarbeit mit ein. Sie entscheiden sich dann häufig für einen Beruf, in dem Teilzeitarbeit leicht möglich ist, um so Familie und Beruf miteinander zu vereinbaren. Oftmals bieten aber diese Berufsbilder wie Friseurin, Verkäuferin oder medizinische Fachangestellte nur eingeschränkte Chancen für eine berufliche Karriere.

Baggerführer während eines Seminars für sicheren Tiefbau

- **Weiterbildung:** „Wer rastet der rostet“ ist ein Sprichwort, welches auch für die persönliche Laufbahn des Einzelnen in seinem Berufsleben zutrifft. Wer sich gegen Weiterbildung sträubt, verzichtet auf sein berufliches Fortkommen und ist von Arbeitslosigkeit bedroht (siehe auch Themenfeld 1).

- **Schlüsselqualifikation:** Um im beruflichen Wettkampf zu bestehen, benötigt man Schlüsselqualifikationen (siehe auch S. 21 ff.). Wer diese persönlichen Eigenschaften und Fähigkeiten nicht hat und daher nicht einsetzen kann, wird in seiner beruflichen Laufbahn nur schleppend vorankommen. Beispiele für Schlüsselqualifikationen sind: Ausdauer, Belastbarkeit, Durchsetzungskraft, Entscheidungsfreudigkeit.
  Eine besondere Schlüsselqualifikation ist die **Bereitschaft zur Mobilität**. Wer sich beruflich verbessern will, muss bereit sein, seinen Wohnort zu wechseln oder sogar eine gewisse Zeit im Ausland zu arbeiten.

Durch den einzelnen kaum beeinflussbare Karrierefaktoren

- **Bildungssystem:** Schulische Erfolge sind eine wichtige Voraussetzung für die spätere berufliche Karriere. Das deutsche Bildungssystem ist in die Kritik geraten. Es weist die Schüler zu früh bestimmten Schulformen zu. Beklagt wird oft die geringe Durchlässigkeit zwischen den Schulformen. Wer erst einmal auf der Hauptschule gelandet ist, tut sich schwer, noch einen höheren Bildungsabschluss zu schaffen. Auch die Zahl der Schüler, die in dem Schulsystem scheitern, ist im internationalen Vergleich in Deutschland besonders hoch.

> Kinder aus sozial schwachen Familien fühlen sich schon früh für den Rest ihres Lebens benachteiligt. Das geht aus der ersten Kinderstudie des christlichen Hilfswerk World Vision hervor, [...] Auch wenn sich die Mehrheit der Kinder mit ihrem Leben recht zufrieden zeigte, wurden soziale Unterschiede deutlich wahrgenommen. (dpa)
>
> *Quelle: HNA vom 25.10.2007, S. 1*

- **Soziale Herkunft:** Eigentlich soll das deutsche Bildungssystem allen Kindern die gleichen Chancen einräumen. Dieser Anspruch wird aber nicht erfüllt. Die soziale Herkunft eines Kindes hat großen Einfluss auf den schulischen Werdegang und den spätern Besuch einer Universität oder Fachhochschule. Während nur 17 % der Kinder von Arbeitern in Jahr 2007 einen akademischen Abschluss erreichten, waren es bei Kindern von Eltern, die bereits Akademiker sind, fünfmal so viel.

  Zu den benachteiligten Gruppen gehören auch Migranten. Bei der Bewerbung um eine Stelle treffen sie nicht selten auf Vorurteile und werden so gegenüber deutschen Mitbewerbern benachteiligt. Erschwerend für sie kommt hinzu, dass relativ wenige es schaffen, einen höherwertigen Schulabschluss zu erwerben. Der Anteil der Kinder mit Migrationshintergrund bei den Hauptschülern ist mit 19 % besonders hoch. Auch bei den Schulabgängern, die ohne Abschluss die Schule verlassen, ist ihr Anteil fast dreimal so hoch wie der von deutschen Kindern.

- **Geschlecht:** Nach dem Grundgesetz sind Männer und Frauen gleichberechtigt. In der Wirklichkeit kann in Deutschland von der Gleichberechtigung zwischen den Geschlechtern noch keine Rede sein. Die Situation hat sich zwar in den letzten Jahren zugunsten der Frauen verbessert, aber noch immer sind die Entscheidungsträger in deutschen Unternehmen und Behörden überwiegend männlich. Aber die Frauen sind dabei, auf die Überholspur zu wechseln. Mehr als die Hälfte der deutschen Abiturienten sind inzwischen Mädchen und haben deutlich bessere Noten. Auch die Hälfte der Studierenden sind inzwischen Frauen. Jugendforscher haben festgestellt, dass Mädchen im Durchschnitt flexibler, fleißiger und erfolgreicher als Jungen sind.

- **Belohnungssystem der Arbeitgeber:** Wer sich anstrengt, hat Vorteile und kommt beruflich weiter. Nicht nur die Arbeitnehmer, auch die Arbeitgeber profitieren davon. Um den Arbeitnehmer zu motivieren, sich im Sinne der Unternehmung zu verhalten, gibt es verschiedene Arten der Belohnung, z. B. Gehaltserhöhung, Beförderung, Dienstwagen, größeres Büro.

- **Staatliche Fördermaßnahmen:** Eine berufliche Verbesserung ist häufig mit Kosten verbunden. Egal, ob Weiterbildungs- oder Umschulungsmaßnahmen, beides gibt es nicht kostenlos. Häufig übernehmen die Unternehmen die Kosten für die Bildungsmaßnahmen ihrer Mitarbeiter. Ist das nicht der Fall, sind die benötigten Gelder von den Betroffenen selbst aufzubringen. Damit die Aus- und Weiterbildung nicht am Geld scheitert, gewährt der Staat finanzielle Hilfen (siehe auch S. 102 f.). Wer sich z. B. als Handwerker auf die Meisterprüfung vorbereiten möchte, kann hierfür mit staatlicher Hilfe rechnen (Meister-BAföG).

Eine besondere Form der Karriere durchlaufen Menschen, die sich selbstständig machen und einen eigenen Betrieb gründen wollen (Einzelheiten siehe S. 223 ff.). Wer diesen Schritt wagt, sollte seine Absicht vorher genau durchdenken und sich beraten lassen. Eine Vielzahl von Voraussetzungen sind zu erfüllen, um hier Erfolg zu haben. Die Gefahr zu scheitern, sollte immer mitbedacht werden.

Karriereplanung zur wirtschaftlichen Selbstständigkeit

Warum selbstständig?	Welche Voraussetzungen sollten erfüllt sein?
Menschen machen sich selbstständig, um • ihr eigener Herr zu sein, • Anerkennung durch andere zu genießen, • wohlhabend zu werden, • eine anstehende Arbeitslosigkeit zu vermeiden.	Existenzgründer sollten u. a. • eine Erfolg versprechende Geschäftsidee haben, • bereit sein, überdurchschnittlich viel zu arbeiten, • über eigene finanzielle Mittel verfügen, • sich in ihrer Branche gut auskennen.

Arbeitsvorschläge

1. Was können Sie persönlich tun, um Ihre berufliche Laufbahn zu fördern?
2. Nehmen Sie Stellung zu der Behauptung: „Welche berufliche Karriere jemand durchläuft, hängt nur von jedem selbst ab."
3. Egal, wie der berufliche Werdegang aussieht, jeder möchte mit seinen Arbeitsbedingungen zufrieden sein. Dem nachstehenden Schaubild ist eine Reihenfolge zu entnehmen, was für Arbeitnehmer in ihrem Arbeitsleben wichtig ist.

a) Stellen Sie für sich eine persönliche Rangfolge der im Schaubild genannten Faktoren auf.

b) Vergleichen Sie Ihre Rangfolge mit denen Ihrer Mitschüler. Diskutieren Sie über starke Abweichungen.

c) Versuchen Sie, weitere Zufriedenheitsfaktoren zu finden, die in dem Schaubild nicht genannt werden.

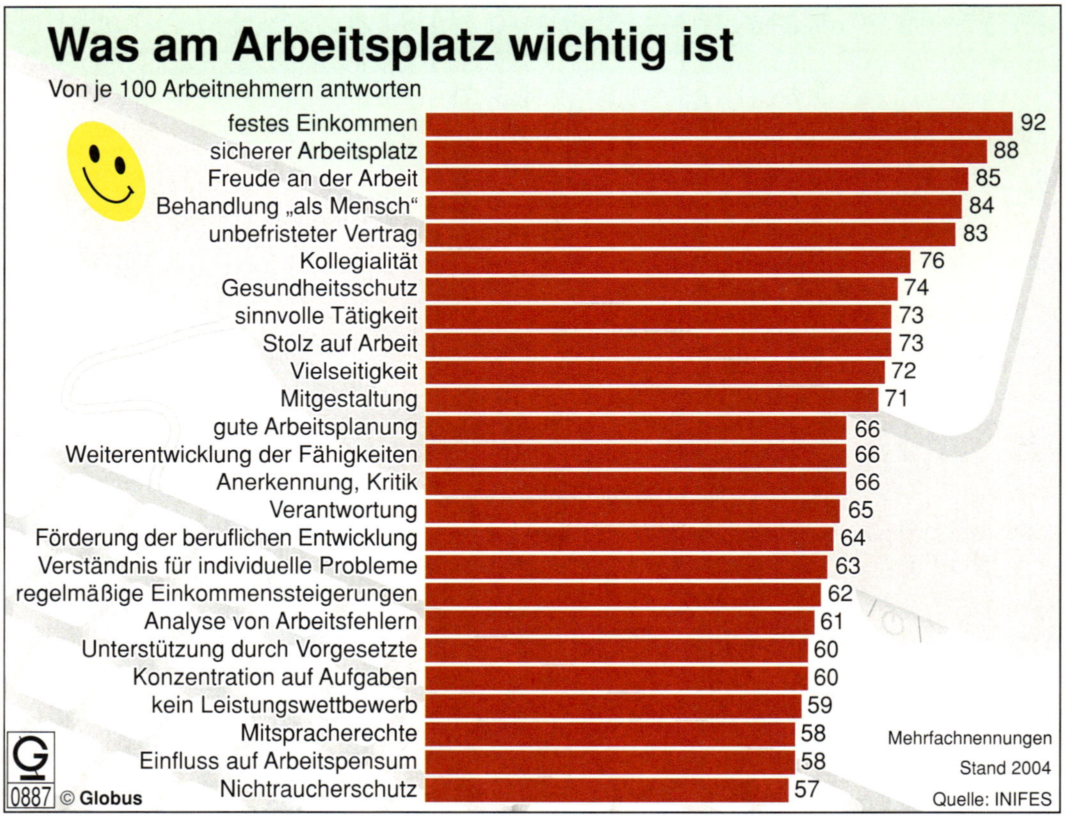

9.2 Familienplanung

Ein bunter Mix der Lebensformen

Wandel der Lebensformen
Der gesellschaftliche Wandel hat auch vor der Familie nicht halt gemacht. Die Zahl der Eheschließungen nimmt ständig ab, fast jede dritte wird geschieden und viele Ehen bleiben kinderlos. Zu der klassischen Familie aus früherer Zeit gibt es inzwischen eine Vielzahl alternativer Lebensformen.

Die „Normalfamilie" ist in Deutschland immer noch die häufigste Lebensform. Etwa die Hälfte der Bevölkerung lebt in einem Familienhaushalt mit Kindern. Sehr nachteilig für die Gesellschaft ist die stark gesunkene Geburtenrate. Deutschland steht von insgesamt 190 Länder bei der Geburtenrate auf dem 185. Platz. Nur noch Italien und einige neue EU-Beitrittsländer stehen noch schlechter da. Wenn die Entwicklung so weitergeht, werden in ca. 50 Jahren nach Meinung von Fachleuten auf einen alten nur noch zwei junge Menschen kommen.

Welches sind die Ursachen des Wandels?

- **Gesellschaftliches Akzeptieren der Kinderlosigkeit:** Anders als in früherer Zeit wird Kinderlosigkeit nicht mehr als gesellschaftlicher Makel angesehen. Sie wird akzeptiert. Ein Ehepaar ohne Kinder gilt fast schon als „Normalfamilie".

- **Selbstverwirklichung der Frauen:** Das Bedürfnis nach Selbstverwirklichung ist bei Frauen gewachsen. In der Rolle der traditionellen Hausfrau fühlen sich viele Frauen nicht mehr wohl. Über das Bildungssystem, in dem Frauen inzwischen besser abschneiden als Männer, haben sie es verstanden, ihre Chancen in der Arbeitswelt zu nutzen. Vor allem Frauen mit höherem Bildungsabschluss messen dem eigenen Berufsleben eine größere Bedeutung zu. Dies geht häufig zu Lasten der Familienplanung.

- **Gestiegene materielle Ansprüche:** Den Wunsch, im Wohlstand zu leben, hat wohl jeder. Familien mit Kindern haben es schwerer als Kinderlose oder Singles, sich diesen Wunsch zu erfüllen. Die Armut von Familien mit vielen Kindern hat in Deutschland in den letzten 40 Jahren enorm zugenommen. Die in diesem Zeitraum stark angestiegene Erwerbstätigkeit der Mütter hat diese Entwicklung nicht aufhalten können. Fachleute beobachten, wie sich das Elend am untern Ende der Gesellschaft weiter ausbreitet. Zu den Leidtragenden gehören vor allem allein erziehende Mütter und ihre Kinder.

Wohnungslose Jugendliche in ihrer Unterkunft bei der Arbeiterwohlfahrt

- **Ungünstige Wirtschaftlage und Arbeitslosigkeit:** Menschen die ohne Arbeit sind oder Angst haben, ihre Arbeit zu verlieren, stellen häufig ihren Kinderwunsch zurück. Immer mehr verzichten in wirtschaftlich unsicherer Zeit ganz auf Kinder. Die Massenarbeitslosigkeit in Deutschland in den letzten Jahrzehnten hat so zu der niedrigen Geburtenrate maßgeblich beigetragen.

- **Steuerbare Familienplanung:** Die Geburt eines Kindes ist bei vielen Ehepaaren das Ergebnis einer rational durchdachten Entscheidung. Durch Aufklärung und die Möglichkeiten der Empfängnisverhütung oder sogar Schwangerschaftsabbrüchen ist die Familienplanung ein steuerbarer Prozess geworden.

- **Schwierige Erziehungsaufgabe:** Verantwortungsvoll Kinder zu erziehen, gilt für immer mehr Ehepaare als schwierige und aufreibende Tätigkeit. Sie steht in dem Ruf, ein häufiger Anlass für Streitigkeiten zu sein. Um das zu vermeiden, wird lieber ganz auf Kinder verzichtet.

Alle diese Gründe scheinen für Ehepaare schwerer zu wiegen als die vielen positiven Erlebnisse, die mit der Erziehung und der Elternrolle verbunden sind.

Folgen des familiären Strukturwandels

Der seit einigen Jahren anhaltende Rückgang der Geburtenrate hat dazu geführt, dass die Familie wieder mehr in den Blickpunkt des öffentlichen Interesses gerückt ist. Mehr denn je macht das Schlagwort der **kinderlosen Gesellschaft** die Runde. Und vielen wird wieder bewusst, dass Familien die Existenz der Gesellschaft und des Staates sichern.

Die wirtschaftlichen **Folgen von Kinderarmut** sind sehr einschneidend. Konkret bedeutet es z. B.:

- In Deutschland werden weniger Wohnungen gebaut, und immer mehr Schulen, Kindergärten, Krankenhäuser und Läden werden geschlossen. Ganze Regionen werden sozial und wirtschaftlich veröden.
- Die Beitragslast zur Rentenversicherung ruht auf immer weniger Schultern (siehe S. 127 ff.). Sinkende Rentenauszahlungen, steigende Rentenbeiträge und eine längere Arbeitszeit sind die Folge. Wer im Alter nicht verarmen will, muss für diesen Lebensabschnitt vorsorgen.
- Auch das Wirtschaftswachstum und der gesellschaftliche Wohlstand sind ohne Kinder nicht zu sichern.
- Der Aufwand für den ständig wachsenden Anteil der älteren Menschen unter der Gesamtbevölkerung wird weiter ansteigen. Krankheitskosten und der Aufwand für Pflegeleistungen werden in die Höhe schnellen und die Sozialkassen belasten.

Leserbriefe zur Frage: „Warum fehlt den Deutschen der Mut zur Familie?“

Gern hätten wir zu unseren beiden Kindern noch ein bis zwei Geschwister. Doch würden sich unsere Politiker einmal die Mühe machen und zusammenrechnen, was Kinder kosten, dann wäre ihnen klar, warum immer mehr Deutsche keine oder nur ein Kind bekommen! Unser Urlaub in diesem Jahr war der erste nach 16 Jahren, aber alles geht eben nicht, dafür haben wir zwei Kinder, die uns unendlich viel Freude bereiten. [...] Familie gründen ist schön; aber Kindergarten (Aufbewahrungsstation), Schulen (Oh, Gott!), zwei Kinder fast asozial. Wehe, Du wirst arbeitslos oder geschieden. Zukunft der Kinder? Hilfe für Familien? Vom Staat? Das glaubt fast keiner mehr. Nein, danke, ich will auch vernünftig leben – nicht nur die Überversorgten. [...]

Quelle: WAZ vom 17.09.2006

Arbeitsvorschläge

1. Worin sehen Sie die Ursachen für die Kinderarmut in Deutschland?
2. Welche wirtschaftlichen und welche sozialen Folgen werden sich aufgrund der Kinderarmut einstellen?
3. Beurteilen Sie die Folgen der Kinderarmut für Ihr eigenes Leben. Wovon werden Sie besonders betroffen?
4. Analysieren Sie den vorstehenden Leserbrief. Welche Gründe werden dort genannt für den fehlenden Mut zur Familie?

9.3 Rollenerwartung in Beruf und Familie

DIE MASKE VOM STARKEN MANN
Welche Rollenerwartung hat die Gesellschaft an einen 30-jährigen mitteleuropäischen Mann? Was muss er können?
Denken, Probleme lösen, Kommunizieren, in einer Gruppe seinen Platz behaupten. Muss er gut jagen? Sollte er schießen, prügeln, schlagen? Nein [...] Er sollte mit Frauen, Kindern und Mitmenschen gut auskommen, Konflikte mit Verstand und Charme lösen. Er sollte wissen, wie man einen Geschirrspüler bedient, sollte einem Kind bei dem Mathe-Stoff und einem 17-Jährigen beim ersten Liebeskummer weiterhelfen können. Aus seelischen Tiefs sollte er sich anders herausschaufeln als durch Alkohol und Drogen. Die Situation, in denen er 15 Feinde mit einem Maschinengewehr niederknallen muss, das er unter seinem Regenmantel versteckt hat, gibt es nicht [...] die 14-16 jährigen Jungen sind in einer schwierigen Lage. Der einzige Wert, zu dem ein Junge sich öffentlich bekennen darf, ist der Wert des unerschütterlichen Cool-Seins. Wenn ihm etwas nahe geht – und ganz viel geht ihm nahe – darf er es nicht zeigen.

Quelle: Frankfurter Rundschau vom 26.08.2000

9.3.1 Rollenerwartung im Beruf

Rollen und Rollenerwartungen
Jeder Beschäftigte (Inhaber einer betrieblichen Position) hat Vorstellungen (Leitvorstellungen) davon, wie er seine Aufgaben zu erfüllen hat. Man bezeichnet sie als **Rollen**. Gleichzeitig hat er bestimmte Erwartungen an seine Arbeitskollegen und die Chefs (Rollenerwartungen). Umgekehrt haben diese Erwartungen auch die betrieblichen Mitarbeiter.
Belegschaftsmitglieder werden z. B. durch eine Gehaltserhöhung, ein Lob des Vorgesetzten oder auch ein besser ausgestaltetes Büro dafür belohnt, wenn sie die ihnen zugedachten Rollenerwartungen erfüllen. Entspricht ihr Verhalten nicht den Vorstellungen übergeordneter Positionsinhaber, müssen sie mit deren negativen Reaktionen rechnen. Bei groben Verstößen gegen Rollenerwartungen droht die Entlassung.
Auch mit der Rolle des Auszubildenden sind viele Erwartungen verbunden. Das folgende Schaubild soll dies an Beispielen verdeutlichen:

Rollen und Rollenerwartungen

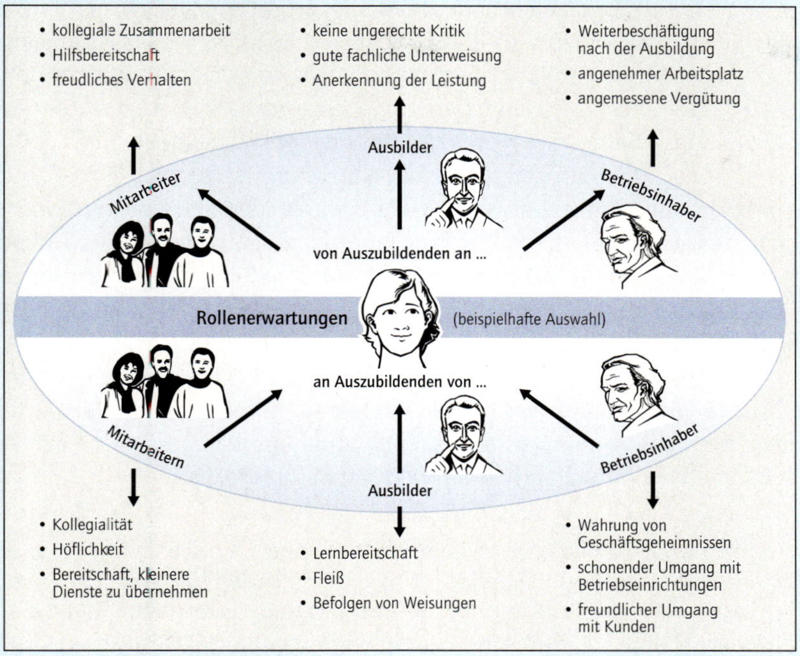

Rollenkonflikte im Beruf

Widersprechen sich die Rollenerwartungen von Mitgliedern sozialer Gruppen (z. B. Familie, Verein), kommt es zu Rollenkonflikten. Auch in Betrieben, in denen es auf gute Zusammenarbeit aller ankommt, sind Konflikte nicht auszuschließen. Sie sind sowohl möglich zwischen Vorgesetzten und der Belegschaft als auch zwischen den Mitarbeitern untereinander.

Rollenkonflikte

	Rollenerwartung Meister Hohmann	Rollenerwartung Auszubildender Vaupel
Konflikt zwischen unterschiedlichen Positionsinhabern	„Aufräumungsarbeiten, Botengänge und Säubern der Werkstatt gehören für mich auch heute noch zu den Pflichten eines Auszubildenden."	„Das bringt mir nichts. Ich muss noch eine Menge lernen. In meiner restlichen Ausbildungszeit will ich nicht solche beriebsfremden Hilfstätigkeiten machen."

	Rollenerwartung Auszubildender Scholz	Rollenerwartung Auszubildender Schade
Konflikt zwischen gleichen Positionsinhabern	„Der Schade hat mit Kameradschaftlichkeit nicht viel am Hut. Der in seinem 3. Ausbildungsjahr könnte mir wirklich mal helfen, die Fräsmaschine richtig einzustellen."	„Ich will in Ruhe meine Arbeit machen. Wenn ich dem Scholz ständig nur helfe, wird mein Gesellenstück überhaupt nicht mehr fertig. Der soll sich an den Meister wenden."

„Über schwierige Chefs ärgern sich mehr als 80 Prozent der Mitarbeiter mindestens einmal in der Woche, jeder zehnte sogar mehrmals am Tag."

Quelle: Wirtschaftswoche, Nr. 2, 7.1.99, S. 63

Rollenerwartung und Betriebsklima

Werden Rollenerwartungen der Betriebsangehörigen erfüllt, erhöht dies ihre Zufriedenheit und **Leistungsbereitschaft** am Arbeitsplatz. Ihre **Motivation**, sich für die Ziele des Betriebs einzusetzen, wird verbessert. Umgekehrt führen nicht erfüllte Rollenerwartungen zur Verärgerung und nicht selten zur Interessenlosigkeit. Mögliche Folgen hiervon können sein: fehlerhafte Arbeit, häufiges Fehlen am Arbeitsplatz, Arbeitsplatzwechsel.

Für die Betriebe ist es daher wichtig, die Erwartungen und Bedürfnisse ihrer Mitarbeiter zu kennen. In den letzten Jahren haben einige größere Betriebe zu diesem Zweck **Mitarbeiterbefragungen** durchgeführt. Die Antworten sollten zeigen, was der Betrieb und auch der einzelne Mitarbeiter zur Verbesserung des Betriebsklimas beitragen können.

Ansprechende Gestaltung des Arbeitsplatzes, geregelte Arbeitszeit, leistungsgerechte Bezahlung, Mitbestimmung und Anerkennung durch den Vorgesetzten stehen häufig auf der Wunschliste von Mitarbeitern.

9.3.2 Rollenerwartungen in der Familie

Kinder zu lebenstüchtigen Mitgliedern der Gesellschaft zu erziehen, ist eine schwierige und komplizierte Aufgabe. Nicht wenige Eltern sind damit überfordert und scheitern. Deutsche Familien machen den Politikern und Fachleuten inzwischen immer mehr Sorgen. Zu häufig gehen Berichte über Kindesmissbrauch, Verelendung und Drogenkonsum durch die Medien. Zu viele Kinder haben schulische Probleme und so manche Eltern stöhnen unter den finanziellen Belastungen, die mit Kindern verbunden sind. Andererseits wird die bestehende Kinderarmut als ernstzunehmendes Problem wahrgenommen, gegen das man dringend etwas tun muss.

Hohe Erwartungen hat die Gesellschaft an die **Rolle der Eltern**, die „federführend" bei der Erziehung ihrer Kinder sind. Bei der Wahrnehmung ihrer Aufgabe können sie viel Positives bewirken, aber auch durch einen schlechten Erziehungsstil Schaden verursachen.
Kinder sind z. B. ausgeglichener und leistungsfähiger, wenn sie aus Familien kommen, in denen ein Klima von gegenseitiger Wertschätzung und gefühlsmäßiger Wärme vorherrscht. Auch hat die Wissenschaft nachgewiesen, dass Kinder aus diesen Familien später einem geringeren Risiko für Drogenabgängigkeit ausgesetzt sind.

An den Staat ist die Erwartung gerichtet, eine familienfreundliche Politik zu betreiben. Auch von den Unternehmen wird erwartet, die Arbeitswelt endlich familienfreundlich zu gestalten. Was können Politiker und Unternehmer leisten, um ihre Rolle als Entscheidungsträger für familienfreundliche Maßnahmen zu erfüllen?

Ansatzpunkte einer familienfreundlichen Politik

Viel ist hier schon passiert, aber der Handlungsbedarf ist immer noch groß. Der Trend zur Kinderlosigkeit ist nach wie vor ungebrochen.

Beispiele für Maßnahmen der Politik:
- Zahlung von Kindergeld
- Steuererleichterungen für Familien mit Kindern
- Zahlung von Erziehungsgeld
- Förderung der Ganztagsschule
- Sprachförderung von der ersten Klasse (Vorlaufkurse) vor allem für Ausländerkinder, aber durchaus auch für deutsche Kinder mit Sprachproblemen
- Ausbau der Krippenplätze in den Städten und Gemeinden
- Ausbau der Erziehungsberatung und der Suchttherapie
- Flächendeckendes Angebot an Kindergartenplätzen

Auch in der Familienpolitik kann der Staat nicht alles vorgeben. Er ist angewiesen auf die Mithilfe seiner Bürger. Viele Frauen klagen mit Recht darüber, dass ihre Männer sich zu wenig an der Hausarbeit und der Kindererziehung beteiligen. Eine echte gleichberechtigte Partnerschaft ist in den meisten Familien immer noch nicht zu finden.

Dr. August Oetker Nahrungsmittel KG: Betriebsvereinbarung „Beruf und Familie"
[...] Bei der Besetzung von Teilzeit-Arbeitsplätzen werden bevorzugt die Mitarbeiter und Mitarbeiterinnen berücksichtigt, die Kinder zu betreuen haben. Dies gilt auch für Mitarbeiterinnen bzw. Mitarbeiter, denen anderweitig ein Personensorgerecht zusteht (z. B. für pflegebedürftige Eltern). [...]

Quelle: Institut der deutschen Wirtschaft (Hrsg.), Wirtschaft und Unterricht, Nr. 7/2007, S. 2

Ansatzpunkte für familienfreundliche Arbeitsplatzgestaltung
Die Zeiten, in denen Familienfreundlichkeit in Unternehmen als „Sozialklimbim" belächelt wurde, der nichts bringt und nur was kostet, sind längst vorbei. Familienfreundlichkeit gilt inzwischen als wichtiger Wettbewerbs- und Standortfaktor für die Anwerbung qualifizierter Arbeitskräfte. Facharbeiter sind jetzt schon in vielen Bereichen knapp. Dieser Zustand wird sich durch die alternde und schrumpfende Gesellschaft noch verschlimmern.

Unternehmen können hier nur punkten, wenn sie sich als attraktive Arbeitgeber präsentieren. Eine gute Bezahlung allein reicht nicht mehr aus. Vielmehr ist ein Arbeitsumfeld zu schaffen, in dem Familie, Freizeit und Beruf miteinander zu vereinbaren sind. Außerdem ist hinreichend bekannt, dass zufriedene und motivierte Beschäftigte auch bessere Leistungen erbringen. Die Bindung an das Unternehmen erhöht sich, der Krankenstand sinkt und die Produktivität wird verbessert.

Beispiele für Maßnahmen der Unternehmen:
- Individuell vereinbarte Arbeitszeit, die Rücksicht auf die eigenen Bedürfnisse nimmt
- Einrichten von häuslichen Telearbeitsplätzen
- Freistellung von der Arbeit bei kranken Kindern
- Betriebliche Kinderbetreuung durch Betriebskindergärten oder Betriebskrippen
- Besondere Rücksichtnahme auf Eltern beispielsweise bei deren Urlaubsplanung
- Einarbeitungsprogramm für widereinsteigende Frauen nach der Kinderpause
- Weiterbildungsangebote für Eltern während der Elternzeit
- Urlaubsangebote für Beschäftigte und deren Familien
- Kantinenessen für Kinder von Mitarbeitern

Arbeitsvorschläge

1. Analysieren Sie den folgenden Text.
   a) Was versteht man unter Rollenerwartungen?
   b) Welche Rollenerwartung haben die Arbeitnehmer an ihre Chefs?
   c) Welche Rollenerwartung haben die Chefs an ihre Mitarbeiter?
   d) In dem Text wird ein Rollenkonflikt beschrieben. Worin besteht der?
   e) Machen Sie Vorschläge, wie der Rollenkonflikt zu beseitigen wäre.

Psychologe: Rollenerwartungen werden nicht erfüllt. Jeder zweite Arbeitnehmer hat innerlich gekündigt.

DRESDEN. Die Hälfte der deutschen Arbeitnehmer hat nach Ansicht des Münchner Psychologen Werner Hausmann ihren Job innerlich gekündigt. „Sie sind oft krank, arbeiten unmotiviert, bringen keine eigenen Ideen mehr ein und lassen alles liegen, sobald die offizielle Arbeitszeit zu Ende ist." Nur die Hälfte der Befragten sind zum Leidwesen ihrer Chefs bereit, sich für den Job einzusetzen. Alle anderen klagten über mangelnden Teamgeist und fühlten sich von den Chefs schlecht behandelt. (xrl)

2. Machen Sie Vorschläge für eine familienfreundliche Arbeitsplatzgestaltung.
3. Eine Karikatur und ihre Aussage:

   a) Erklären Sie den Aussagegehalt der Karikatur mit Ihren eigenen Worten.
   b) Finden Sie eine Überschrift zu der Karikatur.
   c) Machen Sie Vorschläge, was man gegen das Risiko, beim Sozialamt zu landen, unternehmen könnte.
4. In jedem Betrieb gibt es Rollenkonflikte.
   a) Durch was entstehen sie?
   b) Nennen Sie zwei Beispiele aus Ihrem Arbeitsbereich und Freundeskreis für Rollenkonflikte.
   c) Machen Sie Vorschläge, wie man einen Rollenkonflikt lösen kann.
   d) Welche Rollenkonflikte lassen sich Ihrer Meinung nach leichter lösen: die zwischen zwei Auszubildenden oder die zwischen Auszubildenden und Chef?
5. Der Kinderbericht der OECD (Organisation für wirtschaftliche Zusammenarbeit und Entwicklung) hat ergeben, dass Deutschland im europäischen Vergleich besonders viel Kindergeld ausgibt. Aber trotzdem ist die Kinderarmut groß und die Chancengleichheit der Kinder geringer als in anderen Industrieländern. Diskutieren Sie darüber, wie man diesen Zustand verbessern könnte.

Arbeitsvorschläge zur Wiederholung und Prüfungsvorbereitung (Kapitel 5–9)

1. Was verbinden Sie im Rahmen der Altersvorsorge mit den Namen Walter Riester und Bernd Rürup?
2. Sie stehen vor der Frage, ob Sie einen Betrag von 5.000,00 Euro, den Sie in einem halben Jahr benötigen, auf einem Sparbuch einzahlen oder als Termingeld anlegen sollten. Welche Möglichkeit ist sinnvoller?
3. Wer auf vermögenswirksame Leistungen verzichtet, verschenkt Geld. Erklären Sie, worin das „Geschenk" bei dieser Art von Leistung besteht.
4. Ordnen Sie folgende Formen der Geldanlage nach dem Gesichtspunkt einer zunehmenden Risikobereitschaft des Anleger:
   a) Aktienfond,
   b) Bundesschatzbrief,
   c) Mischfond,
   d) Fremdwährungsanleihe,
   e) Immobilienfond,
   f) Aktie einer Firma.
5. Unterscheiden Sie zwischen dem Kurs- und dem Nennwert von Aktien.
6. Die Lohnsteuer ist eine besondere Erhebungsform der Einkommensteuer.
   a) Erklären Sie diese Aussage.
   b) Nennen Sie drei weitere Einkommensarten, die der Einkommensteuer unterliegen.
   c) Nennen Sie noch drei Steuerarten, die zu den größten Einnahmequellen des Staates zählen.
7. Was bedeutet die Aussage: „Bei Zinseinkünften haben Ledige einen Freibetrag von 801,00 Euro."?
8. Bearbeiten Sie folgende Aufgabe mit einem Auszug aus dem Sozialgesetzbuch (SGB) XII. Entscheiden Sie, welche der folgenden Personen Anspruch auf Sozialhilfe haben:
   a) Walery Tutscho wurde bereits zwei Jahre nach Abschluss seiner Ausbildung entlassen.
   b) Karsten Neumann ist ohne finanziellen Rückhalt, hat keinen Rentenanspruch und ist 65 Jahre alt.
   c) Tatjana Sukowa ist 24 Jahre alt, seit einem schweren Autounfall ist sie erwerbsunfähig und letzten Monat in den Genuss einer großen Erbschaft gekommen.

§ 41 Leistungsberechtigte

(1) Zur Sicherung des Lebensunterhalts im Alter und bei dauerhafter Erwerbsminderung können Personen mit gewöhnlichem Aufenthalt im Inland, die
1. das 65. Lebensjahr vollendet haben oder
2. das 18. Lebensjahr vollendet haben, unabhängig von der jeweiligen Arbeitsmarktlage voll erwerbsgemindert [...] sind und bei denen unwahrscheinlich ist, dass die volle Erwerbsminderung behoben werden kann,

auf Antrag die Leistungen der Grundsicherung im Alter und bei Erwerbsminderung nach diesem Kapitel erhalten.

(2) Anspruch auf Leistungen haben Leistungsberechtigte nach Absatz 1 soweit sie ihren Lebensunterhalt nicht aus ihrem Einkommen und Vermögen [...] beschaffen können.

Arbeitsvorschläge zur Wiederholung und Prüfungsvorbereitung (Kapitel 5–9)

9 Bernd Müller ist aufgrund einer schweren Krankheit nicht mehr in der Lage, eine berufliche Tätigkeit auszuüben. Sein Antrag auf Sozialhilfe wird abgelehnt.
Welche rechtlichen Möglichkeiten hat er jetzt?

10 In welcher Situation erbringt das Sozialamt „Hilfe zur Pflege"?

11 Von welchen Faktoren hängt es ab, ob Wohngeld gezahlt wird?

12 In welcher Form wird Wohngeld an Eigentümern von Wohnraum gezahlt?

13 Welche Vor- und Nachteile hat der Akkordlohn?

14 Nicht jede Arbeit eignet sich zur Bezahlung im Akkord. Welche Bedingungen müssen erfüllt sein?

15 Wann ist es sinnvoll, den Zeitlohn als Entlohnungsform zu wählen?

16 Der tarifliche Grundlohn beträgt 12,00 Euro und der Akkordzuschlag 10 %. Wie hoch ist der Akkordrichtsatz?

17 Welche Grundformen der Entlohnung lassen sich unterscheiden?

18 Die Karikatur nimmt die Lohngerechtigkeit kritisch auf's Korn. Formulieren Sie fünf Sätze, die Ihnen einfallen, wenn Sie die Karikatur betrachten.

19 Erklären Sie den Aussagegehalt folgender Zahlen:

Geld von Vater Staat

Finanzielle Auswirkungen familienpolitischer Maßnahmen (Sozialleistungen und Steuerentlastungen) in Mrd. Euro

1995	32,5	2002	59,1
1996	36,0	2003	59,8
1997	39,5	2004	59,6
1998	40,2	2005	59,3
1999	47,7	2006	59,4
2000	54,6	2007	60,3
2001	55,0	2008	60,9

2008*	**Staatliche Leistungen** (Eltern-/Erziehungsgeld, Rentenbeiträge für Kindererziehungszeiten, BAföG usw.)	19,5
	Steuerliche Entlastung durch Kindergeld und Freibeträge	42,3

*Soll

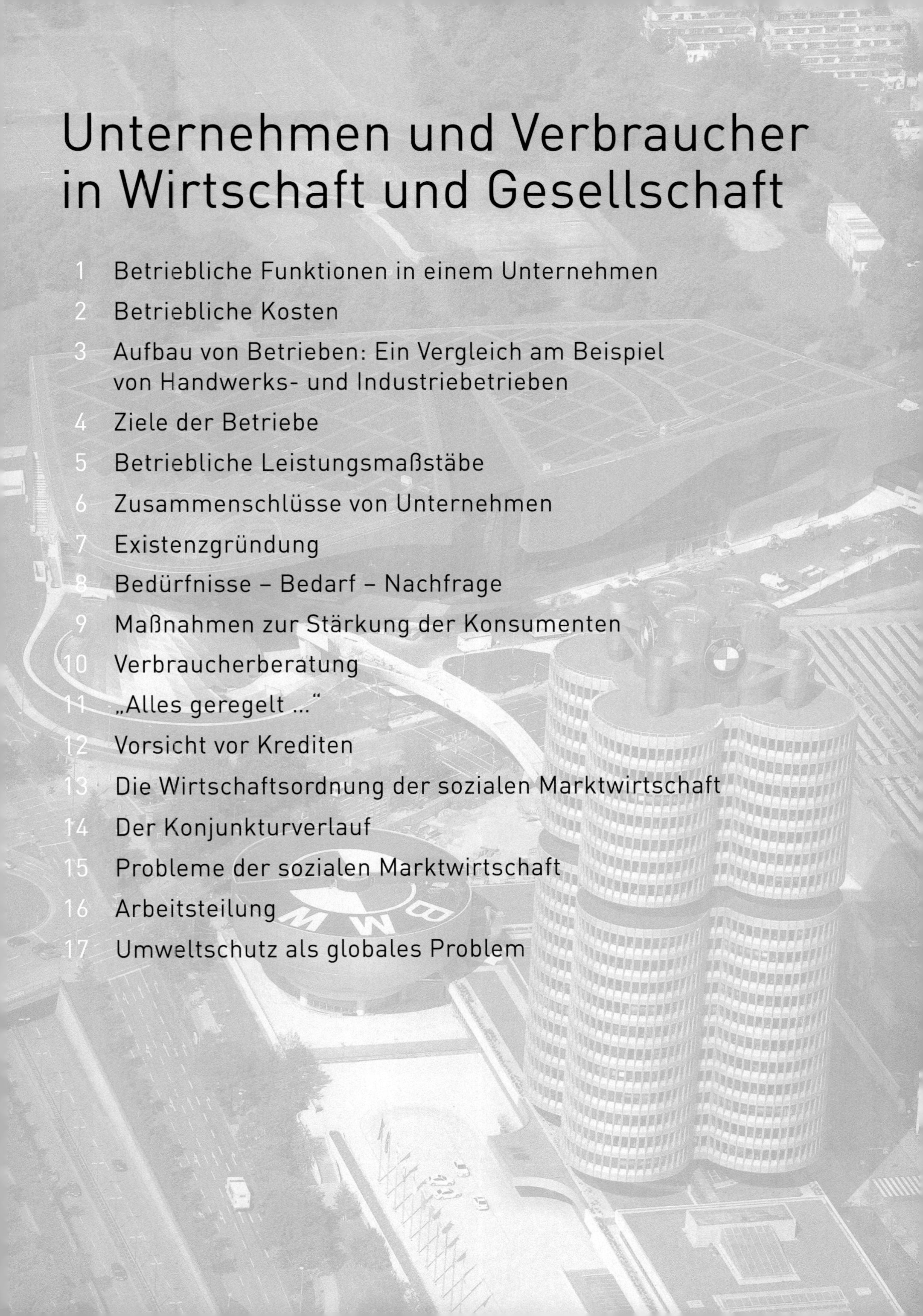

Unternehmen und Verbraucher in Wirtschaft und Gesellschaft

1 Betriebliche Funktionen in einem Unternehmen

Moment mal!

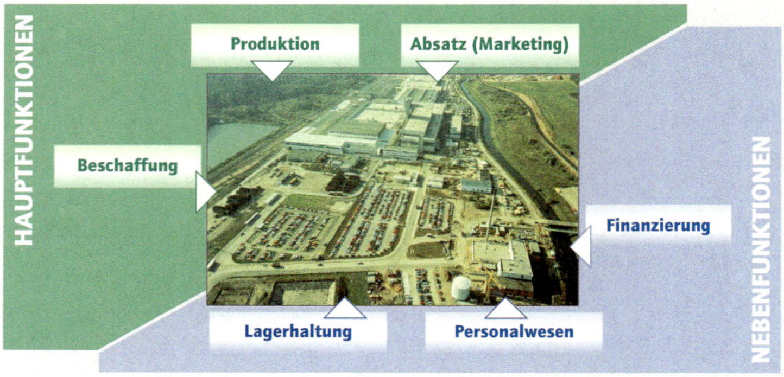

Montagmorgen bei dem Autohersteller Speedu AG. Die Frühschicht hat vor drei Stunden begonnen. Rund 12.000 Beschäftigte sind dabei, ihre Arbeit zu erledigen. Ihre Aufgaben sind sehr unterschiedlich. Einige sind zuständig für die **Beschaffung**, viele sind in der **Produktion** tätig und andere kümmern sich um den **Absatz** der hergestellten Produkte.

Da diese Aufgaben quasi im Mittelpunkt des betrieblichen Geschehens stehen, werden sie auch als **Hauptaufgaben (Hauptfunktionen)** bezeichnet.

Aber da gibt es noch das Personalwesen, das für die Betriebe immer wichtiger wird. Und auch auf die Lagerhaltung kann ein Industriebetrieb nicht verzichten. Und da ohne Moos bekanntlich nichts los ist, benötigt ein Autohersteller natürlich auch Kapital. Wie man sich dies am besten beschafft, darüber machen sich Mitarbeiter aus der Finanzabteilung Gedanken. Lagerhaltung und Finanzierung gehören neben dem Personalwesen zu den **Nebenaufgaben (Nebenfunktionen)** eines Betriebes.

- Welche Aufgaben sind im Rahmen der einzelnen betrieblichen Funktionen zu erfüllen?
- Welcher Zusammenhang besteht zwischen den einzelnen betrieblichen Funktionen?

?

1.1 Das Beschaffungswesen

Beispiel

Mona Lauterbach arbeitet in der Einkaufsabteilung der Speedu AG und ist zuständig für die Beschaffung von Kleinmaterialien.
Von der Arbeitsvorbereitung hat sie heute eine Materialbedarfsmeldung erhalten. Benötigt werden Schlosszylinder und Schlüssel. Die Zeit drängt, da der Lagervorrat nur noch für drei Produktionswochen ausreicht.

Die zu beschaffenden Güter

Um Produkte herstellen zu können, benötigen Betriebe eine Vielzahl unterschiedlicher Materialien bzw. Güter. Sollen z. B. in einem Industriebetrieb Autos produziert werden, so stellen sich die Fragen:

Was wird benötigt? – Was soll beschafft werden?

Anlagen und Maschinen	Für den technischen Bereich werden z. B. benötigt: Fräsmaschinen, Werkzeugmaschinen, Industrieroboter. Im kaufmännisch-verwaltenden Bereich müssen z. B. vorhanden sein: Telefonanlage, EDV-Anlage, Kopierer.
Werkzeuge	Sie werden von Zulieferbetrieben bezogen (z. B. Bohrer) oder im Betrieb selbst hergestellt (z. B. Schneid- und Formwerkzeuge).
Werkstoffe	**Rohstoffe:** Sie gehen als Hauptbestandteil in das Produkt ein. Beispiel: Bleche bei der Autoherstellung **Hilfsstoffe:** Sie gehen als Nebenbestandteil in das Produkt ein. Beispiel: Klebstoffe, Schrauben **Betriebsstoffe:** Sie sind kein Bestandteil des Produkts, sind aber für den Produktionsprozess notwendig. Beispiel: Schmierstoffe, Energie
Zulieferteile	Sie werden von externen Zulieferern bezogen und gehen ohne Weiterverarbeitung in das Endprodukt ein (z. B. Getriebe und Vergaser).
Handelsware	Als fremdbezogene Fertigteile ergänzen sie das eigene Absatzprogramm (z. B. Autoradios, Fahrradhalter).

Die Aufgabenbereiche der Materialbeschaffung

Mengenplanung

Es geht um die Frage, wie viel von einem bestimmten Artikel zu bestellen ist. Die benötigte Menge wird im Allgemeinen nicht von der Einkaufabteilung, sondern durch die Arbeitsvorbereitung ermittelt. Da sie den Fertigungsablauf plant und steuert, ist sie einfach „näher dran" am Produktionsgeschehen.

Zeitplanung

„Wann soll beschafft werden?", ist hier die entscheidende Frage. Werden Materialien zu früh geliefert, entstehen unnötige Lagerkosten. Erfolgt die Lieferung zu spät, muss der Produktionsprozess unterbrochen werden.

Preisplanung

„Im Einkauf liegt der halbe Gewinn", ist eine alte Kaufmannsregel. Wird das Material zu teuer eingekauft, besteht die Gefahr, dass die höheren Verkaufspreise am Markt nicht durchsetzbar sind.

Bezugsquellenermittlung

Um Material beschaffen zu können, muss man auch Bezugsquellen kennen. Im Betrieb werden deshalb Lieferantendateien geführt. Sie enthalten neben dem Namen des Lieferanten auch weitere Angaben wie z. B. Zahlungsbedingungen.

Im Zusammenhang mit der Materialbeschaffung gibt es einen Begriff, der häufig verwendet wird: **Beschaffungslogistik**. Sie befasst sich mit der Steuerung und Kontrolle von Material- und Informationsflüssen zwischen dem Betrieb und seinen Lieferanten und den sogenannten Logistikdienstleistern (z. B. Speditionen).

1.2 Die Produktion

Beispiel

Fertigungshalle 1 des Fahrzeugherstellers Speedo AG. Hier ist der Arbeitsplatz von Lars Schwabe. Zusammen mit vier seiner Kollegen arbeitet er in einer der fünf Fertigungsinseln. Als relativ selbstständige kleine Organisationseinheit lässt sie sich beschreiben als „Fabrik in der Fabrik".

Das Team um Lars Schwabe ist zuständig für den Fertigungsbereich „Karosseriebau". Er und seine Kollegen komplettieren die Rohkarosserien. So werden z. B. Türen montiert, die Motorhaube befestigt und auch die Batterien mit der Karosserie verbunden. Letzte Woche Mittwoch war ein Freudentag für das Team. 3.500,00 Euro wurde jedem von ihnen von der Geschäftsleitung überwiesen. Warum? Sie hatten einen Verbesserungsvorschlag eingereicht, der die Montagezeit für die Türen um 25 % vermindern wird.

Produktionswirtschaftliche Aufgabenbereiche

Bis die Speedu AG ihre Fahrzeuge endlich fertig hergestellt hat, müssen viele produktionswirtschaftliche Aufgaben erledigt werden. Am Beispiel der Motorenfertigung sollen diese kurz vorgestellt werden.

Aufgabenbereiche der Produktionswirtschaft: Motorenfertigung

Aufgabenbereich		Beispiel
Forschung	**Beispiel**	Erforscht wird, wie gut Wasserstoff als Antriebsenergie für Motoren geeignet ist.
Konstruktion	**Beispiel**	Ein neuer Motor für Wasserstoff wird konstruiert und in einer Testphase erprobt.
Fertigungsplanung	**Beispiel**	Die Reihenfolge der Arbeitsvorgänge für die Serienfertigung des Motors wird exakt festgelegt.
Fertigungssteuerung	**Beispiel**	Um einen reibungslosen Produktionsprozess zu sichern, wird das für den Motor notwendige Material in der richtigen Menge und Qualität bereitgestellt.
Arbeitsdurchführung	**Beispiel**	Auf dem Serienmontageband werden die Einzelteile des Motors zusammengebaut.
Qualitätskontrolle	**Beispiel**	Auf Prüfständen werden die Laufeigenschaften der Motoren mit den Sollvorgaben verglichen.
Rationalisierung	**Beispiel**	Zur Kosteneinsparung werden Industrieroboter eingesetzt, die die Motoren in Rohkarosserien montieren.

Die Fertigungsverfahren

Unterscheidung der Fertigungsverfahren nach der Fertigungsorganisation

- **Werkstattfertigung:** Sie liegt dann vor, wenn der Betrieb in einzelne Werkstätten unterteilt ist (z. B. Schleiferei, Dreherei, Lackiererei, Fräserei). In jeder Werkstatt werden also andere Arbeitsgänge ausgeführt. Die Werkstücke werden nacheinander an den einzelnen Arbeitsplätzen bearbeitet.

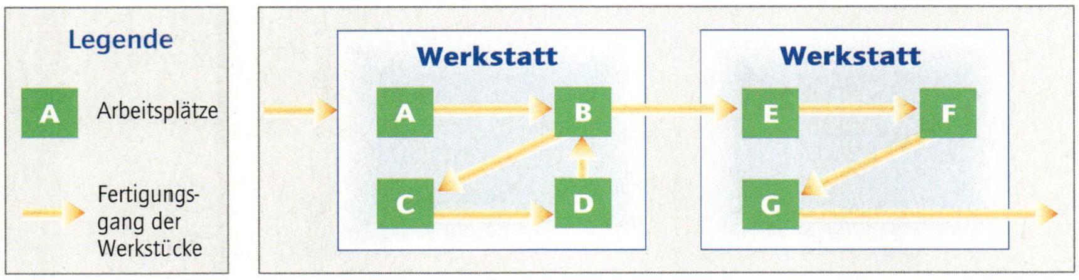

- **Reihenfertigung:** Die Arbeitsplätze und Maschinen sind hierbei so angeordnet, wie es dem technischen Arbeitsablauf entspricht. Gleiche Maschinen können sich an sehr verschiedenen Stellen des Herstellungsprozesses finden. Der Transport der Werkstücke erfolgt per Hand, mittels Transportkarren oder fahrbaren Paletten.

- **Fließfertigung:** Auch bei dieser Fertigungsorganisation sind die Arbeitsplätze und Maschinen nach dem Fertigungsablauf angeordnet. Die Fließfertigung ist eine Sonderform der Reihenfertigung. Der Transport der Werkstücke erfolgt mithilfe mechanischer Einrichtungen (z. B. Fließband, Hängebeförderer). Die Arbeitskräfte führen im Allgemeinen nur einen oder wenige Handgriffe aus. Viele empfinden ihre Arbeit als monoton. Arbeitsplätze dieser Art sind ständig von Rationalisierungsmaßnahmen bedroht.

Ein klassisches Beispiel: Die Fertigung des VW-Käfers auf Fließbändern der früheren Jahre.

- **Gruppenfertigung:** Bei ihr wird die bis in die kleinsten Handgriffe gehende Arbeitsteilung des Fließbandes teilweise wieder aufgehoben. Sie ist eine Kombination aus der Werkstatt- und der Fließfertigung. So werden z. B. in einem Automobilwerk Motoren und Getriebe durch einzelne Arbeitsgruppen in Werkstätten zusammengebaut. Diese können ihre Arbeit selbst einteilen. Die Endmontage des Fahrzeugs erfolgt nach wie vor am Fließband.

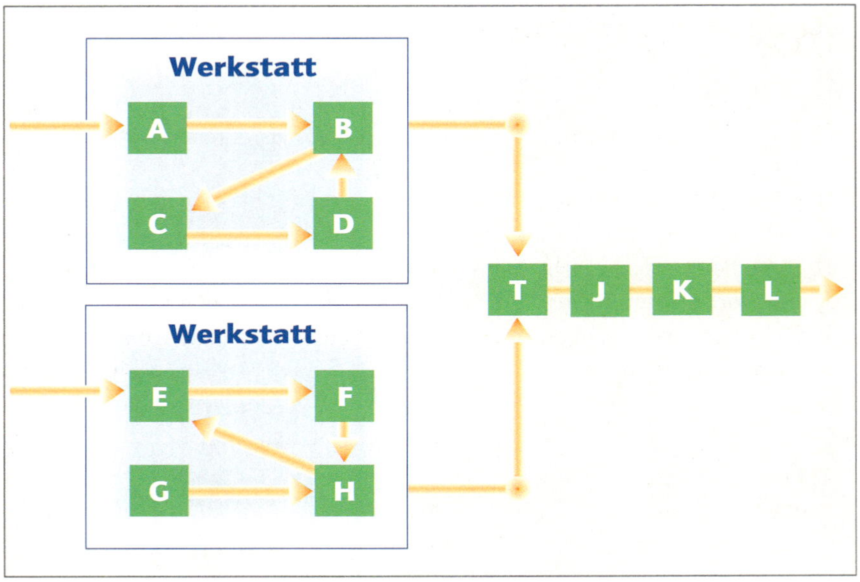

Unterscheidung der Fertigungsverfahren nach der hergestellten Menge

- **Einzelfertigung:** Bei dieser Fertigungsart wird jedes Produkt nur einmal hergestellt (z. B. im Schiffs- oder Brückenbau, in der Modellschneiderei). Betriebe mit Einzelfertigung arbeiten im Allgemeinen nur auf Bestellung. Die Ausführung der Produkte richtet sich weitgehend nach den Kundenwünschen.

- **Serienfertigung:** Hier werden in einer größeren Stückzahl Produkte hergestellt, die in ihrer Konstruktion unterschiedlich sind. Je nach Produktart und betrieblichen Gegebenheiten lassen sich Serienprodukte (z. B. Autos, Werkzeugmaschinen) auf gleichen oder unterschiedlichen Produktionsanlagen fertigen.

Telefon-Serienfertigung

- **Sortenfertigung:** Sie liegt vor, wenn Produkte hergestellt werden, die sich aufgrund des verwendeten Materials und ihres Herstellungsprozesses nur unwesentlich voneinander unterscheiden. Die verschiedenen Sorten lassen sich daher problemlos auf denselben Produktionsanlagen herstellen. Der Unterschied gegenüber der Serienfertigung besteht darin, dass nicht verschiedene Produktarten, sondern unterschiedliche Varianten einer Produktart (z. B. verschiedene Sorten von Fenstern, Schuhen oder Anzügen) gefertigt werden.

- **Massenfertigung:** Sie ist dann gegeben, wenn stets das gleiche Produkt auf gleichen Produktionsanlagen in sehr großen Stückzahlen hergestellt wird. Die einfache Massenfertigung (z. B. in Wasser- und Elektrizitätswerken) wird von der mehrfachen Massenfertigung unterschieden. Bei Letzterer werden auf gleichen Produktionsanlagen verschiedene, aber verwandte Erzeugnisse hergestellt (z. B. Pappen- und Papiererzeugung, Bierherstellung).

Arbeitsvorschläge

1. Für einen Schrank sollen Werkstoffe beschafft werden. Was zählt im Einzelnen dazu?
2. Erklären Sie die Aussage: „Im Einkauf liegt der halbe Gewinn."
3. Nennen Sie die Aufgabenbereiche der Materialwirtschaft.
4. Nennen Sie die Aufgabenbereiche der Produktionswirtschaft.
5. In der Speedu AG ist die Gruppenfertigung eingeführt worden. Worin sehen Sie Vorteile für den Betrieb und für die Arbeitskräfte?
6. Beschreiben Sie den Unterschied zwischen der Werkstatt- und der Reihenfertigung.
7. Nennen Sie Produktbeispiele von Erzeugnissen, die in Einzel-, Serien-, Sorten- und Massenfertigung hergestellt werden.

1.3 Das Marketing

Beispiel

Wichtige Entscheidungen in der Speedu AG
Da der Kampf um die Kunden im Pkw-Bereich immer härter wird, muss auch die Speedu AG handeln. In diesem Jahr soll ein völlig neues Unternehmenskonzept die AG wieder in die Gewinnzone bringen. Damit wären natürlich auch die Arbeitsplätze gesichert.

Speedu setzt auf das „Freizeit-Mobil". Die Modellpalette Kleinwagen wurde um einen Roadster und um einen „Sport-Van" erweitert. Mit zahlreichen Extras sollen verschiedene Zielgruppen mit speziellen Bedürfnissen angesprochen werden.

Der Lebenszyklus von Produkten
Fast alle Produkte durchlaufen einen sogenannten Lebenszyklus. Er beschreibt die Zeitspanne und den Verlauf des Umsatzes von der Markteinführung eines Produktes bis es wieder aus dem Markt genommen wird. Schematisch gesehen sieht der Lebenszyklus wie folgt aus:

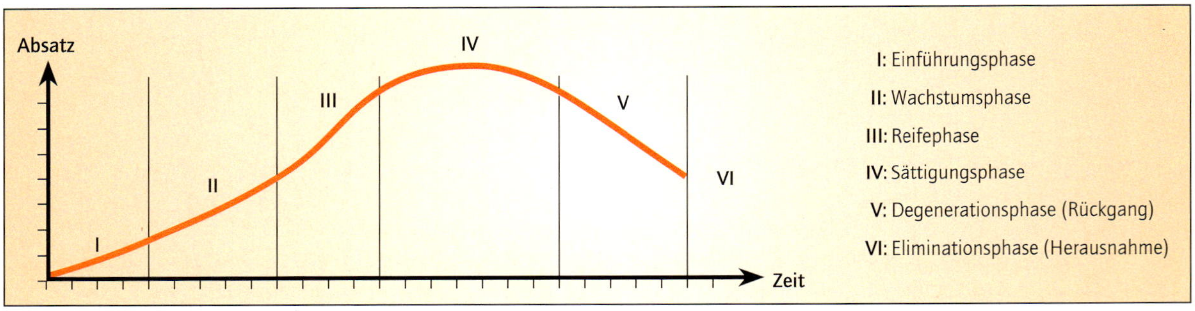

In der Einführungsphase soll der Marktwiderstand schnell gebrochen werden, die Produkte müssen also möglichst gut bekannt gemacht werden. Für die Wachstums- und Reifephase ist es das Ziel der Speedu AG, dass die Umsätze möglichst hoch steigen. Auf diesem hohen Niveau sollen die Umsätze in der Sättigungsphase so lange es geht gehalten werden. In der letzten Phase sollen die Umsatz-Rückgänge so gering wie möglich sein. Um dies zu erreichen, soll für das „Freizeit-Mobil" eine Marketingkonzeption entwickelt werden.

Das ist Marketing!
„Der Markt ist der Treffpunkt von Angebot und Nachfrage, also wird der Markt auch von Angebot und Nachfrage regiert", so lautet die einfache Formel der Marktwirtschaft.

„Die Unternehmer wollen einen möglichst hohen Gewinn, die Verbraucher wollen möglichst viel für ihr Geld erhalten", so lässt sich das marktwirtschaftliche Geschehen aus einer anderen Sicht beleuchten. Die meisten Haushalte in vielen Ländern haben heute (fast) alles, was zum modernen Leben dazugehört.

Wie verhalten sich die Unternehmungen in diesen gesättigten Märkten? Sie müssen

entweder ...	oder ...
• die Produktion drosseln, • Arbeitnehmer entlassen, • Fabrikanlagen verkleinern, • „die Hände in den Schoß legen" und **warten**: • auf „bessere Zeiten", • dass die Konkurrenz an ihnen vorbeizieht.	• neue Absatzmöglichkeiten suchen, • Konsumentenwünsche erforschen oder erzeugen und **handeln**: • neue Bedürfnisse beim Verbraucher wecken, • neue Absatzmöglichkeiten schaffen.

Die Speedu AG hat sich für den zweiten und sicherlich besseren Weg entschieden. Marketing soll sie aus der Absatzmisere herausholen. Marketing soll damit Gewinnsteigerungen bringen und so die Arbeitsplätze sichern.

Wie kann die Speedu diese Ziele mit Marketing erreichen? Sie muss ...

- **... den Markt segmentieren:** Das heißt, man muss die Gesamtheit der Menschen eines Marktes in Zielgruppen aufteilen. Diese bestehen aus Leuten, die gleiche oder ähnliche Merkmale haben (z. B. Beruf, Alter, Geschlecht, Einkommen, Wohnortgröße). Menschen mit ähnlichen Merkmalen haben ähnliche Ziele, Wünsche und Interessen. Sie handeln auch ähnlich, haben ein vergleichbares Freizeitverhalten und kaufen ähnliche Produkte.
- **... den Markt erforschen:** Das bedeutet, die Wünsche und Trends, das Freizeitverhalten, die Konsumausgaben usw. zu erforschen.
- **... den Markt beeinflussen:** Es reicht nicht, gute Produkte für die Zielgruppen herzustellen. Man muss auf ihre Vorzüge aufmerksam machen, sie bewerben und Wünsche nach ihnen wecken. Man muss aber auch das Unternehmen bekannt machen und positiv darstellen. Die richtigen Absatzkanäle sind zu wählen und auch die richtigen Preise.

!

segmentieren = in Abschnitte oder Teilstücke (Segmente) zerlegen, gliedern

Marketing ist nicht nur für große Unternehmungen wichtig. Ein Handwerker, der kein Marketing betreibt, wird nur wenige Kunden haben. Wie sollen diese z. B. wissen, dass er als Heizungsbauer auch Kachelöfen oder Sonnenkollektoren einbaut? Wie sollen die möglichen Kunden wissen, dass die Disko donnerstags einen „Billig-Abend" hat? Woher weiß man, dass der Verein ein Spanferkel-Essen veranstaltet? Wie erfahren die Angehörigen eines Pflegebedürftigen, dass es einen weiteren mobilen Pflegedienst mit besseren Leistungen gibt? Nur mit Marketing!

Um den Markt zu beeinflussen, muss er zuerst mit Marktforschung erforscht werden. Die Wünsche, Träume und Verhaltensweisen der anzusprechenden Zielgruppe sind zu ermitteln. Die Kenntnisse daraus dienen dann als Grundlage für die Marketingentscheidungen. Mit dem Einsatz der verschiedenen Marketinginstrumente Produkt-, Preis-, Vertriebs- und Kommunikationspolitik sollen dann die gesetzten Ziele erreicht werden.

1.4 Die Finanzierung

Beispiel

Der Vorstand der Speedu AG tagt. Es geht um die notwendigen Rationalisierungsmaßnahmen im Fertigungsbereich. Geplant ist die Anschaffung von zwölf Industrierobotern, um die Schweißarbeiten künftig schneller und Kosten sparender durchführen zu können. Für diese Investition wird ein Kapitalbedarf von 3.013.000,00 Euro ermittelt.

Aufgaben der Finanzierung

Durch den Verkauf ihrer Produkte nehmen Unternehmen Geld ein. Um ihre betrieblichen Aufgaben zu erfüllen, fallen andererseits auch viele Ausgaben an. So z. B. für Personal, Material, Steuern und Investitionen. Ist die Summe der Ausgaben größer als die der Einnahmen, so kommt es zu einer Unterdeckung. Es besteht ein Bedarf an finanziellen Mitteln. Diese zu beschaffen ist Aufgabe der Abteilung **Finanzierung**. Sie hat dafür zu sorgen, dass die Unternehmung immer **liquide** (flüssig) ist. Dies ist dann der Fall, wenn die vorhandenen Finanzbestände ausreichen, um die notwendigen Ausgaben vornehmen zu können. Ist dies nicht mehr gegeben, besteht die Gefahr, dass der Betrieb zahlungsunfähig wird. Es kommt zur Auflösung des Betriebes.
Eine „gesunde" Finanzierung verlangt auch die Beachtung einer wichtigen **Finanzierungsregel**. Sie besagt, je mehr Eigenkapital (eigene Mittel) statt Fremdkapital (fremde Mittel) eingesetzt werden, desto krisenfester ist der Betrieb. Der Grund: Für Eigenkapital werden keine Zinszahlungen fällig. Und was noch wichtiger ist: Es muss auch nicht zurückgezahlt werden.
Ein erster wichtiger Schritt für die Versorgung des Betriebes mit finanziellen Mitteln ist eine **Kapitalbedarfsrechnung**. Mit ihrer Hilfe wird die benötigte Kapitalsumme ermittelt für

- die Beschaffung der notwendigen Vermögensteile (Maschinen, Grundstücke, Werkzeuge, Rohstoffe),
- die laufende Betriebstätigkeit (z. B. Löhne und Gehälter).

Die Finanzierungsarten im Überblick

Für die benötigten finanziellen Mittel gibt es zwei verschiedene Quellen:

- Die Gelder können aus der Unternehmung selbst stammen. Man bezeichnet diese Art der Kapitalbeschaffung als **Innenfinanzierung**.
- Die Finanzmittel können aber auch von außerhalb der Unternehmung kommen (z. B. von Banken). In diesem Fall liegt eine **Außenfinanzierung** vor.

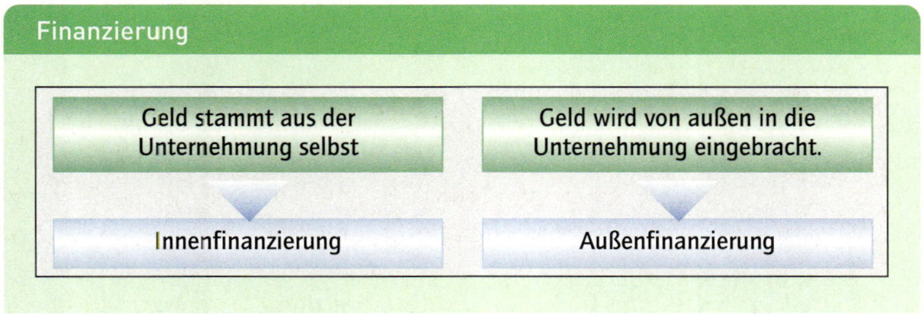

Die Innenfinanzierung

Die Unternehmung hat verschiedene Möglichkeiten, finanzielle Mittel selbst aufzubringen. Im Einzelnen sind dies:

- **Selbstfinanzierung:** Die erwirtschafteten Gewinne werden nicht an die Gesellschafter verteilt bzw. ausgeschüttet, sondern sie bleiben im Unternehmen. Das Eigenkapital wird dadurch gestärkt. Es stehen flüssige Mittel zur Verfügung, die für notwendige Investitionen verwendet werden können.
- **Finanzierung aus Abschreibung:** Vermögensteile, wie z. B. Maschinen oder Fahrzeuge, unterliegen einem ständigen Verschleiß. In der Unternehmung wird dies durch die Abschreibung erfasst. Sie geht als Kostenfaktor in den Verkaufspreis der Produkte ein. Über die Umsatzerlöse fließen die Abschreibungsbeträge wieder in das Unternehmen zurück. Die Mittel stehen für Finanzierungszwecke zur Verfügung.
- **Umfinanzierung:** Finanzielle Mittel lassen sich z. B. auch durch den Verkauf nicht mehr benötigter Grundstücke, Maschinen und Wertpapieren beschaffen. Die Zusammensetzung des betrieblichen Vermögens wird hierdurch geändert. Die Höhe des Vermögens bleibt jedoch gleich.

Die Außenfinanzierung

Sollen finanzielle Mittel von außen in die Unternehmung eingebracht werden, sind folgende Möglichkeiten zu unterscheiden:

- **Beteiligungsfinanzierung:** Die notwendigen Mittel werden durch die Eigentümer bereitgestellt. Bei der Einzelunternehmung wird das gesamte Kapital von einem Unternehmer aufgebracht. Bei der Aktiengesellschaft sind es die Aktionäre, die durch den Kauf der Aktien die finanziellen Mittel aufbringen. In Höhe ihrer Einlage sind sie damit am Unternehmen beteiligt. Die Kapitalgeber sind Teilhaber und keine Gläubiger der Unternehmung. Sie haben einen Anspruch auf einen Anteil am Gewinn.
- **Kreditfinanzierung:** Geldmittel kommen hier von fremden Personen oder Unternehmen (z. B. Banken). Als Gläubiger gegenüber dem Betrieb stehen ihnen Zinsen zu. Ein bekanntes Beispiel für einen Kredit ist z. B. das Darlehen.

- **Mietfinanzierung (Leasing):** Beim Leasing werden einem Unternehmen z. B. Maschinen, Fahrzeuge, Fabrikhallen zur Miete überlassen. Anders als beim Kauf braucht der Nutzer nicht vorab den hohen Anschaffungspreis der Anlagegüter aufzubringen.

1.5 Die Lagerhaltung

Beispiel

Einige Stimmen zur Lagerhaltung bei dem Fahrzeughersteller Speedu AG:

Die Leiterin der Abteilung für Rohstoffeinkauf zu einem Mitarbeiter:
„Der Preis für Stahlbleche ist wegen eines momentanen Überangebots um 15 % gefallen. Bestellen Sie umgehend unseren restlichen Jahresbedarf. Mengen, die zurzeit nicht benötigt werden, nehmen wir so lange auf Lager."

Eine Sachbearbeiterin der Einkaufsabteilung zu einem Lagerverwalter:
„Ich habe soeben einen Anruf von unserem Lieferanten für Zündkerzen bekommen. Der Betrieb wird seit einer Woche bestreikt. Die nächste Lieferung für uns kommt mindestens eine Woche später. Ab sofort darf auf den eisernen Bestand (Sicherheitsbestand) im Lager zurückgegriffen werden."

Ein Arbeiter aus der Abteilung Getriebemontage zu einem Auszubildenden:
„Hallo Martin, die Aufsteckmuffen für die automatischen Getriebe reichen nicht mehr aus. Lauf mal schnell zum Hilfsstofflager und lass dir drei Pakete geben!"

Stapellager für bereits lackierte Rohkarosserien

Lagerarten

Für die Speedu AG ist die Lagerhaltung unverzichtbar. Eine Vielzahl von Lagerarten sind in den betrieblichen Ablauf eingebettet. Lager sind zwischen Beschaffung und Produktion (Beschaffungslager), innerhalb der Produktion (Produktionslager) und zwischen Produktion und Absatz (Absatzlager) angeordnet.

Funktionen der Lagerhaltung

- **Sicherungsfunktion:** Durch die Lagerhaltung wird der Produktionsprozess gegenüber Störungen abgesichert, die sich durch Ausfall eines Lieferanten, Transportprobleme oder mangelnde Qualität der gelieferten Güter ergeben können. Durch das Fertigwarenlager wird die Lieferbereitschaft gesichert.
- **Ausgleichsfunktion:** Warenbeschaffung, Produktion und Absatz lassen sich in Industriebetrieben nicht genau aufeinander abstimmen. Um die Spannung zwischen diesen betrieblichen Aufgabenbereichen auszugleichen, ist eine Lagerhaltung notwendig. Die Ausgleichsfunktion ist z. B. auch immer dann angesprochen, wenn durch den Einkauf großer Mengen Preisnachlässe von den Zulieferern erzielt werden.

- **Spekulationsfunktion:** Erwarten Betriebe steigende Preise auf dem Beschaffungsmarkt, kann es sinnvoll sein, größere Mengen der benötigten Einsatzgüter einzulagern.
  Sinken auf den Absatzmärkten die Preise wegen eines kurzfristigen Überangebots, können Betriebe ihre Erzeugnisse im Lager aufbewahren. Sind die Preise später wieder gestiegen, ist ein Verkauf sinnvoll.

Zusammenwirken von Lagerarten

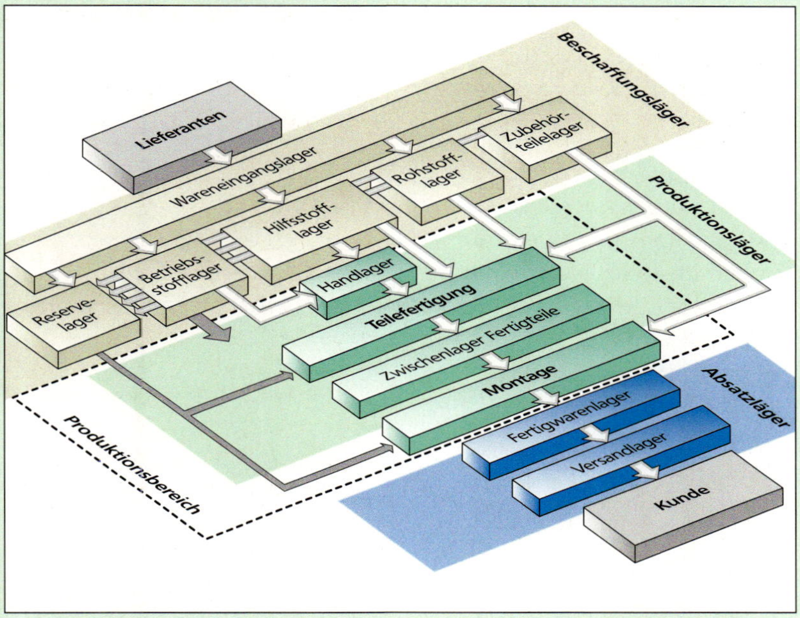

Arbeitsvorschläge

1. Welches ist die Hauptaufgabe der Finanzierung?
2. Die Speedu AG benötigt 3.013.000,00 € für eine geplante Roboterstation. Welche Finanzierungsart würden Sie vorschlagen?
3. Ein Unternehmen ist „liquide“. Was bedeutet das?
4. Beschreiben Sie den Unterschied zwischen der Innen- und der Außenfinanzierung.
5. Was hat Leasing mit Finanzierung zu tun?
6. Beschreiben Sie das oben dargestellte Lagerschaubild.
7. Erklären Sie die Sicherungs- und Spekulationsfunktion der Lagerhaltung.
8. Welche Aufgaben erfüllt der Sicherheitsbestand?

1.6 Personalwesen

Beispiel

In der Speedu AG stehen größere betriebliche Änderungen bevor. Beim letzten Vorstandstreffen wurde beschlossen, das Produktionsprogramm zu erweitern. Zukünftig soll stärker auf das Produktionsfeld „Freizeit-Mobil" (Sport-Van oder Roadster) gesetzt werden.

Neben vielen anderen betrieblichen Funktionen ist auch die Personalabteilung von der Programmerweiterung betroffen. Zwei Sachbearbeiter erhalten den Auftrag, den durch die Programmerweiterung notwendigen Zusatzbedarf an Personal zu ermitteln.

Wer etwas produzieren will, benötigt Arbeitskräfte. Das gilt natürlich auch für die Speedu AG. Scheiden Arbeitskräfte aus oder soll zukünftig mehr produziert werden, so steigt der Personalbedarf. Im Rahmen der Personalbeschaffung geht es z. B. darum,
- den Personalbedarf erst einmal genau festzustellen,
- die Beschaffungsmethode festzulegen (z. B. Umschulung oder Neueinstellung),
- Stellenanzeigen aufzugeben,
- Bewerber auswählen.

Der Aufgabenbereich des Personalwesens geht weit über die Beschaffung des Personals hinaus. Beispiele für weitere Aufgaben sind:
- Personaleinsatz planen,
- Personalbeurteilungen durchführen,
- Laufbahnplanungen mit Mitarbeitern besprechen,
- Lohn- und Gehaltsverhandlungen führen,
- Urlaubslisten führen und Urlaubsplanung steuern,
- Fortbildungsangebote organisieren,
- Maßnahmen organisieren, um die Zufriedenheit der Mitarbeiter zu verbessern.

Arbeitsvorschläge

1. Die Personalabteilung der Speedu AG hat die Aufgabe, eine Personalauswahl zwischen mehreren Bewerbern zu treffen, um die Stellen eines Mechatronikers, LKW-Fahrers, einer Chefsekretärin und Kantinenhilfe zu besetzen. Nennen Sie für jede Stelle drei Eigenschaften, die Sie als besonders wichtig einstufen.
2. Welche Aufgaben fallen im Rahmen der Personalbeschaffung an?
3. Die Personalabteilung kann zu besetzende Stellen intern oder extern ausschreiben. Was ist mit dieser Unterscheidung gemeint?

2 Betriebliche Kosten

Moment mal!

„Liebe Kolleginnen und Kollegen, um unsere wirtschaftlichen Situation ist es schlecht bestellt, hoffentlich überleben wir diese Krise", waren die ernsten Worte, mit denen die Betriebsratsvorsitzende Willmann die Betriebsversammlung der Türenfabrik Maybach OHG eröffnete. Wirtschaftliche Probleme gab es in der Maybach OHG bereits seit drei Jahren. Im letzten halben Jahr hatte sich die Situation aber zugespitzt. Der Absatz an Türen war stark zurückgegangen und der Gewinn eingebrochen. Die Arbeitsplätze waren gefährdet. Die Analyse einer Unternehmensberaterin brachte es schließlich an den Tag: Man hatte einfach zu viele Fehler im Kostenmanagement gemacht. „Auf einem schwierigen Absatzmarkt ohne Kostendeckung Aufträge reinzuholen, kann auf die Dauer nicht gut gehen", so die Unternehmensberaterin Frau Dr. Beier.

- Was sind Kosten?
- Wodurch unterscheiden sich Kosten von Leistungen?
- Welche Kostenarten gibt es?

?

2.1 Unterscheidung von Kosten und Leistungen

Industrie- und Handwerksbetriebe stellen Sachgüter her. Andere Betriebe, wie z. B. Friseure oder Rechtsanwälte, erbringen Dienstleistungen für ihre Kunden. Sachgüter und Dienstleistungen werden in der betrieblichen Kostenrechnung als **Leistung** bezeichnet. Um sie erstellen zu können, werden andere Güter und Dienstleistungen verbraucht. Die Maybach OHG verbraucht z. B. Holz, Leim und auch viele Arbeitsstunden. Wird der Verbrauch von Gütern und Dienstleistungen mit Geld bewertet, so ergeben sich die **Kosten**. Sie sind das Gegenstück der Leistungen. Ohne Kosten können keine Leistungen erstellt werden.

Betriebliche Kosten sollten ständig überwacht und kontrolliert werden. Sind die Kosten zu hoch, kann dies zu Lasten des Gewinns gehen. Hohe Kosten können aber auch die Konkurrenzfähigkeit von Betrieben gefährden. Wenn diese im Wettbewerb nicht unterliegen wollen, müssen sie ständig versuchen ihre Kosten zu senken. Gelingt dies nicht, zieht die Konkurrenz an einem Betrieb vorbei und jagt ihm Marktanteile ab. Als Unternehmer tätig zu sein, bedeutet daher vor allem eins: einen ständigen Kampf mit den Kosten.

2.2 Fixe und variable Kosten

Stellt ein Betrieb mehr Produkte her, so steigen auch die Kosten. Diese Aussage trifft aber nicht auf alle Kosten zu. Man muss deshalb unterscheiden zwischen fixen und variablen Kosten.

Variable Kosten: Sie verändern sich dann, wenn die Herstellungsmenge zu- oder abnimmt. Variable Kosten sind unter anderem Roh- und Hilfsstoffkosten sowie Fertigungslöhne. Bei der Herstellung von Türen werden z. B. Furniere, Türklinken, Schließzylinder und Spanplatten benötigt. Soll die Produktion wegen der großen Nachfrage verdoppelt werden, so verdoppelt sich auch der Bedarf an diesen Teilen. Auch die Anzahl der benötigten Fertigungsstunden wird sich verdoppeln. Die Kosten steigen also.

Fixe Kosten: Sie sind über längere Zeiten gleich hoch, unabhängig davon, welche Gütermenge hergestellt wird. Dies ist der Fall bei Mieten, Gehältern, Versicherungen und anderen Kostenarten. Werden z. B. die hergestellten Türen in einer gemieteten Lagerhalle aufbewahrt, so wird die zu zahlende Miete nicht zunehmen, wenn die eingelagerte Menge steigt.

variable Kosten

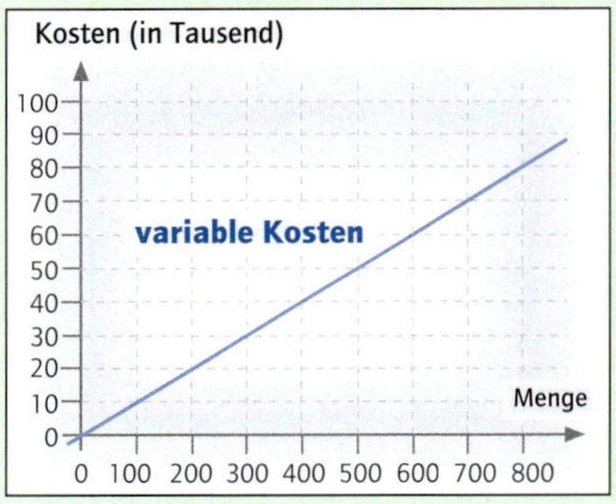

fixe Kosten

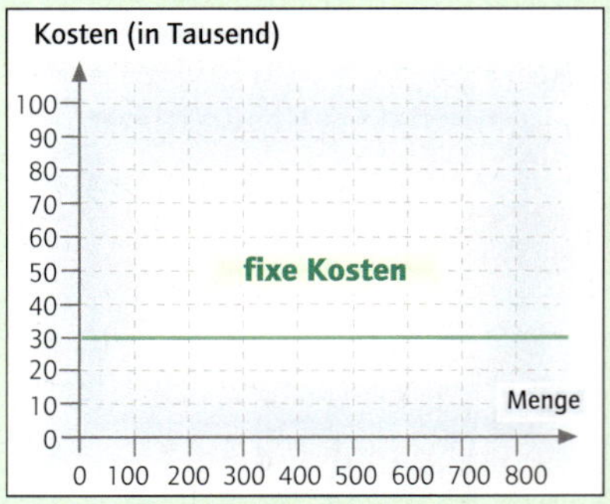

Gesamtkosten

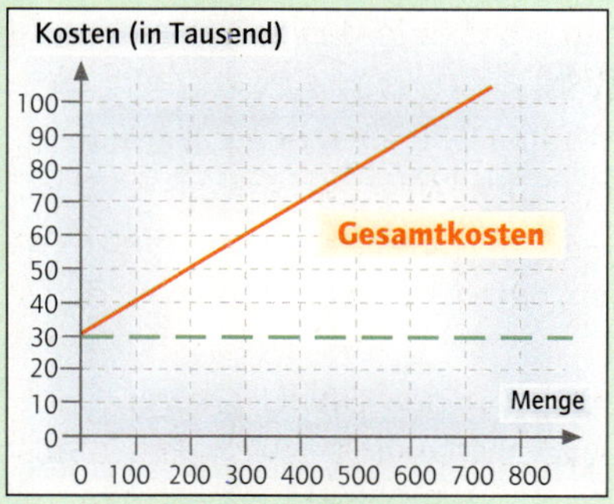

Gesamtkosten: Werden die fixen und die variablen Kosten addiert ergeben sich die Gesamtkosten. Wenn die Gesamtkosten durch die Herstellungsmenge dividiert werden, erhält man die **Stückkosten**. Je größer die Herstellungsmenge ist, desto geringer werden die fixen Kosten pro Stück. Die Fixkosten verteilen sich nämlich auf eine größere Herstellungsmenge. Man bezeichnet dies als das **Gesetz der Massenproduktion**.

Diese Art des Kostenverhaltens machen sich vor allem Großunternehmen bei der Herstellung von Massengütern zunutze. Aber das „Gesetz" gilt auch für andere Betriebe; auch die Maybach OHG profitiert von ihm. Je mehr Türen sie nämlich mit ihren Arbeitskräften und Maschinen herstellt, desto geringer sind die Stückkosten pro Tür:

Kostenentwicklung bei verschiedenen Herstellungsmengen

Herstellungs-menge	variable Kosten	fixe Kosten	Gesamtkosten	Stückkosten
100	10.000,00	30.000,00	40.000,00	400,00
200	20.000,00	30.000,00	50.000,00	250,00
300	30.000,00	30.000,00	60.000,00	200,00
400	40.000,00	30.000,00	70.000,00	175,00
500	50.000,00	30.000,00	80.000,00	160,00

2.3 Einzel- und Gemeinkosten

Für Betriebe ist es wichtig zu ermitteln, wie hoch die Kosten sind, die ein bestimmtes Produkt verursacht hat. Denn nur wer seine Kosten kennt, kann auch versuchen welche einzusparen. Damit diese **Selbstkostenrechnung** stimmt, müssen auch wirklich alle Kosten ausnahmslos erfasst werden. Was sich so selbstverständlich anhört, birgt ein Problem: Bestimmte Kosten, wie z. B. Rohstoffkosten und Fertigungslöhne, lassen sich direkt einer bestimmten Türenart zurechnen. Man bezeichnet sie als **Einzelkosten**.

Anders sieht die Sache z. B. bei der Miete für Lagerhallen, den Energiekosten und den Gehältern für die Angestellten aus. Man kann sie nicht direkt einer bestimmten Tür zurechnen. Kosten dieser Art bezeichnet man als **Gemeinkosten**. Sie fallen für mehrere oder für alle Produkte an.

Gesamtkosten

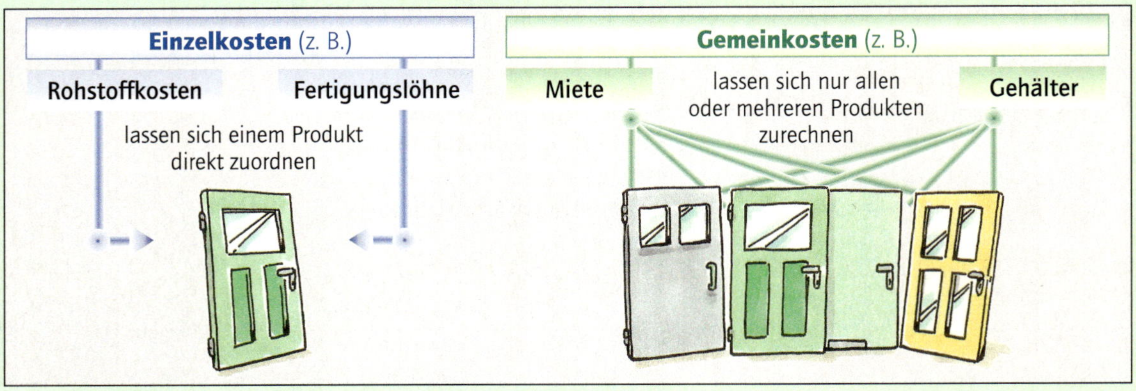

2.4 Ermittlung (Kalkulation) der Selbstkosten

Meinen Kunden sage ich immer: „Ein Betrieb ist nur gesund, wenn auch alle Kosten gedeckt sind." Unternehmensberaterin Frau Dr. Beier

Beispiel

In der Maybach OHG hat man dazugelernt. Die Geschäftsleitung ist entschlossen, ihr Unternehmen aus den roten Zahlen herauszubringen. Zum Thema „Kostenmanagement" gibt Herr Werner Maybach bei einer Besprechung mit seinen Meistern die neue Marschrichtung bekannt: „Alle Kosten, meine Herren, sind ausnahmslos sorgfältig zu erfassen und in die Kalkulation unserer Selbstkosten aufzunehmen. Auch die Mehrkostenbelastung durch die jüngsten Tarifabschlüsse sind schnellstens in unserer Kalkulation zu berücksichtigen."

Divisionskalkulation

Die Divisionskalkulation ist die einfachste Kalkulationsart und nur in Betrieben mit Massenproduktion (Einproduktbetrieben) anwendbar, so z. B. in Wasserwerken. Bei der Divisionskalkulation werden die gesamten Kosten durch die Herstellungsmenge dividiert, um so die Selbstkosten pro Stück zu erhalten.

Beispiel: In einem Wasserwerk belaufen sich die monatlichen Gesamtkosten auf 180.000,00 Euro. In dieser Zeit werden 90.000 m³ Wasser aufbereitet. Die Selbstkosten pro Kubikmeter betragen 2,00 Euro.

$$\frac{\text{Gesamtkosten}}{\text{Herstellungsmenge}} = \text{Selbstkosten pro Stück}$$

Zuschlagskalkulation

Bei dieser Kalkulation werden die Einzel- und Gemeinkosten dem jeweiligen Produkt **getrennt** zugeschlagen. Während die Einzelkosten direkt zugerechnet werden, müssen die Gemeinkosten mithilfe von **Zuschlagsätzen** ermittelt und verrechnet werden.

Um die Zuschlagsätze festzustellen, werden die Gemeinkosten in einem sogenannten **Betriebsabrechnungsbogen (BAB)** auf **Kostenstellen** verteilt. Üblich ist die Einteilung des Betriebs in vier Kostenstellen. Im Einzelnen sind dies: Material-, Fertigungs-, Verwaltungs- und Vertriebsstelle.

Für jede **Kostenstelle** werden die Gemeinkosten addiert. Die Summen der Gemeinkosten werden zu bestimmten Bezugsgrößen (= 100 %) in Beziehung gesetzt. Es wird ein **Gemeinkostenzuschlag** ermittelt. Die allgemeine Formel hierfür lautet:

$$\text{Gemeinkostenzuschlag} = \frac{\text{Gemeinkosten} \cdot 100}{\text{Bezugsgröße}}$$

Der **BAB** für den Türenhersteller Maybach OHG hat folgenden Aufbau:

Aufbau eines Betriebsabschlussbogens

		Gemeinkosten			
Arten	**Beträge**	**Material**	**Fertigung**	**Verwaltung**	**Vertrieb**
Hilfslöhne	334.280,00	100.000,00	160.000,00	34.280,00	40.000,00
Sozialabgaben	220.000,00	50.000,00	140.000,00	20.000,00	10.000,00
Steuern	68.000,00	15.000,00	28.000,00	5.000,00	20.000,00
Abschreibungen	162.000,00	17.000,00	70.000,00	25.000,00	50.000,00
Miete	240.000,00	48.000,00	96.000,00	72.000,00	24.000,00
Sonst. Gemeinkosten	282.710,00	75.000,00	140.000,00	54.000,00	13.710,00
Summen	**1.306.990,00**	**305.000,00**	**634.000,00**	**210.280,00**	**157.710,00**
Bezugsgröße (= 100 %)		Materialverbrauch	Fertigungslöhne	Herstellkosten	
Betrag der Bezugsgröße		**3.050.000,00**	**1.268.000,00**	**5.257.000,00**	
Zuschlagsätze		**10 %**	**50 %**	**4 %**	**3 %**

Und so erfolgt die **Berechnung der Zuschlagssätze der Gemeinkosten**:

Modellrechnung von Zuschlagssätzen

Zuschlagsätze	**Formel**	**Rechnung**
Materialgemeinkostenzuschlagsatz	$\frac{\text{Materialgemeinkosten} \cdot 100}{\text{Fertigungsmaterial}}$	$\frac{305.000 \cdot 100}{3.050.000} = 10\,\%$
Fertigungsgemeinkostenzuschlagsatz	$\frac{\text{Fertigungsgemeinkosten} \cdot 100}{\text{Fertigungslöhne}}$	$\frac{634.000 \cdot 100}{1.268.000} = 50\,\%$
Verwaltungsgemeinkostenzuschlagsatz	$\frac{\text{Verwaltungsgemeinkosten} \cdot 100}{\text{Herstellkosten}}$	$\frac{210.280 \cdot 100}{5.257.000} = 4\,\%$
Vertriebsgemeinkostenzuschlagsatz	$\frac{\text{Vertriebsgemeinkosten} \cdot 100}{\text{Herstellkosten}}$	$\frac{157.710 \cdot 100}{5.257.000} = 3\,\%$

Die **Herstellkosten**, die als Bezugsgröße für die Verwaltungs- und Vertriebsgemeinkosten dienen, ergeben sich durch folgende Rechnung:

Herstellkosten

Fertigungsmaterial	+	Materialgemeinkosten	+	Fertigungslöhne	+	Fertigungsgemeinkosten	=	Herstellkosten
3.050.000,00 €		305.000,00 €		1.268.000,00 €		634.000,00 €		5.257.000,00 €

Und so ermittelt die Maybach OHG die Selbstkosten für eine Haustüranlage:

Fertigungsmaterial		3.550,00 €
+ Materialgemeinkosten (in % des Fertigungsmaterials)	10 %	355,00 €
+ Fertigungslöhne		2.970,00 €
+ Fertigungsgemeinkosten (in % der Fertigungslöhne)	50 %	1.485,00 €
Herstellkosten der Haustüranlage		8.360,00 €
+ Verwaltungsgemeinkosten (in % der Herstellkosten)	4 %	334,40 €
+ Vertriebsgemeinkosten (in % der Herstellkosten)	3 %	250,80 €
Selbstkosten der Haustüranlage		**8.945,20 €**

2.5 Ermittlung (Kalkulation) des Angebotspreises

Beispiel

Auszug aus dem Untersuchungsbericht der Unternehmensberaterin Frau Dr. Beier über die Managementfehler des Türenherstellers Maybach OHG:

-
-
-

4. Managementfehler bei der Kalkulation der Angebotspreise:
   - Zeitweise wurden die Angebotspreise der Zimmertüren nicht ermittelt, sondern gefühlsmäßig geschätzt.
   - Um Großaufträge zu erhalten, wurden bei Garagentüren die Angebotspreise der Konkurrenz ohne eigene Preisprüfung unterboten.
   - Designertüren sind seit zwei Jahren Bestandteil des Produktionsprogramms, ohne jemals Gewinne abgeworfen zu haben.

Unternehmen können ihre Produkte nicht zum Selbstkostenpreis verkaufen. Das würde nicht lange gut gehen. Kurzfristig ist so etwas möglich und kommt in wirtschaftlich schwierigen Zeiten gar nicht so selten vor. Betriebe entscheiden sich für solche Maßnahmen, wenn sie ihr Überleben am Markt sicherstellen wollen und hoffen, dass ihre Absatzsituation bald wieder besser wird.

Sogar der Verkauf von Produkten unter Selbstkostenpreis kann sinnvoll sein, wenn es sich hierbei um Waren handelt, auf denen der Betrieb sonst sitzen bleiben würde.

Die Maybach OHG kalkuliert ihren Angebotspreis wie üblich. Sie muss damit rechnen, dass der Kunde sich Skonto abzieht und einen Rabatt erwartet. Und Gewinn soll ja auch noch erwirtschaftet werden. Den muss der Kunde natürlich mitbezahlen. Das gilt ebenfalls für die Umsatzsteuer.

Die Zuschläge im Einzelnen

Zuschlagsart	Erklärung
Gewinn	Er geht in die Preisermittlung als prozentualer Aufschlag auf die Selbstkosten ein. Die Möglichkeit, Gewinne zu machen, ist der eigentliche Anreiz für die unternehmerische Tätigkeit.
Kundenrabatt	Das ist ein Preisnachlass, der den Kunden aus verschiedenen Gründen gewährt wird. Beispiel: Mengenrabatte, Treuerabatte für gute Kunden.
Kundenskonto	Das ist ein Barzahlungsrabatt. Er wird dem Käufer gewährt, wenn dieser bar oder innerhalb einer bestimmten Frist zahlt.
Umsatzsteuer	Für alle Lieferungen und Leistungen, die ein Unternehmer im Inland ausführt, stellt er seinen Kunden auch die Umsatzsteuer in Rechnung, die er selbst ans Finanzamt abführen muss. Der Regelsteuersatz beträgt 19 % vom Rechnungsbetrag.

Die Maybach OHG kalkuliert mit 20 % Gewinnzuschlag. Wenn Kunden bar bezahlen, werden ihnen 2 % Skonto eingeräumt. Rabatt wird nicht gewährt. Die Rechnung der vorstehenden Seite wird fortgesetzt und der Angebotspreis ermittelt.

Selbstkosten	8.945,20 €	
+ 20 % Gewinnzuschlag	1.789,04 €	
= Barverkaufspreis	10.734,24 €	98 %
+ 2 % Skonto	219,07 €	2 %
= Nettoangebotspreis	10.953,31 €	100 %
+ 19 % Umsatzsteuer	2.081,13 €	
Angebotspreis	**13.034,44 €**	

Hinweis zur Ermittlung des Nettoangebotspreises: Der Barverkaufspreis ist mit einem verminderten Grundwert anzusetzen, er beträgt 98 %. Der Nettoangebotspreis, der auch die Zuschlagsgrundlage für die Umsatzsteuer ist, bildet den Grundsatz von 100 %.

Arbeitsvorschläge

1. Warum reicht es nicht aus, wenn mit einem Angebotspreis nur die Selbstkosten gedeckt sind?
2. Entscheiden Sie, ob Einzel- oder Gemeinkosten vorliegen:
   - Verbrauch von Spanplatten in einer Möbelfabrik 1.800,00 €;
   - Bruttogehalt des Meisters 3.450,00 €;
   - Versicherungsprämie für betriebliche Feuerversicherung 4.230,00 €;
   - Facharbeiterlohn 2.390,00 €.
3. Eine Zementfabrik produzierte im Jahr 10.200 Dezitonnen Zement. Die Gesamtkosten für diesen Zeitraum betrugen 693.000,00 €. Ermitteln Sie die Selbstkosten für eine Dezitonne.
4. Welche betriebliche Voraussetzung muss gegeben sein, um zur Selbstkostenermittlung die Divisionskalkulation anwenden zu können?
5. Führen Sie die Kalkulation eines Auftrags nach folgenden Angaben durch:
   - Fertigungsmaterial 1.800,00 €,
   - Fertigungslöhne 900,00 €,
   - Gewinn 15 %,
   - Umsatzsteuer 19 %.

   Die Zuschlagsätze für die Gemeinkostenverrechnung betragen: Material-GMK 18 %, Fertigungs-GMK 22 %, Verwaltungs- und Vertriebs-GMK 9 %.
6. Ermitteln Sie den Angebotspreis für ein Modellkleid, wenn die Selbstkosten 1.630,00 € betragen. Als Gewinnzuschlag sollen 26 % angesetzt werden. Bei Barzahlung werden 2,5 % Skonto gewährt.
7. **Lernen durch Handeln:**
   Ermitteln Sie den Angebotspreis der Möbelschreinerei Krug e. K.

   Die Möbelschreinerei Krug e. K. wird von der Innenarchitektin Maria Kern gebeten, ein Angebot abzugeben. Bei den Arbeiten handelt es sich um die Zimmer eines älteren Hotels, die mit neuen Betten und Schränken ausgestattet werden sollen.

   In der Firma Krug e. K. werden für diese Arbeiten folgende Kosten ermittelt:
   Verbrauch an Fertigungsmaterial 123.700,00 €
   Fertigungslöhne 97.300.00 €
   Die Zuschlagsätze für die Gemeinkostenverrechnung entstammen dem BAB des letzten Geschäftsjahres.

   Ermitteln Sie den Angebotspreis!
   Zu berücksichtigen sind ein Gewinnaufschlag von 30 % und die Umsatzsteuer.

Kostenarten	Zuschlagsätze aus BAB	Kosten
Fertigungsmaterial		123.700,00 €
+ Materialgemeinkosten	20 %	?
+ Fertigungslöhne		97.300,00 €
+ Fertigungsgemeinkosten	35 %	?
Herstellkosten		?
+ Verwaltungsgemeinkosten	8 %	?
+ Vertriebsgemeinkosten	4 %	?

3 Aufbau von Betrieben: Ein Vergleich am Beispiel von Handwerks- und Industriebetrieben

1998: Karsten Winter hat sich als Schreinermeister selbstständig gemacht und gründete einen **Handwerksbetrieb**. Fast alle Holzarbeiten, die seine Kundschaft verlangten, konnte er mit den beiden Gesellen und seinen Universalmaschinen ausführen. Seinen größten Umsatz erzielte er mit der Herstellung von Türen, Fenstern, Deckenverkleidungen und der Sonderanfertigung von Möbeln, die alle im Kundenauftrag gefertigt wurden.

2008: Karsten Winter hat zusammen mit einem Gesellschafter eine GmbH gegründet. Der Betrieb hat sich auf die Herstellung von Fenstern spezialisiert. Der Personalbestand wurde auf 42 Beschäftigte erweitert. Neue Fertigungshallen wurden gebaut. Spezialmaschinen, mit denen Fenster schnell und kostengünstig hergestellt werden können, wurden angeschafft. Aus dem ehemaligen Handwerksbetrieb wurde ein **Industriebetrieb**.

Moment mal!

- Welche Unterschiede bestehen zwischen Handwerks- und Industriebetrieb?
- Wie wirken sich die Unterschiede auf den Aufbau der Betriebe aus?

?

Die Unterschiede zwischen Handwerks- und Industriebetrieb

Obwohl Handwerksbetriebe heute in vielen Fällen nicht mehr die kleinen Hinterhofwerkstätten wie vor 50 Jahren sind, gibt es immer noch deutliche Unterschiede zu den Industriebetrieben. So werden beispielsweise im Gegensatz zur industriellen Massenproduktion in Handwerksbetrieben Produkte im Kundenauftrag gefertigt. Die Unterschiede zwischen Handwerks- und Industriebetrieb beeinflussen letztlich den Aufbau der beiden Betriebsarten.

Unterscheidungsmerkmale zwischen Handwerks- und Industriebetrieben

Handwerksbetrieb	Unterscheidungsmerkmale	Industriebetrieb
eher klein bis mittel	Betriebsgröße	mittelgroß und groß
Einzelunternehmung	Unternehmungsform	Gesellschaftsunternehmung
häufig durch Meister	Leitung	durch angestellte Geschäftsführer oder Gesellschafter
eher gering	Personalbedarf	hoch bis sehr hoch
bekannt	Abnehmerkreis	unbekannt
geringe Arbeitsteilung	Ausmaß der Arbeitsteilung	hohes Maß an Arbeitsteilung (Arbeitszerlegung)

Der Aufbau eines Handwerksbetriebs am Beispiel

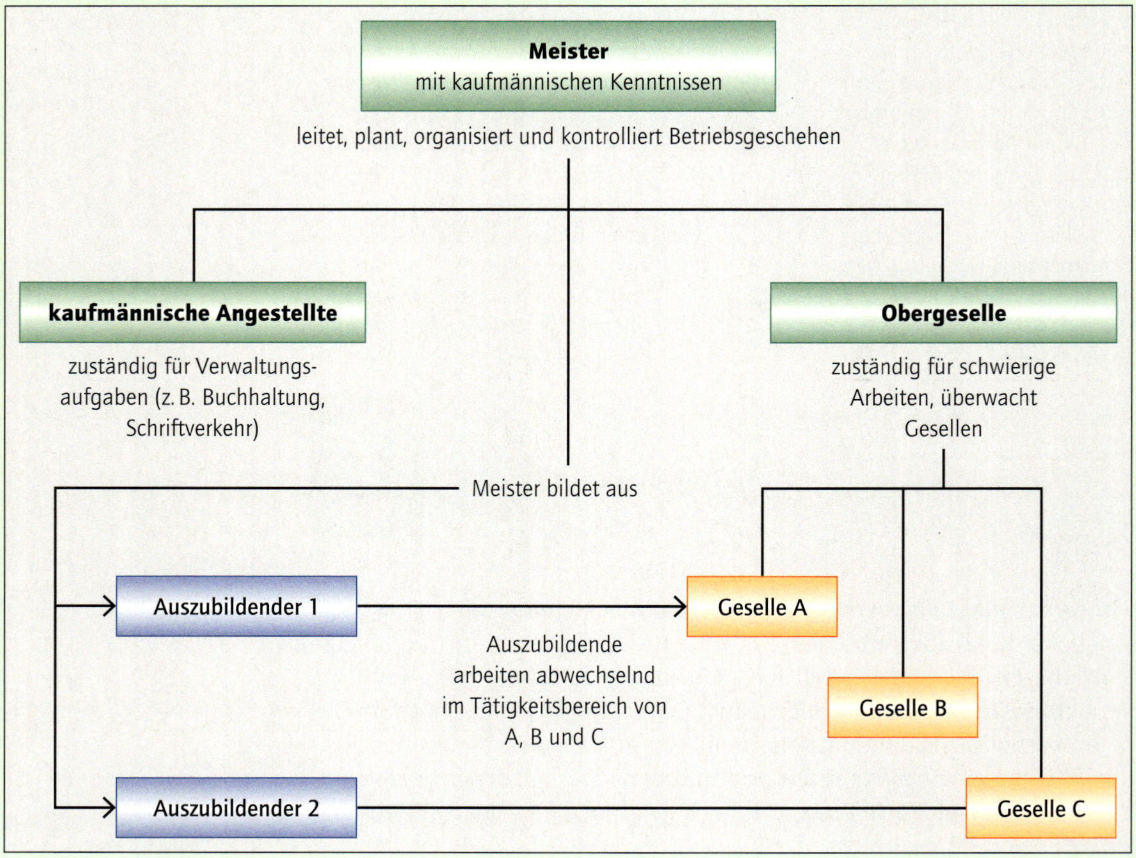

Der Aufbau eines Industriebetriebes am Beispiel

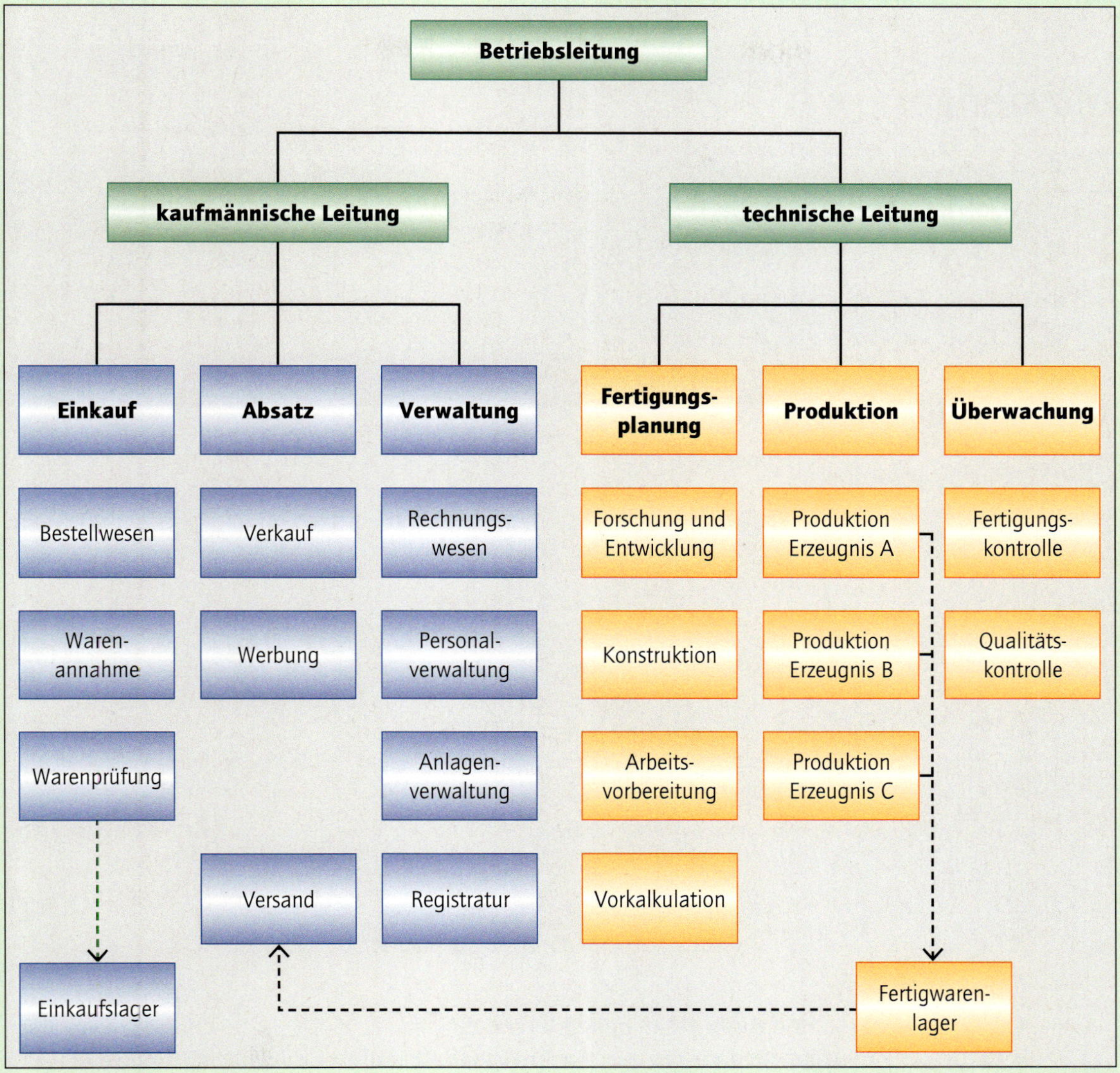

Arbeitsvorschläge

1. Nennen Sie Unterscheidungsmerkmale zwischen Handwerks- und Industriebetrieben.
2. Beschreiben Sie anhand der vorstehenden Darstellungen den Aufbau eines Handwerks- und eines Industriebetriebs.
3. Stellen Sie Abweichungen und Gemeinsamkeiten zwischen dem abgebildeten und Ihrem Ausbildungsbetrieb fest.

4 Ziele der Betriebe

Moment mal!

Frank: „Mark, ich bin sauer. Gerade habe ich gehört, dass unser Sportplatz dieses Jahr auch wieder nicht renoviert wird. In der Gemeindevertretersitzung letzte Woche wurde das Projekt nochmal ein Jahr verschoben. Die Gemeinde hat angeblich kein Geld. Unser Fußballturnier im Herbst können wir damit vergessen."

Mark: „Ich finde das unmöglich! Die sollten sich mal ein Beispiel nehmen an der Wolf AG, wo ich arbeite. Die Betriebsleitung versteht ihr Geschäft. Der Absatz von unseren Chemieprodukten brummt. Die setzen jedes Jahr 'ne dicke Preiserhöhung auf dem Markt durch. Um 20 % hat der Gewinn wieder zugelegt. Die haben so viel Geld, dass schon wieder eine neue Werkshalle gebaut werden soll."

- Was halten Sie von Marks Vorschlag, die Geschäftspolitik seines Ausbildungsbetriebs auf die Gemeindeverwaltung zu übertragen?
- Welche betrieblichen Ziele gibt es?

?

Erzielung eines hohen Gewinns

Ein Grundsatz der Marktwirtschaft lautet: „Gewinn ist nicht alles – aber ohne Gewinn ist alles nichts."
Private Dienstleistungs-, Industrie- und Handwerksbetriebe haben eine Gemeinsamkeit: Sie wollen möglichst hohe Gewinne machen. Man bezeichnet diese Gewinnmaximierung auch als erwerbswirtschaftliches Ziel. Je nach Unternehmenssituation können auch andere Zielsetzungen vorübergehend in den Vordergrund treten. So z. B. Marktbeherrschung, Absatzsteigerung, Konkurrenzverdrängung und Umsatzerhöhung.

Das Gewinnstreben ist ein Anreiz, die eigene Leistungsfähigkeit ständig zu verbessern. Gewinne werden aber auch durch den Wettbewerb begrenzt. So kann ein Betrieb seine Produktpreise nicht beliebig erhöhen. Die Verbraucher sind nämlich nicht bereit, jeden Preis zu bezahlen. Außerdem könnte das ein Anreiz für die Konkurrenz sein, den Preis zu unterbieten.

Verwendet werden die Gewinne hauptsächlich für:
- eine Erhöhung der finanziellen Rücklagen,
- die Auszahlung von Gewinnanteilen an die Anteilseigner (z. B. Aktionäre),
- die Erforschung und Entwicklung neuer Produkte,
- Investitionen in Produktionsmittel (z. B. in Form neuer Maschinen),
- die Entwicklung verbesserter Produktionsverfahren und zur Errichtung leistungsfähigerer Produktionsanlagen.

Investitionen dienen so dem Schutz der bestehenden und der Schaffung neuer Arbeitsplätze.

Erzielung eines angemessenen Gewinns

Typisch für diese Zielsetzung eines „angemessenen" Gewinns sind Genossenschaften. Kleingewerbebetriebe, Handwerker, Kaufleute, Landwirte und andere schließen sich in den Genossenschaften zum Zweck der Selbsthilfe zusammen. Sie erhoffen sich dadurch Vorteile (z. B. preiswerter Großeinkauf) zunutze zu machen, wie sie sonst nur Großbetriebe haben.

Genossenschaften können nicht rein erwerbswirtschaftlich ausgerichtet sein, da ihre Kapitalgeber (Mitglieder) sehr oft auch ihre Kunden sind. Landwirtschaftliche Genossenschaften sind z. B. bestrebt, ihren Mitgliedern u. a. auch preiswertes Saatgut und Düngemittel anzubieten. Andererseits sind die Mitglieder in ihrer Eigenschaft als Kapitalgeber aber auch daran interessiert, dass das eingesetzte Kapital sich gut verzinst.

Deckung des Gemeinbedarfs

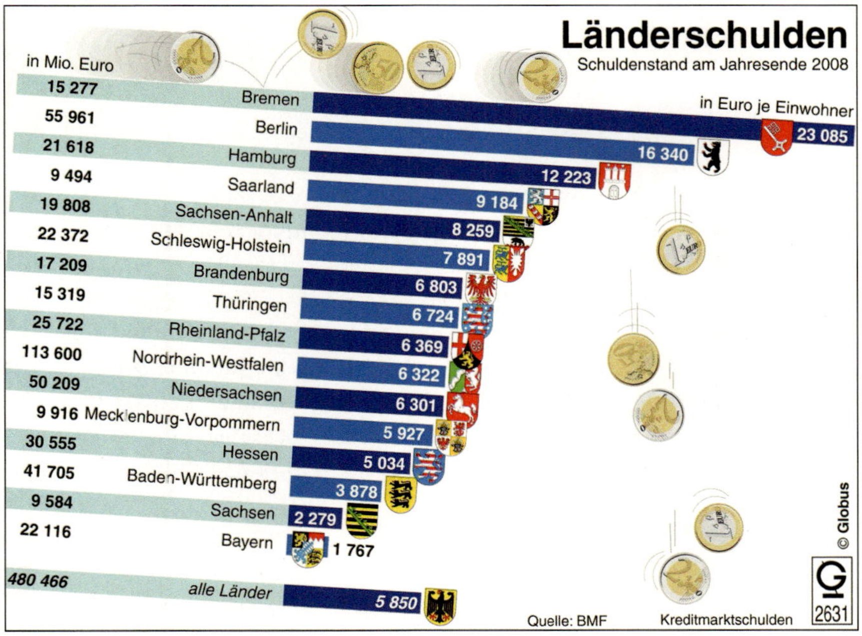

Wer ein öffentliches Schwimmbad oder ein staatliches Museum besucht, zahlt häufig nur einen geringen Eintrittspreis. Viele dieser öffentlichen Betriebe haben das Ziel, den Gemeinbedarf zu decken. Nicht die Gewinnerzielung steht im Vordergrund, sondern die soziale Verantwortung des Staates gegenüber seinen Bürgern. Oftmals bieten öffentliche Betriebe ihre Leistungen unter Bedingungen an, die für privatwirtschaftliche Betriebe völlig uninteressant wären. Die Versorgung der Bevölkerung und das Wohl der Bürger haben dann Vorrang vor rein wirtschaftlichen Zielen.

Nehmen wir das Beispiel eines öffentlichen Theaters: Würden die Einheitspreise kostendeckend kalkuliert, so müssten sie etwa zwanzig Mal so hoch sein wie derzeit üblich. Nur wenige Menschen könnten sich dann noch einen Theaterbesuch leisten. Die Folge wäre, dass die Theater leer blieben und ein großer Teil von ihnen geschlossen werden müsste.

Aber auch bei öffentlichen Betrieben werden die Einnahmen immer wichtiger. Viele Gemeinden sind inzwischen nämlich so verschuldet, dass sie öffentliche Einrichtungen schließen oder dringend notwendige Baumaßnahmen verschieben müssen. Gefordert wird daher, die Kosten bei den klassischen Verlustbringern der Gemeinden (Büchereien, Museen oder öffentliche Bäder) über die zu zahlenden Gebühren und Eintrittsgelder voll abzudecken. Aber nicht immer ist dies politisch durchsetzbar.

Arbeitsvorschläge

1. Begründen Sie, warum das Unternehmensziel der Gewinnmaximierung für viele öffentliche Betriebe nicht geeignet ist.

2. Nennen Sie die wirtschaftlichen Ziele von Genossenschaften.
3. Erklären Sie die Aussage: „Gewinn ist nicht alles – aber ohne Gewinn ist alles nichts."
4. Um seinen Gewinn zu vergrößern, erhöht der Inhaber einer Autowerkstatt die Stundensätze, die er seinen Kunden in Rechnung stellt, um 20 %. Zeigen Sie mögliche Gefahren dieser Entscheidung auf.
5. Beschreiben Sie die Finanzsituation der einzelnen Bundesländer anhand der Grafik auf der vorhergehenden Seite.

5 Betriebliche Leistungsmaßstäbe

Moment mal!

Die Erfolgsbilanz von vier Betrieben

1. **Boutique**
   - eingesetztes Kapital 115.000,00 €
   - erzielter Gewinn 21.050,00 €

2. **Gaststätte**
   - eingesetztes Kapital 235.400,00 €
   - erzielter Gewinn 13.937,00 €

3. **Fensterfabrik**
   - eingesetztes Kapital 10.625.000,00 €
   - erzielter Gewinn 425.000,00 €

4. **Lackiererei**
   - eingesetztes Kapital 875.600,00 €
   - erzielter Gewinn 61.292,00 €

- Wie sieht sie aus, die Reihenfolge des Erfolgs bei diesen vier Betrieben?
- Welche betrieblichen Leistungsmaßstäbe gibt es?
- Wie werden die Leistungsmaßstäbe rechnerisch ermittelt?

?

Rentabilität

Wer Kapital bei einer Bank anlegt, bekommt dafür Zinsen. Wer stattdessen sein Kapital in einen Betrieb investiert, erwartet einen Gewinn. Umso höher der erzielte Gewinn ist, desto erfolgreicher wurde das Kapital eingesetzt. Ein Erfolgsmaßstab für den Kapitaleinsatz ist die Rentabilität. Mit ihr wird die Verzinsung des Kapitals gemessen, das man in einem Unternehmen eingesetzt hat.
Diese Verzinsung sollte auf jeden Fall besser sein, als wenn ein Kapitalgeber sein Geld risikolos bei einer Bank anlegt und dort Zinsen erhält.

Rentabilität

$$\textbf{Rentabilität} = \frac{\textbf{Gewinn} \cdot \textbf{100}}{\textbf{Kapital}}$$

Beispiel:

- Bäckermeister Griesel erzielte im letzten Jahr einen Gewinn von 100.000,00 €. Das von ihm eingesetzte Kapital betrug 2.000.000,00 €.
  $$\text{Rentabilität (G)} = \frac{100.000 \cdot 100}{2.000.000} = 5\,\%$$
- Bäckermeister Starke arbeitet mit einem moderneren Backofen. Der Gewinn im letzten Jahr betrug 200.000,00 €. Der Kapitaleinsatz hatte die Höhe von 2.500.000,00 €.
  $$\text{Rentabilität (S)} = \frac{200.000 \cdot 100}{2.500.000} = 8\,\%$$

Ergebnis:
Das von Starke eingesetzte Kapital hat sich mit 8 %, das von Griesel dagegen nur mit 5 % verzinst.

Produktivität

Bei der Leistungserstellung kommt es darauf an, möglichst viele Güter mit den vorhandenen Einsatzfaktoren herzustellen. Den betrieblichen Erfolgsmaßstab, durch den dies ausgedrückt wird, bezeichnet man als Produktivität. Er misst die mengenmäßige Ergiebigkeit der Leistungserstellung. Da mehrere Einsatzfaktoren (Arbeitskräfte und Kapital) an der Leistungserstellung beteiligt sind, unterscheidet man verschiedene Arten der Produktivität.

Produktivität

$$\textbf{Arbeitsproduktivität} = \frac{\textbf{Produktionsmenge}}{\textbf{Menge der Beschäftigtenstunden/Beschäftigten}}$$

$$\textbf{Kapitalproduktivität} = \frac{\textbf{Produktionsmenge}}{\textbf{Kapitaleinsatz}}$$

Beispiel zur Produktivitätsberechnung:
In einer Fahrradfabrik wurden im Mai mit 100 Beschäftigten 4.000 Fahrräder des Typs SaturnLux hergestellt. Der Kapitaleinsatz belief sich auf 800.000,00 €. Durch die Anschaffung moderner Maschinen stieg die Produktionsmenge im Juni auf 4.500 Fahrräder und der Kapitaleinsatz erhöhte sich um 40.000,00 €. Die Anzahl der Beschäftigten blieb unverändert.

Monate	Arbeitsproduktivität	Kapitalproduktivität
Mai	$\frac{4.000}{100} = 40$	$\frac{4000}{800.000} = 0{,}005$
Juni	$\frac{4.500}{100} = 45$	$\frac{4500}{840.000} = 0{,}0054$

Ergebnis: Die Produktionsmenge, die je Arbeitskraft hergestellt wird, erhöht sich von 40 auf 45 Stück. Die Produktionsmenge, die je Euro Kapitaleinsatz erzielt wird, steigt um 0,0004 auf 0,0054 Stück.

Zwei Bilder sagen mehr als viele Worte über Produktivitätsfortschritt bei der Güterherstellung:

Lackiererei einer bekannten Automarke im Jahre 1905

Lackiererei derselben Automarke ca. 100 Jahre später

Wirtschaftlichkeit
Die Wirtschaftlichkeit eines Betriebes lässt sich aus dem Verhältnis seiner Leistung zu seinen Kosten ermitteln. Wird die Menge der verkauften Leistungen mit Preisen bewertet, ergibt sich der Erlös. Anders als bei der Produktivität geht es bei der Wirtschaftlichkeit nicht um Produktionsmengen, sondern um den Wert der geschaffenen Leistungen.

Wirtschaftlichkeit

$$\textbf{Wirtschaftlichkeit} = \frac{\textbf{Leistung}}{\textbf{Kosten}}$$

Beispiel der Wirtschaftlichkeit:
Eine Möbelfabrik erzeugte in einer Woche in der Fertigungsstelle Kleinmöbelbau 800 Blumenständer. Die Kosten hierfür beliefen sich auf 24.000,00 €, die Erlöse betrugen 36.000,00 € (Stückerlös 45,00 €).

$$\text{Wirtschaftlichkeit (1)} = \frac{36.000}{24.000} = 1{,}5$$

Aufgrund einer starken Nachfrage wurde die Produktion auf 1.000 Stück pro Woche ausgedehnt. Dazu war es notwendig, einen weiteren Facharbeiter einzustellen und eine leistungsfähigere Hobelmaschine zu kaufen.
Die Kostenbelastung pro Woche stieg auf 28.500,00 €.

$$\text{Wirtschaftlichkeit (2)} = \frac{45.000}{28.500} = 1{,}58$$

Ergebnis: Die Erlöse, die jeweils auf einen Euro Kosten entfallen, stiegen von 1,50 auf 1,58 €.

Das ökonomische Prinzip
Alle betrieblichen Kennziffern haben eine Gemeinsamkeit: Ihnen liegt das ökonomische Prinzip zugrunde. Danach sollten Betriebe ihr Handeln entweder nach dem Minimal- oder dem Maximalprinzip ausrichten.

- **Minimalprinzip:** Es besteht darin eine bestimmte Leistung mit dem geringsten Einsatz von Mitteln zu erreichen.
- **Maximalprinzip:** Es liegt dann vor, wenn mit gegebenen Mitteln eine höchstmögliche Leistung erreicht werden soll.

Das ökonomische Prinzip gilt nicht nur für Betriebe. Auch auf den privaten Bereich der Menschen lässt es sich übertragen.

Beispiele zum ökonomischen Prinzip

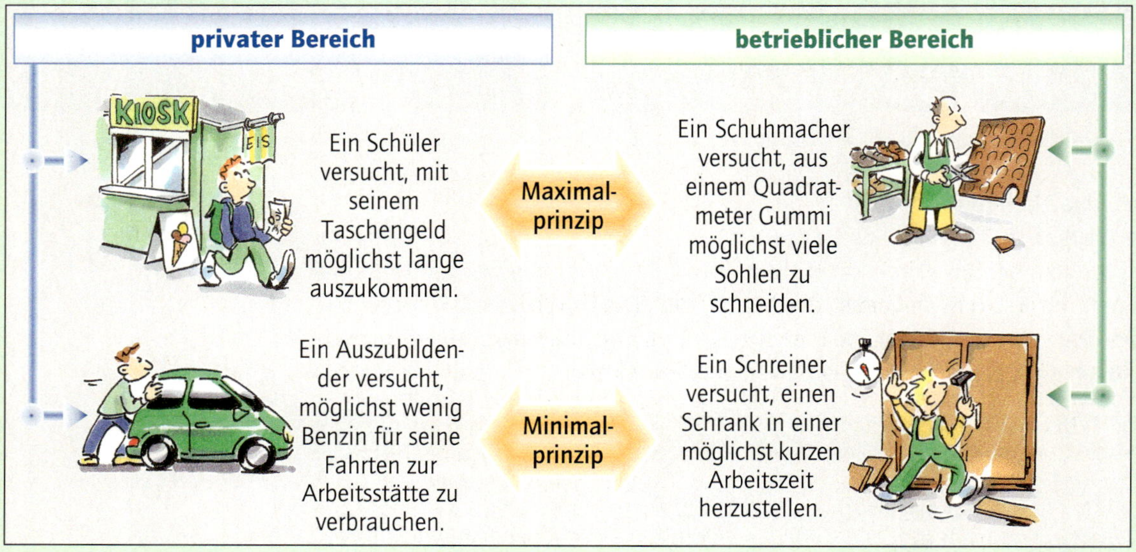

Arbeitsvorschläge

1. Vergleichen Sie die Wirtschaftlichkeitswerte in folgendem Beispiel:
   Betrieb A in Kiel produziert täglich 600 Stück einer Ware und hat dabei eine Kostenbelastung von 4.000,00 €.
   Betrieb B in Köln stellt pro Tag 800 Stück derselben Ware her und rechnet mit Kosten in Höhe von 5.000,00 €.
   Der Stückerlös für A beträgt 20,00 €, derfür B 18,00 €.
2. Betrieb C produziert mit 60 Beschäftigten und einem Kapitaleinsatz von 360.000,00 € 2.700 Stück. Betrieb D benötigt 80 Beschäftigte und 460.000,00 € Kapitaleinsatz, um 3.200 Stück herzustellen.
   Wie hoch sind Arbeits- und Kapitalproduktivität der beiden Betriebe?
3. Ein Handwerksbetrieb erzielte im letzten Jahr bei einem Kapitaleinsatz von 300.000,00 € einen Gewinn von 21.000,00 €. Ermitteln Sie die Rentabilität.
4. Nennen Sie jeweils zwei weitere Beispiele als die oben genannten für das Minimal- und das Maximalprinzip aus dem betrieblichen und dem privaten Bereich.

6 Zusammenschlüsse von Unternehmen

Moment mal!

Vitaminkartell – Rekordbußen wurden verhängt

Jahrelang haben acht führende Vitaminhersteller mit illegalen Absprachen den Markt diktiert. Das kostet sie nun 855 Millionen € – die höchste Buße, die die EU je verhängte.

Preisabsprachen statt Konkurrenz, „Vitamin B“ statt freiem Spiel der Kräfte: Jahrelang hat das funktioniert. Jetzt trifft die acht Kartellsünder das Bußgeld der EU-Wettbewerbshüter. Das Mitleid verdienen deshalb nicht die Unternehmen, sondern ihre Beschäftigten. Schlimmstenfalls wird mit Stellenabbau das Loch in der Kasse gestopft, das Profitsucht gerissen hat. Unternehmen schwören gern auf den freien Wettbewerb. Monopole sind für den aufgeklärten Marktwissenschaftler „pfui“ – es sei denn, er zimmert heimlich selber welche. Mit dieser Doppelmoral lässt sich prächtig verdienen: mit Röhren etwa, mit Graphitelektroden oder Vitaminen. Das Nachsehen haben Konkurrenten, die außen vor bleiben, und Abnehmer, die überhöhte Preise zahlen.

Die Strafen der EU-Kommission gegen Wettbewerbsünder werden immer höher. Man kann hoffen, dass das abschreckt.

(rlp)

- Wie wirken sich Unternehmenszusammenschlüsse aus?
- Welche Arten von Unternehmenszusammenschlüssen sind zu unterscheiden?
- Wie verhält sich der Staat gegenüber Unternehmenszusammenschlüssen?

?

Arten der Unternehmenszusammenschlüsse

Unternehmen schließen sich zusammen, um gemeinsame Ziele zu erreichen. Eine sehr lockere Form des Zusammenschlusses liegt z. B. dann vor, wenn zwei Großbäckereien vereinbaren, ihre technischen Erfahrungen bei der Herstellung von Vollkornbrötchen auszutauschen. Zusammenschlüsse können aber so weit gehen, dass beteiligte Unternehmen ihre Selbstständigkeit total aufgeben. Bei Unternehmenszusammenschlüssen unterscheidet man die folgenden Arten:

Kartell

Kartelle sind Vereinbarungen zwischen gleich- oder verschiedenartigen Unternehmen, die den Zweck verfolgen, den Wettbewerb zwischen ihnen einzuschränken oder ganz zu verhindern.

Kartellbeispiele

Beispiele für wettbewerbsbeschränkende Vereinbarungen gleichartiger Unternehmen

Beispiele	Name
Vier Farbenhersteller treffen Absprachen über gemeinsame Verkaufspreise.	Preiskartell
Fünf Schulmöbelhersteller teilen das Absatzgebiet der Bundesrepublik unter sich auf.	Gebietskartell

Beispiele für wettbewerbsbeschränkende Vereinbarungen verschiedenartiger Unternehmen

Beispiele	Name
Ein Fahrradhersteller vereinbart mit dem Großhändler und den Einzelhändlern die Höhe der jeweiligen Verkaufspreise.	Vertikales Preiskartell bzw. Preisbindung der 2. Hand
Ein Arzneimittelhersteller vereinbart mit den Pharmagroßhändlern bestimmte Apotheken nicht zu beliefern.	Ausschließlichkeitskartell

Wegen ihrer schädlichen Wirkung auf den Wettbewerb sind Kartelle grundsätzlich nach dem Gesetz gegen Wettbewerbsbeschränkungen (GWB) verboten. Die dafür zuständige überwachende Stelle ist das **Kartellamt**. Es spricht bei Vereinbarungen, die den Wettbewerb betreffen, allerdings von vornherein (anders als früher) keine Verbote mehr aus. Den Unternehmen bleibt es vielmehr überlassen, die wettbewerbsbeschränkende Wirkung selbst einzuschätzen. Die Vereinbarungen gelten zunächst einmal als legal. Das ist aber nur dann der Fall, wenn sie bestimmte Bedingungen erfüllen. So werden z. B. Vereinbarungen vom Kartellamt akzeptiert, wenn sie zur Förderung des technischen und wirtschaftlichen Fortschritts beitragen.
Hierzu zwei Beispiele:

- **Beispiel Förderung des technischen Fortschritts:** Zwei Autohersteller vereinbaren, gemeinsam einen serienreifen Hybridmotor zu entwickeln, um den Energieverbrauch zu senken.
- **Beispiel Förderung des wirtschaftlichen Fortschritts:** Zwei Großbäckereien vereinbaren, ihre Getreidebestellungen zu bündeln, um dadurch ihre Produkte günstiger kalkulieren zu können.

Interessengemeinschaft

Die Interessengemeinschaft ist ein Zusammenschluss gleich- oder verschiedenartiger Unternehmungen, die rechtlich selbstständig bleiben. Ihre wirtschaftliche Selbstständigkeit wird in einem größeren Maße als beim Kartell aufgegeben.

Die gemeinsamen Interessen, die die beteiligten Unternehmen verfolgen, können u. a. darin bestehen,
- eine gemeinsame Verwaltung einzurichten,
- die Forschungs- und Entwicklungsarbeiten gemeinsam zu betreiben,
- das Produktionsprogramm aufeinander abzustimmen,
- technische Erfahrungen auszutauschen,
- gegenseitig Erzeugnisse abzunehmen.

Arbeitsgemeinschaft (Arge)

Arbeitsgemeinschaften sind Zusammenschlüsse verschiedener Unternehmen zur gemeinsamen Durchführung eines Auftrages. Zusammenschlüsse dieser Art sind vor allem bei solchen Großprojekten anzutreffen, die von einem einzelnen Unternehmen nicht durchgeführt werden könnten. Vor allem in der Bauwirtschaft z. B. beim Bau von Autobahnen, Kraftwerken oder auch Schulzentren werden häufig Arbeitsgemeinschaften gebildet. Der Zusammenschluss der Firmen ist nur für eine bestimmte Zeit vorgesehen. Er endet mit der Durchführung des gemeinsamen Auftrags.
Rechtlich bleiben die Mitglieder der Arbeitsgemeinschaft eigenständige Unternehmen, deren wirtschaftliche Selbstständigkeit aber für eine gewisse Zeit eingeschränkt wird.

Konzern

Schließen sich Unternehmen unter einer einheitlichen Leitung zusammen, so entsteht ein Konzern. Die Obergesellschaft ist dabei häufig eine Dachgesellschaft (Holdinggesellschaft), die nur die angeschlossenen Unternehmen verwaltet. Die beteiligten Unternehmen bleiben rechtlich selbstständig, aber ihre wirtschaftliche Selbstständigkeit geht ganz oder teilweise verloren.

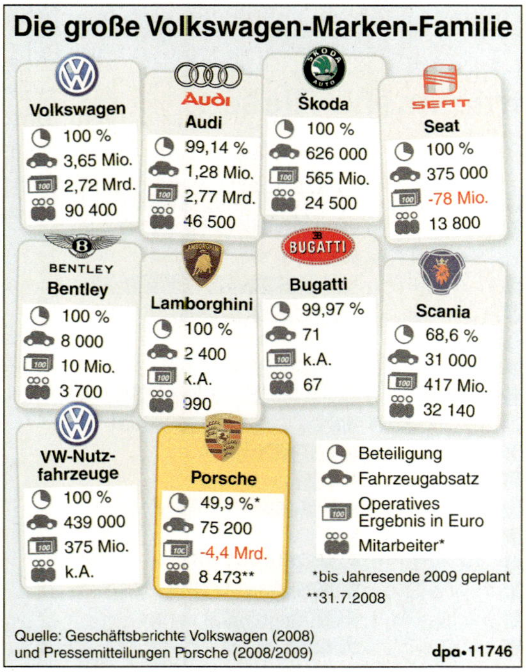

Beispiel: Der Volkswagen-Konzern besteht aus einer Vielzahl von Töchtern. Die einzelnen Marken sind zwar rechtlich selbstständig, die entscheidende Geschäftspolitik wird aber vom Vorstand des Volkswagen-Konzerns in Wolfsburg gemacht. Wie das Beispiel zeigt, kommen Konzerne z. B. zustande, indem ein herrschendes Unternehmen Aktienmehrheiten an den zu beherrschenden Töchtern erwirbt. Große Konzerne, wie z. B. der Allianz-Versicherungskonzern, weisen häufig noch zusätzlich ein Geflecht von kleineren Beteiligungen an anderen Unternehmen auf.

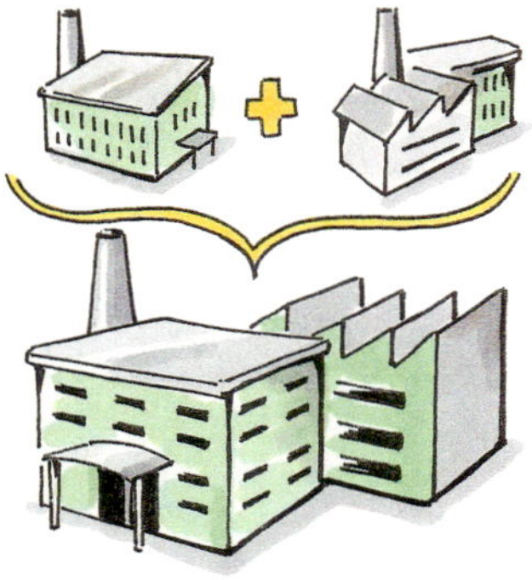

Trust
Der Trust ist ein Zusammenschluss von Unternehmen, die ihre rechtliche und wirtschaftliche Selbstständigkeit ganz aufgeben. Durch **Verschmelzung** (Fusion) der beteiligten Betriebe wird ein neues Unternehmen gebildet.

Beispiel: Ein Stahlwerk (A) und eine Metallwarenfabrik (B) bringen ihr gesamtes Vermögen gegen Gewährung von Aktien in eine neugegründete Gesellschaft (C) ein. Die bisherigen Betriebe hören damit auf zu bestehen.

Auswirkungen von Unternehmenszusammenschlüssen (Konzentration)
Die einzelnen Konzentrationsarten haben unterschiedliche Auswirkungen auf den Wettbewerb.
Folgende **Pro- und Kontra-Argumente** sind zu nennen:

Für eine Konzentration spricht, dass Großunternehmen
- sich aufwändige Forschungsprojekte leisten können;
- ihre Produkte durch Fertigung großer Stückzahlen kostengünstiger herstellen können;
- im internationalen Konkurrenzkampf eher bestehen können als kleinere Unternehmen.

Gegen eine Konzentration spricht, dass Großunternehmen
- neben wirtschaftlicher Macht auch politische Macht ausüben können;
- ihre Macht benutzen können, um überhöhte Produktpreise zu verlangen;
- auf veränderte Nachfragegewohnheiten häufig schwerfälliger reagieren;
- nur noch einem verminderten Wettbewerb ausgesetzt sind, was für die beteiligten Unternehmen positiv ist, aber für den Kunden auch negativ sein kann;
- nach erfolgten Zusammenschlüssen nicht selten Arbeitskräfte freisetzen.

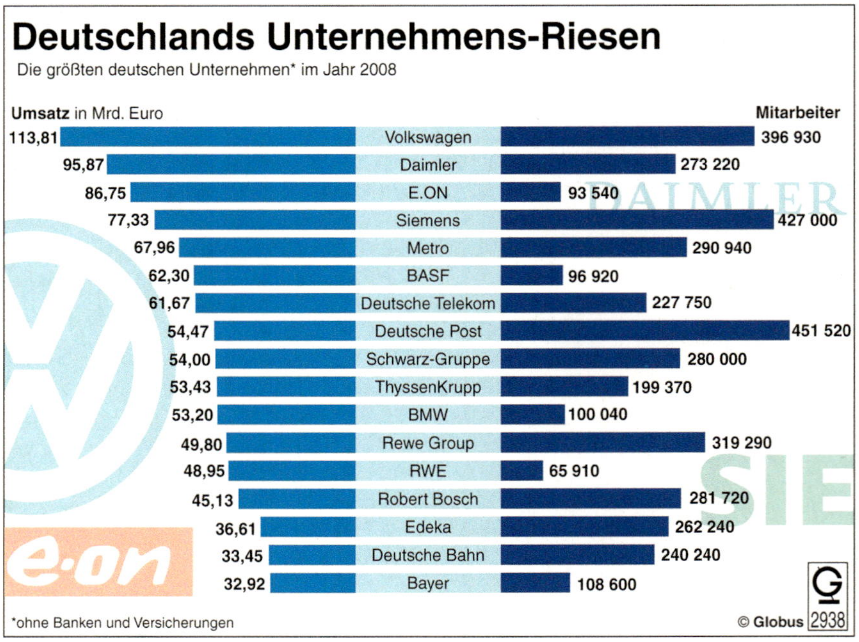

Das Gesetz gegen Wettbewerbsbeschränkung (GWB)
Aufgabe dieses Gesetzes ist es, den Wettbewerb zwischen den Unternehmen zu fördern oder zu erhalten. Es enthält u. a. folgende Bestimmungen:

- Kartelle sind grundsätzlich verboten. Eine Ausnahme von diesem grundsätzlichen Verbot bilden die Mittelstandskartelle.
- Unternehmenszusammenschlüsse sind verboten, wenn der Markt durch die beteiligten Firmen beherrscht würde.
- Missbräuchliche Verhaltensweisen, wie z. B. Aufforderungen von befreundeten Unternehmungen zum Lieferboykott gegenüber Konkurrenten, sind verboten.
- Ein Verbot besteht auch für aufeinander abgestimmte Verhaltensweisen von Unternehmen.

Verstöße gegen die Bestimmungen des GWB können von den Kartellbehörden durch Festsetzung eines Bußgeldes geahndet werden.
Beispiel: Das Bundeskartellamt hat bisher gegen 33 Unternehmen der Fahrbahnmarkierungsbranche und 21 verantwortliche Personen aus diesen Unternehmen Geldbußen in Höhe von 12,5 Mio. Euro verhängt. Die betroffenen Unternehmen haben seit vielen Jahren kartellrechtswidrige Absprachen bei Ausschreibungen von Straßenmarkierungsarbeiten durch die öffentliche Hand getroffen. Dabei wurden jeweils der Mindestbieter festgelegt und höhere Schutzangebote der übrigen Bieter vereinbart.

Arbeitsvorschläge

1. Warum hat die EU-Kommission Bußgelder gegen die Vitaminkartelle verhängt?
2. Unterscheiden Sie „Kartell" und „Konzern".
3. Ordnen Sie die Unternehmenszusammenschlüsse Trust, Kartell, Interessengemeinschaft, Arbeitsgemeinschaft und Konzern nach dem Merkmal der abnehmenden Selbstständigkeit.
4. Erklären Sie die folgende Karikatur.

5. Nennen Sie Argumente für und gegen Unternehmenskonzentrationen.
6. Welche Arten von Unternehmenszusammenschlüssen liegen in den folgenden Fällen vor?
   a) Unternehmen der Textilindustrie bringen ihr gesamtes Vermögen in eine neue Gesellschaft ein und erhalten hierfür Aktien.
   b) Ein Großbetrieb der Zigarettenindustrie erwirbt eine Aktienmehrheit an zwei kleineren Tabakherstellern. Es kommt zu einer einheitlichen Leitung.
   c) Verschiedene Hüttenwerke teilen das Absatzgebiet Bundesrepublik Deutschland unter sich auf.

Arbeitsvorschläge zur Wiederholung und Prüfungsvorbereitung (Kapitel 1–6)

1. Bei der Produktion von Gütern werden auch Roh- Hilfs- und Betriebsstoffe benötigt. Nennen Sie Beispiele für diese drei Stoffarten, die bei der Herstellung von Schuhen benötigt werden.
2. In einer Betriebsversammlung fällt die Aussage, dass die Personalbeschaffung effektiver organisiert werden soll. Nennen Sie Tätigkeiten, die im Rahmen der Personalbeschaffung anfallen.
3. Unterscheiden Sie zwischen der Einzel- und der Massenfertigung.
4. Schreinermeister Wacker behauptet in einer Diskussion: „Marketing, das ist doch nur was für die Großbetriebe. Für uns Kleine kostet das doch nur was und bringt nichts“. Nehmen Sie hierzu Stellung.
5. Ein Motorrad des Typs Cross-Krad XL befindet sich in der Sättigungsphase. Beschreiben Sie, was das für den Absatz des Produkts bedeutet.
6. Immer wieder wird behauptet, um einen Markt zu beeinflussen, muss er erst erforscht werden. Was bedeutet dies?
7. Unterscheiden Sie zwischen einer Kredit- und einer Beteiligungsfinanzierung.
8. Statt Maschinen und Fahrzeuge zu kaufen, werden sie häufig geleast. Welchen Vorteil hat dies für die Betriebe?
9. Stellen Sie einen logischen Zusammenhang her zwischen Finanzierung und Investition.
10. Um die Spannung zwischen den betrieblichen Aufgaben Warenbeschaffung, Produktion und Absatz auszugleichen, benötigt man die Lagerhaltung. Erklären Sie, wie diese Ausgleichsfunktion der Lagerhaltung zu erklären ist.
11. Ergänzen Sie die folgende Kostentabelle in Ihrem Heft:
12. Unternehmen erwirtschaften Gewinne. Für welche Zwecke werden diese hauptsächlich verwendet?
13. Frisörmeisterin Carmen Sanchez erzielte mit ihrem Salon im letzten Jahr mit einem Kapitaleinsatz von 275.800,00 € einen Gewinn von 32.300,00 €.
    a) Ermitteln Sie die Rentabilität.
    b) Beurteilen Sie den Erfolg von Carmen Sanchez.
14. Viele von Ihnen besitzen sicher schon ein Auto und klagen über die hohen Energiepreise. Formulieren Sie zu diesem Thema jeweils ein Beispiel zum Minimal- und Maximalprinzip.
15. Immer wieder ist in den Medien zu hören, dass die Arbeitsproduktivität in deutschen Unternehmen noch gesteigert werden müsste, um auf Dauer wettbewerbsfähig gegenüber der ausländischen Konkurrenz zu bleiben. Machen Sie drei Vorschläge die dazu dienen könnten, die Arbeitsproduktivität zu verbessern.
16. Die Maschinenbaufirma Kunold OHG hat ihr Ziel für dieses Jahr erreicht. Es ist ihr gelungen, die Wirtschaftlichkeit, die letztes Jahr noch einen Wert von 1,9 hatte, dieses Jahr auf 2,25 zu steigern. Erklären Sie den Begriff der Wirtschaftlichkeit.
17. Konzerne sind mächtige Gebilde der Wirtschaft.
    a) Was ist ein Konzern?
    b) Wie entsteht ein Konzern?
    c) Nennen Sie drei Beispiele von Konzernen.
18. An großen Baustellen findet man häufig Schilder, auf denen die Bezeichnung „Arge“ zu lesen ist. Um welche Art von Unternehmenszusammenschluss handelt es sich hierbei?

Herstellungsmenge	variable Kosten	fixe Kosten	Gesamtkosten	Stückkosten
5	250,00 €	5.000,00 €	?	?
10	?	?	?	?
15	?	?	?	?
20	?	?	?	?

7 Existenzgründung

Moment mal!

Mark Rohde hat es geschafft. Seine Facharbeiterprüfung als Zweiradmechaniker in der Fachrichtung Fahrradtechnik hat er mit „gut" bestanden. Aber neben seiner Freude über sein gutes Abschneiden gibt es auch Sorgen. Nach seiner Ausbildung soll er nicht von seiner Firma übernommen werden.

„Arbeitslos? – Nicht mit mir!", schwor sich Mark und bewarb sich zigmal. Leider mit wenig Erfolg. Spontan hatte er eine ganz andere Idee, die ihn nicht mehr loslässt.

„Ich mache mich selbstständig", verrät er seiner Freundin Anne und fährt fort: „Da bin ich mein eigener Herr, kann selbst bestimmen, was ich mache und verdiene auch noch richtig viel Geld, wenn es läuft".

„Ja, wenn es läuft", entgegnet Anne und ergänzt: „Und was ist, wenn nicht?" „Das schaffe ich", erwidert Mark. „Denn erstens lasse ich mich gut beraten und zweitens habe ich eine wirklich vielversprechende Idee, du wirst staunen", schwärmt Mark und fährt fort: „Das Wichtigste, um sich selbstständig zu machen, ist nämlich eine gute Geschäftsidee!"

- Wie kann man eine Geschäftsidee umsetzen?
- Warum muss ein Gründer einen Geschäftsplan erstellen?
- Was soll ein Geschäftsplan beinhalten?

?

7.1 Von der Geschäftsidee zum Businessplan

Am Anfang ist die Geschäftsidee ...
Mark Rohde hat eine Idee, von der er überzeugt ist, dass er sie mit einer Unternehmung erfolgreich umsetzen kann:

Er beobachtet, dass in Hamburg immer mehr Leute mit dem Fahrrad zur Arbeit fahren. „In letzter Zeit habe ich schon dreimal morgens einem anderen bei einer Panne geholfen. Die Leute haben auf dem Weg zur Arbeit kein Werkzeug und keine Handschuhe dabei und können sich so nicht helfen, selbst wenn nur mal die Kette abgesprungen ist. Wenn sie das Fahrrad bis zur Arbeit schieben, kommen sie zu spät. Einfach irgendwo stehen lassen

können sie das Fahrrad auch nicht. Außerdem haben sie keine Zeit, denn sie müssen zur Arbeit. Doch was sollen sie machen? Dann können sie mich anrufen, und ich komme mit meiner mobilen Fahrradwerkstatt. Kleine Pannen repariere ich sofort, so können die Kunden nach kurzer Zeit weiterfahren. Bei größeren Reparaturen müssen sie mit dem Taxi zur Arbeit fahren. Ich repariere das Fahrrad und bringe es zu ihrer Arbeitsstelle, sodass sie abends wieder damit nach Hause fahren können."

Die Bedeutung der Geschäftsidee

Ohne Idee keine Existenzgründung – so einfach und doch so bedeutungsvoll lässt sich der erste Schritt einer Existenzgründung auf den Punkt bringen. Viele Existenzgründer verkennen diese Tatsache. Sie sehen nicht, dass dem Prozess der Ideengewinnung noch viele Schritte folgen müssen, in denen sie harten Prüfungen unterzogen werden, bis die Idee schließlich als ausgereiftes Geschäftskonzept Aussicht auf Markterfolg und Finanzierung hat.

Viele Fragen im Zusammenhang mit der Geschäftsidee sind von großer Bedeutung:

- Was ist das Neue oder das Besondere an der Geschäftsidee?
- Welche Kunden werden damit angesprochen?
- Welche Kundenbedürfnisse werden erfüllt?
- Welches Produkt/welche Leistung soll hergestellt oder verkauft werden?
- Welchen (zusätzlichen) Nutzen hat der Kunde durch das neue Angebot? (Es wäre gut, wenn es sich um einen Nutzen handelte, den er bisher noch nicht hatte.)
- Wie soll das Produkt oder die Leistung hergestellt werden?
- Welche Voraussetzungen müssen bis zum Start noch erfüllt werden?
- Muss ein Patent oder ein anderes Schutzrecht beantragt werden?

Mark Rohde hat die Geschäftsidee, einen Fahrradladen zu gründen. „Aber die Idee", so erkennt er bald, „ist eine Sache und sie erfolgreich in der Praxis umzusetzen eine ganz andere." Viele gut durchdachte und aufeinander abgestimmte Planungsschritte sind notwendig, um ein schlüssiges Gründungskonzept zu erstellen. Wenn Jungunternehmer scheitern, so hat Mark schon bei einem Vortrag gehört, ist das sehr häufig auf Planungsfehler im Vorfeld der Gründung zurückzuführen. Fachleute kennen diese Gefahren und verlangen deshalb von jedem Gründer einen sogenannten **Businessplan** (Geschäftsplan).

Ein Businessplan gibt Auskunft über alle wesentlichen Aspekte des zu gründenden Unternehmens. Er ist ein Check-up der Gründungsidee. Sei es die Gründungsidee selbst, die Qualifikationen der Gründer, die wirtschaftlichen Gegebenheiten oder die rechtlichen Rahmenbedingungen, alle Details zu diesen Bereichen sollten in einem Businessplan auftauchen. Durch die Beschäftigung mit dem Plan wird der Gründer gezwungen, alle Aspekte der Gründung zu durchdenken, um mögliche Schwachpunkte in seinem Vorhaben zu erkennen. Der Businessplan ist auch die Eintrittskarte für die Kapitalbeschaffung. Mögliche Investoren, wie z. B. Banken, unterziehen das Gründungsprojekt anhand der Planung einer sorgfältigen Überprüfung. Erst wenn dieser Härtetest bestanden wurde, kann auch Geld fließen.

Businessplan

Wesen: Check-up der Gründungsidee

Ein Businessplan enthält Informationen über ...

persönliche Eigenschaften des Gründers	wirtschaftliche Gegebenheiten	rechtliche Rahmenbedingungen
Beispiel: Über welche Qualifikationen verfügt der Gründer?	Beispiel: Welche Kundenkreise sollen angesprochen werden?	Beispiel: Welche Rechtsform soll gewählt werden?

Rat und Hilfe sind bei der Erstellung eines Businessplans unverzichtbar. Es gibt eine ganze Reihe von Hilfsangeboten, die die Existenzgründer in dieser Phase unterstützen. Allen voran sind hier die Kammern zu nennen.
Mit der Unterstützung von Herrn Dr. Koch, dem Gründungsexperten bei der örtlichen Industrie- und Handelskammer, versucht Mark Rohde, für sich einen Businessplan zu erstellen.
Folgende Fragen sind von ihm zu beantworten (Auswahl):

Fragen an den Businessplan

Aufgabenbereiche	Was interessiert einen möglichen Kapitalgeber?
Geschäftsidee	Worin besteht die Geschäftsidee? Wo liegen die Risiken Ihrer Idee?
Gründerperson	Über welche Qualifikationen verfügen Sie? Haben Sie Erfolg in dieser Branche?
Markteinschätzung	Welche Kunden wollen Sie ansprechen? Wie groß ist die Kaufkraft dieser Kunden? Mit welchen Werbemaßnahmen wollen Sie die Kunden erreichen?
Konkurrenzsituation	Wer sind Ihre Konkurrenten? Worin besteht Ihr Wettbewerbsvorteil?
Standort	Wo befindet sich ein Erfolg versprechender Standort für Ihre Produkte? Welche Art und Größe von Gewerbefläche benötigen Sie?
Rechtsform	Welche Rechtsform soll Ihr Unternehmen haben? Welche Vorteile hat diese Rechtsform für Sie?
Finanzierung	Wie groß ist Ihr Kapitalbedarf? Wie wollen Sie den Kapitalbedarf finanzieren?

7.2 Gründungsvoraussetzungen

Träumen ist erlaubt, und das gilt natürlich auch für Mark Rohde, wenn er sich ausmalt, als erfolgreicher Geschäftsmann sein eigener Herr zu sein und von anderen beneidet zu werden. Ein Hinweis von dem Unternehmensberater Dr. Koch, dass fast jeder zweite Existenzgründer scheitert, bringt Mark auf den Boden der Tatsachen zurück. „Erfolg zu erzielen", so erklärt Dr. Koch, „ist eine ausgesprochen schweißtreibende Angelegenheit und muss hart erarbeitet werden. Existenzgründer", so betont er, „nehmen an keinem Sonntagsspaziergang teil, sondern lassen sich auf eine anstrengende Bergwanderung ein."
Die führt nur über eine gute Geschäftsidee zum Ziel. Außerdem sind bestimmte persönliche Fähigkeiten des Gründers unverzichtbar. „Und selbstverständlich", so Dr. Koch, „geht es nicht ohne Kapital, und auch der Standort muss stimmen. Nicht zu vergessen sind die rechtlichen Vorgaben, die von Ihnen als Existenzgründer zu beachten sind."

7.2.1 Persönliche Voraussetzungen

Mark sucht schließlich die Beratungsstelle für Unternehmungsgründungen bei der örtlichen Handwerkskammer auf. Herr Dr. Koch, der zuständige Sachbearbeiter, überrascht ihn mit der Frage: „Sind Sie überhaupt ein Unternehmertyp?" Mark fragt erstaunt: „Was ist denn das, und woher soll ich es wissen?"
Wer ein Unternehmen gründen will, sollte nach Ansicht von Experten über folgende Eigenschaften verfügen:

- **Schwungkraft** (arbeitet mit Energie, lässt sich nicht leicht entmutigen, hat den Drang, Dinge erledigen zu wollen)
- **Führungseigenschaften** (leitet und spornt andere an, andere sind ihm gegenüber loyal und zur Mitarbeit bereit)
- **Organisationstalent** (guter Verwalter und Koordinator von Arbeiten, kann Aufgaben übertragen)
- **geistige Anlagen** (Fähigkeit zur Analyse, nüchternes Urteilsvermögen)
- **Initiative** (erkennt sich bietende Chancen, fängt selbst Neues an)
- **Motivation** (geht nachdrücklich und realistisch auf wohlvorbereitete Ziele zu, regt Mitarbeiter zur Leistung an)
- **schöpferische Kraft** (originelle Ideen, fasst Probleme unter neuen Gesichtspunkten an)

7.2.2 Wirtschaftliche Voraussetzungen

Die Standortwahl: Standortfaktoren am Beispiel eines Fahrradladens

Welcher Standort für einen Betrieb der richtige ist, hängt maßgeblich von seinen Eigenarten ab. Jeder Gründer sollte versuchen, den Standort zu finden, der seine Zielsetzung und die betrieblichen Eigenarten am besten unterstützt und fördert.
Einzelhandels-, aber auch Dienstleistungsbetriebe sind z. B. in ihrer Existenz sehr stark von Laufkundschaft abhängig. Der Einzugsbereich des Standorts sollte deshalb eine wichtige Entscheidungsgrundlage bilden.

Wie weit ist der Einzugsbereich des Standortes?

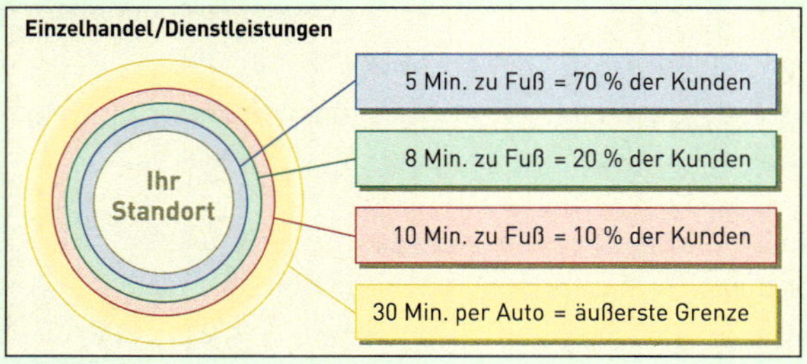

(Quelle: BMWI (Hrsg.), Gründerzeiten, Heft 42, Standortwahl, S. 2)

Auf welche Gegebenheiten sollte Mark Rohde im Einzelnen achten, wenn er eine **Standortanalyse** für seinen geplanten Fahrradladen vornimmt? Die folgende **Checkliste** kann ihm dabei helfen:

Checkliste zur Standortanalyse

Nr.	Standortfaktoren für einen Fahrradladen	Bewertung	
		ja	nein
1	Liegt der Standort in einer Fußgängerzone oder an einer belebten Einkaufsstraße?		
2	Ist der Standort mit öffentlichen Verkehrsmitteln bequem zu erreichen?		
3	Sind genug Parkmöglichkeiten für Kunden und evtl. Mitarbeiter vorhanden?		
4	Sind Zufahrtsmöglichkeiten für Pkws und Lkws zur Warenauffüllung vorhanden?		
5	Befinden sich im näheren Umkreis des infrage kommenden Standorts Geschäfte anderer Branchen mit regem Publikumsverkehr?		
6	Befindet sich der nächstgelegene Mitbewerber in einer unbedenklichen Entfernung zum geplanten Standort?		
7	Verlaufen in der näheren Umgebung keine Geschäftsstraßen, die eine deutlich bessere Standortqualität bedeuten würden?		
8	Reichen Größe und Grundriss der Betriebsstätte für den Unternehmenszweck aus?		
9	Entspricht die Miet- und Nebenkostenhöhe dem aktuellen Niveau?		
10	Ist der Standort auch langfristig gesichert?		
11	Gibt es regionale Fördermittel von der Standortgemeinde?		
12	Ist die Ausstattung der Räume mit Heizungsanlage und Wärmeschutzmaßnahmen usw. ausreichend?		
	Summe der Ja- und Nein-Stimmen		

Gibt es viele Kunden?

Sind Parkplätze vorhanden?

Passt die Größe der Betriebsstätte?

Allgemeine Standortfaktoren

Wie bereits dargestellt, sind für Einzelhandels- und Dienstleistungsbetriebe die am Geschäftsort vorhandenen Absatzmöglichkeiten der maßgebende Standortfaktor. Für Betriebe anderer Branchen sind auch andere Faktoren entscheidend. Einen Überblick vermittelt die folgende Darstellung:

Standortfaktoren und ihre Bedeutung		
Arbeitskräfte	Standort ist abhängig von Zahl, Kosten und Qualifikation der Arbeitskräfte.	Betriebe, die qualifizierte Arbeitskräfte in großer Zahl benötigen, wählen ihren Standort dort, wo ein entsprechendes Angebot vorhanden ist. Dies trifft z. B. auf Betriebe der optischen und feinmechanischen Industrie zu. Auch Lohnkostenunterschiede können für eine Standortwahl entscheidend sein. Häufig werden deshalb ländliche Gegenden oder sogar Billiglohnländer als Standort gewählt. Dies ist z. B. der Fall bei vielen Betrieben der Textilindustrie.
Absatzmöglichkeiten	Standort ist abhängig von Absatzgebieten.	Betriebe, die absatzorientiert sind, richten sich bei ihrer Standortentscheidung nach ihrem Hauptabsatzgebiet. Einzelhandels- und Dienstleistungsbetriebe findet man so z. B. häufig in den Ballungsgebieten und Supermärkte in Kundennähe am Stadtrand. Auch so mancher Zulieferbetrieb hat sich für den Standort in der Nähe seines Hauptabnehmers (z. B. Automobilwerk) entschieden.
Rohstoffvorkommen	Standort ist abhängig von Rohstoffvorkommen.	Rohstoff gewinnende Betriebe wie z. B. Bergwerke und Kiesgruben sind an Standorte gebunden, an denen die Rohstoffe vorkommen. Betriebe, die schwere Rohstoffe verarbeiten (z. B. Hüttenwerke, Zuckerfabriken), wählen einen Standort in der Nähe der Rohstoffquelle, um die Transportkosten so relativ niedrig zu halten.
Verkehrsverhältnisse	Standort ist abhängig von günstigen Verkehrsverhältnissen.	Auf günstige Verkehrsverhältnisse müssen Betriebe achten, die mit ihren Waren einen großen Kundenkreis über weite Entfernungen beliefern. Auch die Zusammenarbeit mit vielen Zulieferern erfordert einen Standort, der verkehrstechnisch gut zu erreichen ist. Automobilwerke, Kohlekraftwerke und Ölraffinerien sind Beispiele für verkehrsorientierte Betriebe.
landschaftliche und klimatische Gegebenheiten	Standort ist abhängig vom Freizeitwert.	Betriebe, die hoch spezialisierte Fachleute benötigen, wählen immer häufiger Standorte in Gegenden, die einen hohen Freizeitwert haben. Die Bereitschaft dieser Menschen, hier zu arbeiten, ist einfach höher als in landschaftlich oder klimatisch benachteiligten Gegenden. Beispiele hierfür sind die Betriebsgründungen aus dem Hightechbereich in München und am Bodensee.

Finanzielle Voraussetzungen

Wer sich mit dem Gedanken trägt, sich selbstständig zu machen und über keine eigenen Mittel verfügt, sollte schnell wieder die Absicht aufgeben. Ohne dass Eigenmittel vorhanden sind, ist kein Kapitalgeber bereit, Geld in ein Gründungsprojekt zu investieren. Banken vergeben z. B. nur dann Kredite, wenn mindestens eine 15 – 20 %-ige Eigenbeteiligung durch den Gründer nachgewiesen werden kann. Generell gilt die Faustregel: Je mehr eigenes Geld vorhanden ist, desto leichter verlaufen die Kreditbedingungen und umso günstiger sind auch die Kreditverhandlungen. Eine zu schmale Eigenkapitalbasis zählt im Übrigen auch zu den häufigsten Ursachen für Firmenpleiten bei Unternehmensgründern.

Mark Rohde könnte in sein geplantes Unternehmen folgende Eigenmittel bzw. Werte einbringen:

Übersicht über Eigenmittel

Eigenmittel bzw. Werte, die der Finanzierung dienen können

- Sparguthaben ______ €
- Festgeld ______ €
- Wertpapiere ______ €
- Eigenleistung (z. B. beim Renovieren der Verkaufsräume) ______ €
- Sacheinlagen (z. B. in Form eines schon vorhandenen PC) ______ €
- Gelder aus Hypothek auf privates Wohnhaus ______ €
- Gelder von Eltern ______ €

Summe ? €

Summe der eingebrachten Werte wird bei Betriebsgründung zum Eigenkapital des Unternehmens

In den allermeisten Fällen können Unternehmensgründer nur einen Bruchteil des Geldes aufbringen, das sie für die Gründungs- und Anlaufphase benötigen. Um die fehlenden Summen zu beschaffen, gibt es verschiedene Möglichkeiten.

Beispiele:

- Aufnahme von Gesellschaftern
- Inanspruchnahme von Lieferantenkrediten
- Darlehen von Banken

Öffentliche Fördermittel sind eine weitere Möglichkeit, an Fremdkapital zu kommen. Eine Vielzahl von Förderprogrammen gibt es inzwischen. Die häufigste Form der öffentlichen Förderung stellt der zinsgünstige Kredit dar. Die überlassenen finanziellen Mittel werden von öffentlichen Stellen subventioniert. Sie sind mit Zinssätzen ausgestattet, die häufig deutlich unter denen der Hausbank liegen. Außerdem sind sie für eine Dauer von acht bis zehn Jahren festgeschrieben. Viele Programme sehen vor, dass die Kredite in den ersten Jahren tilgungsfrei gestaltet sind. Denkbar ist auch, dass der Existenzgründer in den Genuss von staatlichen Zuschüssen kommt. Sie sind abhängig von dem jeweiligen Förderprogramm. Im Gegensatz zu Krediten entfällt bei Zuschüssen die Rückzahlung.

Im Internet gibt es seit einigen Jahren eine Förderdatenbank des Bundes unter der Adresse www.bmwi.de. Sie hilft bei der Suche nach Förderprogrammen.

Eine erste Adresse für die Förderung von Existenzgründern ist die KfW-Mittelstandsbank, die ein neues Förderprogramm aufgelegt hat: das Programm StartGeld.

Diese Bank gehört zu der öffentlichen KfW-Bankengruppe. Sie bündelt Angebote für Gründer sowie kleine und mittlere Unternehmen. Das Startgeld ab 2008 soll alle Formen einer Existenzgründung unterstützen, die einen dauerhaften wirtschaftlichen Erfolg erwarten lassen. Mitfinanziert werden auch Grundstücke, Maschinen, Erstausstattung des Lagers oder Betriebsmittel. Interessierte erhalten Informationen unter Tel.: 01801/24 11 24 oder unter www.kfw-mittelstandsbank.de

Um ihren Finanzbedarf zu senken, können Existenzgründer sich auch dafür entscheiden, die benötigten Investitionsgüter für einen längeren Zeitraum zu leasen statt zu kaufen. Beim Leasing handelt es sich um eine besondere Form des Mietens. Die zu zahlenden Leasingraten lassen sich über die gesamte Mietzeit verteilen. Der Leasingnehmer ist allerdings nicht Eigentümer, sondern nur Besitzer einer Sache.

Leasinggeschäfte entstehen durch einen Leasingvertrag. Dieser wird zwischen dem Leasinggeber und dem Leasingnehmer (Kunde) geschlossen. Der Leasinggeber kann entweder der Hersteller bzw. Händler eines Produktes sein oder eine spezielle Leasingfirma betreiben.

Möchte Mark Rohde für seinen Betrieb ein Fahrzeug leasen und ist eine spezielle Leasingfirma (indirektes Leasing) in die Vertragsbeziehungen einbezogen, so ergibt sich folgender Ablauf:

Übersicht über den Ablauf von Leasing

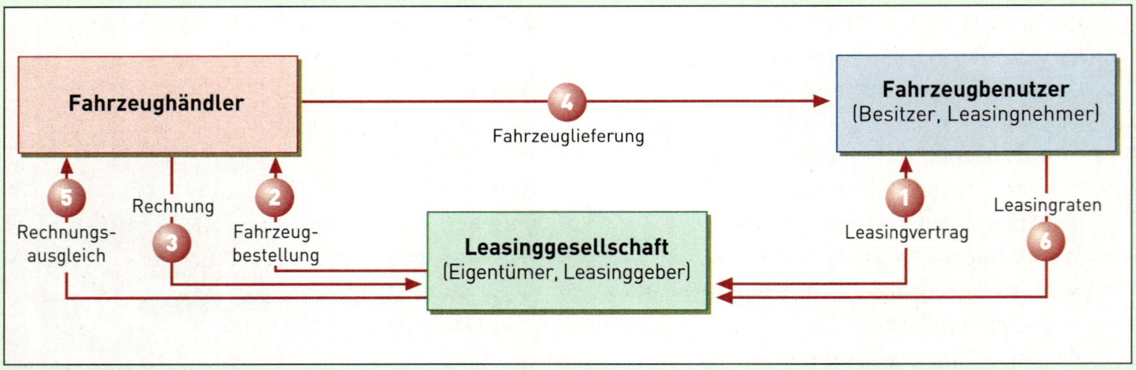

7.2.3 Rechtliche Voraussetzungen

Wer einen Betrieb gründen will, muss eine Reihe von rechtlichen Voraussetzungen beachten:

- Wer einen Handwerksbetrieb führen möchte, muss vorher die Meisterprüfung bestanden haben. Dies gilt aber nur für solche Betriebe, deren Leistungen besondere Sicherheitsbedürfnisse erfüllen müssen, wie z. B. Kfz-Betriebe und Zahnlabors.
- Der Betriebsinhaber muss im Normalfall voll geschäftsfähig sein.
- Die Eröffnung eines Betriebes muss der zuständigen Ortsbehörde (Gewerbeamt) angezeigt werden. Dies geschieht durch eine Gewerbeanzeige.

- Betriebe, die im Interesse der Öffentlichkeit nicht ohne spezielle Sachkenntnis betrieben werden können, bedürfen zu ihrer Gründung einer besonderen Genehmigung. Dies gilt z. B. für Banken, Versicherungen, Apotheken.
- Betriebe, die wegen ihrer Gefährlichkeit besonders zu überwachen sind (z. B. chemische Fabriken, Kernkraftwerke), bedürfen ebenfalls einer besonderen behördlichen Genehmigung.
- Betriebe müssen von den Gründern bei verschiedenen Stellen angemeldet werden. Im Einzelnen sind das: Gewerbeamt, Finanzamt, Berufsgenossenschaft, Handwerks- oder Industrie- und Handelskammer, Handelsregister, Krankenkasse.

Arbeitsvorschläge

1. Beschreiben Sie das Besondere an der Geschäftsidee von Mark Rohde.
2. Welches Kundenbedürfnis wird mit dieser Idee befriedigt?
3. Warum sollte jeder Firmengründer einen Businessplan aufstellen?
4. Für Mark Rohde wird es ernst. Ein Businessplan soll unter Mithilfe von Dr. Koch, dem zuständigen Gründungsberater bei der IHK, aufgestellt werden. Und Mark beginnt, seine Geschäftsidee vorzustellen: „Also, ich hab da eine ganz fantastische Idee, wie man mit einem Fahrradladen enorm viel Geld verdienen kann. Da gibt es ein riesiges Kundenpotenzial, das ich ansprechen werde. Von meiner Superidee werden Sie begeistert sein!"
   a) Beurteilen Sie, wie Mark seine Geschäftsidee präsentiert.
   b) Machen Sie einen eventuellen Gegenvorschlag.
5. Birgit Maurer hat den Beruf einer Frisörin erlernt. Sie möchte sich gern in zwei bis drei Jahren selbstständig machen und einen eigenen Frisörsalon eröffnen.
   a) Über welche persönlichen Fähigkeiten sollte Birgit verfügen?
   b) Welche Anforderungen sind an den Standort für das geplante Geschäft zu stellen?
   c) Welche rechtlichen Voraussetzungen müssen von Birgit erfüllt werden?
   d) Birgit Maurer hat errechnet, dass sie für die Eröffnung ihres geplanten Frisörsalons ca. 30.000,00 € benötigt. Sie selbst hat aber nur 10.000,00 € eigene Mittel. Welche Möglichkeiten sehen Sie für Birgit, sich das restliche Geld zu beschaffen?
6. Welche Standortfaktoren lassen sich unterscheiden?
7. Erklären Sie, warum eine Unternehmensgründung ohne Eigenmittel nicht funktioniert.
8. Eigenmittel können bei der Neugründung auch in Form von Eigenleistungen und Sacheinlagen aufgebracht werden. Nennen Sie Beispiele hierfür.
9. Benötigte Anlagen werden häufig von Existenzgründern geleast statt gekauft.
   a) Was bedeutet der Ausdruck „leasen"?
   b) Worin sehen Sie die Vorteile bzw. Nachteil beim Leasing?
10. **Lernen durch Handeln:**
    Bei Unternehmensgründungen ist es meist schwierig, die Erfolgschancen des Unternehmens zu beurteilen. Existenzgründer haben deshalb häufig Probleme bei der Kapitalbeschaffung. Hier hilft der Staat durch Förderprogramme. Informieren Sie sich unter der Adresse www.bmwi.de über Förderprogramme des Bundes.

7.3 Der Marketingplan – Grundlage einer Unternehmungsgründung

„Welche Produkte wollen Sie denn in Ihrem Biker's Shop zu welchen Preisen anbieten?" fragt Dr. Koch, der Gründungsberater der IHK, und fährt fort: „Auch Ihr Produktionsprogramm oder Sortiment müssen Sie sorgfältig vorher planen. Sie müssen sogar einen Marketingplan in Ihrem Geschäftsplan erstellen," erklärte er. „Mit diesem müssen Sie Ihre möglichen Kreditgeber davon überzeugen, dass Sie ein richtiges Sortiment mit den passenden Preisen anbieten können. Daneben ist auch wichtig, dass Sie sich Gedanken über den sinnvollsten Vertriebsweg und eine möglichst erfolgreiche Kommunikationspolitik machen. Denn ohne einen erfolgsversprechenden Marketingplan werden Sie es als Betriebsgründer schwer haben, und das Risiko für die Kreditgeber wäre zu groß," begründete er seine Forderung.

Warum einen Marketingplan?

Ein wesentlicher Bestandteil des Geschäftsplanes, den die Banken für eine Kreditvergabe verlangen, ist der Marketingplan.

Wer ohne grundlegende Kenntnis des Marktes und ohne einen passenden Marketingplan Produkte oder Dienstleistungen anbietet, läuft Gefahr die Bedürfnisse der Kunden nicht zu beachten und auf seinem Angebot sitzen zu bleiben. Das würde zum Aus der neu gegründeten Unternehmung und zum großen Risiko für die Kreditgeber führen. Ohne Marketing wird Mark nur wenig Kunden ereichen. Wie sollen diese z. B. wissen, dass er vor Ort Reparaturen vornimmt? Woher sollen sie seinen „Biker's Shop" mit seinen Produkten und seinem Service kennen? Das geht nur mit Marketing.

Die Durchführung gezielter Marketingaktivitäten ist daher für die meisten Unternehmen – und vor allem für Gründungen – besonders wichtig. Im Geschäftsplan gibt der Marketing- neben dem Finanzierungsplan Auskunft über die Möglichkeiten und Grenzen einer neuen Unternehmung.

Marketingplan und Marketing-Mix

Es gibt eine Reihe von Marketing-Instrumenten, die zum Erreichen der verschiedensten Unternehmungsziele eingesetzt werden können. Sie sind natürlich nicht alle für jede Unternehmung gleich gut geeignet. Große Unternehmen, wie Automobilhersteller, Sportbekleidungsproduzenten u. a., starten zum Beispiel Werbekampagnen, die in allen Fernseh- und Rundfunksendern laufen. Sie werden zusätzlich in Zeitschriften und Zeitungen mit Anzeigen unterstützt und kosten enorm viel Geld.

Diese hohen Kosten kann sich ein kleines Unternehmen gar nicht leisten. Ein regionaler Fahrradhändler z. B. in Stuttgart würde sein Geld für Marketing nicht sinnvoll einsetzen, wenn er überregional im Fernsehen werben würde. Denn ein Hamburger käme nicht auf den Gedanken, nach Stuttgart fahren, um dort ein Fahrrad zu kaufen.

So hängen die verschiedenen Marketinginstrumente von der Betriebsgröße, der Kapitalkraft, der Art der Produkte, der Zielsetzung des Betriebes und von weiteren Faktoren ab. Man muss die jeweils passenden aus den möglichen Alternativen aussuchen und sie dann einsetzen. Damit die Marketingmaßnahmen nicht gegeneinander verpuffen, müssen sie genau aufeinander abgestimmt werden. Diese Kombination nennt man **Marketing-Mix**.

Folgende Instrumente können im Marketing-Mix eingesetzt werden:

In einem Marketingplan wird der aufeinander abgestimmte zeitliche Einsatz des Marketing-Mixes bestimmt. Gerade bei der Betriebsgründung ist ein solcher Plan unumgänglich. So muss auch Mark einen Marketingplan erstellen, mit dem er seinen Einsatz der verschiedener Marketing-Instrumente plant. Die Daten, auf denen die Marketingentscheidungen beruhen, werden mithilfe der **Marktforschung** ermittelt.

Produkt- oder Sortimentspolitik
Die Gesamtheit aller Produkte, die ein Industrie- oder Handwerksbetrieb herstellt, ist sein Produktionsprogramm. Will er dieses pflegen oder verändern, dann spricht man von seinen produktpolitischen Maßnahmen oder seiner Produktpolitik.
Bei Handelsbetrieben, die ja die Produkte nur vertreiben und nicht selbst entwickeln bzw. produzieren, spricht man dagegen von ihrem Sortiment. Sie betreiben also Sortimentspolitik. Mark muss sich bei der Betriebsgründung festlegen, wie groß dieses Sortiment sein soll.

In einem **breiteren Sortiment** führt er eine größere Anzahl verschiedener Artikel, wie z. B. Fahrräder, Fahrradbekleidung, Ersatzteile, Fahrradtaschen, Trikots usw. In einem **schmalen Sortiment** würde er sich dagegen nur auf wenige Artikel spezialisieren. Hat er innerhalb der Artikel eine relativ große Auswahl, dann spricht man von einem **tiefen Sortiment** (z. B. Fahrradhosen in ganz verschiedenen Ausführungen, Größen und Farben). In einem **flachen Sortiment** hat man dagegen nur wenig Auswahl.

Breites und flaches Sortiment: Im Allgemeinen ist es von Vorteil, wenn die Kunden **viele verschiedene Waren** unter einem Dach kaufen können. Sie sparen dadurch Zeit. Nachteilig für die Kunden ist es, wenn es keine große Auswahl innerhalb der Warengruppen gibt. Es können dann auch keine Spezialwünsche erfüllt werden. Die Verkäufer sind meist keine Fachleute, da sie ganz verschiedene Warengruppen verkaufen. Sie können daher bei erklärungsbedürftigen und technischen Produkten dem Kunden meist keine gute Fachberatung geben.

Breites und flaches Sortiment

Schmales und tiefes Sortiment

Tiefes und schmaleres Sortiment: Hier haben die Kunden eine **große Auswahl innerhalb einer Warengruppe** und auch oftmals eine gute fachliche Beratung. Meistens gehen diese Fachgeschäfte auf spezielle Wünsche der Kunden ein. Man muss allerdings häufig von Fachgeschäft zu Fachgeschäft gehen und hat dadurch größere Einkaufsmühen. Die Produkte in den Fachgeschäften sind auch meist etwas teurer. Die höheren Preise entstehen durch das teurere Fachpersonal und die höheren Lagerhaltungskosten.

Marks Sortiment
Mark entscheidet sich für ein tiefes aber relativ schmales Sortiment. Er möchte in seinem Biker's Shop nur wenige Warengruppen anbieten: Fahrräder, Fahrradbekleidung und Ersatzteile. Dafür will er innerhalb der drei Warengruppen jeweils ein tiefes Sortiment mit sehr viel Auswahl anbieten. So soll sein Sortiment aussehen:

Marks Sortiment

Fahrräder	**Fahrrad-Bekleidung**	**Ersatzteile (jeweils verschiedene)**
Herren sowie Damenräder • City-Line • Trecking-Rad • Mountain-Bike • Jugendräder • Cross-Bike • Mountain-Bike •	Verschiedene Arten Fahrradbekleidung in • verschiedenen Größen, Stoffen, Mustern und Farben • verschiedenen Preisklassen •	• Reifen • Gabeln • Rahmen • Schaltungen • Bremsen • Lichtanlagen • Sättel • Gepäckträger/ -körbe • Ständer • Schlösser •

Für ein tiefes Sortiment hat sich Mark entschieden, da sein Biker's Shop ein anerkanntes Spezialgeschäft werden soll. Dadurch möchte er einen direkten Vergleich mit den Fahrraddiscountern, die ein flaches Programm anbieten, vermeiden. Seine Kunden sollen wissen, dass er ein Fahrradspezialgeschäft betreibt.

Von Zeit zu Zeit muss Mark sein Sortiment überprüfen und eventuell verbreitern, um weitere Warengruppen aufzunehmen. Er kann aber auch bestimmte Artikel, die nicht so oft gekauft werden, aus seinem Sortiment nehmen (das Sortiment also flacher gestalten) oder aber weitere Artikel hinzu nehmen, sein Sortiment also noch tiefer machen.

Preispolitik
Gerade die Preise können ein ganz wichtiges Absatzmittel sein. Sie entscheiden mit, ob man viel oder wenig verkaufen wird. Den Verkaufspreis seiner Fahrräder, Ersatzteile oder seiner Dienstleistungen kann sich Mark nicht einfach „über den Daumen gepeilt" ausdenken. Bei der Festsetzung seiner Preise muss er folgende Faktoren berücksichtigen:

- **Die Konjunktur:** In Zeiten schlechterer Konjunktur verdient die Bevölkerung weniger und wird preisbewusster kaufen, daher werden die Preise fallen. Steigt die Konjunktur wieder an, werden auch die Preise steigen.
- **Die Gewohnheiten der Kunden und die Mode:** In Zeiten, in denen es „in" ist, Fahrrad zu fahren, kann Mark höhere Preise kalkulieren als in einer Zeit, in der Fahrradfahren aus der Mode ist.
- **Die Kunden:** Kommen z. B. in das Geschäft überwiegend preisbewusste Kunden, müssen niedrigere Preise angesetzt werden.
- **Die Kosten:** Je höher die Kosten eines Betriebes sind, desto höher sind die Preise.
- **Die Konkurrenz:** Hier hat Mark folgende drei Möglichkeiten:
  - Er passt sich an den bestehenden Preis an und hebt sich durch besseren Service von der Konkurrenz ab.
  - Er unterbietet den Konkurrenzpreis. Dabei besteht die Gefahr, dass auch die Konkurrenten ihre Preise senken.
  - Er überschreitet den Leitpreis mit der großen Gefahr, dass die Kunden zur Konkurrenz wechseln.

Preisdifferenzierung

Bei Preisdifferenzierung (PD) werden für ein gleiches Produkt verschiedene Preise berechnet. Damit soll auf die Gegebenheiten des Marktes oder auf verschiedene Kunden eingegangen werden.

Verschiedene Arten der Preisdifferenzierung

Arten	Beispiele
Preis- plus Produktdifferenzierung (sachliche PD)	Mit geringfügigen Änderungen kann man verschiedene Produkte (z. B. normales Modell, Profi- und Prämiummodell) anbieten, die dann noch mit verschiedenen Preisen zusätzlich voneinander abgehoben werden. Ziel ist es dabei, dem Käufer mit teureren Modellen ein höheres Image zu geben. Autohersteller bieten z. B. Pkw-Modelle zu verschiedenen Preisen und Ausstattungen an.
PD nach Käufergruppen	Im Stadien gibt es für den gleichen Stehplatz z. B. normale und Schülerkarten. Speiseeis-Hersteller liefern Eis an Haushalte und an Restaurants mit verschiedenen Preisen. Ein Produkt wird als Markenprodukt teurer und als „Handelsmarke" preiswerter verkauft.
PD nach dem Verwendungszweck	Dieselkraftstoff und Heizöl; Streusalz und Kochsalz
zeitliche PD	Bademoden werden im Sommer teurer als im Winter angeboten, bei Wintersportartikeln ist das genau umgekehrt. Handygebühren können je nach Tageszeit verschiedene Tarife haben.
räumliche PD	Pkws sind in Deutschland teurer als in anderen europäischen Ländern (EU-Importautos). In der Stadt sind Konsumgüter oft günstiger als in ländlichen Regionen.
PD nach Abnahmemenge	Heizöl kostet bei Abnahme von 1.000 Litern mehr pro Liter als bei Abnahme von 3.000 Litern.

Distributionspolitik (Vertriebspolitik)

Generell gibt es zwei Absatzwege:

Beim **direkten Absatz** liefert der Hersteller direkt – ohne Einschaltung von Handels- oder Handwerksbetrieben an den Endverbraucher.

Beim **indirekten Absatz** liefert der Industriebetrieb seine Waren an Handels- oder Handwerksbetriebe. Diese liefern dann weiter an die Konsumenten. Daher findet in Marks Biker's Shop ein indirekter Absatz statt.

Die Besonderheiten des Franchise-Systems

Mit jeder Betriebsgründung sind Probleme und Risiken verbunden. Wer diese beschränken möchte, kann ein bereits bestehendes Unternehmenskonzept übernehmen. Immer mehr Unternehmer entscheiden sich für diesen Weg, den man auch als **Franchising** bezeichnet. Bekannte Franchise-Firmen sind Coca Cola, Eismann, Obi Baumärkte und McDonald's.

Ein Franchising-Vertrag wird abgeschlossen zwischen dem Franchisegeber (z. B. McDonald's) und einem Franchisenehmer (z. B. Herrn Müller). McDonald's erlaubt Herrn Müller gegen Zahlung einer Umsatzbeteiligung Name, Marke und Ausstattung von McDonald's zu verwenden. Außerdem übernimmt McDonald's die Werbung. Der Franchisenehmer darf alle Produkte nur von seinem Franchisegeber führen. Da die Produkte gleich sind, die Innenausstattung der Läden gleich aussieht und auch die Werbung identisch ist, glauben die Kunden, es würde sich um Zweigstellen des großen Betriebes „McDonald's" handeln. Doch Franchisenehmer sind selbstständige Betriebe.

Gemeinsam ist man stark – die Einkaufsgenossenschaft

Da heute immer mehr Großbetriebe mit zahlreichen Filialen immer höhere Mengenrabatte beim Einkauf bekommen, können sie ihre Waren auch sehr preiswert anbieten (Beispiele sind Aldi, Schlecker, Media Markt usw.). Kleine Betriebe ordern erheblich weniger und kommen nicht in den Genuss der günstigen Einkaufspreise. Daher können sie in ihrer Preisgestaltung mit den Großbetrieben nicht mehr mithalten. Ein Ausweg ist der Zusammenschluss in einer Einkaufsgemeinschaft.

So entstand z. B. in den 1960-iger Jahren die ZEG („Zweirad-Einkaufs-Genossenschaft" – heute „Zweirad-Experten-Gruppe"), um die kleinen Fahrradfachgeschäfte wettbewerbsfähig zu halten. Sie kaufen für alle Mitglieder zentral ein und haben so erheblich größere Bestellmengen. Dadurch erhalten sie Mengenrabatte und günstigere Einkaufspreise, die sie an ihre Mitgliedsfirmen weiter geben. Heute sind in der ZEG über 900 Fahrradfachgeschäfte in Deutschland und anderen Ländern zusammen gefasst. Auch Mark möchte sich der ZEG anschließen.

Vermindertes Risiko als Kommissionär

Ein Problem bereitet Mark noch die Fahrradbekleidung. Um hier dem Ruf eines guten Fachgeschäftes gerecht zu werden, müsste er ein tiefes Sortiment haben, d. h. verschiedene Modelle jeweils in verschiedenen Farben und Größen anbieten. Doch was ist, wenn diese sehr modischen Produkte nicht wie erwartet gekauft werden? Macht Mark aus dieser Vorsicht heraus sein Sortiment flacher, dann ist die Auswahl kleiner und die Kunden kaufen bei der Konkurrenz.

Ein Teufelskreis, für den Dr. Koch aber eine Lösung hat: Mark kauft und verkauft die Produkte in **Kommission**. Der Lieferant (Kommittent) liefert die Ware an den Verkäufer (Kommissionär). Dieser muss die eingekauften Produkte nicht sofort bezahlen, sondern erst, wenn er sie selbst verkauft hat. Ware, die nicht in einem bestimmten Zeitraum verkauft wurde, wird vom Lieferanten zurückgenommen. So entfällt für Mark nicht nur das Risiko, auf den nicht verkauften Produkten sitzen zu bleiben, sondern er kann auch Zinsen sparen, da er keine Kredite für die Ware aufnehmen muss. Er muss sie ja erst bezahlen, wenn er sie selbst verkauft hat.

E-Commerce

Neben dem Verkauf in seinem Biker's Shop möchte Mark zusätzlich verschiedene Produkte im Internet verkaufen. So will er sowohl bei ebay anbieten als auch selbst einen Shop auf seiner Homepage installieren. Mark erhofft sich hierdurch ein gutes Zusatzgeschäft.

Kommunikationspolitik

Was würde es Mark nützen, wenn er noch so preiswerte Waren anbieten würde und einen sehr guten Service hätte, wenn die infrage kommenden Kunden (Zielgruppe) dies aber nicht wissen? Die beste Geschäftsidee würde ohne eine gute Kommunikationspolitik verpuffen. Der Anbieter von Produkten oder Dienstleistungen sollte also den verschiedenen Zielgruppen Botschaften schicken, mit denen er seine seine Firma bekannt macht und für seine Produkte und Dienstleistungen wirbt. Hierfür stehen unterschiedliche Kommunikationsinstrumenten zur Verfügung.

Instrumente der Kommunikationspolitik

Werbung	Öffentlichkeitsarbeit	Verkaufsförderung	Sponsoring

Diese Instrumente stehen alle unter der Ziel von **Corporate Identity**. Dieses bedeutet, dass alle Auftritte der Unternehmung nach außen einheitlich gestaltet sind, so z. B. ein bestimmtes Firmenlogo, die gleichen Farben der Firmenfahrzeuge, die übereinstimmenden Anzüge der Auslieferungsfahrer usw.

Sponsoring

„Diese Sendung wurde ermöglicht mit freundlicher Unterstützung der Alnatura Bioläden"; „Das Wetter wurde präsentiert von ..." Immer öfter werden im Fernsehen Sportübertragungen, Filme, Börsenberichte usw. durch Sponsoren unterstützt. Der Sponsor finanziert einen Teil der Kosten der Sendung und wird dafür namentlich genannt. Es soll der Anschein erwecken, dass z. B. eine Fußballübertragung erst durch dieses Sponsoring möglich gemacht wurde. Auch regional werden z. B. Vereine, Feste, karikative Einrichtungen, Kunstveranstaltungen, Lifekonzerte usw. durch Sponsoring unterstützt. Marks Biker's Shop kann zu Anfang noch kein Sponsoring finanzieren.

Eine derart aufwändige Werbung kommt für Mark zunächst nicht in Frage.

Öffentlichkeitsarbeit (Public Relations)

Ziel dieser Maßnahmen ist es, das allgemeine Ansehen der Unternehmung zu fördern und ihr zu einem möglichst positiven Firmenimage zu verhelfen. Öffentlichkeitsarbeit kann regional begrenzt sein (z. B. Tag der offenen Tür, Betriebsbesichtigungen usw.) oder auch überregional verbreitet werden (z. B. Stiftungen, positive Darstellung der Unternehmung in den Medien, Videos und Filme über die Unternehmung). Mark plant einen Tag der offenen Tür in seinem Biker's Shop.

Verkaufsförderung (Salespromotion)

Verkaufsfördernde Maßnahmen findet man in Form von konkreten Unterstützungen des Handels oder Handwerks durch

- Bereitstellung von Verkaufsaufstellern, Prospekten, Dias, Video- oder PC-Präsentationen;
- Produktvorführungen, Ausgabe von Mustern und Proben in den Handelsbetrieben;
- Schulungskurse sowie Umsatzprämien für das Verkaufspersonal;
- Reparaturkurse mit Zertifikat.

Die ersten beiden genannten Angebote der Fahrradhersteller will Mark später in Anspruch nehmen, da sie für ihn kostenlos sind.
Auch Schulungskurse wird er besuchen, falls sie an Wochenenden stattfinden, denn so kann er sich technisch auf dem Laufenden halten. Die Zertifikate für die Teilnahme an den Lehrgängen und Kursen will er im Biker's Shop aufhängen, denn sie zeigen den Kunden, dass sie hier von einem Fachmann bedient werden.

Werbung

Ein guter Werbeplan beantwortet folgende acht Fragen:

Die „8 Ws" der Werbeplanung

- **Was** soll beworben werden?
- **Welcher** Etat soll eingesetzt werden?
- **Wann** soll geworben werden?
- **Wie** soll die Zielgruppe angesprochen werden?
- **Wer** soll mit uns werben?
- **Wen** will man ansprechen?
- **Welche** Werbemittel und -medien sollen eingesetzt werden?
- **Wo** soll geworben werden?

Wer soll mit uns werben?

Mit **Alleinwerbung** würde Mark für seine Firma oder für bestimmte Produkte werben. Der Vorteil: Nur seine Firma würde genannt. Der Nachteil wäre, dass er die Kosten für die Werbung allein tragen müsste.

Bei der **Kollektivwerbung** tragen mehrere Firmen die Werbekosten gemeinsam. Hier gibt es zwei Möglichkeiten: Mit der **Sammelwerbung** könnte Mark zusammen mit anderen Firmen werben. Denkbar wäre z. B., eine Werbung gemeinsam mit Herstellern von Fahrrädern oder Fahrradbekleidung zu planen.

Während bei der Sammelwerbung die Werbepartner genannt werden, bleiben bei der **Gemeinschaftswerbung** die finanzierenden Firmen ungenannt. Hier könnte z. B. eine Aktion des Verbandes der Fahrradhersteller und -händler in Deutschland unter dem Motto „Bleib gesund – fahr mehr Rad“ laufen.

Was soll beworben werden?
Mit der **Sach- oder Produktwerbung** werden einzelne Produkte oder Dienstleistungen beworben; mit **Personen- oder Firmenwerbung** dagegen ein Betrieb. Gerade in der Eröffnungsphase sollte Mark unbedingt versuchen, mit Firmenwerbung seinen „Biker's Shop“ bekannt zu machen.

Wen soll man mit der Werbung ansprechen?
Mark kann Käufer und Nicht-Käufer mit seiner Werbung ansprechen. Mit der **Massenumwerbung** spricht man eine anonyme Masse an (z. B. mit Fernsehwerbung) oder mit **Direktwerbung** einzelne Käufer aus der Zielgruppe. Beides kann für Mark möglich sein: In der Regionalzeitung gibt er eine Anzeige auf. Außerdem will er Flyer in die Briefkästen verteilen. So kann er einen anonymen Bevölkerungskreis auf seinen Biker's Shop aufmerksam machen. Mit Werbebriefen wendet er sich direkt an seine Stammkunden.

Massenwerbung

Wo, wann und wie soll geworben werden?
Große Betriebe werben überwiegend in ganz Deutschland, kleinere dagegen meist nur in ihrem regionalen Umfeld.

Die **Werbezeit** hängt eng mit den Produkten zusammen, für die geworben werden soll. Für Mark sind die besten Jahreszeiten, um Werbung zu treiben der Frühling und der Sommer.
Da er vorerst keine Rundfunk- oder Fernsehwerbung machen will, entfällt für ihn auch die Frage, zu welcher Tageszeit er werben soll.

Wie soll die Zielgruppe angesprochen werden?

Werbung sollte generell nach der AIDA-Regel erfolgen. Das bedeutet, sie sollte

- Aufmerksamkeit erregen, dann
- Interesse beim Kunden wecken, danach soll bei ihm der Wunsch,
- Desire entstehen, das Produkt zu kaufen und schließlich soll er in
- Action treten und das Produkt kaufen.

Das zu bewirken, ist nicht einfach. Zu unterscheiden sind die sachliche Werbung mit Informationen von der reißerischen Werbung mit **kurzen Appellen** (z. B. „Fahr das Superrad von Starbike“) versuchen. Da Mark unbedingt als seriöser Fachhändler auftreten will, wird er die **sachliche Argumentation** in seiner Werbung bevorzugen.

Welche Werbemittel und -medien sollen eingesetzt werden?
Die Werbeziele können nur erreicht werden, wenn die Werbebotschaft zum Umworbenen gelangt. Hierfür stehen eine große Anzahl von Werbemedien und zugehörigen Werbemitteln zur Verfügung. Welches das geeignetste ist, hängt von der Zielgruppe, dem Werbegebiet aber auch dem Werbeetat ab. Hier eine Auswahl:

Werbemedien – Werbemittel

Werbemedien	Werbemittel	Erläuterungen
Fernsehen	Werbespot	überregional und teuer
Rundfunk	Rundfunkspot	größeres Gebiet und auch relativ teuer
Zeitschriften	Anzeige/Beilage	überregional und teuer Fachzeitschriften sind oftmals ein gutes Medium
Zeitungen	Anzeige/Beilage/Bericht	überregional teuer, regional möglich
Anzeigenblätter (kostenlos)	Anzeige/Beilage/Bericht	regional, erreichen jeden Haushalt, werden aber oft ungelesen weg geworfen
Werbebrief, Prospekte, Flyer, Katalog	Texte, Bilder, Preise	können selbst verteilt oder direkt zugeschickt werden oder als Beilagen in Zeitungen und Anzeigenblättern verschickt werden
Sportvereine	Trikotwerbung u. a.	bedruckbar und direkt an die Kunden abzugeben
Internet	Werbemails	gute und preiswerte Informationsmöglichkeit, doch Spams sind verboten und daher nur an Kunden, die die Mails genehmigt haben, möglich
Kunden	Mund-zu-Mund-Werbung	ist die preiswerteste und beste Werbung überhaupt, setzt aber einen bereits bestehenden und zufriedenen Kundenstamm voraus

Welcher Etat soll eingesetzt werden?
Der **Werbeetat** hängt von folgenden Faktoren ab:

- Finanzkraft und der Größe der Unternehmung
- Werbezielen: Neue Produkte oder Unternehmen bekannt zu machen, kostet meist mehr Geld als gelegentlich mal wieder auf sie aufmerksam zu machen. Umsätze zu steigern oder Marktanteile zu vergrößern ist teurer als sie zu halten.
- Werbemaßnahmen der Konkurrenz: Setzt die Konkurrenz mehr Geld ein, dann muss man selbst auch mehr werben.
- Werbemedien und der Werbezeit
- Werbeart: So ist z. B. Massenumwerbung meist teurer als Einzelumwerbung.

Product Placement – eine moderne Art der Werbung
Viele Menschen werden immer werbemüder und fühlen sich zum Teil von Werbung belästigt, andere nehmen sie kaum noch wahr. Daher wird Product Placement immer wichtiger. Es werden Produkte in die Handlungen von Kino- oder Fernsehfilmen oder -shows eingebaut. Man ist gezwungen, diese Produkte während des gesamten Films sehen. Auch in Fotos in Zeitungen oder Zeitschriften tauchen im Hindergrund immer häufiger Produkte auf, für die geworben wird. Der Zuschauer identifiziert sich mit den Filmhelden und den Marken und wird so zum Kauf verleitet.

Wetten, dass ... auch dies eine Form der Werbung ist?

Service- und Konditionenpolitik
Neue Unternehmungen müssen Kunden von anderen Unternehmungen abwerben. Daher müssen sie sich positiv von diesen abheben. Es kann sein, dass sie einen Standortvorteil haben, da ihr Geschäft für die Kunden günstiger liegt. Es kann aber auch sein, dass der Inhaber bei verschiedenen Kunden bekannt ist (z. B. durch Verein) und daher persönliche Vorteile hat. Preislich können kleine Unternehmungen beim Service mitunter günstiger als große sein. Dies gilt allerdings nicht für Produkte, die sie lediglich verkaufen, denn große Unternehmungen bestellen erheblich größere Mengen und erhalten daher meist viel niedrigere Einkaufspreise. Da viele Menschen immer preisbewusster werden, müssen kleine Unternehmen mit einem besonders guten und persönlichem Service den Kunden einen Zusatznutzen verschaffen. Hier für stehen wieder verschiedene Möglichkeiten zur Auswahl:

Kundenfreundlichkeit – preiswert und wirkungsvoll
Gerade für Unternehmungsgründungen ist die Freundlichkeit zu den Kunden das wichtigste und auch preiswerteste Marketinginstrument. Auf den Kunden muss individuell eingegangen werden. Seine Wünsche und Vorstellungen müssen gehört und berücksichtigt werden – selbst wenn der Kunde schwierig ist.

Service
Service soll bei Mark groß geschrieben werden. Mit ihm will er sich am meisten von den Konkurrenten – vor allem Super- und Sportmärkten sowie Discountern – abheben. Sein besonderer Service soll die Reparatur vor Ort werden – seine ursprüngliche Geschäftsidee. Aber auch in der Werkstatt will er Wert auf guten Service legen. Die gesetzliche Garantie für neue Produkte soll zwei Jahre betragen. Mark hat die Frist auf drei Jahre erweitert. Bei gebrauchten Rädern ist die gesetzliche Garantie ein Jahr, diese Frist will Mark auf zwei Jahre verlängern. Auch bei späteren kleineren Reklamationen nimmt er sich vor, an erster Stelle Kulanz walten lassen.
Daneben will Mark in der Ersatzteillieferung sehr schnell sein. Die wichtigsten Ersatzteile will er auf Lager halten und alle anderen sollen innerhalb von zwei Tagen lieferbar sein, damit ein Kunde bei ihm nie länger als zwei Tage auf sein Fahrradreparatur warten muss.

Marks besondere Service-Idee: Reparatur vor Ort.

Konditionen- und Kreditpolitik
Viele Verbraucher freuen sich, wenn sie einen Rabatt oder Skonto aushandeln können. Sie fühlen sich dann ein bisschen als Sieger in den Verkaufsverhandlungen.

Die **Zahlungsbedingungen** von Marks Biker's Shop für Fahrräder über 300,00 € sollen lauten: „Zahlung innerhalb 10 Tagen abzüglich 3 % Skonto, Zahlung innerhalb 30 Tagen netto Kasse."
Durch diesen Zahlungsaufschub gewährt Mark seinen Kunden einen kostenlosen Kredit für 30 Tage. Daneben will er mit seinen Zahlungsbedingungen auch die Möglichkeit des Ratenkaufes gewähren.

Arbeitsvorschläge

1. Erklären Sie, warum ein Marketingplan gerade auch vor einer Unternehmungsgründung sehr wichtig ist.
2. Was versteht man unter Marketing-Mix?
3. Welche sortimentspolitischen Entscheidungen wird Mark treffen müssen?
4. Diskutieren Sie, ob für Mark ein tiefes oder ein flaches und ein breites oder ein schmales Sortiment besser wären.
5. Nennen Sie verschiedene Ziele, die mithilfe der Preispolitik erreicht werden sollen.
6. Welche Faktoren muss Mark bei seinen preispolitischen Überlegungen berücksichtigen?
7. Beschreiben Sie, wie ein Franchise-System funktionieren würde, das Mark mit dem Franchisegeber „Der Fahrradladen" abschließt.
8. Welche Vorteile haben Einkaufsgenossenschaften für kleinere Betriebe und Betriebsgründungen?
9. Warum wäre es für Mark sinnvoll, bestimmte Waren als Kommissionsware zu führen?
10. Ein Fahrradhersteller organisiert Lehrgänge für Fahrrad-Mechaniker. Diese erhalten eine Urkunde über die erfolgreiche Teilnahme. Die Urkunden sollen dann in den Verkaufsräumen der Fahrradhändler aufgehängt werden. Welche Ziele werden damit verfolgt?
11. Warum gibt es Product Placement? Nennen Sie Beispiele.
12. Um welche Werbeart handelt es sich?
    a) Mark will sich an der Kampagne: „Hamburg fährt Rad" beteiligen.
    b) Mark plant, an seine Kunden das Werbegeschenk Baseball-Caps mit Aufdruck „Marks Biker's Shop" zu verteilen.
    c) In einigen Jahren möchte Mark im regionalem Anzeigenblatt, im Lokalradio und später im Lokalfernsehen werben.
13. Diskutieren Sie folgende Behauptung, und ziehen Sie Schlüsse daraus für Marks Biker's Shop: „Ein zufriedener Kunde erzählt es drei, ein unzufriedener zwölf Personen."
14. Welche Serviceleistungen empfehlen Sie Mark?
15. **Lernen Durch Handeln:**
    a) Erstellen Sie in Gruppenarbeit einen Werbeplan für die Eröffnungswerbung und für das erste Geschäftsjahr von „Marks Biker's Shop".
    b) Erstellen Sie einen Flyer, den Mark in den Betrieben verteilen könnte und der kurz auf den Reparaturservice und Marks Biker's Shop hinweist.

7.4 Rechtsformen von Unternehmen

7.4.1 Überblick

In dem Geschäftsviertel einer Stadt sind die unterschiedlichsten Rechtsformen anzutreffen, die sich durch eine Reihe von Merkmalen unterscheiden.

Rechtsformen im Geschäftsviertel einer Stadt

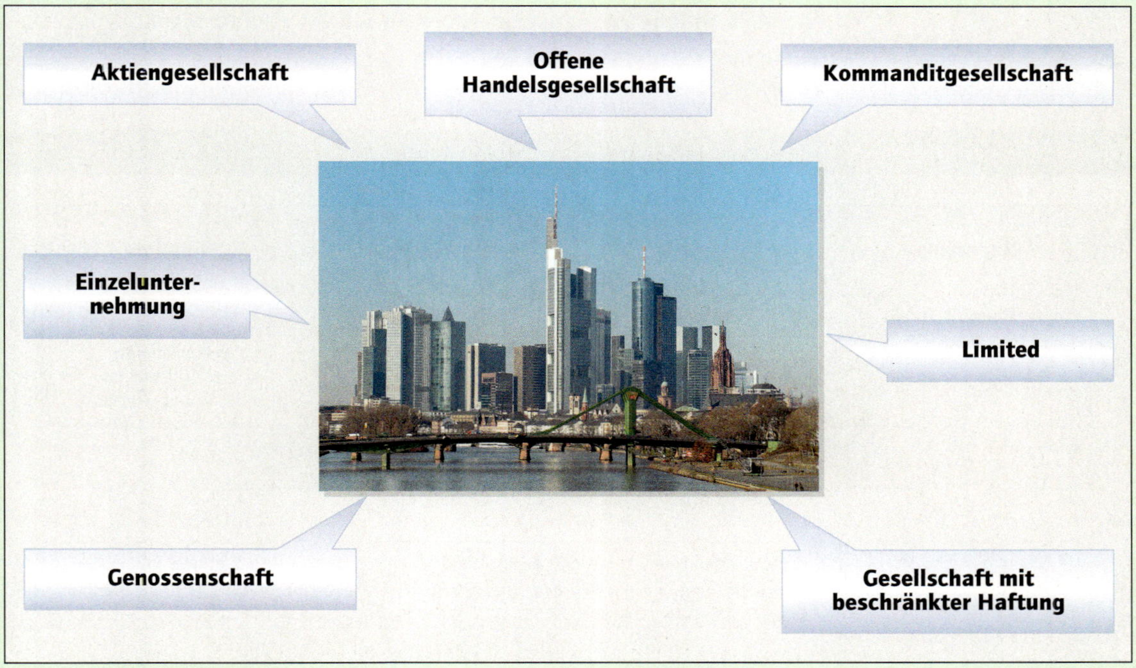

Unterscheidungsmerkmale bei Rechtsformen

Merkmal	Erklärung
Haftung der Teilhaber	Manche Teilhaber haften mit ihrem gesamten Vermögen, andere dagegen nur mit ihrer Kapitaleinlage.
Zahl der Teilhaber	Einige Unternehmen haben nur einen oder wenige, andere dagegen eine große Zahl von Teilhabern.
Art der Kapitalaufbringung	Große Unternehmen können z. B. Aktien ausgeben, um Kapital zu bekommen, für kleinere scheidet diese Möglichkeit aus.
Leitungsbefugnis der Teilhaber	Nicht immer dürfen die Teilhaber einer Unternehmung auch die Unternehmung leiten. Manchmal stellen sie auch nur Kapital zur Verfügung und sind am Gewinn beteiligt.
Firmenname	Wenn alle Menschen den gleichen Namen hätten, würde über kurz oder lang ein Chaos entstehen. Das gilt auch für Unternehmen. Was bei Menschen der Name ist, ist bei Unternehmen die Firma.

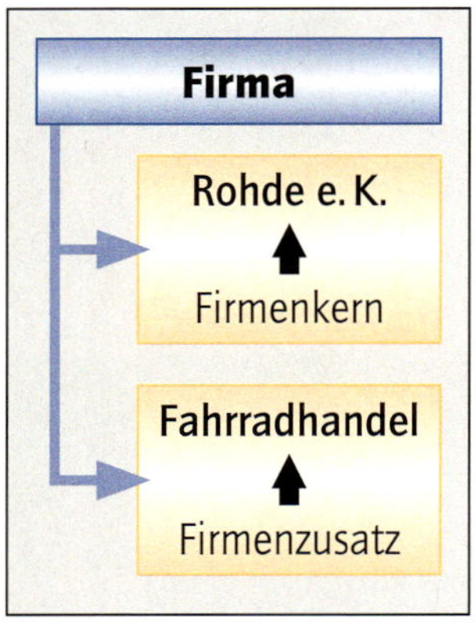

Einzelheiten zur Firma

Die Firma ist der Name, unter dem ein Kaufmann seine Geschäfte betreibt und seine Unterschrift abgibt. Der Kaufmann kann unter seiner Firma klagen und verklagt werden (§ 17 HGB). Die Firma ist auch der Name, unter dem das Unternehmen im Handelsregister eingetragen ist. Die nicht im Handelsregister eingetragenen Kleingewerbetreibenden dürfen keinen Firmennamen führen. Häufig werden von ihnen sogenannte Geschäftsbezeichnungen benutzt, wie z. B. „Karls Wurstlädchen" oder „Löwen-Apotheke". Im Übrigen unterschreiben sie wie Privatleute. Zu Firmen gehört der zwingend vorgeschriebene Firmenkern und eventuell ein Firmenzusatz.

Zu unterscheiden sind Personen-, Sach-, Fantasie- und Mischfirmen.

Firmenarten im Überblick

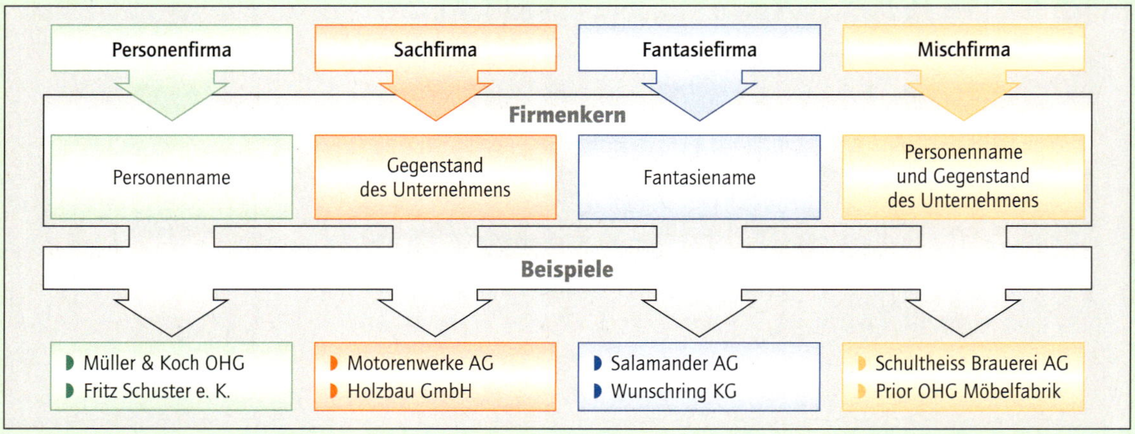

Eine Übersicht der Rechtsformen zeigt folgende Abbildung:

Rechtsformen und ihre Zuordnung

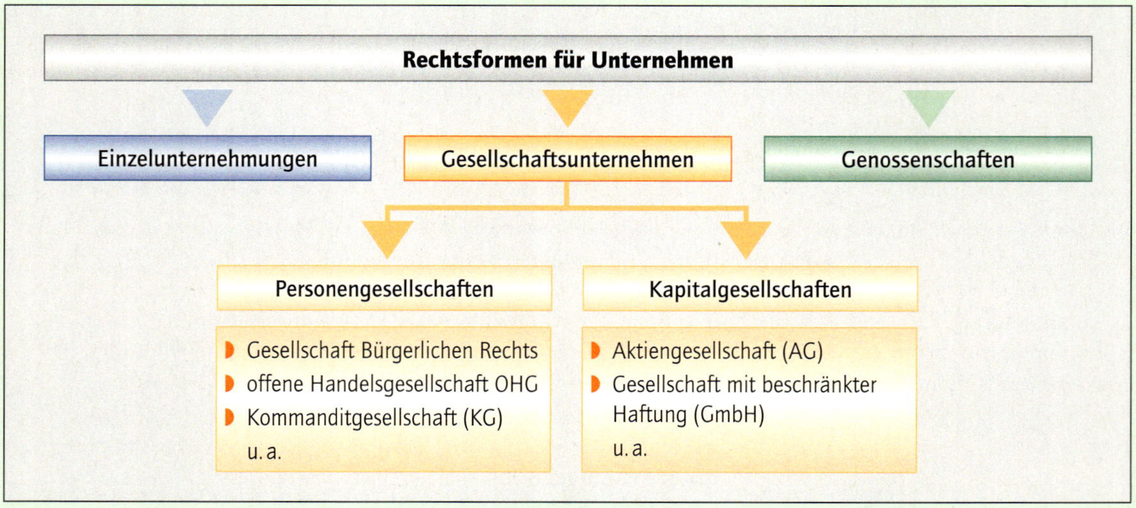

7.4.2 Die Einzelunternehmung

Mark Rohde hat Fragen über Fragen an Herrn Dr. Koch, den Unternehmensberater der IHK.
Mark: „Also, die Einzelunternehmung das wär's doch. Kein Partner redet mir rein. Der ganze Gewinn fließt in meine Tasche und Vorschriften über die Höhe meines Startkapitals gibt es auch nicht."
Dr. Koch: „Lieber Herr Rohde, es freut mich ja, dass die Einzelunternehmung Ihnen so zusagt. Aber bedenken Sie: Jedes Ding hat zwei Seiten. Im Moment sehen Sie nur Vorteile. Aber Nachteile gibt es natürlich auch."

Wesen der Einzelunternehmung
Die Rechtsform der Einzelunternehmung ist für kleine und mittlere Unternehmen geeignet. Zahlreiche Existenzgründer wählen diese Rechtsform in der Anfangsphase ihres Unternehmens. Viele von ihnen fangen erst mal klein an. Ihre Umsätze und ihr Geschäftsverkehr erfordern dann zunächst keine kaufmännische Organisation. Rechtlich gesehen gelten sie als Kleingewerbebetriebe, denen es freisteht, sich ins Handelsregister eintragen zu lassen. Wer sich dazu entschließt, hat aber auch alle Rechte und Pflichten eines Kaufmanns. So muss er z. B. eine doppelte Buchführung machen, was aber nur für große Einzelunternehmen gilt. Eine spätere Umwandlung der Einzelunternehmung in eine andere Unternehmensform ist jederzeit möglich. Rechtlich gesehen bedeutet das die Auflösung der Einzelunternehmung.
Mark als Einzelunternehmer ist es weitgehend freigestellt, welchen Geschäftsnamen er wählt. Er könnte für seine Firma einen Personennamen (z. B. Mark Rohde e. K.), einen Sachgegenstand (z. B. Biker's Shop e. K.), eine Kombination aus beiden (z. B. Rohdes Radler Treff e. K.) oder eine Fantasiebezeichnung (z. B. Fit & Fun e. K.) wählen.

Vor- und Nachteile der Einzelunternehmung am Beispiel von Mark Rohde	
Vorteile	**Nachteile**
• Ich kann allein über meinen Gewinn verfügen und brauche ihn mit keinem Partner zu teilen. • Ich brauche auf die Meinungen anderer keine Rücksicht zu nehmen. Ich bin mein eigener Herr. • Ich kann rasch Entscheidungen treffen. • Mein benötigtes Startkapital ist relativ gering. Größere Kapitalsummen brauche ich erst mal nicht. • Ein bestimmtes Mindestkapital brauche ich nicht vorzuweisen.	• Das gesamte Geschäftsrisiko muss ich allein tragen. • Nur ich hafte mit meinem gesamten Vermögen. Und wenn mein Geschäft nicht läuft, habe ich schlechte Karten. • Wenn ich mir zusätzliches Kapital beschaffen will, machen die Banken vielleicht Schwierigkeiten, weil sie sich bei der Rückzahlung nur an mich halten können. • Eventuell kann es später Probleme geben, wenn ich mal einen geeigneten Nachfolger suche. • Später mal zu expandieren und vielleicht Filialen in anderen Städten zu gründen, ist für mich wegen Kapitalmangels sehr schwierig.

7.4.3 Die Gesellschaft des bürgerlichen Rechts (BGB-Gesellschaft)

„Ohne ihn wäre ich ziemlich aufgeschmissen" war der Gedanke von Mark Rohde, als er wieder einmal das Fachwissen von Dr. Koch „anzapfen" musste.
Mark: „Meinem Schwager Karsten habe ich neulich erzählt, was ich vorhabe. Der war ganz begeistert von meiner Idee der Betriebsgründung. Eventuell würde er mit mir gemeinsam die Sache in Angriff nehmen. Da er gelernter Bürokaufmann ist, würden wir uns gut ergänzen. Aber auf die ganzen Formalitäten bei der Gründung hat er überhaupt keine Lust. Hätten Sie eine Idee, wie wir die umgehen könnten?"
Dr. Koch: „Wenn es Ihr Schwager bei der Gründung sehr unkompliziert mag und nur eine einfache Partnerschaft möchte, dann lautet meine Empfehlung: Gründen Sie gemeinsam eine Gesellschaft des bürgerlichen Rechts. Ich erkläre Ihnen das einmal genauer. Sie werden sehen, da läuft wirklich vieles etwas einfacher ab ..."

Wesen und Beispiele

Bei der BGB-Gesellschaft handelt es sich um einen recht lockeren Personenzusammenschluss von mindestens zwei Gesellschaftern. Die Unternehmensform ist benannt nach dem Bürgerlichen Gesetzbuch (BGB), wo man in den Paragrafen 705 bis 740 die entsprechenden Vorschriften zu dieser Art von Gesellschaft findet.

Beispiele

- Verschiedene Unternehmen des Straßenbaus bilden eine Arbeitsgemeinschaft (ARGE), um gemeinsam einen Autobahnabschnitt oder ein großes Geschäftshaus fertigzustellen.
- Einige Arbeitskollegen oder auch Schüler vereinbaren eine Fahrgemeinschaft.
- In einem Freundeskreis werden gemeinsame Lotteriespiele (Tippgemeinschaften o. Ä.) organisiert.

BGB-Gesellschaften werden auch des Öfteren dann gegründet, wenn die Zusammenarbeit der beteiligten Personen oder Unternehmen nur für eine gewisse Zeit geplant ist. Dies ist z. B. der Fall bei der oben bereits genannten ARGE. Haben die beteiligten Straßenbaufirmen den Autobahnabschnitt fertiggestellt, so löst sich die Gemeinschaft auf. Die Zusammenarbeit der Unternehmen ist beendet.
Eine BGB-Gesellschaft gilt auch als geeigneter rechtlicher Rahmen für Personen, die gemeinsam ein Kleingewerbe betreiben wollen, wie dies bei Mark Rohde und seinem Schwager der Fall ist.

Gründung

Die BGB-Gesellschaft entsteht durch eine vertragliche Vereinbarung. Eine bestimmte Rechtsform ist für den Vertrag nicht vorgeschrieben. Sogar eine mündliche Vereinbarung reicht aus. Ein schriftlicher Vertrag ist aber empfehlenswert, da er für jeden der Partner ein größeres Maß an Rechtssicherheit bedeutet. Für die Gründung ist kein Mindestkapital vorgeschrieben. Die BGB-Gesellschaft hat keine Firma. Sie wird nicht in das Handelsregister eingetragen und damit auch nicht veröffentlicht. Als Geschäftsname können die Vor- und Zunamen der Gesellschafter mit dem Zusatz GbR gewählt werden.

Rechte und Pflichten der Gesellschafter

BGB-Gesellschafter haben das Recht ...	BGB-Gesellschafter haben die Pflicht ...
• an der Geschäftsführung mitzuwirken. • die Gesellschaft gegenüber Dritten (z. B. Banken) zu vertreten. • am Gewinn gleichmäßig beteiligt zu werden, wenn nichts anderes vereinbart wurde. • das Gesellschaftsverhältnis jederzeit zu kündigen. • sich über die Angelegenheiten der Gesellschaft persönlich zu unterrichten, indem sie z. B. die geschäftlichen Unterlagen einsehen.	• die vereinbarten Beiträge zu leisten. Wurde nichts anderes vereinbart, so sind gleiche Beiträge einzubringen. • sich an der Geschäftsführung zu beteiligen. • einen Verlust zu gleichen Teilen zu tragen. • für die eingegangenen Verpflichtungen unbeschränkt zu haften.

7.4.4 Die Gesellschaft mit beschränkter Haftung (GmbH)

Das Gespräch geht weiter. Mark Rohde hat noch Fragen an Herrn Dr. Koch.
Mark: „Also Herr Dr. Koch, ich habe da ein Problem. Das geht mir nicht aus dem Kopf. Sie haben mir erklärt, dass ich bei der Einzelunternehmung und auch bei der GbR unbeschränkt haften muss. Wenn die Schulden mir wirklich mal über den Kopf wachsen sollten, dann stehe ich ja sowohl mit meinem Geschäfts- als auch Privatvermögen dafür ein. Selbst meinen heiß geliebten Sportwagen müsste ich dann hergeben. Und zum Leben würde mir wohl auch kaum etwas bleiben."
Dr. Koch: „Stimmt. Das ist das große Risiko für Existenzgründer, was viele von ihrem Plan abhält. Es gibt aber eine Möglichkeit, dieses Risiko klein zu halten: Sie gründen eine Gesellschaft mit beschränkter Haftung."

Wesen und finanzielle Ausstattung
Die GmbH gehört zu der Gruppe der Kapitalgesellschaften. Rechtsgrundlage ist das GmbH-Gesetz. Die GmbH ist die am häufigsten gewählte Gesellschaftsform. Der Grund ist, dass die Gesellschafter nur bis zur Höhe des Stammkapitals haften. Vom Stammkapital ist die Stammeinlage zu unterscheiden.

Unterscheidung: Stammkapital – Stammeinlage – Geschäftsanteil

Stammkapital:	Es ist das Eigenkapital der GmbH und beträgt mindestens 25.000,00 €.
Stammeinlage:	Sie ist der von einem Gesellschafter übernommene Anteil am Stammkapital. Die Stammeinlage muss dabei mindestens 100,00 € betragen.
Geschäftsanteil:	Dies ist der Anteil eines Gesellschafters an dem tatsächlich vorhandenen Vermögen der GmbH, vermindert um die Schulden.

Gründung
Die GmbH wird durch einen notariell zu beurkundenden Gesellschaftsvertrag errichtet. Bei einer Bargründung sind von jeder Stammeinlage mindestens 25 % einzuzahlen. Die Mindesteinzahlung muss aber die Hälfte des Mindest-

stammkapitals ausmachen. Das bedeutet also, dass die Mindesteinzahlung auf das Stammkapital 12.500,00 Euro (50 % von 25.000,00 Euro) betragen muss. Handelt es sich um eine Sachgründung (statt Geld wird ein Vermögensgegenstand, wie z. B. ein Gebäude, in die Gesellschaft eingebracht), muss die Stammeinlage vollständig geleistet werden. Bei der Gründung darf kein Gesellschafter mehrere Stammeinlagen übernehmen. Möglich ist aber, dass die übernommenen Stammeinlagen unterschiedlich hoch sind.

Rechte und Pflichten der Gesellschafter	
GmbH-Gesellschafter haben das Recht, ...	**GmbH-Gesellschafter haben die Pflicht, ...**
• einen Teil des Reingewinns zu beanspruchen. Wenn nichts anderes vereinbart wurde, erfolgt die Verteilung des Gewinns nach den Geschäftsanteilen. • Auskunft über die Angelegenheiten der Gesellschaft zu erhalten und Einsicht in die Geschäftsunterlagen zu nehmen. • Verwaltungsaufgaben in der Unternehmung wahrzunehmen.	• vor der Eintragung in das Handelsregister eine Anzahlung auf die Stammeinlage zu leisten. • über den Betrag der Stammeinlage hinaus weitere Einzahlungen zu leisten, wenn diese vertraglich vereinbart wurden (Nachschusspflicht). • gegenüber den Gläubigern nur mit ihrem Anteil am Stammkapital zu haften.Das gilt aber nicht für Schulden gegenüber Banken. Hier haften die Gesellschafter, wenn sie sich z. B. Geld geliehen haben, auch mit privaten Sicherheiten.

Organe der GmbH

Die GmbH kennt drei Organe: die Geschäftsführung, die Gesellschafterversammlung und eventuell den Aufsichtsrat.

Die GmbH und ihre Organe	
Geschäftsführung	Ein oder mehrere Geschäftsführer führen die Gesellschaft und vertreten sie nach außen (z. B. gegenüber Lieferanten). Geschäftsführer können Gesellschafter oder aber dritte Personen sein.
Gesellschaftsversammlung	Sie ist das beschließende Organ, in dem die Gesellschafter ihre Rechte wahrnehmen. Werden Beschlüsse gefasst, so entscheidet die Mehrheit der abgegebenen Stimmen.
Aufsichtsrat	Im GmbH-Gesetz ist die Bildung eines Aufsichtsrats in Gesellschaften mit bis zu 500 Arbeitnehmern nicht vorgeschrieben. Die Hauptaufgabe des Vorstands besteht darin, die Geschäftsführung zu überwachen und den Jahresabschluss zu überprüfen.

Welche Gesellschaftsorgane wären zu bilden, wenn Mark Rohde und Karsten Neumann eine GmbH gründen würden? Da die Unternehmung relativ klein und ihre finanziellen Mittel knapp wären, würde die Geschäftsführung von den beiden Gesellschaftern selbst ausgeübt. Dritte Personen würden nicht mit der Geschäftsführung beauftragt. Auch einen Aufsichtsrat benötigte die GmbH aufgrund ihrer geringen Größe nicht.

GESELLSCHAFTSVERTRAG ÜBER DIE GRÜNDUNG EINER GMBH

§ 1 Firma und Sitz der Gesellschaft
Die Firma der Gesellschaft lautet: Marks Biker's Shop GmbH. Der Sitz der Gesellschaft befindet sich in 20253 Hamburg.

§ 2 Gegenstand des Unternehmens
Gegenstand des Unternehmens ist die Reparatur von Fahrrädern. Des Weiteren verfolgt das Unternehmen als Ziel den Verkauf von Markenfahrrädern und den aus bezogenen Fremdbauteilen zusammengebauten Eigenmarken sowie den Handel mit Fahrradzubehörteilen.

§ 3 Gesellschafter
Die Gründung der Gesellschaft erfolgt durch die beiden Gesellschafter Mark Rohde, Lange Str. 4, 20259 Hamburg und Karsten Neumann, Neue Fahrt 17, 25712 Quickborn.

§ 4 Stammkapital und Stammeinlage
Das vereinbarte Stammkapital der Gesellschaft hat eine Höhe von 30.000,00 €. Von dem Stammkapital übernimmt der Gesellschafter Mark Rohde eine Stammeinlage von 10.000,00 € und der Gesellschafter Karsten Neumann eine von 20.000,00 €. Stammeinlagen sind in Geld- und nicht in Sachwerten zu erbringen.

§ 5 Einzahlungen auf Stammeinlage
Die Gesellschafter verpflichten sich, die vereinbarten Einzahlungen auf das Stammkapital sofort zu leisten. Für Gesellschafter Rohde beläuft sich dieser Betrag auf 4.500,00 € und für Gesellschafter Neumann auf 9.000,00 €.

§ 6 Geschäftsführung und Vertretung
Die Geschäftsführung und Vertretung wird durch die beiden Gesellschafter Mark Rohde und Karsten Neumann wahrgenommen. Sie besitzen das Recht zur Einzelvertretung.

§ 7 Gewinn- und Verlustbeteiligung
Die Verteilung des Gewinns und des Verlustes erfolgen im Verhältnis der Geschäftseinlage.

§ 8 Nachschusspflicht
Einzahlungen über den Betrag der Stammeinlage hinaus werden grundsätzlich nicht ausgeschlossen, wenn es die wirtschaftliche Situation der Unternehmung erfordert. Der Beschluss hierzu muss einstimmig gefasst werden. Die Einzahlung der Nachschüsse hat nach dem Verhältnis der Geschäftsanteile zu erfolgen.

§ 9 Auflösung
Eine freiwillige Auflösung der GmbH erfordert den Beschluss aller Gesellschafter.

Hamburg, 10. Juli 20..

Mark Rohde *Karsten Neumann*

Die Ein-Personen-GmbH

Mark Rohde könnte auch allein eine GmbH gründen. Der Gründungsvorgang weist keine Unterschiede gegenüber der Mehr-Personen-GmbH auf. Auch hier gibt es ein Mindeststammkapital von 25.000,00 Euro. Das eingebrachte Bar- oder Sachvermögen muss auch bei der Ein-Personen-GmbH mindestens 12.500,00 Euro betragen.

Die Mini-GmbH

Der Schritt in die Selbstständigkeit wird leichter. Hierzu wurde das GmbH-Gesetz reformiert. Die offizielle Bezeichnung dieser Mini-GmbH ist: Unternehmergesellschaft (haftungsbeschränkt) oder UG (haftungsbeschränkt). Mit dieser Unternehmungsform soll der Trend, dass sich immer mehr Unternehmer für eine Limited Gesellschaft nach britischem Vorbild entscheiden, gestoppt werden. Was die Ltd-Gesellschaft für Gründer so attraktiv macht, ist die Tatsache, dass sie ohne Mindeststammkapital gegründet werden kann.

Bei der Mini-GmbH handelt es sich um keine eigenständige Rechtsform, sondern um eine Variante der bisherigen GmbH. Die klassische GmbH mit einem Stammkapital von 25.000,00 € bleibt weiter bestehen. Die Mini-GmbH bietet genau wie die klassische Form dem Unternehmen die Möglichkeit einer beschränkten Haftung. Sie ist gedacht für Existenzgründer und Kleinunternehmer, die nur einen geringen Kapitalbedarf haben. Ihre Gründung kann bereits mit einer symbolischen Einlage von 1 € erfolgen. Der Unternehmer ist aber im Gegenzug verpflichtet, jedes Jahr 25 % des Gewinns in eine gesetzliche Rücklage einfließen zu lassen. Das hat solange zu erfolgen, bis das Mindeststammkapital von 25.000,00 € angesammelt wurde.

Arbeitsvorschläge

1 Mark Rohde und Karsten Neumann überlegen, ob sie eine BGB-Gesellschaft oder doch besser eine GmbH gründen sollten. Helfen Sie ihnen bei dieser Entscheidung, indem Sie eine Übersicht nach folgendem Muster erstellen und dann ausfüllen.

	BGB-Gesellschaft	GmbH
Vorteile	?	?
Nachteile	?	?

2 Mark Rohde und Karsten Neumann haben Zweifel, ob das geplante Stammkapital von 30.000,00 € zur GmbH-Gründung wirklich ausreicht, um ihre Absicht zu verwirklichen. „Besser, wir packen noch 6.000,00 € drauf", ist schließlich ihre einhellige Meinung.

a) Unterscheiden Sie zwischen den Begriffen Stammkapital, Stammeinlage und Geschäftsanteil.

b) Mark Rohde will aufgrund der Absprache jetzt eine Stammeinlage von 13.000,00 € und Karsten Neumann von 23.000,00 € einbringen. Welchen Betrag müsste jeder Gesellschafter sofort aufbringen, um die gesetzlich vorgeschriebene Mindesteinzahlung tätigen zu können?

c) Die Gesellschaft erwirtschaftet im ersten Geschäftsjahr einen Verlust von 8.300,00 €. Wie ist der zu verteilen?

d) Im zweiten Geschäftsjahr stellen sich erste Erfolge ein, und es wird ein Gewinn von 12.850,00 € erzielt. Wie ist der zu verteilen?

7.4.5 Offene Handelsgesellschaft und die Kommanditgesellschaft als weitere Personengesellschaften

Sowohl die OHG als auch die KG gehören zu der Gruppe der Personengesellschaften. Diese Gesellschaftsformen werden im Handelsgesetzbuch (HGB) geregelt.

Vergleich von OHG und KG

	Offene Handelsgesellschaft	Kommanditgesellschaft
Wesen	Die OHG ist eine vertragliche Vereinigung von mindestens zwei Personen zum Betrieb eines Handelsgewerbes, bei der die Gesellschafter unbeschränkt haften.	Die KG ist eine vertragliche Vereinigung von mindestens zwei Personen zum Betrieb eines Handelsgewerbes, wobei die Haftung mindestens eines Gesellschafters gegenüber den Gesellschaftsgläubigern beschränkt ist (Kommanditist) und mindestens ein Gesellschafter unbeschränkt haftet (Komplementär).
Firma	Bei einer OHG ist die Zusatzbezeichnung „offene Handelsgesellschaft" oder eine allgemein verständliche Abkürzung zu wählen. **Beispiele:** • Rhode & Neumann OHG • Rhode offene Handelsgesellschaft	Bei einer KG ist die Zusatzbezeichnung „Kommanditgesellschaft" oder eine allgemein verständliche Abkürzung zu wählen. **Beispiele:** • Rhode & Partner KG • Rhode Kommanditgesellschaft
Haftungsfragen	Jeder Gesellschafter haftet: • **voll bzw. unbeschränkt**, d. h. mit dem Firmen- und Privatvermögen; • **unmittelbar bzw. direkt**, d. h., jeder Gläubiger kann jeden Gesellschafter in Regress nehmen; • **gesamtschuldnerisch**, solidarisch, d. h., er haftet nicht nur für seine Schulden, sondern auch für die der anderen Gesellschafter.	Für die Vollhafter (Komplementäre) gelten die gleichen Haftungsbedingungen wie in der offenen Handelsgesellschaft. Die Teilhafter (Kommanditisten) haften nur mit ihrer Einlage, d. h. nicht mit ihrem Privatvermögen.
Leitung	Alle Teilhaber sind zur Geschäftsführung verpflichtet und können im Innenbereich (innerbetriebliche Entscheidungen) bei allen gewöhnlichen Geschäftsvorfällen allein, bei außergewöhnlichen Dingen nur zusammen entscheiden.	Nur Komplementäre sind zur Geschäftsführung berechtigt und verpflichtet. Den Kommanditisten steht nur ein Kontrollrecht am Jahresende zu.
Gewinnverteilung	Vom Gewinn erhalten die Gesellschafter zunächst 4 % ihrer Einlagen. Der restliche Gewinn wird gleichmäßig verteilt.	Vom Gewinn erhalten die Gesellschafter zunächst 4 % ihrer Einlage. Der Rest wird in einem angemessenen Verhältnis verteilt. Vollhafter können zusätzlich einen Grundbetrag erhalten.
Verlustverteilung	Ein Verlust wird nach Köpfen verteilt.	Ein Verlust wird im angemessenen Verhältnis verteilt, Vollhafter tragen höhere Verluste.

7.4.6 Aktiengesellschaft (AG) als weitere Kapitalgesellschaft

Große Unternehmen, die besonders viel Kapital benötigen, haben fast alle die Rechtsform der AG. Diese Gesellschaftsform ist im Aktiengesetz (AktG) geregelt.

Merkmale einer AG	
Wesen	Die Aktiengesellschaft ist eine Kapitalgesellschaft mit einem in Aktien zerlegten Grundkapital. Nur das Gesellschaftsvermögen haftet den Gläubigern gegenüber.
Handelsregister	Die Eintragung in das Handelsregister ist notwendig. Die Haftungsbegrenzung der Gesellschafter gilt erst dann, wenn die Eintragung erfolgt ist.
Beteiligung	Der Mindestnennbetrag des Grundkapitals beträgt 50.000,00 €. Das Grundkapital der AG wird in verbriefte Anteilscheine in Form von Aktien zerlegt. Der Kurs der Aktie bildet sich an der Börse durch Angebot und Nachfrage.
Gründung	Die Aktiengesellschaft wird durch einen notariell zu beurkundenden Gesellschaftsvertrag (Satzung) errichtet. Die AG kann durch eine oder mehrere Personen gegründet werden. Üblich ist die Gründung durch mehrere Personen mit der Übernahme der Aktien durch die Gründer.
Firmenbezeichnung	Die Gesellschaft muss die Bezeichnung „Aktiengesellschaft" oder eine allgemein verständliche Abkürzung dieser Bezeichnung enthalten, z. B. „AG". **Beispiele:** • Technik Aktiengesellschaft • Metallbau AG
Haftung	Die Haftung der Aktionäre ist auf die Kapitaleinlage begrenzt. Eine persönliche Haftung für die Verbindlichkeiten der Gesellschaft besteht nicht.
Rechte der Aktionäre	• Recht auf Teilnahme an der Hauptversammlung • Auskunfts- und Stimmrecht in der Hauptversammlung • Recht auf Anteil am Bilanzgewinn (Dividende) • Recht auf Bezug von Aktien bei einer Kapitalerhöhung • Recht auf Anteil am Liquidationserlös
Organe	Das **Leitungsorgan** der AG ist der **Vorstand**. Er hat folgende Aufgaben: • Bestimmung der Geschäftspolitik • Geschäftsführung und -vertretung • Vorlage des Jahresabschlusses • Vorschlag über Gewinnverteilung • Einberufung der Hauptversammlung Das **Kontrollorgan** der AG ist der **Aufsichtsrat**. Er hat folgende Aufgaben: • Berichterstattung gegenüber der Gesellschaft • Bestellung und Überwachung des Vorstandes • Prüfung des Jahresabschlusses und der Gewinnverteilung Das **Beschlussfassungsorgan** der AG ist die **Hauptversammlung**. Sie hat folgende Aufgaben: • Feststellung des Jahresabschlusses und Beschluss über Gewinnverwendung • Beschluss über Satzungsänderung • Bestellung der Abschlussprüfer • Beschluss über Kapitalerhöhung • Bestellung, Abberufung und Entlastung des Vorstandes und des Aufsichtsrats

7.4.7 Genossenschaften als Selbsthilfeorganisationen

Ein kleines Malergeschäft, das seine Waren beim Großhandel teurer einkauft, als sie vom Baumarkt direkt an Kunden verkauft werden, hat keine Überlebenschance.

Einen Ausweg bieten hier Genossenschaften, zu deren Gründung mindestens drei Personen notwendig sind. Es handelt sich hier um eine Art Selbsthilfeorganisation von schwächeren Gewerbetreibenden und Verbrauchern. Sie handeln nach dem Motto: „Einigkeit macht stark." Ziel der Genossenschaften ist es, ihren Mitgliedern zu Vorteilen zu verhelfen, die sonst nur Großbetriebe haben. Das Ziel der Gewinnmaximierung steht nicht im Vordergrund der Geschäftspolitik einer Genossenschaft.

Eine derartige Strategie würde ja zu Lasten der Mitglieder gehen: Sie müssten die angebotenen Produkte oder Dienstleistungen dann zu einem vergleichsweise hohen Preis erwerben, was jedoch gerade verhindert werden soll.

Genossenschaftsarten

Unterscheidung der Genossenschaften

Haftung

- **Arten**
  - Genossenschaft mit beschränkter Haftpflicht
  - Genossenschaft mit unbeschränkter Haftpflicht
- **Bedeutung**
  - Genossen haften bis zu einer festgelegten Haftsumme
  - Genossen haften mit gesamtem Vermögen

wirtschaftliche Zielsetzung

- **Arten**
  - Verbrauchergenossenschaft
  - Einkaufsgenossenschaft
  - Kreditgenossenschaft
  - Absatzgenossenschaft
  - Verkehrsgenossenschaft
- **Beispiel**
  - Konsumgenossenschaft
  - Malereinkaufsgenossenschaft
  - Volks- und Raiffeisenbanken
  - Winzergenossenschaft
  - Binnenschifffahrtsgenossenschaft

7.4.8 Ausländische Kapitalgesellschaften

Wer in Deutschland eine Kapitalgesellschaft gründen will, muss sich seit einigen Jahren nicht mehr entscheiden zwischen der AG und der GmbH. Vielmehr hat ein Unternehmensgründer das Recht, zwischen Kapitalgesellschaften aller Mitgliedsstaaten der EU frei auszuwählen. So kann er sich z. B. entscheiden für die spanische SL, die polnische Sp.Z.O.O., die finnische Oy oder die britische Limited.

Merkmale der britischen Limited	
Wesen	Die britische Rechtsform der „private company by shares", kurz „Limited" genannt, ist die von deutschen Unternehmensgründern am häufigsten gewählte Unternehmungsform. Allerdings sieht das britische Gesellschaftsrecht vor, dass die Limited ihren Jahresbericht und die Bilanz in englischer Sprache und nach britischem Recht beim britischen Handelsregister in Cardiff (Companies Register) hinterlegt. Wenn dieser Pflicht nicht nachgekommen wird, drohen empfindliche Strafen. Die Limited Company ist eine Gesellschaftsform, die mit der deutschen GmbH und der AG vergleichbar ist. Der wesentliche Unterschied gegenüber diesen deutschen Kapitalgesellschaften besteht darin, dass bei der Gründung einer Limited Company ein großer Gestaltungsspielraum hinsichtlich der Kapitalausstattung besteht. Im Allgemeinen beträgt das Startkapital 1.000 GBP (englische Pfund). Aber auch schon 1 GBP oder 1 Euro reichen im Extremfall als Kapitalausstattung aus. Weitere Vorteile der Limited sind die kurze Gründungsdauer und die niedrigen Gründungskosten.
Arten der Limited Company	Die Hauptarten der Limited Company sind: • Private limited Company by shares (Ltd). Sie ist für kleine und mittelständische Unternehmen die gängige Unternehmensform. • Public limited Company (PLC). Sie ist die übliche Rechtsform für große Unternehmen, die an der Börsenotiert sind. • Private limited Company by guarantee. Anders als bei den üblichen Formen der Aktiengesellschaft wird hier kein Stammkapital gebildet. Die Aktionäre müssen vielmehr eine Garantie abgeben, dass sie im Insolvenzfall für die Schulden der Gesellschaft bis zu einer bestimmten Summe haften.
Firma und Gründung	Die Firma muss einen Zusatz enthalten, der Auskunft über die jeweilige Rechtsform gibt. Üblich sind die Abkürzungen Ltd. bei kleinen und mittelständischen Unternehmungen und PLC bei Publikumsgesellschaften. Die Gründung einer Limited kann bereits mit einem Aktionär erfolgen. Eine Limited ist zunächst in das englische Handelsregister einzutragen. Die in Deutschland tätigen Gesellschaften gelten rechtlich gesehen als selbständige Zweigniederlassungen der englischen Gesellschaft und sind in das deutsche Handelsregister einzutragen.
Zu besetzende Positionen bei der Limited	• Aktionär (Shareholder): Er zeichnet bei der Gründung die vorgesehene Anzahl der Aktie, die er übernehmen will. Selbst die Zeichnung nur einer Aktie ist möglich. Die Aktionäre haften nur für die Einzahlung des Nennwertes ihrer gezeichneten Aktien. • Geschäftsführer (Director): Er ist der gesetzliche Vertreter der Firma und hat deren gemeinsame Interessen zu vertreten und nicht die der einzelnen Aktionäre. Für die geschäftlichen Tätigkeiten ist er verantwortlich. • Gesellschaftssekretär (Company Secretary): Jede Limited muss in Großbritannien einen company secretary haben (und bezahlen). Er ist zuständig für die Verwaltungsarbeit und organisiert z. B. das jährliche Aktionärstreffen.

7.5 Ermittlung des Kapitalbedarfs und der Rentabilität

Mark Rohde hat sich durchgerungen. Zusammen mit Karsten Neumann soll ein Fahrradladen unter der Firma „Marks Biker's Shop GmbH" gegründet werden. Bis es soweit ist, gibt es für die beiden Existenzgründer noch eine Menge Arbeit und noch mehr zu lernen. In einer Broschüre für Existenzgründer liest Mark einen Artikel unter der Überschrift: „Was soll der Spaß kosten". Hier wird betont, dass eine möglichst genaue Ermittlung der benötigten finanziellen Mittel (Kapitalbedarf) eine unverzichtbare Voraussetzung für eine erfolgreiche Existenzgründung ist. Aber damit nicht genug: Kapital einzusetzen macht nur dann Sinn, so wird in der Broschüre festgestellt, wenn sich der Inhaber auch über „eine ordentliche Portion Gewinn" freuen kann.

7.5.1 Die Kapitalbedarfsrechnung

Was bestimmt den Kapitalbedarf?

Wer ein Unternehmen gründen will, muss zunächst einmal Geld in sein Vorhaben investieren. Unter investieren versteht man ganz allgemein die Verwendung von Geldmitteln. Um festzustellen, wie viel finanzielle Mittel ein Unternehmen benötigt, wird ein **Kapitalbedarfsplan** aufgestellt. Er ist ein wichtiger Bestandteil des Businessplans. Kapitalbedarfspläne sind vor allem dann unverzichtbar, wenn Bankkredite oder ein öffentliches Förderdarlehen zur Finanzierung notwendig werden.

Der Kapitalbedarf ist eine betriebswirtschaftliche Größe, die von vielen Faktoren beeinflusst wird. Welche Faktoren wirken sich z. B. auf die Höhe des Kapitalbedarfs der beiden Existenzgründer Rohde und Neumann aus? Die wichtigsten stehen in der folgenden Übersicht:

Was den Kapitalbedarf beeinflusst

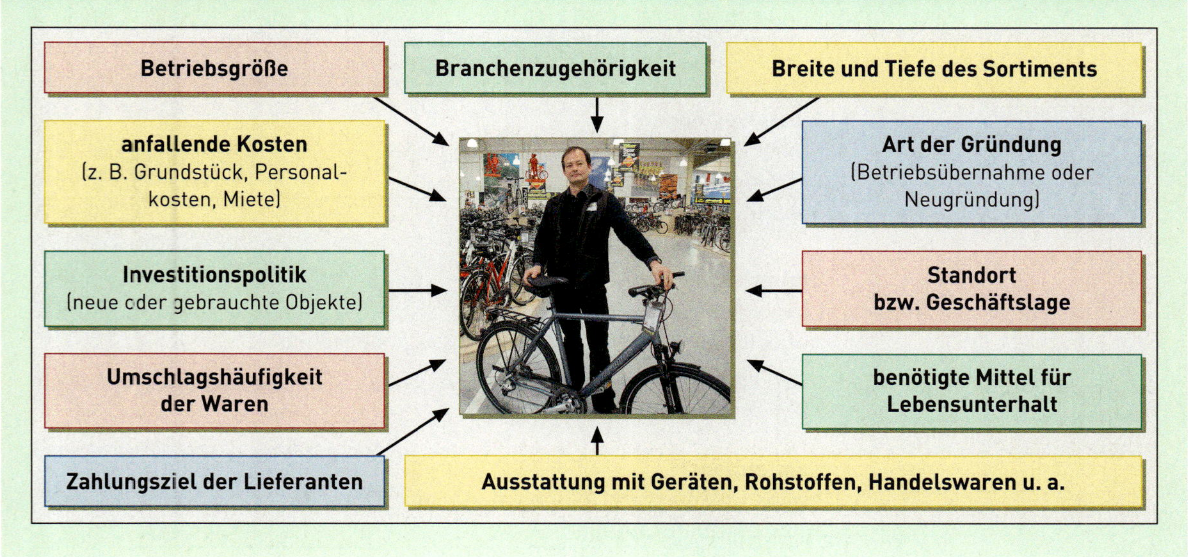

Im Vordergrund der Kapitalbedarfsermittlung stehen Anschaffungen im Anlage- und Umlaufvermögen. Das **Anlagevermögen** bildet die Grundlage der Betriebsbereitschaft. Hierzu zählen Vermögensarten, die dem Unternehmer langfristig zur Verfügung stehen. Beispiele hierfür sind: Grundstücke und Gebäude, Maschinen, Fahrzeuge, Laden- und Büroeinrichtungen.

Das **Umlaufvermögen** umfasst Vermögensteile, die sich häufig in ihrer Höhe verändern, weil sie ständig „im Umlauf" sind. Beispiele sind: Roh-, Hilfs- und Betriebsstoffe sowie die Handelswaren.

Beispiel einer Kapitalbedarfsrechnung

Um Kapitalbedarfsrechnungen zu erstellen, ist es sinnvoll, fachkundige Hilfe in Anspruch zu nehmen. Kammern, Verbände, Banken oder auch spezielle Unternehmensberater kommen hierfür infrage. Auch Mark Rohde und Karsten Neumann haben einen Termin zur Finanzberatung wahrgenommen, um sich ihren Kapitalbedarf für die Gründungs- und Anlaufphase ermitteln zu lassen.

Kapitalbedarfsrechnung von Mark Rohde und Karsten Neumann (Planungszeitraum: 4 Monate)	
Gründungskosten	
Beratung	250,00 €
Anmeldungen/Genehmigungen	400,00 €
Sonstiges	200,00 €
Gesamt	850,00 €
Kosten für Anlaufphase	
Geschäftsführergehälter von M. Rohde und K. Neumann	20.400,00 €
Umbaumaßnahmen	17.500,00 €
Miete einschl. Nebenkosten	5.680,00 €
Betriebliche Steuern	460,00 €
Geplante Werbeaktion	620,00 €
Betriebliche Versicherungen	650,00 €
Gesamt	45.310,00 €
Anlagevermögen	
Kompressor und sonstige Montagegeräte	16.200,00 €
Betriebs- und Geschäftsausstattung	5.300,00 €
Gesamt	21.500,00 €
Umlaufvermögen	
Fahrradteile u. a.	3.300,00 €
Handelsware, wie z. B. Fahrradkleidung und Helme	4.200,00 €
Kassenbestand	300,00 €
Gesamt	7.800,00 €
Kapitaldienst	
Zinsen für Existenzgründungsdarlehen	450,00 €
Tilgungsrate für Kredit	1.000,00 €
Gesamt	1.450,00 €
Kapitalbedarf gesamt	76.910,00 €

Nach der Ermittlung ihres Kapitalbedarfs stellt sich für Mark Rohde und Karsten Neumann die Aufgabe, ihre voraussichtlichen Einnahmen und Ausgaben für einen bestimmten Zeitraum (z. B. vier Monate) gegenüberzustellen. Der Fachausdruck hierfür heißt **Liquiditätsplanung**. Durch sie soll gewährleistet werden, dass ihr Fahrradladen in diesem Zeitraum zu jedem Zeitpunkt seine Zahlungsverpflichtungen auch wirklich erfüllen kann.

7.5.2 Die Rentabilitätsrechnung

Kapitalgeber sind nur bereit, Geld in ein zu gründendes Unternehmen zu stecken, wenn es rentabel arbeitet und Gewinne erwirtschaftet. Auch bei Unternehmen, die erst entstehen, sind Rentabilitätsrechnungen unverzichtbar. Da sie sich auf die zukünftige Entwicklung beziehen, sind sie eine Vorschaurechnung und gehören in jeden Businessplan. Für kleine Unternehmen ist die Umsatzrentabilität entscheidend. Durch sie wird ausgedrückt, wie viel Prozent Gewinn mit dem Umsatz erwirtschaftet wurde. Die Formel lautet:

$$\text{Umsatzrentabilität} = \frac{\text{Gewinn} \cdot 100}{\text{Umsatz}}$$

Die Beurteilung der Umsatzrentabilität kann mithilfe von Rentabilitätswerten vergleichbarer Unternehmen erfolgen. Auch von Mark Rohde und Karsten Neumann verlangen Kapitalgeber eine Rentabilitätsvorschaurechnung. In der Rechnung wurde für das Gründungsprojekt Fahrradladen ein Gewinn von 9.696,00 Euro ermittelt. Die Umsatzrentabilität erreicht damit einen Wert von 8 %.

$\left(\frac{9.696 \cdot 100}{121.200}\right)$

Diese Prognose wird für das als wirtschaftlich schwierig geltende erste Geschäftsjahr von Fachberatern der Kammer als recht positiv beurteilt.

Rentabilitätsvorschaurechnung (vereinfacht) für Rohde/Neumann (Planungszeitraum: erstes Geschäftsjahr)

Umsätze	
Umsatzerlöse für Reparaturdienst	32.800,00 €
für Fahrradladen	54.000,00 €
für Handelsware	34.400,00 €
Summe Umsatzerlöse	**121.200,00 €**
Kosten	
Geschäftsführergehälter	61.200,00 €
Umbaumaßnahmen	17.500,00 €
Beratung	850,00 €
Miete	17.040,00 €
Betriebliche Steuern	2.400,00 €
Werbeaktionen	1.270,00 €
Versicherungen	1.500,00 €
Materialkosten	8.394,00 €
Zinsen	1.350,00 €
Summe Kosten	**111.504,00 €**
Gewinn	**9.696,00 €**

Arbeitsvorschläge

1. Beschreiben Sie die Haftung für Schulden
   a) eines Einzelunternehmers,
   b) eines OHG-Gesellschafters,
   c) des Vollhafters einer KG,
   d) des Teilhafters einer KG,
   e) eines Aktionärs.
2. Genossenschaften werden oft auch als „Selbsthilfeorganisationen" bezeichnet. Erklären Sie, was hiermit gemeint ist.
3. Welche Aufgaben haben die einzelnen Organe einer AG?
4. Wie heißen die Organe einer GmbH?
5. Als Aktionärin von Borussia Dortmund wird Birgit Mauser zur Hauptversammlung eingeladen. Welche Aufgabe hat die Hauptversammlung?
6. Informieren Sie sich in Ihrem Ausbildungsbetrieb über die Gründe, die dazu geführt haben, dass die bestehende Rechtsform gewählt wurde.
7. **Lernen durch Handeln:**
   „Selbstständig machen" lautet eine Wunschvorstellung, die von so manchem Arbeitnehmer schon mal geäußert worden ist. Doch nicht jeder Griff nach der Unabhängigkeit ist erfolgreich, weil vorher zahlreiche Bedingungen erfüllt sein müssen. Versuchen Sie einmal darzustellen, was zu beachten ist, bevor man den Schritt in die Selbstständigkeit wagt. Dabei kann Ihnen die Mind-Map-Methode behilflich sein.

8. Unterscheiden Sie zwischen Anlage- und Umlaufvermögen und nennen Sie jeweils Beispiele.
9. Welche Faktoren wirken sich auf die Höhe des Kapitalbedarfs aus?
10. Erklären Sie den Aufbau der vorstehenden Kapitalbedarfsrechnung (S. 256).
11. Wie würde sich der Kapitalbedarf von Mark Rohde und Karsten Neumann ändern, wenn
    - sie durch Eigenleistung bei den Umbauarbeiten 1.300,00 € sparen könnten?
    - sich jeder der beiden mit einem monatlichen um 500,00 € niedrigeren Geschäftsführergehalt zufrieden geben würden?
    - die Miete entgegen den Erwartungen aber monatlich um 150,00 € höher wäre?
12. Mark Rohde und Karsten Neumann werden von dem Unternehmensberater Dr. Koch darauf aufmerksam gemacht, dass mögliche Kapitalgeber Rentabilitätsberechnungen für mehrere Geschäftsjahre als Beurteilungsgrundlage benötigen. Die beiden Gründer kommen zu den nachfolgenden Wertansätzen. Wie hoch sind die Rentabilitätswerte für die beiden Jahre?

Jahr	Umsatzerlöse	Gewinn	Umsatz rentabilität
2008	154.000,00 €	17.325,00 €	?
2009	161.000,00 €	19.642,00 €	?

Arbeitsvorschläge zur Wiederholung und Prüfungsvorbereitung (Kapitel 7)

1 Existenzgründer sollten unbedingt einen Businessplan erstellen.
a) Erklären Sie, was ein Businessplan ist.
b) Für wen ist der Businessplan notwendig?
c) Welche Informationen sollte ein Businessplan enthalten?

2 „Wenn der Standort nicht stimmt", so die allgemeine Erfahrung von Existenzgründern, „kann man die beste Geschäftsidee vergessen".
a) Nennen Sie vier Standortfaktoren, die ein Imbissstand erfüllen sollte.
b) Für welche Betriebsarten ist der Standort abhängig vom Rohstoffvorkommen?
c) Für welche Betriebe sind die vorhandenen Verkehrsverhältnisse ein besonders wichtiger Standortfaktor?

3 Die Industrie- und Handelskammern haben ermittelt, dass 49 % aller Unternehmensgründer zu geringe kaufmännische Kenntnisse haben. Nennen Sie Arten von kaufmännischen Kenntnissen, über die ein Gründer Ihrer Meinung nach unbedingt verfügen sollte.

4 Sponsoring ist ein Instrument der Kommunikationspolitik, das immer bedeutender wird.
a) Was soll durch die Kommunikationspolitik erreicht werden?
b) Welche Instrumente gehören zur Kommunikationspolitik?
c) Was versteht man unter „Sponsoring"?
d) Erklären Sie den Aussagegehalt der folgenden Tabelle:

Ausgaben für Sponsoring-Maßnahmen von Unternehmen und Agenturen in Deutschland in Mrd. Euro

2000	2,5	2005	3,6
2001	2,7	2006	4,3
2002	2,7	2007	4,0
2003	3,0	2008	4,3
2004	3,4	2009	4,4

davon **2007** für diese Bereiche

Sport	2,5	Public*	0,3
Medien	0,9	Kultur	0,3

* z. B. Wissenschafts-, Sozial- und Umwelt-Sponsoring

5 Welche Instrumente kann eine Marketingabteilung einsetzen?

6 Unterscheiden Sie zwischen Public Relations und Werbung.

7 Unterscheiden Sie zwischen direktem und indirektem Absatz.

8 Was versteht man im Geschäftsverkehr unter einer Firma?

9 Nennen Sie jeweils zwei Beispiele für eine Personen- und eine Sachfirma.

10 Beurteilen Sie die Meinung von Mark Rohde zur Einzelunternehmung. Wenn seine Meinung falsch sein sollte, so geben Sie die richtige Antwort:
- Einzelunternehmer gibt es relativ selten.
- Wenn ich ein Einzelunternehmer bin, verlangt man von mir kein Mindestkapital.
- Als Einzelunternehmer habe ich den Vorteil, dass Banken bei der Kreditvergabe großzügig sind. Auf Einzelunternehmer ist nämlich Verlass.
- Ein großer Vorteil der Einzelunternehmung liegt für mich auch darin, dass das lästige diskutieren bei den zu treffenden Entscheidungen wegfällt.
- Mein Freund Mike Hohmann will einen Blumenladen in der Rechtsform einer Einzelunternehmung gründen. „Mike's Flower Shop" ist eine gute Bezeichnung seiner Firma.

11 Zeigen Sie Merkmale zur Unterscheidung von Rechtsformen auf.

12 Welche Unternehmungsformen gehören
a) zu Personengesellschaften,
b) zu Kapitalgesellschaften?

13 Welche Unternehmungsform ist am besten dafür geeignet, große Kapitalsummen aufzubringen?

Arbeitsvorschläge zur Wiederholung und Prüfungsvorbereitung (Kapitel 7)

14 Jahreshauptversammlung der Aktionäre von Porsche am 24.01.2008:

a) Welche Unternehmensform finanziert sich über Aktien?
b) Wie bildet sich der Kurs von Aktien?
c) Wie wird man Aktionär von Porsche?
d) Welche Rechte haben Aktionäre?

15 Übernehmen Sie die folgende Übersicht in Ihre Unterlagen, und füllen Sie die freien Felder aus.

	Personen-gesellschaften	Kapital-gesellschaften
Unterschiede	?	?
Gemeinsamkeiten	?	?

16 Wie hoch ist das Stammkapital einer GmbH?

17 Worin besteht der Unterschied zwischen Stammkapital und Stammeinlage?

18 Wie unterscheiden sich die Haftungsverhältnisse der Gesellschafter einer OHG von denen einer KG?

19 Heike Adam und Güler Sahit gründen eine OHG. Zweck des Betriebes ist die Einrichtung eines 24-Stunden-Computer-Notdienstes. Wie könnte die Firma lauten?

20 Verschiedene Winzer schließen sich zusammen und gründen ein Unternehmen, das zukünftig den gemeinsamen Absatz übernehmen soll. Von welcher Unternehmungsform ist hier die Rede?

21 Beantworten Sie die nachfolgenden Aufgaben mithilfe eines Auszugs aus einem Gesellschaftsvertrag:

Gesellschaftsvertrag

Über die Errichtung einer BGB-Gesellschaft zwischen Herrn Mark Rohde, Lange Str. 4, 20259 Hamburg und Herrn Karsten Neumann, Neue Fahrt 17, 25712 Quickborn

§ 1 Zweck
Herr Mark Rohde und Herr Karsten Neumann gründen eine BGB-Gesellschaft, deren Zweck darin besteht, Fahrräder zu reparieren, zu verkaufen und den Handel mit Fahrradzubehör zu betreiben.

§ 2 Name und Sitz der Gesellschaft
Die Gesellschaft führt den Namen Mark Rohde und Karsten Neumann GbR. Sitz der Gesellschaft ist 20253 Hamburg.

§ 3 Beiträge der Gesellschafter
Die Gesellschafter Rohde und Neumann leisten unterschiedlich hohe Beiträge. Karsten Neumann bringt einen gebrauchten Kleintransporter im Wert von 15.000,00 € in das Geschäftsvermögen ein. Mark Rohde überweist bis zum 20. Juli 9.000,00 € auf das gemeinsame Bankkonto bei der Hamburger Sparkasse.

§ 4 Geschäftsführung und Vertretung
Beide Geschäftspartner betreiben die Vertretung und Geschäftsführung gemeinsam. Widerspricht einer der Gesellschafter, so hat die jeweilige Maßnahme zu unterbleiben.

§ 5 Gewinn- und Verlustverteilung
Die Verteilung des Gewinns soll sich nach der Höhe der eingebrachten Vermögenswerte richten. Ein eventueller Verlust wird von beiden Gesellschaftern zu gleichen Teilen getragen.

a) Mark Rohde plant, einen zweiten Kleintransporter zu kaufen. Karsten Neumann ist dagegen. Wie ist die rechtliche Situation?
b) Wie wäre die Verteilung eines Gewinns in Höhe von 6.000,00 € zwischen den beiden Gesellschaftern vorzunehmen?
c) Wenn statt eines Gewinns ein Verlust von 7.500,00 € im ersten Geschäftsjahr erzielt würde, wie wäre hier die Aufteilung?
d) Mark Rohde meint, dass ihre Gesellschaft auf jeden Fall in das Handelsregister einzutragen ist. Stimmt das?

8 Bedürfnisse – Bedarf – Nachfrage

Moment mal!

Jung und für Milliarden gut: die Bedürfnisse der Jugendlichen

(Interview mit Matthias Marbach, Geschäftsführer der Werbeagentur RENO, über die Bedürfnisse der Jugendlichen)

Frage: „Wie verhält sich ein Jugendlicher Ihrer Zielgruppe?“

Marbach: „Das lässt sich leicht beschreiben: Er möchte sich am liebsten in einem T-Shirt von Adidas oder Puma zeigen. An den Füßen trägt der junge Mann von Welt mit Vorliebe Adidas-Schuhe. Im Übrigen steht er auf Levis-Jeans. Zum Frühstück wird Nutella verspeist. Getrunken wird Red Bull oder Gatorade. Beim Zähneputzen benutzt man vor allem Blendax Antibelag Junior. Vergessen wir nicht das so wichtige Handy. Das sollte von Nokia sein.“

Frage: „Wie erklären Sie sich das außergewöhnlich starke Markenbewusstsein der Jugendlichen?“

Marbach: „Marken befriedigen besondere Bedürfnisse. Wer die richtigen Klamotten trägt, gehört einfach dazu. Das Selbstwertgefühl ist dann stärker. Über die Marken werden auch Freundschaften definiert. Wer nicht die richtigen Turnschuhe trägt, ist einfach ‚out‘. Die Hierarchie innerhalb der Clique hängt sehr stark von dem Statussymbol der richtigen Marke ab. Dabei definiert die Gruppe, wer ‚hip‘ oder ‚cool‘ ist.“

Frage: „Welche Bedeutung haben die Bedürfnisse der Jugendlichen für die Wirtschaft?“

Marbach: „Durch die Neigungen und Vorlieben der Jugendlichen werden heute Millionen bewegt. Es gibt sehr viele Produkte im Haushalt, bei deren Anschaffung die Kids mitreden. Der Einfluss der Jugendlichen bei Einkäufen ist so bedeutend, dass man sie mit Recht als die heimlichen Herrscher der Familienkasse ansehen muss. Deshalb sind auch die Jugendlichen die große Zielgruppe unserer Agentur.“

- Was sind Bedürfnisse und wie lassen sie sich unterscheiden?
- Wodurch werden Bedürfnisse beeinflusst?
- Welche Faktoren beeinflussen das Konsumverhalten?

?

Was sind Bedürfnisse?

Von Geburt an haben die Menschen Bedürfnisse. Sie entstehen aus dem Gefühl heraus, dass sie etwas haben möchten, über das sie zurzeit nicht verfügen. Bei ihrem Bestreben, ihre Bedürfnisse zu erfüllen, kommt die Wirtschaft „ins Spiel". Ihre Aufgabe besteht darin, den Menschen zu helfen, ihre Bedürfnisse zu befriedigen.

Bedürfnisse sind sehr vielfältig und letztlich nie alle zu befriedigen. Einen bedürfnislosen Menschen zu finden, wird deshalb kaum möglich sein, und auch der reichste Mann der Welt hat natürlich Bedürfnisse. Diese sind sehr unterschiedlich. Bildungsstand, Vermögen, Geschlecht, Alter, persönliche Neigungen und Lebensstandard sind nur einige Faktoren, welche die menschlichen Bedürfnisse beeinflussen.

Bedürfnisse im Überblick

Unterscheidung nach	Bedürfnisse	Beispiel
Dringlichkeit der Bedürfnisse	• **Existenzbedürfnisse** (Grundbedürfnisse): Ihre Befriedigung ist lebensnotwendig. • **Kulturbedürfnisse** stehen im Zusammenhang mit dem Kulturkreis, in dem man lebt. • **Luxusbedürfnisse** richten sich auf nicht lebensnotwendige Güter, die über die üblichen Konsumgewohnheiten hinausgehen.	• Nahrung, Kleidung, Wohnung • Tragen einer Tracht, Konzertbesuch • Sportwagen, Villa
Art des Bedürfnisträgers	• **Individualbedürfnisse** werden von einzelnen Personen oder Familien empfunden und müssen in der Regel auch durch sie befriedigt werden. • **Kollektivbedürfnisse** werden von einer großen Gruppe Menschen oder der Allgemeinheit empfunden. Die Bedürfnisse werden häufig durch den Staat befriedigt.	• eigene Wohnung, Urlaubsreise • innere und äußere Sicherheit • saubere Umwelt
Zielrichtung der Bedürfnisbefriedigung	• **materielle Bedürfnisse** sind Mangelempfindungen, die unter Einsatz von Geld bzw. vorhandener Kaufkraft befriedigt werden können. • **immaterielle Bedürfnisse** sind seelischer oder geistiger Art.	• Obst und Gemüse • Zufriedenheit, Anerkennung bzw. Ausbildung, Studium

Hast du was – bist du was!

Viele Jugendliche stellen sich selbst mit den Dingen dar, die sie besitzen, tragen und präsentieren. Sie geben daher immer mehr Geld für teure Markenkleidung, Handys, Laptops und andere Produkte aus, die sie nach außen zur Schau stellen. Man will beweisen, was man sich leisten kann. Oftmals bestimmt der Gruppenzwang, gewisse Prestigeprodukte zu kaufen, denn nur wer sie besitzt, gehört dazu. Damit will man sich beliebt machen, manchmal auch Alltag vergessen oder auch Frustrationen ausgleichen. Konsum und Besitz werden so zu einer trügerischen Quelle des Selbstwertgefühls und der Selbstbestätigung und führen nicht selten geradewegs in die Schuldenfalle (siehe hierzu auch S. 310 ff.).

Bedürfnis = Nachfrage?

Wie Sie nun wissen, haben Menschen unzählige Bedürfnisse. Diese allein nützen den Unternehmen aber nichts. Ein Luxuswagenhersteller wird an Sie als Schüler oder Auszubildender sehr wahrscheinlich nicht ein einziges Auto verkaufen, auch wenn Sie das Bedürfnis danach haben. Ganz anders sieht es aus, wenn ein wohlhabender Mensch das gleiche Bedürfnis hat. Da er die nötige Kaufkraft besitzt, um sein Bedürfnis zu befriedigen zu können, hat er auch Bedarf und wird sich das teure Auto kaufen.

Vom Bedürfnis zur Nachfrage

Bedürfnisse	alle materiellen Mangelgefühle	**Beispiel:** Viele Menschen haben das Bedürfnis, ein schickes, schnelles Auto einer bestimmten Marke zu fahren.
Bedarf	mit Kaufkraft ausgestattete Bedürfnisse	**Beispiel:** Nur ein relativ kleiner Teil dieser Menschen haben auch genug Geld, das Auto zu kaufen.
Nachfrage	Bedarf, der in Kauf umgesetzt wird	**Beispiel:** Nur wenige von ihnen kaufen tatsächlich dieses Auto.

Eine genaue Abgrenzung der Bedürfnisse kann im Einzelfall schwierig sein. Wo würde man z. B. ein normales Eigenheim einordnen? Für Wohlhabende würde es sicherlich nur der Befriedigung eines Existenzbedürfnisses dienen. Für ärmere Bevölkerungskreise wäre es dagegen schon der reinste Luxus. Die Einstufung der Güter unterliegt auch einem zeitlichen Wandel. Vieles, was früher als Luxusgut eingestuft wurde, wie z. B. Autos, Handys oder Fernseher, zählt in den meisten Industrieländern inzwischen zu den Existenzbedürfnissen.

Marktmacht der Verbraucher

In der Marktwirtschaft ist der Verbraucher der König, d. h. er kann mit seinem Nachfrageverhalten die Wirtschaft steuern. Wenn Bürger beispielsweise gegen die Käfighaltung von Legehühnern sind und in Demonstrationen ihre Meinung kund tun, wird es ein langer, schwieriger Weg, die Käfighaltung abzuschaffen. Würden die Verbraucher dagegen nur noch Eier von freilaufenden Hühnern kaufen, würden die Betriebe sofort reagieren und die Käfighaltung abschaffen. Ansonsten würde ihnen die Insolvenz drohen. Auf diese Weise können die Verbraucher mit ihrem Ausgabeverhalten auch die Wirtschaft steuern.

Arbeitsvorschläge

1. Erklären Sie das Sprichwort von Wilhelm Busch: „Ein jeder Wunsch, wenn er erfüllt, kriegt augenblicklich Junge."
2. Besuchen Sie einen Supermarkt und erkunden Sie dort „die geheimen Verführer" der Konsumenten.
   a) Welche Werbemaßnahmen finden Sie?
   b) Welche sonstigen verkaufsfördernden Maßnahmen, wie z. B. Gewinnspiele, treffen Sie dort an?
   c) Was wird getan, um eine angenehme, verkaufsfördernde Atmosphäre zu schaffen?
   d) Warum sind an der Kasse immer Süßwaren und Zigaretten zu finden?
   e) Bei der Anordnung der Ware unterscheidet man folgende Zonen:
      - Bückzone: bis 0,80 m;
      - Greifzone: 0,80 bis 1,20 m;
      - Sichtzone: 1,20 bis 1,60 m;
      - Reckzone: über 1,60 m.

      Versuchen Sie einmal herauszufinden, welche Waren man in den jeweiligen Zonen findet und warum man sie hier anordnet.
3. Was versteht man unter Kaufsucht?
4. Welcher Unterschied besteht zwischen Bedürfnis und Bedarf?
5. Erklären Sie an einem anderen Beispiels als dem o. g. die Marktmacht der Verbraucher.
6. Nennen Sie zu den Fotos jeweils eine Bedürfnisart aus allen drei Gruppen.

9 Maßnahmen zur Stärkung der Konsumenten

Moment mal!

Gesetze schützen die Verbraucher

Handy-Abzocke bei Klingeltönen, Logos und Sounds: Jugendliche im Visier der Telefonbetrüger

„Ruf mich an, ich habe eine Überraschung für dich!“ Mit solchen und ähnlichen SMS melden sich Telefonbetrüger auf den Handys von Jugendlichen. Drückt man den Rückrufknopf, landet man auf einer teuren 0190er-Nummer. Die Abzockmethode: Kostentreiberei beim Runterladen von Klingeltönen, Logos und Sounds.
Mit Kurzbotschaften, die neue tolle Klingeltöne, Logos, Sounds oder Bilder fürs Handy versprechen, kassieren die Gauner ab. Wer dort anruft, zahlt meist 1,99 € pro Minute. Der Haken: Durch langatmige Ansagen unter der teuren 0190er-Servicenummer entstehen Kosten zwischen 3,00 und 8,00 € pro Anruf. Besonders fies: Manche Unternehmen bieten die Logos zwar „gratis“ an. Aber wem das Bild nach dem Herunterladen nicht gefällt, muss bei einem kostenpflichtigen „Löschlogo“ anrufen, um es wieder loszuwerden. Das kostet bis zu 8,00 €. (rlp)

- Welche Maßnahmen zum Schutz der Verbraucher gibt es?
- Wie wirken diese?

?

Schutz durch den Staat

In unserer sozialen Marktwirtschaft sollen die sozial und wirtschaftlich Schwächeren geschützt werden. Beim Verbrauchsgüterkauf ist der Käufer oftmals dieser schwächere Partner. Denn er kennt sich häufig nicht so in den Gesetzen aus wie ein Kaufmann. Hieraus können ihm erhebliche Nachteile entstehen. Vor allem dann, wenn dies von skrupellosen Geschäftemachern ausgenutzt wird. Der Staat schützt die schwächeren Vertragspartner, indem er die Vertragsfreiheit hier gesetzlich einschränkt.

Der Staat hilft aber auch, indem er in den **Verbraucherzentralen** berät und unterstützt. Außerdem unterhält er die **Stiftung Warentest**. Diese führt Produkttests durch und hilft so dem Verbraucher aus der großen Fülle von Waren, die besseren auszuwählen.

Auch bei den Unternehmen gibt es sogenannte „schwarze Schafe". Sie versuchen sich Vorteile zu verschaffen, wenn die Verbraucher sich in rechtlichen Dingen nicht so gut auskennen. Einige probieren sogar, mit Betrug an ihren Kunden gute Geschäfte zu machen. Daher schützt der Gesetzgeber den Verbraucher vor diesem Missbrauch besonders. Die wichtigsten Gesetze gegen Missbrauch betreffen Einschränkungen bei

- allgemeinen Geschäftsbedingungen,
- Haustürgeschäften,
- Fernabsatzverträgen,
- Teilzahlungsgeschäften und Kreditverträgen
- und die Produkthaftung.

9.1 Kein Missbrauch mit Allgemeinen Geschäftsbedingungen (AGB)

Beispiel

Mustafa hat sich einen gebrauchten Pkw gekauft. Doch an dem Wagen tritt immer wieder ein Fehler an der Vergaseranlage auf. Dieser konnte auch mit der vierten Reparatur nicht beseitigt werden. Daher will Mustafa das Auto zurückgeben. Dies lehnt der Verkäufer jedoch ab. Er verweist Mustafa auf seine AGB, in denen die Rechte aus mangelhafter Lieferung auf eine Nachbesserung beschränkt sind. Außerdem berechnet er Mustafa die vier Reparaturen mit jeweils einer Arbeitsstunde. Das sind 371,20 € inklusive USt. Mustafa will diesen Betrag nicht bezahlen, immerhin hat er laut Vertrag noch Garantie. Der Verkäufer verweist auf seine AGB, in denen eine halbjährige Garantie nur auf defekte Teile, nicht auf den Arbeitslohn gewährt wird. Mustafa entgegnet, dass er nicht auf die AGB hingewiesen worden sei. „Die interessieren euch Jugendliche ja sowieso nicht", ist die Antwort. Da wird es Mustafa zu bunt. Er bittet einen Anwalt um Rat.

Grundsätzliches

Unternehmen schließen täglich viele Kaufverträge ab. Eigentlich müssten der Verkäufer und der Käufer alle Bedingungen für jeden Vertrag aushandeln. Dies wäre natürlich vor allem bei niedrigeren Kaufsummen ein zu großer Aufwand. Daher haben Kaufleute die „Allgemeinen Geschäftsbedingungen" (AGB). Diese Vertragsklauseln gelten dann für alle Kaufverträge, die von ihnen abgeschlossen werden. Da oftmals die Verkäufer versuchten, mit ihren AGB die Rechte des Käufers einzuschränken, schützt der Gesetzgeber diese besonders. Die wichtigsten Bestimmungen sind:
AGB werden nur dann Bestandteil eines Vertrages, wenn

- ausdrücklich auf sie hingewiesen wurde oder
- (wenn dieser Hinweis unverhältnismäßig große Umstände verursachen würde) sie für die Kunden deutlich sichtbar ausgehängt werden;
- wenn der Käufer mit den AGB einverstanden ist.

Generelle Rechte des Verbrauchers:

- Die AGB sind unwirksam, wenn der Vertragspartner (entgegen „Treu und Glauben") unangemessen benachteiligt wird. Dies ist z. B. der Fall, wenn AGB wesentlichen Rechten des bürgerlichen Gesetzbuchs widersprechen.
- Persönliche Absprachen zwischen Käufer und Verkäufer haben immer Vorrang vor den AGB.
- Wenn Bestimmungen in den AGB so ungewöhnlich sind, dass der Käufer mit ihnen nicht rechnen konnte, dann sind sie ungültig.
- Zweifel bei der Auslegung der AGB gehen grundsätzlich zu Lasten des Verkäufers. Wenn also ein Inhalt in den AGB unklar ist oder missverstanden werden kann, hat immer der Käufer Recht.

Daneben gibt es den Unterschied zwischen absolut verbotenen Klauseln und sogenannten gefährlichen Klauseln.

Verbotene Klauseln

Sie sind nichtig und werden kein Bestandteil des Vertrages.
Es geht um:

- Preiserhöhungen innerhalb von vier Monaten nach Vertragsabschluss;
- überraschende Klauseln (z. B., wenn man mit dem Kauf eines technischen Geräts automatisch einen zusätzlichen Wartungsvertrag abgeschlossen hätte);
- Vereinbarung einer festen Vertragsstrafe, die der Käufer zahlen müsste, wenn er in Annahmeverzug geraten würde;
- Ausschluss des Rechts, dass der Käufer bei Lieferungsverzug vom Vertrag zurücktreten kann;
- eine Beschränkung der verschiedenen gesetzlichen Rechte bei mangelhafter Lieferung nur auf Nachbesserung (Rücktritt vom Vertrag z. B. wäre dadurch ausgeschlossen);
- Berechnung von Reparaturkosten innerhalb der Garantiezeit;
- Verkürzung der gesetzlichen Verjährungsfristen.

Gefährliche Klauseln

Diese sind erst einmal rechtswirksam. Jedoch ist in den Einzelfällen zu prüfen, ob eine unangemessene Benachteiligung des Käufers vorliegt. Wäre das der Fall, würden auch diese Klauseln nachträglich ungültig. Man nennt sie daher auch „Klauseln mit Wertungsmöglichkeit".
Es sind:

- unangemessen lange Lieferfristen;
- Rücktrittsvorbehalt, d. h. dass der Verkäufer ohne Grund jederzeit vom Vertrag zurücktreten kann;
- Änderungsvorbehalt, d. h. der Verkäufer kann vertragliche Abmachungen ohne Zustimmung des Käufers einfach ändern;
- der Käufer könnte nur vom Vertrag zurücktreten, wenn er dem Verkäufer eine unangemessen hohe Entschädigung zahlt.

9.2 Achtung vor Haustürgeschäften, Kaffeefahrten, Verkaufspartys und Co.

Beispiel

Bernd spielt in der 1. Seniorenmannschaft des „TuS 1911 Neustadt". Neulich lud der 2. Vorsitzende die gesamte Mannschaft zu einer Verkaufsveranstaltung ein. „Es gibt eine bayrische Brotzeit und zwei Bier je Teilnehmer kostenlos", sagte er. „Außerdem erhält unser Verein vom Veranstalter noch 10,00 € pro Teilnehmer. Das Geschäft sollten wir mitnehmen. Werbt bei Freunden und Bekannten. Je mehr Leute kommen, desto mehr Einnahmen haben wir – und kaufen braucht man ja nichts", schloss er. Bernd und zahlreiche andere Spieler folgten der Einladung.
Eindrucksvoll wurde ihnen erklärt, warum eine Magnetfeldmatratze einen viel gesünderen Schlaf garantiere. Hinzu kam der „einmalige Sonderpreis" von 399,00 €. Und ein Topfset gab es noch gratis dazu. Als die ersten Kameraden kauften, wollte sich auch Bernd dieses Schnäppchen nicht entgehen lassen – und unterschrieb einen Kaufvertrag.
Als Bernd am nächsten Tag in der Firma von seinem „Schnäppchen" erzählte, erklärte ihm Carmen, dass sie eine solche Matratze im Teleshopping für 100,00 € gesehen habe. Ein anderer Kollege meinte: „Und bei ebay im Internet bekommt man sowas bestimmt noch viel billiger ...

Wenn der Staubsaugervertreter an der Haustür klingelt ...
Wenn die Verkäuferin ihre Plastikschüsseln in einer gemütlichen Party in Nachbars Wohnzimmer anpreist ...
Wenn man durch die Fußgängerzone bummelt und plötzlich von dem Werber eines Buchclubs angesprochen wird ...
Wenn man auf einer Verkaufsveranstaltung, auf einer Kaffeefahrt oder im Vereinsheim in guter Stimmung geschickt überredet wird ...
... dann kauft man oftmals Sachen, die man eigentlich gar nicht kaufen wollte.

Man wird überrascht, überredet, getäuscht, manchmal sogar betrogen. Die Verkäufer sind geschult und arbeiten mit allen Tricks. Für alle diese Fälle gelten die Bestimmungen des **Haustürkaufs**, welche die Verbraucher besonders schützen. Die gleichen Bestimmungen gelten auch für sogenannte **Teillieferungsverträge** (z. B. der Kauf eines 20-bändigen Lexikons, das in Einzelbänden geliefert wird).

!

Sie sollten ein Widerrufsschreiben unbedingt als entsprechendes Einschreiben mit Rückschein versenden. Dies ist zwar teurer aber sicherer! Zur Fristwahrung genügt die rechtzeitige Absendung.
Achten Sie darauf, dass Verträge nicht so weit rückdatiert werden, dass die Widerspruchsfrist schon bei Vertragsabschluss abgelaufen ist!

Welche Rechte hat der Verbraucher?

Rechte bei Haustür- und ähnlichen Geschäften

Der Käufer hat innerhalb von 14 Tagen ein Recht auf ...

- **Widerruf,** wenn die Ware noch nicht geliefert wurde.
- **Rückgabe,** wenn die Ware geliefert wurde.
  Voraussetzung für ein Rückgaberecht ist aber, dass der Verbraucher die Ware noch nicht genutzt bzw. die Leistung noch nicht in Anspruch genommen hat.

Rechtsfolgen des Widerrufs oder der Rücksendung

- Kosten der Rücksendung trägt bei Widerruf und Rückgabe der Verkäufer. Auch muss er eventuelle Transportschäden übernehmen.
- Bei einer Bestellung von bis zu 40,00 Euro dürfen dem Verbraucher die Kosten der Rücksendung berechnet werden. Dies gilt nicht, wenn die Ware nicht der bestellten entspricht.
- Wenn eine Bestellung widerrufen wird, dann gilt dies auch für einen mit der Bestellung verbundenen Vertrag (z. B. ein Verbraucherdarlehen).

Ein Widerruf ist nicht möglich

- bei verderblicher Ware, deren Verfallsdatum überschritten ist;
- bei Produkten, die speziell auf Kundenwunsch gefertigt wurden;
- bei Zeitungen, Zeitschriften, Illustrierten;
- bei Software, Audio- und Videoaufzeichnungen, die vom Käufer entsiegelt wurden;
- wenn der Verkäufer vom Käufer bestellt wurde.

Arbeitsvorschläge

1. Prüfen Sie, ob die nachfolgenden Auszüge aus AGB rechtens sind oder verbotene beziehungsweise gefährliche Klauseln darstellen.
   a) Mit dem Kauf einer Waschmaschine wird eine automatische halbjährliche Wartung gegen Kalkablagerungen abgeschlossen – auf Kosten des Kunden.
   b) Bei Rücktritt vom Kaufvertrag ist der halbe Kaufpreis als Verwaltungskostenersatz zu zahlen.
   c) Ein Rücktritt wegen verspäteter Lieferung ist nicht möglich.
   d) Der Käufer hat bei mangelhafter Ware nur das Recht, eine Nachbesserung zu verlangen.
   e) Etwaige Preiserhöhungen der Lieferer werden an die Kunden weitergegeben.
2. Erklären Sie, warum die Verbraucher bei Geschäften an der Haustür, auf öffentlichen Plätzen, Verkaufsveranstaltungen und Kaffeefahrten besonders geschützt werden.
3. Prüfen Sie, ob Bernd aus dem Beispiel Seite 268 von dem Kaufvertrag zurücktreten kann. Begründen Sie Ihre Meinung.
4. Unter welchen Bedingungen und innerhalb welcher Frist können „Haustürkäufe" widerrufen werden?
5. Wer trägt die Kosten und das Risiko der Rücksendung von zugeschickten Waren bei einem Vertrag, der rechtskräftig widerrufen wurde?
6. Warum werden Verträge an der Haustür usw. wohl oftmals „aus Versehen" in den Vormonat zurückdatiert?

9.3 Fernabsatzverträge und E-Commerce

Beispiel

Eine „Bikini-Figur" wollte Christine haben. Doch mit dem Abnehmen hatte sie bisher keinen rechten Erfolg. Da kam die „Tele-Shopping-Sendung" gerade richtig. „Abnehmen kinderleicht und ohne Hungern", wurde versprochen. Christine bestellte das „Beauty-Set" für 89,50 €. Nachdem sie die Schlankheitspillen und den „Abnehmroller" zwei Tage genutzt hatte, reagierte sie allergisch auf die Pillen. Christine erinnerte sich an das versprochene Widerrufs- und Rückgaberecht. Doch sie „blitzte" damit beim Lieferer ab. Angebrochene Ware sei vom Rückgaberecht ausgeschlossen. Daher müsse sie die Pillen behalten und natürlich auch den Roller, weil Pillen und Roller als „eine Ware" gelten würden.

„Damit Sie nicht die Katze im Sack kaufen ..."

Auf immer mehr Kanälen werden vor allem vormittags oder am späten Abend Verkaufssendungen ausgestrahlt. Bei Versandhäusern kann man Waren nach Katalog bestellen. Auch in Zeitschriften oder in Werbebriefen werden Waren per Versand angeboten. Ebenso wächst die Anzahl der Käufe im Internet (sogenanntes E-Commerce) ständig. Darum wird der Fernabsatz im BGB besonders geregelt. Die nachfolgend beschriebenen Vorschriften über Fernabsatzverträge gelten aber nicht für den Fernunterricht, Bankgeschäfte, die Lieferung von Lebensmitteln, Getränken oder sonstigen Haushaltsgegenständen des täglichen Bedarfs, sofern diese häufiger und regelmäßig erfolgen.

Besonderheiten bei Fernabsatzverträgen

Vor dem Vertragsschluss muss der Käufer vom Verkäufer über folgende Sachverhalte informiert werden:

- komplette Anschrift des Unternehmens,
- geschäftlicher Zweck des Angebotes (z. B. Versandhandel, Versteigerung),
- Angaben über wesentliche Eigenschaften der Produkte,
- Preis einschließlich aller Nebenkosten und Steuern (wichtig bei verschiedenen Umsatzsteuersätzen),
- Zahlungs- und Lieferbedingungen,
- Gültigkeitsdauer des Angebotes,
- Widerrufsrecht des Käufers.

Den Nachweis über diese Informationen muss der Verkäufer führen. Er muss zudem beweisen, dass diese Informationen beim Kunden eingegangen sind. Der **Gerichtsstand** ist im jeweiligen Land des Verbrauchers. Dieses Gericht muss aber bei einem ausländischen Lieferanten das jeweilige Recht aus dessen Herkunftsland anwenden.

E-Commerce

Da der Handel im Internet grenzüberschreitend funktioniert, wurden hierfür einheitliche Regelungen für die gesamte Europäische Union geschaffen. Im Internet handelt es sich in der Regel um Angebote, die sich an die Allgemeinheit richten. Daher kommt ein Vertrag durch folgende Schritte zustande:

Drei Schritte im Handel per Internet

Schritt 1	Verkäufer	richtet ein Angebot an die Allgemeinheit und nutzt dazu das Internet, Fernsehen oder andere Medien.
Schritt 2	Käufer	geht auf das Angebot ein, stellt z. B. einen Warenkorb zusammen. Die Bestellung per E-Mail stellt den Antrag auf einen Kauf dar.
Schritt 3	Verkäufer	entscheidet, ob er den Antrag annimmt oder nicht. Nimmt er ihn an (Bestätigung per E-Mail oder durch Lieferung der Ware), ist der Kaufvertrag zustande gekommen.

Besondere Pflichten im elektronischen Geschäftsverkehr
Der Verkäufer muss dafür sorgen, dass
- Eingabefehler vom Käufer vor Abgabe seiner Bestellung erkannt und berichtigt werden können.
- die Bestellung nochmals extra bestätigt wird.
- der Kunde den Vertragstext und Verhaltensrichtlinien nicht nur am Bildschirm abrufen kann. Es muss ihm zusätzlich die Möglichkeit gegeben werden, diese auch auf seinen PC zu überspielen und auszudrucken.
- jede Bestellung unverzüglich mit elektronischer Post bestätigt wird.

Verstößt der Verkäufer gegen eine dieser Bedingungen, kann der Kunde – anstatt der sonst üblichen 14 Tage – noch innerhalb von **sechs Monaten** vom Vertrag zurücktreten.

Rückgabe oder Widerruf
Genau wie beim Haustürkauf kann der Käufer einen Fernabsatzvertrag auch innerhalb von 14 Tagen widerrufen. Sollte die Ware schon geliefert worden sein, kann er diese innerhalb dieser Frist auch zurückgeben. Er muss hierfür keinen Grund nennen.

9.4 Das Produkthaftungsgesetz

Beispiel

„Das Beste an meinem Ausbildungsbetrieb sind die Salamibaguettes", dachte Jörg, als er in der Frühstückspause genüsslich in sein Baguette biss. „Wie viel Stück davon isst du eigentlich pro Tag?", fragte der Ausbilder provozierend. Doch zum Antworten kam Jörg nicht mehr. Es krachte plötzlich furchtbar in seinem Mund, gerade als er in das Baguette gebissen hatte. Und das war geschehen: In der Salami steckte ein Knochensplitter. Auf den hatte Jörg gebissen und sich den oberen Schneidezahn herausgebrochen. „Die mache ich haftbar", sagte Jörg verbittert.

Die Bestimmungen der mangelhaften Lieferung werden angewendet, wenn die gelieferten Produkte fehlerhaft sind. Das Produkthaftungsgesetz dagegen regelt die Folgeschäden, die aus fehlerhaften Produkten entstanden sind. Es gilt in allen Ländern der Europäischen Union.

Folgeschäden durch fehlerhafte Produkte

Ein Folgeschaden kann bestehen
- an dem Produkt selbst (z. B. Überspannung eines CD-Players),
- in einer Körperverletzung oder Tötung einer Person (z. B. Verbrennungen durch die Überspannung) oder
- in der Beschädigung einer dritten Sache (z. B. Vernichtung der in dem Player liegenden CD).

Beispiele für Produzentenhaftung finden Sie unter **www.stiftung-warentest.de** – Suchbegriff: „Produkthaftung".

Produzentenhaftung

Unter Produkt- oder Produzentenhaftung versteht man die Haftung des Herstellers, Importeurs oder Händlers für oben genannte Folgeschäden aus dem Gebrauch oder Verbrauch eines Produkts. Allerdings nur, wenn die Folgeschäden durch **folgende Fehler** verursacht wurden:
- Konstruktionsfehler (z. B. Gehäuse des Players steht unter Strom),
- Fabrikationsfehler (z. B. die Fehler lagen am schlechten Löten),
- Instruktionsfehler (z. B. eine missverständliche Bedienungsanleitung führte zu einem Bedienungsfehler).

Der Hersteller **haftet nicht**, wenn
- das Produkt zum Zeitpunkt der Markteinführung den Rechtsvorschriften entsprach,
- der Fehler bei Markteinführung noch nicht vorhanden war,
- es sich um unverarbeitete Naturprodukte der Landwirtschaft oder Jägerei handelt.

Fristen und Schadenersatz

Folgende Fristen müssen beachtet werden:
- Das fehlerhafte Produkt darf nicht älter als zehn Jahre sein.
- Die Gewährleistungsfrist beträgt zwei Jahre. Treten im ersten Halbjahr Mängel auf, muss der Verkäufer beweisen, dass die Kaufsache bei Übergabe noch in Ordnung war. Gelingt ihm das nicht, muss er für die Fehler geradestehen. Während der restlichen eineinhalb Jahre muss der Kunde beweisen, dass die Kaufsache von Anfang an Fehler hatte.

Für die Höhe des Schadenersatzes gelten folgende Regelungen:

- Einen **Sachschaden unter 500,00 Euro** muss der Verbraucher allein tragen.
- Ab 500,00 Euro haftet der Hersteller ohne Rücksicht auf die Schadenshöhe. Es gibt also bei Sachschäden **keine Obergrenze**, außer:
- Bei **Personenschäden** ist die Haftungs-Höchstgrenze 85 Millionen Euro, bei Arzneimitteln 120 Millionen Euro.

Produkthaftung kann nicht durch die allgemeinen Geschäftsbedingungen ausgeschlossen werden.

9.5 Warenkennzeichnung und Mogelpackungen

„Ländliche Idylle“: Verbraucherzentrale Bundesverband gewinnt gegen Rewe

OLG Frankfurt: Eierkartons täuschen Verbraucher

Die Verbraucherzentrale Bundesverband e.V. (vzbv) hat einen entscheidenden Erfolg gegen die Werbung mit ländlicher Idylle auf Lebensmittelverpackungen errungen.

„Wer Lebensmittel aus industrieller Tierhaltung verkauft, sollte das nicht hinter idyllischen Bildern verstecken“, so vzbv-Vorstand Prof. Dr. Edda Müller. [...]

Im vorliegenden Fall war auf Eierverpackungen der Firma Rewe eine idyllische Bauernlandschaft abgebildet. Zudem befand sich auf der Oberseite in roten Großbuchstaben die Aufschrift „10 frische Eier“. Tatsächlich waren in der Verpackung jedoch Eier aus einer Legebatterie. [...] In der Verhandlung machte das OLG deutlich, dass die bildliche Darstellung einer kleinbäuerlichen Idylle auf der Außenseite des Eierkartons irreführend sei. Auch ein verständiger Verbraucher werde durch diese Hinweise „auf die falsche Fährte gelockt“, so das Gericht.

(OLG Frankfurt/Main, Verhandlung vom 28.11.2002: 6 U 85/02)

Ein Supermarkt führt im Durchschnitt über 30.000 Artikel. Es wird daher immer schwieriger, aus dem riesigen Angebot die richtigen Waren auszuwählen. Der größer werdende Wettbewerb kann die Unternehmen dazu verleiten, mit Mogelpackungen oder falschen Angaben auf den Produkten die Käufer zu täuschen. Daher sollen die Verbraucher mit besseren Informationen unterstützt werden.

Mogelpackungen

Mogelpackungen geben dem Käufer das Gefühl, eine erheblich größere Menge als tatsächlich gekauft zu haben. Die Enttäuschung ist daher beim Öffnen der Produkte oftmals groß.

Eines von zahlreichen Beispielen aus dem Alltag:

Mogelpackung – Halbe Portion
Nach dem Kauf einer Feuchtigkeitscreme ärgerte sich Daniele K. aus Bad Oeynhausen, dass die 30-Milliliter-Tube (10,50 €) in eine halb so große Faltschachtel gepasst hätte.

nach: www.stiftung-warenstest.de → Mogelpackung → Halbe Portion 03/2003

Beispiele für Mogelpackungen finden Sie unter www.test.de – Suchbegriff: „Mogelpackung".

Damit so etwas nicht passiert, gibt es in § 7, Absatz 2 des Eichgesetzes folgende Bestimmung: „Fertigpackungen müssen so gestaltet und befüllt sein, dass sie keine größere Füllmenge vortäuschen, als in ihnen enthalten ist".

Preisauszeichnung an der Ware
Ganz wichtig ist natürlich auch ein Preisvergleich der Waren. Um dies den Verbrauchern möglichst einfach zu machen, wurde die Preisangabenverordnung erlassen.

Es gelten folgende Bestimmungen:
- Generell muss jede Ware, die den Kunden im Schaufenster oder im Laden angeboten wird, mit einem Preis ausgezeichnet sein.
- Bei Verbrauchsgütern muss die Umsatzsteuer im Preis enthalten sein.
- Die Preise müssen gut lesbar sein.
- Für Waren, die abgewogen werden, müssen die Preise immer für 1.000 g oder für 100 g angegeben sein.
- Befinden sich in Packungen ungerade Gewichte (z. B. 958 Gramm Fleisch), dann muss zusätzlich zum Endpreis der Packung auch der Vergleichspreis für ein rundes Gewicht (z. B. 100 g oder 1.000 g) angegeben werden.

Die Lebensmittelkennzeichnungsverordnung
Die Lebensmittelverordnung bezieht sich nicht auf lose Lebensmittel. Verpackte Lebensmittel müssen dagegen folgende Angaben enthalten:
- Eine Zutatenliste aller verwendeten Roh- und Zusatzstoffe in der Reihenfolge ihres gewichtsmäßigen Anteils;
- das Mindesthaltbarkeitsdatum (kein Verfalldatum, sondern ein Garantiedatum für die Beibehaltung der spezifischen Eigenschaften des Lebensmittels);
- die Verkehrsbezeichnung des Lebensmittels;
- eine Mengenangabe;
- die Anschrift des Herstellers oder Verpackungsbetriebes.

Neue Lebensmittelvorschriften werden hinzukommen, z. B. Herkunftsbezeichnungen, Gütesiegel für Wein, Bestrahlungssymbol, Symbol für gentechnische Erzeugnisse.

Textilkennzeichnungsgesetz
Textilien müssen ein eingenähtes Etikett oder Informationen in der Webkante oder ein Schild auf der Verpackung tragen mit einer Liste der verwendeten Rohstoffe je nach Art und Gewichtsanteilen. Oftmals werden freiwillig noch Pflegehinweise gegeben.

Beispiele für Textilkennzeichnungen

gesetzliche Rohstoffkennzeichnung	50 % Baumwolle, 30 % Polyester, 20 % Nylon
freiwillige Pflegehinweise	 MADE IN TAIWAN

Qualitätsklassen

Verschiedene Lebensmittel werden zusätzlich in Handelsklassen eingestuft. Diese geben dem Käufer Auskunft über die verschiedenen Qualitäten. Obst, Gemüse, Nüsse, Eier, Kartoffeln aber auch Schweinehälften sind nur einige Beispiele. So wird Butter z. B. in Marken- und Molkereibutter unterteilt.

Umwelt- und Sicherheitszeichen siehe www.vz-nrw.de Suchbegriff: „Umweltzeichen".

Prüfzeichen

Prüfzeichen erhalten die Waren nur, wenn sie bestimmte Anforderungen erfüllen. So haben z. B. das Ministerium für Umwelt und Verbraucher aber auch die Verbraucherzentralen verschiedene Gütezeichen entworfen. Sie geben an, ob die Produkte z. B. im ökologischen Landbau angebaut wurden. An Teppichböden oder Baustoffe werden sie nur verliehen, wenn diese bestimmte Schadstoffgrenzen nicht überschreiten. Andere Prüfzeichen garantieren einen bestimmten Sicherheitsstandard wie z. B.

Prüfzeichen für Sicherheit

	GS = geprüfte Sicherheit Alle technischen Geräte mit diesem Zeichen entsprechen den gesetzlichen Sicherheitsanforderungen.
	VDE = Verband Deutscher Elektriker Elektogeräte mit diesem Prüfzeichen wurden auf ihre Funktionsfähigkeit und Sicherheit überprüft.
	CE = Communauté Européen = Europäische Gemeinschaft Diese Produkte sind in der EU auf den Markt gekommen und müssen den Mindestanforderungen an Sicherheit der EU genügen.

Jeder Bürger hat jetzt ein Recht auf Auskunft bzw. Akteneinsicht bei den Behörden. Dazu einige Beispiele:

- Wenn man im Fernsehen erfährt, dass ein Unternehmen Gammelfleisch als Frischfleisch verkauft hat, kann man erfragen, welche Läden damit beliefert wurden.
- Man kann erfragen, welche genauen Aromastoffe bei der Herstellung eines Produktes verwendet werden.

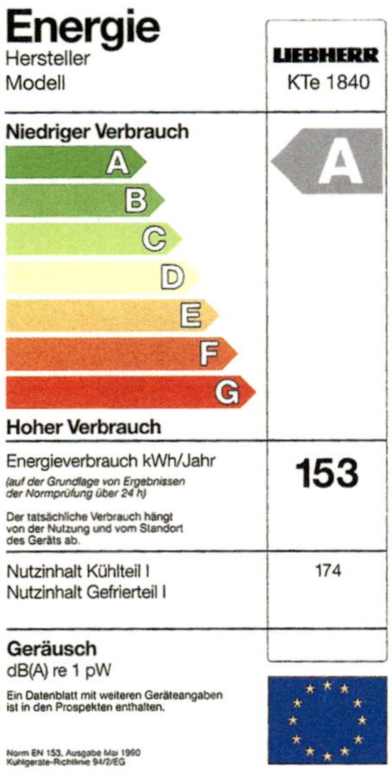

Freiwillige Gütezeichen und Produktinformationen

Gütezeichen werden von Verbänden der Industrie oder des Handwerks erarbeitet. Alle Produkte, die den festgelegten Anforderungen genügen, können das jeweilige Gütezeichen tragen.

Beispiele für freiwillige Gütezeichen

Immer öfter sieht man auf neuen Haushaltsgeräten solche oder ähnliche Aufkleber mit Produktinformationen. Sie sollen den Käufer z. B. über den Energie- und Wasserverbrauch einer Waschmaschine unterrichten. Bei Kühlschränken wird der Nutzinhalt von Kühl- und Gefrierteil, Energieverbrauch, Geräuschpegel angegeben. Auch hier ist das Ziel wiederum, den Käufer möglichst gut vor dem Kauf zu informieren.

Arbeitsvorschläge

1. Was versteht man unter einem „Fernabsatzvertrag"?
2. Erklären Sie den Abschluss eines Kaufvertrages im Internet.
3. Unter welchen Bedingungen und innerhalb welcher Frist können Fernabsatzverträge widerrufen werden?
4. Welche weiteren Besonderheiten muss der Verkäufer bei einem Fernabsatzvertrag beachten?
5. Prüfen Sie, ob in den Fragen a) und b) eine Produzentenhaftung zutrifft und bei wem man den Schaden geltend machen muss:
   a) Die Zahnarztrechnung von Jörg (Beispiel auf Seite 272) beträgt 395,00 €.
   b) Steffi wäscht den neuen blauen Nicki-Pulli zum ersten Mal. Da auf dem eingenähten Etikett „waschmaschinenfest und farbecht" steht, wäscht sie ihn zusammen mit anderen Kleidungsstücken. Die Farbe des Nickis läuft aus und verfärbt alle anderen Stücke. Ein Schaden in Höhe von ca. 300,00 € entsteht. Die Chefin der Boutique weigert sich, den Schaden zu ersetzen, da der Pulli erstens aus der Türkei importiert worden sei. Zweitens habe sie mit ihren AGB jegliche Haftung beim Waschen ausgeschlossen.
6. Was bezeichnet man als Mogelpackungen und warum werden sie Ihrer Meinung nach hergestellt?
7. Nennen Sie Produkte in Mogelpackungen.
8. Beschreiben Sie in eigenen Worten, was die Prüfzeichen aussagen.
9. Welche Auszeichnung muss Bekleidung tragen?
10. Nennen Sie die Aufgabe von Gütezeichen.
11. Warum hat der Gesetzgeber vorgeschrieben, dass auf abgepackter Ware neben dem Kaufpreis auch der Preis einer runden Gewichtseinheit stehen muss?

10 Verbraucherberatung

Moment mal!

Das ist er – der Verbraucher in der Marktwirtschaft. Leicht wird es ihm nicht gemacht. Denn man will sein Bestes – sein Geld. Er wird umworben, beeinflusst, manipuliert. Werbung, vor allem in den privaten Rundfunk- und Fernsehanstalten, beim Sport, in der Straßenbahn, in Zeitungen und Zeitschriften, auf Autos, an Plakatwänden, im Kino, im Internet – beinahe überall, wo er sich bewegt, prasselt Werbung auf ihn nieder.
„Geiz ist geil" und andere Sprüche zeigen einen immer größeren Konkurrenzkampf mit Sonderangeboten. Dazu ein rascher technischer Fortschritt mit immer mehr neuen und aufwändigeren Produkten.
Aber auch immer mehr Verkaufspsychologie, Verkäufertricks, Kreditangebote manipulieren und verleiten zum Kauf. Es wird zunehmend schwieriger, einen notwendigen Marktüberblick zu bekommen. Und immer mehr Menschen können den Verlockungen der Werbe- und Verkaufsstrategen nicht widerstehen und überschulden sich.

- Wie können wir uns vor Manipulation schützen?
- Welche Informationsmöglichkeiten gibt es?

?

Wer kennt sie nicht, die Werbung mit Testergebnissen der Stiftung Warentest? Hersteller sind nicht nur stolz, wenn ihre Produkte gut beurteilt wurden. Nein: Gute Testergebnisse führen oftmals auch zu hohen Verkaufszahlen, Produkte mit schlechten Testwerten bleiben in den Regalen liegen. Neben Verbraucherinformationen im Fernsehen (z. B. WISO und andere Wirtschaftsmagazine) finden wir in Zeitungen und Zeitschriften aber auch im Internet wertvolle Informationen für Verbraucher. Besonders wichtig sind aber die Verbraucherorganisationen als Vertreter der Verbraucher.

STIFTUNG WARENTEST
GUT
Im Test: 17 Mikrowellengeräte
Qualitätsurteil: 8 sehr gut, 9 gut
test 3/2001
www.test.de

STIFTUNG WARENTEST
SEHR GUT
Im Test: Beratungsqualität bei 33 Bausparkassen
FINANZtest 3/2001
www.finanztest.de

Zum Bundesverband der Verbraucherzentralen kommen Sie unter: www.vzbv.de Von dort surfen Sie zu der Verbraucherzentrale Ihres Bundeslandes. Hier finden Sie die für Sie nächstgelegenen Filialen.

Verbraucherzentralen

Die **Verbraucherzentrale Bundesverband e.V. (vzbv)** ist der Dachverband aller Verbraucherzentralen und 21 weiterer verbraucherpolitischer Verbände. Die bekanntesten davon sind: die Arbeiter-Wohlfahrt, Deutscher Mieterbund, Fahrgastverband Pro Bahn, Schutzgemeinschaft für Kleinaktionäre, Deutscher Hausfrauen-Bund.

Daneben hat der vzbv noch folgende Aufgaben:

- die Vertretung der Interessen der Verbraucher gegenüber der Politik und der Wirtschaft,
- die Koordination seiner Mitgliedsverbände,
- die Förderung von Verbraucherinformationen.

Der vzbv und seine Mitgliedsorganisationen sind politisch unabhängig.
Es gibt 16 Verbraucherzentralen, in jedem Bundesland eine. Diese unterhalten in größeren Städten Beratungsstellen, in denen die Verbraucher persönlich Rat suchen können. Diese Beratungen sind neutral und in der Regel kostenlos.
Es sind:

- Rechtsberatung: bei Streitigkeiten mit Verkäufern, Vermietern usw.;
- technische Beratung: Beratung vor dem Kauf von Geräten über deren Verbrauch, Umweltschutz, Preise und Testergebnisse;
- Ernährungsberatung: Tipps zur gesunden Ernährung und über Schadstoffe in Lebensmitteln;
- Energieberatung: Tipps zur Einsparung von Energie;
- Schuldnerberatung: Hilfen beim Erstellen von Haushaltsbüchern und die Beratung verschuldeter Menschen, bei Insolvenz oder vor der Aufnahme eines Kredits.

Die Stiftung Warentest

Eine besondere Aufgabe bei der Aufklärung der Verbraucher hat die Stiftung Warentest in Berlin. Als unabhängiges Institut führt sie laufend vergleichende Tests von Produkten oder Dienstleistungen durch. Diese Warentests enthalten wertvolle Informationen, die der Verbraucher sich vor dem Kauf zunutze machen kann.
Viele dieser Tests werden in der Presse veröffentlicht. Monatlich werden die Testergebnisse in der Zeitschrift „test“ und jährlich im „test-Jahrbuch“ herausgegeben, beide sind im freien Verkauf erhältlich. Produkte mit besseren Testergebnissen haben inzwischen auch erheblich bessere Marktchancen.

Daneben gibt es in der Reihe „test-spezial“ Sonderhefte zu wichtigen Themen.

www.stiftungwarentest.de

Ein besonderes Testheft mit Produkten ist die Zeitschrift „ÖKO-TEST“. Bei den hier getesteten Produkten steht die Frage gesundheitlicher Risiken im Vordergrund. Der ÖKO-TEST-Verlag in Frankfurt/M. lässt in seinen Heften aber auch Anzeigenwerbung für ökologische Produkte zu.

Beispiele für Testergebnisse

STIFTUNG WARENTEST

MOBILTELEFONE — September 2003

test — www.test.de

	Mittlerer Preis in Euro ca.	Sprachqualität	Funktion bei schwachem Netz	Akkubetrieb	Handhabung	Transport	Haltbarkeit	test-QUALITÄTS-URTEIL
Gewichtung		20 %	20 %	20 %	25 %	10 %	5 %	
MOBILTELEFONE								
Samsung T400	330	+	+	+	+	++	+	GUT (2,0)
Nokia 6100	400	O	+	+	+	++	+	GUT (2,1)
Samsung S300	430	+	+	+	+	++	O	GUT (2,1)
Nokia 6800	540	O	+	++	+	O	+	GUT (2,2)
N… 5100	400	O	+	[illegible]	+	[illegible]	[illegible]	GUT (2,3)

Für Fragen über Geldanlage, Kredite, Versicherungen gibt die Zeitschrift „Finanztest" Auskunft. Hier können nicht nur die günstigsten Kfz- und andere Versicherungen ermittel werden. Es werden auch Analysen veröffentlicht, welche Versicherungen z. B. notwendig und welche unnötig sind. Auch Vergleiche von Banken (Kontoführungsgebühren usw.) sind nützlich.

Andere Produkttests

In Autozeitschriften, der ADAC-Zeitschrift oder im Fernsehen werden immer wieder Autotests durchgeführt. Natürlich können auch sie wertvolle Hinweise geben. Doch muss man wissen, dass es sich hier nicht, wie bei der Stiftung Warentest, um völlig unabhängige Tester handelt. Oftmals drängt sich der Verdacht auf, dass die Hersteller die Tests in den Medien beeinflussen können. Das gilt auch für andere Produkttests in Zeitungen und Zeitschriften. Man muss bedenken, dass sich die Massenmedien zum Teil aus den Werbeeinnahmen durch dieselben Hersteller finanzieren.

Arbeitsvorschläge

1. Warum gibt es die Verbraucherberatung?
2. Warum ist es wichtig, dass die Stiftung Warentest unabhängig ist und in ihren Zeitschriften „test" und „Finanztest" sowie im Testjahrbuch keine Werbung und kein Sponsoring zu finden sind?
3. Nennen Sie die verschiedenen Informationsangebote der Verbraucherzentralen.
4. Finden Sie heraus, wo die nächste Verbraucherzentrale für Ihren Wohnort ist.
5. Welche Aufgaben hat die Stiftung Warentest?

11 „Alles geregelt …“

Moment mal!

„Achtung, Achtung, auf der A3 Richtung Kassel kommt Ihnen zwischen Abfahrt Alsfeld Nord und Melsungen ein Falschfahrer entgegen. Fahren Sie sehr vorsichtig, bleiben Sie ganz rechts und überholen Sie nicht – wir werden Sie unterrichten, wenn die Gefahr vorbei ist.“

Die obige Meldung ist inzwischen schon fast eine alltägliche Nachricht. Manche fahren falsch, weil sie die Orientierung verloren haben und in der verkehrten Richtung auf die Autobahn auffahren. Wenn sie ihren Fehler merken, haben sie Todesangst. Sie können nicht wenden. In Panik fahren sie oftmals weiter, um die nächste Ausfahrt zu erreichen.

- Warum muss es für fast alles Gesetze und Regeln geben?
- Welche Gegenstände des Rechts unterscheidet man?

?

11.1 Grundlagen des Rechts

Das Zusammenleben von Menschen ist nur möglich, wenn bestimmte Regeln eingehalten werden. Diese schränken zwar die persönliche Freiheit des Einzelnen ein. Sie sind aber notwendig, damit ein reibungsloses Leben in der Gesellschaft möglich ist. So gibt es bestimmte Regeln, die eingehalten werden sollten, wenn man kein Außenseiter werden will. Man sollte sich z. B. waschen, kämmen und gewisse Manieren haben. Diese Verhaltensweisen und Regeln sind keine Gesetze. Es sind Sitten und Gebräuche.

Wenn diese nicht eingehalten werden, wird man durch Kritik, Verachtung oder Ablehnung bestraft. Man wird aber auch erst gar nicht als Auszubildender oder Arbeiter eingestellt oder in der Probezeit entlassen (siehe auch „Schlüsselqualifikationen“, S. 21 ff.).

Da diese gesellschaftlichen Regeln nicht ausreichen, gibt es noch **Gesetze, Erlasse, Verordnungen** usw. Wenn man gegen diese verstößt, kann man bestraft werden. Oder aber man wird richterlich gezwungen, bestimmte Leistungen zu erbringen (z. B. seine Schulden zu zahlen).

Alle in einem Land gültigen Rechtsvorschriften bezeichnet man als die **Rechtsordnung**. Sie wird von Zeit zu Zeit den sich ändernden Lebensgewohnheiten und Bedingungen angepasst. So war z. B. Abtreibung in Deutschland früher ohne Ausnahme verboten. Heute ist sie mit bestimmten Einschränkungen erlaubt. Sterbehilfe ist in Deutschland (noch?) verboten – in anderen Ländern wird sie auf ausdrücklichen Wunsch eines unheilbar Kranken gewährt.

Straf- und Zivilrecht
Strafrecht ist neben dem Verwaltungsrecht ein Teil des öffentlichen Rechts. Das Zivilrecht gehört dagegen zum Privatrecht.

Vergleich: Strafrecht – Zivilrecht

Strafrecht

Straftaten entstehen, wenn Personen gegen Gesetze handeln. Dies können sein:

- Übertretungen (z. B. Geschwindigkeitsüberschreitung im Straßenverkehr)
- Vergehen oder Verbrechen

Sie werden vom Staat verfolgt. Die Folgen sind Freiheits- oder Geldstrafen (oder z. B. die Aberkennung der bürgerlichen Ehrenrechte, Ausweisung aus Deutschland usw.).
Die Bürger haben nur in bestimmten Fällen Einfluss auf die Strafverfolgung, z. B. als Privat- oder Nebenkläger.

Zivilrecht

Hier können die Verhandlungspartner selbst Vereinbarungen treffen. Damit Zivilgerichte aktiv werden, muss immer eine Person klagen. Dies geschieht also nicht automatisch – wie im Strafrecht. Zuerst wird versucht, sich außergerichtlich zu einigen. In vielen Orten hilft hierbei der Schiedsmann. Wenn keine außergerichtliche Einigung zustande kommt, dann geht die Klage vor Gericht.
Urteile können sein: Aufforderungen zur Einstellung oder Unterlassung eines bestimmten Verhaltens, der Widerruf einer Aussage oder auch eine Geldstrafe.

11.2 Vertragsrecht

Wem gehören die Rechtsobjekte?
Mit dem Vertragsrecht wird geregelt, welche Person welche Gegenstände besitzen oder das Eigentum an ihnen erwerben kann. Daneben wird geregelt, wie Kaufverträge zustande kommen und was man unternehmen kann, wenn hierbei Fehler oder Mängel auftreten. Mit Kaufverträgen werden Sachen oder Rechte von einer Person auf eine andere übertragen. Diese nennt man Rechtsobjekte.

Rechtsobjekte

Sachen

- **unbewegliche Sachen:** Immobilien (Häuser, Grundstücke)
- **bewegliche Sachen:** Mobilien (sie lassen sich transportieren)
- **vertretbare Sachen:** Sie sind durch gleichwertige Güter ersetzbar (z. B. Autos, Lebensmittel, Bekleidung usw.).
- **nicht vertretbare Sachen:** Sie sind einmalig und können nicht einfach durch andere ersetzt werden (z. B. Tiere, Antiquitäten, handgemaltes Bild usw.).

Rechte

Rechte gewähren ihrem Inhaber einen bestimmten Anspruch. Die wichtigsten Rechte sind: Rechte aus ...

- Forderungen, Patenten und Lizenzen,
- Miet-, Leasing- oder anderen Verträgen,
- Vermietung und Verpachtung,
- Arbeitsverträgen usw.

Wann ist man Besitzer und wann Eigentümer?

Besitzer ist, wer gerade die tatsächliche Gewalt über eine Sache oder Recht hat. Der Eigentümer hat dagegen die rechtliche Gewalt. Er kann, aber muss nicht der Besitzer sein. Benjamin ist Eigentümer einer Shopper-Maschine. Gerd hat sie sich gerade einmal ausgeliehen. Damit ist Gerd, während er mit dem Bike fährt, der Besitzer, Benjamin bleibt der Eigentümer.

Doch ist eine solche Unterscheidung überhaupt wichtig?
Und ob: Ein Besitzer muss die Sache pfleglich behandeln. Er darf sie nicht verändern und muss sie zum vereinbarten Zeitpunkt unbeschädigt zurückgeben. Der Eigentümer dagegen darf die Sache verändern und auch verkaufen.
Übrigens: Eigentümer eines Kraftfahrzeuges ist derjenige, auf den der Kfz-Brief ausgestellt ist.

11.2.1 Rechts- und Geschäftsfähigkeit natürlicher und juristischer Personen

Beispiel

Baby wird Millionenerbe

Hamburg (xx) – Der neun Monate alte Benjamin ist Alleinerbe seiner Eltern geworden. Mutter und Vater waren auf einer Geschäftsreise mit einer Chesna bei dichtem Nebel gegen einen Berg geprallt und tödlich verunglückt. Damit erbte ihr einziges Kind Benjamin ihr gesamtes Vermögen. Hierzu gehören neben zahlreichen Immobilien und Bankguthaben auch über 55 % der Geschäftsanteile von XXL-STORE. Diese GmbH, die sich ausschließlich in Familienbesitz befindet, ist eine der großen deutschen Möbelhausketten. 1.200 Mitarbeiter erwirtschafteten im vergangenen Jahr ca. 14 Mio. € Gewinn. Wird Benjamin bald, wie abgebildet, als Geschäftsführer die Geschicke der GmbH leiten müssen?

Personen des Rechtsverkehrs

Alle Personen dürfen Willenserklärungen abgeben. Juristisch nennt man diese auch **Rechtssubjekte**. Dabei unterscheidet man zwischen:

Rechtssubjekte

natürliche Personen	juristische Personen	
	Personenvereinigungen oder sogenannte „Vermögensmassen“	
	Privatrecht	öffentliches Recht
alle lebenden Menschen, unabhängig vom Alter, Geistes- oder Gesundheitszustand, von der Rasse, Abstammung oder sonstigen Merkmalen	▸ rechtsfähige Vereine, die keinen wirtschaftlichen Zielen nachgehen (z. B. Sportverein, Feuerwehr) oder wirtschaftliche Vereine in Form einer handelsrechtlichen Gesellschaft (Kapitalgesellschaft oder Genossen-schaft)	▸ Körperschaften des öffentlichen Rechts (Bund, Länder, Gemeinden, Ärztekammer usw.) ▸ Anstalten des öffentlichen Rechts (z. B. Universitäten, Schulen, Bibliotheken, Rundfunkanstalten)
Tiere gehören zu den Rechtsobjekten.	▸ Stiftungen von Einzelpersonen, Gesellschaften oder Vereinen (z. B. VW-Stiftung)	▸ staatliche Stiftungen (z. B. Studienstiftung des Deutschen Volkes

Jede **juristische Person** kann – vertreten durch eine natürliche Person – verklagt werden oder selbst vor Gericht klagen. Sie handelt im Rechtsverkehr durch ihre Organe wie z. B. durch den Geschäftsführer einer GmbH, den Vorstand einer AG, oder den Bürgermeister einer Kommune, den Vorsitzenden eines eingetragenen Vereins usw., die in der Satzung oder einer anderen Rechtsvorschrift festgelegt wurden. Die „**Handlungsfähigkeit**" ist die Fähigkeit, rechtswirksame Willenserklärungen abgeben zu können. Voraussetzungen dafür sind die „Rechtsfähigkeit" und die „Geschäftsfähigkeit".

Rechtsfähigkeit
Generell ist jede Person, die Träger von Rechten und Pflichten sein kann, rechtsfähig (§ 1 BGB).

Personen des Rechts

Rechtsfähigkeit	Natürliche Personen	Juristische Personen des ...	
		öffentlichen Rechts	privaten Rechts
Beginn	mit Vollendung der Geburt	durch Gesetz oder Verwaltungsakt	durch Eintragung in das Handels-, Vereinsregister
Ende	mit dem Tod	durch Gesetz oder Verwaltungsakt	durch Löschung im zuständigen Register

Geschäftsfähigkeit
Darunter versteht man die Fähigkeit, Rechtsgeschäfte selbstständig und rechtswirksam abzuschließen. Da das Rechtssubjekt für seine Rechtshandlungen auch haften muss und aus den meisten Vertragsabschlüssen nicht nur Rechte, sondern auch Pflichten entstehen, hat der Gesetzgeber zum Schutze der Betroffenen die Geschäftsfähigkeit eingeschränkt.

- Juristische Personen sind über ihre Organe (Vorstand, Geschäftsführung u. a.) immer geschäftsfähig.
- Bei natürlichen Personen hängen Art und Umfang der Geschäftsfähigkeit von verschiedenen Faktoren, insbesondere aber vom Alter und dem Geisteszustand ab. Zum Schutz vor unüberlegten Handlungen und vor Übervorteilung dürfen nur solche Personen Rechtsgeschäfte selbstständig abschließen, die das entsprechende Maß an Geschäftsfähigkeit besitzen:

Stufe 1: Geschäftsunfähigkeit

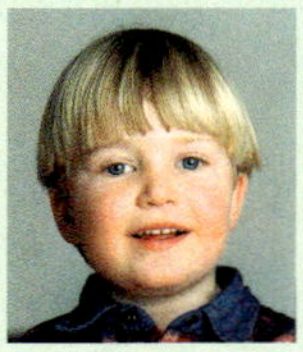

Geschäftsunfähig sind:

- Kinder unter 7 Jahren.
- Personen, bei denen die freie Willensbildung durch eine dauernde Geistesstörung unterbunden ist. Geschäftsunfähige können keinerlei Rechtsgeschäfte gültig abschließen. Von ihnen dennoch abgeschlossene Verträge sind daher nichtig. Auch von dem eigenen Taschengeld sind keine eigenständigen Anschaffungen möglich (§ 104 BGB). Für die Geschäftsunfähigen handeln stellvertretend ihre gesetzlichen Vertreter, die Eltern, oder ein gesetzlich bestellter Betreuer.

Stufe 2: Beschränkte Geschäftsfähigkeit

Beschränkt geschäftsfähig sind:

- Personen ab dem 7. Lebensjahr bis vor Vollendung des 18. Lebensjahres, sofern keine anderen Gründe (dauernde Geistesstörung) für eine Geschäftsunfähigkeit vorliegen (§ 106 BGB).

- Personen, die wegen Trunksucht, Verschwendungssucht oder vorübergehender Geistesschwäche oder einer psychischen Krankheit ihre Geschäfte ganz oder teilweise nicht besorgen können (§ 114 BGB).

- Personen, die unter vorläufige Vormundschaft gestellt wurden (§ 1906 BGB).

Ein Vertrag mit Minderjährigen ist zunächst **„schwebend unwirksam"**. Er gilt erst, wenn der gesetzliche Vertreter diesem Geschäft zustimmt. Diese Zustimmung kann auch **stillschweigend** erfolgen, es sei denn, der Vertragspartner hat den gesetzlichen Vertreter ausdrücklich zu einer Genehmigung aufgefordert. Verweigert der gesetzliche Vertreter die Zustimmung, so ist der Vertrag nachträglich nichtig. Im Zweifelsfall trägt der Verkäufer die Verantwortung und mögliche Kosten für Geschäfte, die aus diesen Gründen nicht ordnungsgemäß zustande gekommen sind. Es gibt aber auch **Ausnahmen**, bei denen beschränkt Geschäftsfähige frei und unabhängig entscheiden können, d. h. ohne Einwilligung des gesetzlichen Vertreters rechtsgültige Geschäfte abschließen können.
Diese Ausnahmen sind:

- Verträge, die ausschließlich einen **rechtlichen Vorteil** mit sich bringen. Hierzu zählen zum Beispiel: Annahme eines Geschenkes ohne Gegenleistung (§ 107 BGB). Dies betrifft oftmals Bargeschenke. Würde aber z. B. einem Minderjährigen ein Haustier geschenkt, so ergäben sich die Pflichten der Pflege, Anschaffung von Futter und evtl. Zahlung von Hundesteuer, dann wäre auch dieses Geschenk genehmigungspflichtig.

- **„Taschengeldparagraf"**: Eigenständige Anschaffungen, die nur mit dem Geld erfüllt werden, welches von den Erziehungsberechtigten zur freien Verfügung überlassen wurde und die bar bezahlt werden. Die Höhe des Preises spielt keine Rolle (§ 110 BGB).

- Verträge, die im Zuge eines **Arbeits- oder Ausbildungsverhältnisses** (welches mit Zustimmung des gesetzlichen Vertreters eingegangen wurde) abgeschlossen werden. So kann ein minderjähriger Auszubildender die Regelung der Arbeitszeit, Lohn- und Gehaltsansprüche, Kündigung ohne die Zustimmung der Erziehungsberechtigten selbst bestimmen (§ 113 BGB).

- Ermächtigt der gesetzliche Vertreter mit Genehmigung des Vormundschaftsgerichts einen Minderjährigen zum selbstständigen Betrieb eines Erwerbsgeschäftes, dann ist der beschränkt Geschäftsfähige für die Rechtsgeschäfte, die im Betrieb anfallen, unbeschränkt geschäftsfähig (§ 112 BGB).

Stufe 3: Unbeschränkte Geschäftsfähigkeit

Unbeschränkte (volle) Geschäftsfähigkeit besitzen alle volljährigen Personen (mit Vollendung des 18. Lebensjahres).
Ausnahme: Ein Volljähriger, der wegen einer physischen, körperlichen oder seelischen Krankheit oder Behinderung seine Angelegenheiten ganz oder teilweise nicht selbst besorgen kann, wird von einem Betreuer vertreten. Die Willenserklärungen von unbeschränkt Geschäftsfähigen sind voll wirksam.

Arbeitsvorschläge

1. Unterscheiden Sie zwischen Strafrecht und Zivilrecht.
2. Was dürfen Eigentümer mit einer Sache machen?
3. Nennen Sie die Pflichten der Besitzer von Gegenständen.
4. Unterscheiden Sie zwischen den verschiedenen Arten von Sachen und nennen Sie jeweils Beispiele.
5. Definieren Sie den Begriff „Juristische Person".
6. Ab wann sind natürliche und juristische Personen rechtsfähig?
7. Bis wann ist eine natürliche Person geschäftsunfähig?
8. Begründen Sie, warum Verträge von Geschäftsunfähigen nichtig sind.
9. Wie ist die Geschäftsfähigkeit vom 7. bis zum 18. Lebensjahr geregelt?
10. Wie sind juristisch gesehen Verträge von beschränkt Geschäftsfähigen? Erklären Sie dies!
11. Nennen Sie Ausnahmeregelungen.
12. Mit welchem Alter ist man voll geschäftsfähig? Was bedeutet dies?
13. Die 17-jährige Svenja kauft sich von ihrem Taschengeld eine Jeans für 105,00 €. Ihre Eltern sind damit nicht einverstanden und wünschen, dass Svenja die Hose zurückbringt. Begründen Sie, ob der Verkäufer die Jeans wieder zurück nehmen muss.
14. **Lernen durch Handeln:**
Planen Sie einen Besuch im Amtsgericht und nehmen Sie an einer öffentlichen Sitzung teil. Entwerfen Sie zunächst den Ablauf:
- Kontaktaufnahme mit einem Rechtspfleger oder Amtsrichter: Welcher Termin, welche Verhandlung kommt in Frage?
- Wie gelangen Sie zum Gericht: mit Bus, Bahn, zu Fuß? Vergleichen Sie die Kosten.

Bereiten Sie sich inhaltlich vor, z. B.:
- Wie ist das Gerichtswesen aufgebaut?
- Welche Sache wird verhandelt?

Sie können die Vorbereitung in Gruppenarbeit erledigen oder Sie wählen einzelne Personen für bestimmte Aufgaben.

11.2.2 Zustandekommen von Rechtsgeschäften

Beispiel

Wie Sabine zur Hilti kam
„Da gehen wir mal hin“, hatten Sabine und Jörg gesagt, als sie die Meldung in der Zeitung lasen. Der Baustoffhandel in ihrem Ort hatte Insolvenz angemeldet. Und am Samstag sollten die restlichen Waren versteigert werden. Doch dann kam es knüppeldick. „Der Verkaufsraum war voll“, erzählte Sabine am Abend im Club. „Vorn an einem Rednerpult war der Auktionator mit einem Hammer und neben ihn wurden laufend andere Waren hingestellt. Ich hatte endlich zwei Plätze in der vorletzten Stuhlreihe gefunden. Ich setzte mich und winkte Jörg zu, denn er sollte sich neben mich setzen. Der Auktionator rief gerade „Zum Ersten, zum Zweiten und zum … Dritten“. Dann klopfte er mit dem Hammer auf das Pult und rief: „Die Hilti geht für 85,00 Euro an die blonde junge Dame in der vorletzten Reihe – herzlichen Glückwunsch zu Ihrem Kauf. Wir kommen nun zum Objekt 436 …“

Die Vertragsfreiheit
In Deutschland besteht Vertragsfreiheit. Das bedeutet, soweit man nicht gegen Gesetze verstößt, kann man in beliebiger Form Verträge schließen mit wem man will und über was man will. Aber auch hierfür gibt es Ausnahmen. So müssen die Vertragspartner geschäftsfähig sein. Manchmal müssen bestimme Formvorschriften eingehalten werden, und für manche Rechtsgeschäfte benötigt man gar keinen Partner.

Eine Einschränkung der Vertragsfreiheit erfolgt unter anderem
- zum Schutz der Geschäftsunfähigen und der beschränkt Geschäftsfähigen,
- zum Schutz der Verbraucher,
- zum Schutz von Mietern,
- zum Schutz von Kreditnehmern und
- um bestimmte Formvorschriften einzuhalten, z. B. beim Kauf von Immobilien.

Was sind Rechtsgeschäfte?

Rechtsgeschäfte sind das Ergebnis einer oder mehrerer Willenerklärungen. Man unterscheidet hierbei zwischen **einseitigen** und **zweiseitigen Rechtsgeschäften**.

Rechtsgeschäfte

einseitige Rechtsgeschäfte

Sie gehen nur von einer Person aus. Sie werden verbindlich, ohne dass eine andere Person zustimmen muss.

nicht empfangsbedürftige Willenserklärungen

Sie werden mit ihrer Abgabe wirksam.

Beispiel: Testament

empfangsbedürftige Willenserklärungen

Sie sind an eine bestimmte Person gerichtet. Sie werden mit der Zustellung beim Empfänger rechtswirksam. Die Willenserklärung muss also vom Empfänger zur Kenntnis genommen werden.

Beispiel: Kündigung

zweiseitige Rechtsgeschäfte

Hier sind zwei oder mehrere Partner beteiligt. Zwei in allen Punkten übereinstimmende Willenserklärungen führen zum Vertragsabschluss.

ohne Formvorschriften

Beispiel:
Kaufvertrag (für bestimmte Güter), Leasing-, Leih-, Behandlungs-, Schenkungsvertrag

mit Formvorschriften

Beispiel:
Ausbildungs-, Arbeits-, Kredit-, Miet-, Kaufvertrag für Immobilien

Wie kommen Rechtsgeschäfte zustande?

Einseitige Rechtsgeschäfte kommen durch eine Willenserklärung zustande. In einem Testament steht z. B. der letzte Wille des Verstorbenen. Eine Kündigung ist eine Erklärung, einen Mitarbeiter zu entlassen. Dieser muss die Kündigung aber erhalten.

Zweiseitige Rechtsgeschäfte kommen dagegen nur dann zustande, wenn zwei in allen Punkten übereinstimmende Willenserklärungen vorliegen – z. B. bei einem Kaufvertrag über einen gebrauchten Pkw.

Die Willenserklärungen können grundsätzlich auf folgende Weise geäußert werden:

- **ausdrückliche Äußerung:** Die Vertragspartner erklären ihren Willen offen in einer für jeden erkennbaren Form. Dies kann schriftlich, mündlich, telefonisch, per Fax oder E-Mail geschehen.

- **bloßes Handeln:** Ein Vertrag kann durch eine absichtliche Handlung geschlossen werden, z. B. Heben der Hand bei einer Versteigerung oder elektronisch durch Anklicken eines Buttons „Kaufen“.

- **Schweigen:** Wenn zwischen zwei Unternehmungen eine dauernde Geschäftsbeziehung besteht, dann kann Schweigen auch als Zustimmung gewertet werden. Wenn z. B. über einen längeren Zeitraum regelmäßige Öllieferungen vereinbart waren, dann gilt ein Schweigen des Käufers auf eine Mail (z. B. „Öllieferung morgen gegen 15:30 Uhr“) als Annahme.

Formvorschriften bei Rechtsgeschäften

Für die meisten Willenserklärungen gibt es keine Formvorschriften, d. h. sie können je nach Wahl durch bloßes Handeln, mündlich, telefonisch, schriftlich usw. abgegeben werden. Dennoch gibt es aber auch einige mit vorgeschriebener Form. Wird diese nicht eingehalten, ist der Vertrag nichtig.

Die Formvorschriften dienen als Sicherheit und Beweismittel für eventuelle spätere Rechtstreitigkeiten. So müssen z. B. Arbeits-, Ausbildungs-, Kredit- und Mietverträge schriftlich abgeschlossen werden.

Wie müssen Willenserklärungen abgegeben werden?

ohne	mit Formvorschriften		
Formfreiheit	**Schriftform**	**öffentliche Beglaubigung**	**öffentliche Beurkundung**
Natürlich wird man Kaufverträge über den täglichen Einkauf im Supermarkt nicht schriftlich abschließen. Aber es empfiehlt sich, Verträge über höhere Kaufsummen nicht mündlich zu schließen – wegen der Beweisführung im Streitfall.	Folgende Verträge sind nur in Schriftform gültig: ▸ Kündigungen ▸ Kreditverträge ▸ Arbeits- und Ausbildungsverträge ▸ Bürgschaften ▸ Ratenkäufe ▸ Mietverträge über eine Mietdauer von mehr als einem Jahr	Ein Notar oder eine dazu ermächtigte andere Person bestätigt die Echtheit der Unterschriften der Vertragspartner. Dies ist Pflicht für: ▸ Eintragung als Hypothek ▸ Testamentsbeglaubigung	Ein Notar muss die Vertragspartner auf Vor- und Nachteile des Vertrags hinweisen. Danach bestätigt er die Unterschrift und Willenserklärungen für diesen Vertrag.

Nichtige Willenserklärungen

Nicht alle Willenserklärungen sind rechtlich bindend. In manchen Fällen schränkt der Staat die Vertragsfreiheit ein. Dies führt dann unter anderem zu nichtigen oder anfechtbaren Willenserklärungen.
Nichtige Rechtsgeschäfte sind von Anfang an unwirksam. Sie gelten rechtlich so, als wären sie nie geschlossen worden.

Nichtige Willenserklärungen	
Willenserklärungen sind nichtig, wenn ...	**Beispiele**
... sich die beiden Parteien nicht über alle Inhalte einig werden (Einigungsmangel).	Der Käufer verlangt einen Rabatt von 15 % auf den Neuwagenpreis, der Verkäufer will höchstens 8 % gewähren.
... sie von Geschäftsunfähigen geschlossen wurden (sie sind sofort nichtig).	Ein 5-Jähriger kauft sich ein Spielzeug.
... sie von beschränkt Geschäftsfähigen geschlossen wurden (dann sind die Willenserklärungen zuerst schwebend unwirksam und nach Verweigerung der Zustimmung durch die Erziehungsberechtigten nichtig).	Eine 16-Jährige bucht ohne Zustimmung der Eltern eine Ferienreise. Der Preis übersteigt bei weitem ihr Taschengeld.
... sie gegen ein gesetzliches Verbot oder unter Ausnutzung einer Notlage, des Leichtsinns, der Unerfahrenheit gegen die guten Sitten verstoßen.	Eine Privatperson ohne Waffenschein kauft eine waffenscheinpflichtige Pistole. Ein Krankenwagenfahrer nimmt einen Verletzten nur gegen ein Trinkgeld von 200,00 € mit.
... sie offensichtlich nicht ernst gemeint sind oder nur zum Schein abgegeben wurden.	Ein Deutscher heiratet eine Nigerianerin nur, um ihre Ausweisung zu verhindern. Ein Reisebüro bietet Ihnen einen Flug zum Mond an.
... sie nicht in der gesetzlich vorgeschriebenen Form abgegeben wurden (Schriftform, Beglaubigung, Beurkundung).	Der Kauf einer Eigentumswohnung wird nur per Handschlag „besiegelt". Ein Mietvertrag für eine Wohnung wird nur mündlich abgeschlossen.

Anfechtbare Willenserklärungen

Diese Willenserklärungen sind erst einmal gültig. Durch eine Anfechtung können sie aber rückwirkend ungültig gemacht werden, so zum Beispiel, wenn man merkt, dass man sich beim Vertrag geirrt hat, oder man ist getäuscht bzw. erpresst worden.

Anfechtbare Willenserklärungen

Willenserklärungen sind anfechtbar, die ...	Frist für Anfechtung	Beispiele
... durch einen **Irrtum** zustande gekommen sind. a) Inhaltsirrtum: Ein anderer Inhalt wird vorausgesetzt. b) Irrtum in der Erklärung (Übermittlung): Die Äußerung entspricht nicht dem, was der Erklärende wirklich aussagen wollte. c) Irrtum über wesentliche Eigenschaften der Sachen.	Die Anfechtung muss unverzüglich nach Kenntnis des Irrtums erfolgen. Nach 10 Jahren ist die Anfechtung verjährt.	a) Am Telefon bestellt ein Schreiner 10 qm der preiswerten Holzplatte. Er meint, dass es eine Schreinerplatte sei. Tatsächlich ist es eine minderwertigere Spanplatte. b) Wegen technischer oder menschlicher Fehler wird eine Ware für 18,45 € statt 81,45 € angeboten. c) Anstatt Modeschmuck wird echter Schmuck zum selben Preis angeboten.
... durch **arglistige Täuschung** zustande gekommen sind.	innerhalb eines Jahres, nachdem die Täuschung entdeckt wurde	Ein Verkäufer versichert, dass der Unfallwagen unfallfrei sei.
... unter **widerrechtlicher Androhung von Gewalt** zustande gekommen sind.	innerhalb eines Jahres, nachdem die Bedrohung aufgehört hat	Ein Schüler verkauft sein DVD-Gerät für 10,00 €, da ihm sonst Schläge angedroht wurden.

Arbeitsvorschläge

1. In Deutschland herrscht der Grundsatz der Vertragsfreiheit. Was bedeutet dies?
2. Unterscheiden Sie zwischen ein- und zweiseitigen Rechtsgeschäften und nennen Sie Beispiele.
3. Warum empfiehlt es sich, auch wenn keine Formvorschrift besteht, Kaufverträge z. B. über ein Kraftfahrzeug schriftlich abzuschließen?
4. Beurteilen Sie die Rechtslage folgender Fälle:
   a) Eine Oma möchte ihrem Enkel zum 16. Geburtstag ein Mofa schenken. Unwissend kauft sie ein gebrauchtes Mofa im Wert von etwa 300,00 € zum fünffachen Preis.
   b) Durch einen Tippfehler bestellt eine Firma 81.000 anstatt 18.000 Liter Rohöl.
   c) Die fünfjährige Petra kauft sich von ihrem Taschengeld ein Comic-Heft.
   d) Der Fahrer eines Krankenwagens war nur gewillt, einen Schwerkranken ins Krankenhaus zu fahren, als ihm die Frau des Kranken 100,00 € „Trinkgeld“ gab.
   e) Eine Hausfrau unterschreibt die Bestellung eines neuen Staubsaugers, nachdem ihr der Vertreter gedroht hatte, er wolle ihrem Mann von ihrem Hausfreund erzählen, wenn sie bei ihm nichts bestelle.
   f) Der einzige Lebensmittelhändler eines Dorfes berechnet einer alten alleinstehenden Frau bei deren täglichen Einkäufen einen Zuschlag von 100 %.
   g) Herr Schäfer kauft einen teuren Rassehund mit Stammbaum. Später stellt er fest, dass der Stammbaum gefälscht ist.

11.2.3 Abschluss und Inhalte von Kaufverträgen

Kaum vergeht ein Tag, an dem wir nicht zahlreiche Kaufverträge abschließen.

Einkaufen im Supermarkt oder am Kiosk, der Döner am Imbiss, das Tanken an der Tankstelle, das Bestellen von Waren bei einem Versandhaus, aber auch das wortlose Ziehen von Zigaretten am Automaten: Immer werden Kaufverträge geschlossen.

Übereinstimmende Willenserklärungen

Willenserklärungen stellen die Grundlage für das Zustandekommen von Rechtsgeschäften dar. Da der Kaufvertrag ein zweiseitiger Vertrag ist, müssen auch zwei Willenserklärungen der Vertragspartner vorliegen. Es gibt hierfür zwei Wege:

Weg 1 zur übereinstimmenden Willenserklärung

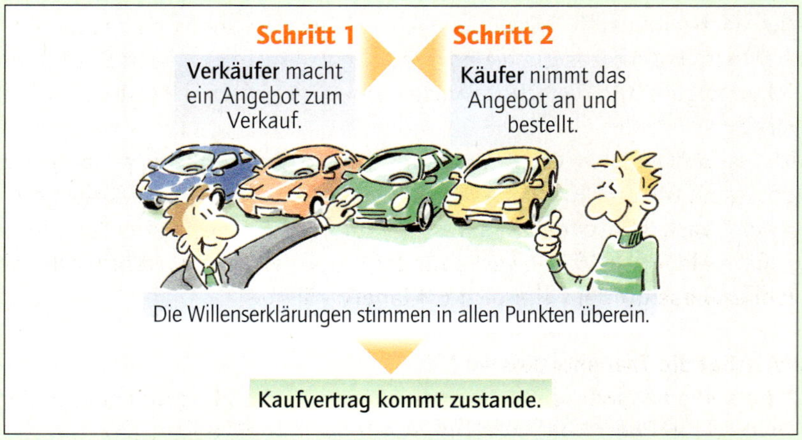

Weg 2 zur übereinstimmenden Willenserklärung

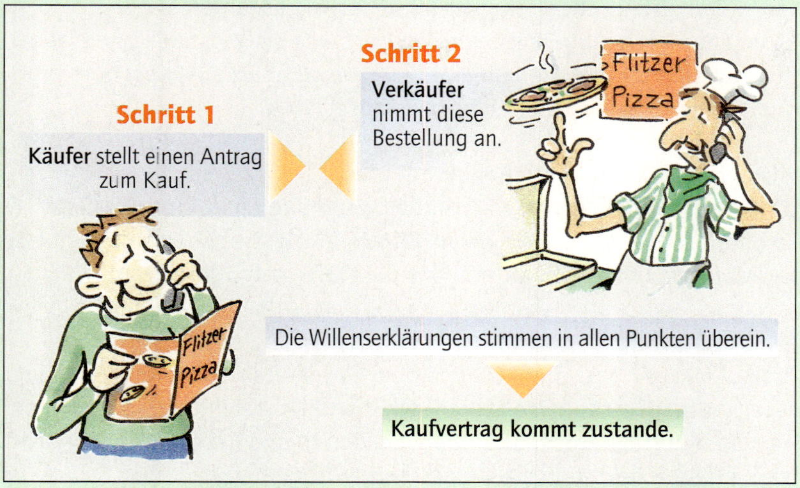

Doch in welchen Punkten müssen die Verträge übereinstimmen? Es sind alle Inhalte, die in Kaufverträgen genannt oder vorausgesetzt werden. Selbstverständlich wird eine möglichst genaue Beschreibung (Inhalt, Größe, Art usw.) der Ware in die Kaufverträge aufgenommen. Oftmals werden aber noch weitere Inhalte aufgenommen, um Missverständnisse zu vermeiden. Die wichtigsten sind: Lieferungsbedingungen, Preis, Zahlungsbedingungen, Erfüllungsort und Gerichtsstand, Allgemeine Geschäftsbedingungen.

Lieferungsbedingungen
Hier werden folgende Fragen geklärt:

- **Wann muss geliefert werden?**
  Wenn **kein Liefertermin** vereinbart wurde, muss sofort nach Vertragsschluss geliefert werden. Oftmals werden aber genaue Liefertermine im Kaufvertrag festgelegt. Hierbei handelt es sich um einen **Fixkauf** (z. B. Liefertermin am 23.05.08). Wenn die Lieferung nur für einen bestimmten Zweck bestellt wurde, liegt ein **Zweckkauf** vor (z. B., wenn ein Buffet für eine Hochzeit bestellt wird). Für Fix- und Zweckkauf gibt es besondere Rechte im Falle eines Lieferungsverzuges (siehe hierzu auch S. 297). Für nicht fristgerechte Lieferungen kann eine **Konventionalstrafe** vereinbart werden.
  Kauf auf Abruf: Hierbei werden Kaufverträge über größere Mengen abgeschlossen. Geliefert wird aber nicht auf einmal, sondern in Teilmengen, die vom Verkäufer abgerufen werden. Vorteile: Der Verkäufer hat eine größere Menge an Waren verkauft, der Käufer erhält Mengenrabatte, obwohl er diese größere Menge nicht lagern könnte.

- **Wer trägt die Transportkosten?**
  Wenn keine besonderen Lieferungsbedingungen im Angebot oder in den Allgemeinen Geschäftsbedingungen stehen, gilt die gesetzliche Regelung. Danach sind Warenschulden Holschulden, d. h., der Käufer müsste

Achtung bei Ratenzahlung: Die Ware kann auch noch vom Verkäufer zurückgeholt werden, wenn ein Großteil der Raten schon bezahlt ist. Natürlich werden die schon bezahlten Raten angerechnet.

die Ware eigentlich beim Verkäufer abholen. Lässt er sich die Ware aber schicken, muss der Käufer alle anfallenden Versand-, Verpackungskosten sowie eine eventuelle Transportversicherung bezahlen.
Es ist aber auch möglich zu vereinbaren, wer die Versandkosten trägt. Oftmals sind Lieferungen ab einem bestimmten Bestellwert portofrei. Bestellt der Käufer weniger, trägt er die Kosten.

- **Wird unter Eigentumsvorbehalt geliefert?**
  „Die Ware bleibt bis zur endgültigen Bezahlung Eigentum des Lieferers." So oder ähnlich steht es in den meisten Kaufverträgen. Damit bleibt der Verkäufer so lange Eigentümer, bis die Ware endgültig bezahlt ist.

Preis und Zahlungsbedingungen
- **Preis:** Wenn ein Privatmann von einem Geschäftsmann kauft (Verbrauchsgüterkauf), muss der Bruttopreis (inklusive Umsatzsteuer) angegeben werden. Kauft ein Geschäftsmann von einem anderen, wird der Nettopreis plus Umsatzsteuer ausgewiesen.
- **Rabatte** werden immer öfter z. B. in Form von Mengen-, Treue-, Sonderrabatten gewährt. Damit soll der Verkauf angekurbelt werden.
- **Skonto:** Zwischen 1–3 % vom Kaufpreis können oftmals bei Barzahlung (meist innerhalb von zehn Tagen) abgezogen werden.
- **Zahlungsort:** Geldschulden sind Bringschulden, das bedeutet, der Käufer muss beim Verkäufer bezahlen oder auf dessen Konto überweisen.
- **Zahlungszeitpunkt:** Nach dem Gesetz muss bei Barkauf sofort bei Übergabe der Ware bezahlt werden.
  Bei Anlieferung der Ware können abweichende Regelungen getroffen werden:
  Vorauszahlung: Bezahlung vor Lieferung
  Anzahlung: Ein Teilbetrag wird vor Lieferung, der Rest bei Lieferung oder in Raten bezahlt.
  Zahlung auf Ziel: Es werden oftmals 30 Tage oder länger für die Begleichung des Kaufpreises eingeräumt.
  Ratenkauf: Der Kaufpreis wird in mehreren Raten beglichen.

Erfüllungsort und Gerichtsstand
- **Erfüllungsort** ist der Ort, an dem Käufer und Verkäufer durch eine rechtzeitige und einwandfreie Leistung ihren vertraglichen Pflichten nachkommen müssen. Die gesetzliche Regelung besagt, dass der Erfüllungsort für die Übergabe der Waren beim Verkäufer, für die Bezahlung beim Käufer liegt.
- **Gerichtsstand:** Wenn einer der beiden Kaufvertragspartner seine Leistung nicht erbringt, wird der Schuldner an dem für seinen Wohnort zuständigen Gericht verklagt. Bei Kaufverträgen zwischen Geschäftsleuten können diese Regelungen geändert werden. Bei Verkäufen an Privatpersonen ist eine Änderung nicht möglich.

Allgemeine Geschäftsbedingungen
Die meisten Kaufverträge werden mündlich geschlossen. Damit die Verkäufer nicht jedes Mal mit einem Käufer alle Bedingungen des Kaufvertrags neu aushandeln müssen, gibt es sogenannte Allgemeine Geschäftsbedingungen

(AGB). Das sind vorformulierte Vertragsbedingungen. Da mit ihnen oftmals die Käufer benachteiligt wurden, gibt es einen besonderen Schutz vor Missbrauch der AGB. (Weitere Einschränkungen siehe Verbraucherschutz, Seite 265 ff.).

Arbeitsvorschläge

1. Beschreiben Sie an einem Beispiel die beiden Schritte, wie ein Kaufvertrag zustande kommen kann.
2. Welche Voraussetzung muss gegeben sein, damit ein Kaufvertrag zustande kommt?
3. Willi hatte einen Fernsehapparat beim Versandhandel gekauft. Zusatz im Kaufvertrag: „Die Ware bleibt bis zur vollständigen Bezahlung unser Eigentum." Er machte eine Anzahlung von 300,00 € und wollte den Rest in 20 Monatsraten à 40,00 € zahlen.
   a) Um welche Zahlungsart handelt es sich?
   b) Ab der 12. Rate hat Willi sein Konto so weit überzogen, dass die Bank keine Überweisung mehr vornimmt. Daraufhin soll der Apparat wieder abgeholt werden. Ist dies rechtlich in Ordnung?
4. Wer trägt die Transportkosten, wenn hierüber im Kaufvertrag nichts vereinbart wurde?
5. Unterscheiden Sie „Fixkauf" und „Kauf auf Abruf".

11.2.4 Kaufvertragsstörungen beim Erfüllungsgeschäft

Mit dem Abschluss eines Kaufvertrages (Verpflichtungsgeschäft) verpflichten sich die Vertragspartner, diese Leistungen auch tatsächlich zu erfüllen (Erfüllungsgeschäft).

Der Verkäufer hat die Pflicht, die Ware rechtzeitig zu liefern und die richtige Ware fehlerfrei zu übereignen. Der Käufer dagegen hat die Ware anzunehmen und sie auch rechtzeitig zu bezahlen. Werden diese Pflichten von den beiden Vertragspartnern nicht eingehalten, dann kommt es zu **Kaufvertragsstörungen**.

Verletzt der Verkäufer seine Pflichten, liegt ein **Lieferungsverzug** oder eine **mangelhafte Lieferung** vor.
Verstößt der Käufer gegen seine Pflichten, handelt es sich um einen **Annahme- oder Zahlungsverzug**.

Der Lieferungsverzug

Beispiel

Es sollte die große Überraschung werden. Zum 18. Geburtstag bekam Heike ihren Führerschein. Einen sechs Jahre alten Kleinwagen hatte ihr schon der Opa gekauft. Alle Mitglieder des Jugendclubs hatten zusammengelegt, um ihr super Boxen zu schenken. Kai und Denis hatten die Anlage im „Car-Sound" bestellt.
Als sie am Morgen des Geburtstags das Geschenk abholen wollten, erfuhren sie, dass die Anlage wegen eines Streiks voraussichtlich erst in drei Wochen geliefert werden könne. „Dann kaufen wir die Anlage eben woanders, denn wir brauchen das Geschenk heute!", sagte Denis entsetzt. „Wie stehen wir jetzt vor dem Club da? Keiner hat für heute Abend ein Geschenk ..."
„Das wird nicht gehen, wir sind nicht in Lieferungsverzug", war die Antwort des Verkäufers von „Car-Sound".

Voraussetzungen für den Lieferungsverzug

1. Fälligkeit
Der Verkäufer muss nach Abschluss eines Kaufvertrags die Ware innerhalb der vereinbarten Lieferzeit oder an einem bestimmten Termin liefern. Natürlich kann der Verkäufer vor einem vereinbarten Termin nicht in Lieferungsverzug geraten.
Ist keine Lieferzeit genannt, muss sofort nach Vertragsabschluss geliefert werden.

2. Mahnung und Fristsetzung durch den Käufer
Wenn die Lieferung nicht erfolgt ist, muss der Käufer den Verkäufer mahnen. Zusätzlich muss er diesem eine Frist setzen, in der die Ware nachgeliefert werden kann. Wenn der Verkäufer innerhalb dieser Frist immer noch nicht geliefert hat, kommt er in Lieferungsverzug.

Die Mahnung und Fristsetzung entfällt bei:

- **Fixkauf (oder Zweckkauf)**
  Fixkauf liegt vor, wenn ein kalendermäßig bestimmter Liefertermin überschritten wurde (z. B. Lieferung am 23.10.09). Ein Zweckkauf wird für einen ganz bestimmten Anlass getätigt. Eine spätere Lieferung ist nicht mehr gewünscht (z. B. kalte Platten nach einem Fest zu liefern, macht keinen Sinn).
- **Selbstinverzugsetzung**
  Der Lieferer erklärt selbst, dass er die Ware nicht rechtzeitig liefern kann oder will.

3. Verschulden des Lieferers
Ein Verkäufer gerät immer nur dann in Lieferungsverzug, wenn er diesen verschuldet hat.
Kein Verschulden liegt vor bei „höherer Gewalt" wie Streik, Krieg, Brand, Überschwemmung usw.

Rechte des Käufers bei Lieferungsverzug

Wenn die drei vorgenannten Voraussetzungen erfüllt sind, kann der Käufer zwischen folgenden Rechten wählen:

Rechte des Käufers

Er setzt dem Verkäufer keine Nachfrist und ...

verlangt die Lieferung, wenn
- der Käufer die Ware nur von diesem Lieferer haben möchte;
- andere Anbieter gar nicht oder nicht so schnell liefern könnten.

verlangt die Lieferung und fordert zusätzlich Schadenersatz (nur wenn ein Schaden entstanden ist).

Er setzt dem Verkäufer eine Nachfrist und, wenn auch diese verstrichen ist, ...

lehnt die Lieferung ab, bei
- Preissenkung;
- günstigerem Angebot eines anderen Lieferers.

lehnt die Lieferung ab und fordert stattdessen Schadenersatz
Er kauft bei einem anderen Lieferer (Deckungskauf) und fordert den Unterschiedsbetrag zum evtl. höheren Preis sowie die Beschaffungskosten.

Arbeitsvorschläge

1. Was hätten Kai und Dennis (siehe S. 297) schon längst unternehmen können, um die Lieferung zu beschleunigen?
2. Wann kommt die Firma „Car-Sound" in Lieferungsverzug?
3. Wie wäre die Situation, wenn Kai und Denis beim Kauf betont hätten, die Anlage solle ein Geburtstagsgeschenk für den 18.08. werden?
4. Welches Recht würden Sie anstelle von Kai und Denis in Anspruch nehmen?
5. Beurteilen Sie, ob in folgenden Fällen Verschulden als Voraussetzung für den Lieferungsverzug vorliegt. Es wird nicht rechtzeitig geliefert, wegen
   a) eines Streiks,
   b) eines Großauftrags von einem anderen Kunden,
   c) der Vernichtung der gesamten Gattungsware durch einen Großbrand,
   d) einer Überschwemmung,
   e) eines Planungsfehlers in der Produktion,
   f) Beschädigung einer Lagerhalle durch Blitzschlag,
   g) ein Mitarbeiter hat vergessen, den Auftrag zu speichern.
6. **Lernen durch Handeln:**
   Wir machen unser Recht geltend
   Verfassen Sie einen Mahnbrief (heutiges Datum) mit Fristsetzung anstelle von Kai und Dennis.
   Adresse: Firma Car-Sound, Postfach 11 22, Stadt Ihres Berufsschulstandortes.
   Bestellt wurde die Anlage am 12.04.200X.
   Am 03.05. ist sie noch immer nicht geliefert.
   Sie benötigen die Anlage als Geschenk spätestens am 17.05.200X.
   Überlegen Sie sich, welche Folgen Sie androhen, welche Rechte Sie in Anspruch nehmen wollen.

   Wie ein richtiger Normbrief nach der DIN aussieht, finden Sie auf nachfolgender Seite.

Arbeitsvorschläge

Kai Kuhn		Absender	
Bürgerstr. 12			
34599 Mainz			
		(9 Leerzeilen)	
Firma Car-Sound		Anschrift	
Buchenstr. 7		Strasse oder Postfach	
12345 Neustadt	200X-07-05	PLZ, Ort	Datum
		(8 Leerzeilen)	
Mahnung und Fristsetzung		Betreffzeile	
		(3 Leerzeilen)	
Sehr geehrte Damen und Herren,		Anrede	
Text			
		(1 Leerzeile)	
Mit freundlichen Grüßen		Grußformel	
		(1 Leerzeile)	
		Unterschrift	
		Anlagen	

Die mangelhafte Lieferung

Beispiel

Jan ist sauer. Er hatte bei ebay von einem Händler einen Laptop ersteigert. Doch schon am ersten Tag bemerkte er, dass der Akku nicht funktionierte. Als er die Hotline der Firma anrief, sagte ihm die freundliche Dame am Telefon, dass er das Gerät zurückschicken solle. Dann würde man prüfen, ob der Schaden durch einen Bedienungsfehler entstanden sei. Wenn das nicht der Fall wäre, würde man das Gerät reparieren. Damit ist Jan aber nicht einverstanden. „Ich will sofort mein Geld zurück!", war seine Antwort auf diese Auskunft.

! Verkäufer dürfen bei Internet-Auktionen bekannte Mängel an den versteigerten Gegenständen nicht verschweigen. Mögliche Schäden und die Anzahl der Vorbesitzer sind in der Produktbeschreibung anzugeben. Ist dies erfolgt, und der Käufer ersteigert den Gegenstand dennoch, entfällt die Gewährleistungspflicht für den Verkäufer.

Der Verkäufer übernimmt mit dem Abschluss eines Kaufvertrages die Pflicht, eine Ware in der Beschaffenheit und Güte zu liefern, die vertraglich festgelegt wurde. Dies bedeutet, die richtige Menge und Größe der im Vertrag zugrunde liegenden Art der Ware zu liefern. Die Ware muss in einem funktionsfähigen und mangelfreien Zustand sein.

Bei folgenden Mängeln liegt eine mangelhafte Lieferung vor:

Mängelarten

Art		Erklärung
Rechtsmängel		Der Verkäufer ist nicht der Eigentümer der Sache.
Sachmängel	Falschlieferung	Eine andere Ware als bestellt wurde geliefert.
	zu wenig Ware	Ein Teil der Ware fehlt.
	Abweichung von der Grundlage	Eine bestellte Sache sieht anders aus als im Katalog abgebildet oder ihre Beschaffenheit ist anders als die Probe oder das Muster.
	Montagemangel	fehlerhafte Montage durch die liefernde Firma
	unverständliche Montageanleitung	Aufbaufehler des Kunden wegen unverständlicher Montageanleitung
	nicht eingehaltene Werbeaussage	Aussagen der Werbung fehlen am Produkt.
	fehlerhafte oder beschädigte Ware	Kratzer, Motorfehler usw.

Liefert der Verkäufer mangelhafte Ware, hat der Käufer verschiedene Rechte. Diese vollziehen sich in zwei Schritten:

Rechte des Käufers bei mangelhafter Lieferung

Schritt 1

Der Käufer kann zwischen Nachbesserung (Beseitigung des Mangels) oder Nachlieferung (Lieferung einer mangelfreien Sache) wählen. Er muss hierfür dem Lieferer jeweils eine angemessene Frist setzen.

Ausnahmen: Unmöglichkeit der Nacherfüllung oder diese ist dem Verkäufer nicht zuzumuten (unverhältnismäßig hohe Kosten oder Aufwand).

Diese Fristsetzung entfällt bei Weigerung des Verkäufers zur Nacherfüllung und bei Fix- oder Zweckkauf.

wenn diese Frist verstrichen ist und die Nachlieferung nicht erfolgte,
oder wenn die Nachbesserung zweimal fehlgeschlagen ist,
dann

Schritt 2

Auswahlmöglichkeit unter folgenden Rechten:

Rücktritt vom Vertrag	Minderung (Preisnachlass)	Schadenersatz	Ersatz vergeblicher Aufwendungen
Wandelung, d. h., der Kaufvertrag wird rückgängig gemacht.	Der Minderungsbetrag richtet sich nach dem Kaufpreis der Ware und nicht nach dem Mangel. Ein Kratzer an einem teuren Pkw muss also mit einem höheren Betrag ausgeglichen werden als einer an einem Kleinwagen.	Schaden wegen ▸ Verzögerung der Nacherfüllung, ▸ einer Wertminderung der gekauften Sache, ▸ Folgeschäden.	Statt Schadenersatz kann der Käufer den Ersatz aller Aufwendungen verlangen, z. B. Beschaffungsmühen (Fahrt, Zeitaufwand) für den Kauf einer neuen Ware.

Verjährungsfristen für Ansprüche aus mangelhafter Lieferung

Dadurch, dass der Käufer die Mängel erst erkannt haben muss, bevor er sie reklamieren kann, könnte quasi eine endlose Verjährungsfrist erfolgen. Dies wird jedoch durch folgende Höchstfristen verhindert:

Verjährungsfristen

1 Jahr	für Sachen, die gebraucht gekauft wurden Beginn: mit Übergabe der Ware bzw. Abnahme der Leistung
2 Jahre	regelmäßige Frist bei Kauf- und Werkverträgen Beginn: mit Übergabe der Ware bzw. Abnahme der Leistung
3 Jahre	bei arglistig verschwiegenen Mängeln aus Kauf- und Werkverträgen (Ausnahme: der Mangel wurde wegen grober Fahrlässigkeit des Käufers nicht erkannt) Beginn: mit dem Schluss des Jahres, in dem der Mangel erkannt wurde
5 Jahre	bei Mängeln an Bauwerken oder Sachen, die üblicherweise in Bauwerken verarbeitet wurden Beginn: mit dem Tag der Abnahme des Werkes durch den Käufer
10 Jahre	bei Mängeln an verkauften Grundstücken Beginn: der Zeitpunkt, an dem der Mangel erkannt wurde
30 Jahre	bei Herausgabeansprüchen aus Eigentum bei familien- und erbrechtlichen Ansprüchen bei Ansprüchen, die aus Insovenzverfahren vollstreckbar wurden bei anderen vollstreckbaren Titeln Beginn: mit Fälligkeit des Anspruchs

Für Verbraucher (Verbrauchsgüterkauf) können die Rechte aus mangelhafter Lieferung weder durch die AGB noch durch besondere Vertragsabsprachen eingeschränkt werden.

Besondere Regelungen beim Verbrauchsgüterkauf

Beweislastumkehr: Beim Verbrauchsgüterkauf muss der Verkäufer (Geschäftsmann) in den ersten sechs Monaten nach Kauf beweisen, dass er die Ware ohne Fehler an den Kunden übergeben hat. Danach muss der Käufer (Verbraucher) den Beweis eines Fehlers erbringen.

Rückgriffsrecht: Der Verbraucher hat immer gegenüber seinem jeweiligen Verkäufer den Anspruch auf seine Rechte. Wird eine Ware von einem Konsumenten z. B. bei einem Handels- oder Handwerksbetrieb gekauft, dann muss er seine Rechte nicht bei dem Hersteller der Ware (Industriebetrieb), sondern kann sie bei dem Verkäufer geltend machen. Der Handels- oder Handwerksbetrieb kann die Forderung dann an seinen eigenen Lieferer weitergeben. So verliert der Verbraucher keine Zeit und hat einen eindeutigen Ansprechpartner.

Verjährung: Eine Verkürzung oder ein Ausschluss der Verjährung durch den Verkäufer ist nicht möglich.

Arbeitsvorschläge

1. Prüfen Sie, ob in nachfolgenden Fällen der Tatbestand der mangelhaften Lieferung gegeben ist. Wenn „Ja", prüfen Sie, um welche Mängelart es sich handelt.
   a) Die Farbe des gelieferten Teppichbodens ist anders als im Muster.
   b) An einem neuen Fernsehgerät ist ein kleiner Kratzer an der Rückseite.
   c) Statt der bestellten Hose Größe 48 wurde eine in der Größe 50 geliefert.
   d) In einer Montageanleitung für ein Regal sind die verschieden langen Schrauben nicht beschrieben. Daher hatte Klaus zuerst die längeren Schrauben benutzt. Zum Schluss bemerkte er den Fehler. Als er die kleineren Schrauben verwendete, stellte er fest, dass nun die Löcher zu groß waren. Jetzt wackelt das Regal.
   e) Die neue Spülmaschine drückt beim Ablaufen Wasser in das Spülbecken. Der Käufer behauptet, es handele sich um einen Montagemangel. Die Monteure verweisen auf das vorhandene falsch angebrachte Ablaufrohr des Spülbeckens.
   f) „Wasserdicht bis 25 Meter" wurde in der Werbung verkündet. Beim ersten Schwimmbadaufenthalt dringt Wasser in die Uhr.
2. Um welche Mängelart handelt es sich in dem Beispiel auf Seite 300?
3. Beurteilen Sie die Aussage der Dame in der Hot-Line in dem Beispiel auf Seite 300.
4. Welche Rechte kann Jan in Anspruch nehmen?

Der Annahmeverzug

Beispiel

Anke war entsetzt. Dass René sie einfach wegen einer anderen sitzen lässt ... Und nun auch noch das: „Wir bringen die neue Schrankwand und die Polstermöbel“, hatten die Schreiner vom Möbelcenter gesagt. Das war zu viel! „Ich brauche keine Möbel, denn ich will die Wohnung nicht mehr!“, hatte Anke die verdutzten Arbeiter angeschrien.
Diese entgegneten: „Warum haben Sie denn nicht angerufen? Wir haben Sie doch benachrichtigt, dass wir heute liefern werden.“ „Was wissen Sie schon von meiner Situation ...“, rief Anke und knallte die Tür zu.
Doch das Möbelcenter hatte wenig Mitleid. Ein paar Tage später erhielt Anke ein Schreiben. „Wir setzen Sie hiermit in Annahmeverzug und werden die uns zustehenden Rechte wahrnehmen. Alle Kosten gehen zu Ihren Lasten. Da die Schrankwand auf die Maße Ihrer Wohnung angefertigt wurde, müssen wir auf einer Abnahme bestehen. Bei Rückgabe der Polstermöbel müssen wir Ihnen die uns entstehenden Kosten berechnen ...“, las Anke.

Bin ich überhaupt in Annahmeverzug?

Wann kommt man überhaupt in Annahmeverzug?

- **Die Lieferung muss fällig sein:** Wenn ein Käufer eine Ware an einem fest vereinbarten Liefertermin nicht abnimmt, gerät er automatisch in Annahmeverzug. War jedoch kein genauer Termin vereinbart, dann muss die Lieferung vorher angekündigt werden. Wurde überraschend geliefert, gerät der Käufer nicht in Annahmeverzug, wenn er die Annahme verweigert.
- **Die Ware muss ordnungsgemäß angeboten werden:** Die bestellte Ware muss mangelfrei, zum richtigen Zeitpunkt, am vereinbarten Ort und in der bestellten Qualität und Menge angeboten werden.
- **Der Käufer verweigert die Abholung der Ware:** Wurde vereinbart, dass der Käufer die Ware abholt, gerät er in Annahmeverzug, wenn er dies nach Aufforderung des Verkäufers unterlässt.

Rechtsfolgen des Annahmeverzuges

- Der Käufer kommt auch dann in Annahmeverzug, wenn ihn kein Verschulden trifft (z. B. wenn er am Tag der Lieferung krank wäre).
- Die Gefahr geht auf den Käufer über, d. h., wenn die Ware während des Annahmeverzuges beschädigt oder vernichtet wird, haftet der Käufer.
- Während des Annahmeverzuges haftet der Verkäufer nur noch bei grober Fahrlässigkeit oder Vorsatz (z. B. wenn er die Möbel im Regen stehen lässt und sie dadurch beschädigt werden).

Rechte des Verkäufers bei Annahmeverzug

1. Rücktritt vom Vertrag und anderweitiger Verkauf bei ...	2. Lagerung der Ware im eigenen oder öffentlichen Lagerhaus zulasten des Kunden und ...	
guter Absatzlage langjährigen Kunden geringen Rechnungsbeträgen	Selbsthilfeverkauf	Klage auf Abnahme

Bei einem Selbsthilfeverkauf versucht der Verkäufer, die nicht abgenommene Ware an andere zu verkaufen. Es entstehen hieraus für den Verkäufer und den in Annahmeverzug geratenen Käufer folgende Pflichten:

Pflichten des Käufers:
- Der Käufer trägt die Kosten des Selbsthilfeverkaufs.
- Ist der ursprüngliche Preis höher als der Versteigerungserlös, zahlt der Käufer den Unterschiedsbetrag.

Pflichten des Verkäufers:
- Er muss dem Käufer eine Frist zur Abnahme setzen und bei Nicht-Abnahme die Versteigerung androhen. Wenn es sich allerdings um verderbliche Ware handelt, muss mit einem **Notverkauf** die Ware schnellstens verkauft werden. In diesem Fall entfällt die Pflicht eine Frist zu setzen.
- Benachrichtigung des Käufers über Zeit und Ort der Versteigerung
- Benachrichtigung des Käufers über das Ergebnis der Versteigerung
- Wenn die Versteigerung einen höheren Erlös erbrachte als den Kaufpreis, muss der Verkäufer den Unterschiedsbetrag an den Käufer abführen. Der Käufer darf mitsteigern. Ist ihm der Preis des Selbsthilfeverkaufs zu niedrig, kann er die Ware selbst ersteigern. Den Unterschiedsbetrag und die Kosten der Versteigerung muss er aber dennoch bezahlen.

Der Zahlungsverzug und seine Folgen

Wie soll ich das bezahlen?

Beispiel

Rechnungsnummer: 123-45-89 – Rechnungs-Datum: 200X-04-12
Mahnung mit Fristsetzung

Sehr geehrter Herr Malkus,

trotz unserer Zahlungserinnerung vom 12.05.200X haben Sie unsere o. g. Rechnung in Höhe von 1.025,00 € noch immer nicht beglichen. Unsere Forderung:

	1.025,00 €	Rechnungsbetrag
+	8,13 €	Zinsen (5 % über EZB-Basiszins)
+	1,10 €	(Porto: 2 x 0,55 €)
	1.034,23 €	Überweisungsbetrag

Wir bitten Sie nochmals, den Betrag in Höhe von 1.034,23 € sofort auf eines der unten angegebenen Konten zu überweisen.
Sollte dieser Betrag nicht innerhalb von 14 Tagen bei uns eingegangen sein, sehen wir uns leider gezwungen, gerichtliche Schritte gegen Sie einzuleiten.

Peter Malkus war verzweifelt. Wie sollte er das bezahlen? Er hatte doch schon jetzt sein Konto heillos überzogen. „Ob ich einfach so tue, als wenn ich den Brief gar nicht bekommen hätte?“ Doch was für Folgen hätte das?

Wann gerät man in Zahlungsverzug?
Kommt ein Käufer seiner Zahlungsverpflichtung nicht nach, dann gerät er in Zahlungsverzug, wenn die Fälligkeitsfrist überschritten wurde.

Zweiseitiger Handelskauf (Verkäufer und Käufer sind Kaufleute):
Wenn ein fester Zahlungstermin vereinbart wurde, gerät der Schuldner mit Überschreitung des Termins in Zahlungsverzug. Oftmals findet man folgenden Zusatz in Rechnungen: „Zahlbar innerhalb von 10 Tagen abzüglich 2 % Skonto oder innerhalb 30 Tagen netto Kasse.“ Hier würde der Käufer am 31. Tag automatisch in Zahlungsverzug geraten.

Verbrauchsgüterkauf (der Käufer ist ein Verbraucher) oder **Privatkauf** (beide Vertragspartner sind Privatleute):
Hier gerät der säumige Käufer nur dann automatisch nach 30 Tagen in Zahlungsverzug, wenn im Kaufvertrag besonders auf diese Bestimmung hingewiesen wurde. Wurde dies unterlassen, dann gerät er in Zahlungsverzug erst nach Ablauf einer Frist, die ihm in einer Mahnung gesetzt wurde.

Rechte des Verkäufers bei Zahlungsverzug:
Es gibt verschiedene Gründe, warum ein Schuldner nicht zahlt.
- Er kann die Zahlung vergessen haben.
- Er hat Zahlungsschwierigkeiten, weil er sein Kreditlimit bei seiner Bank überzogen hat.
- Er zahlt absichtlich später, weil er Zinsen sparen will.
- Er will nicht zahlen, weil die Ware beschädigt war.

Dann hat der Verkäufer verschiedene Rechte:

Bestehen auf verspäteter Erfüllung:
Oftmals wird der Verkäufer den Käufer zuerst an die Zahlung erinnern, falls dieser sie vergessen hat. Mit dieser Zahlungserinnerung will er den zahlungsunwilligen Käufer auch dazu bewegen, sofort zu bezahlen, ihn aber als Kunden nicht über Gebühr verärgern.

Wandelung:
Wenn der Käufer nicht zahlen kann, kann der Verkäufer vom Kaufvertrag zurücktreten und die Ware zurückverlangen. Wurde im Kaufvertrag eine Lieferung unter Eigentumsvorbehalt vereinbart, bleibt die Ware bis zur endgültigen Bezahlung Eigentum des Verkäufers.

Schadenersatz und Verzugszinsen:
Der Verkäufer kann ab dem Rechnungsdatum Zinsen verlangen. Beim zweiseitigem Handelskauf sind das bis zu 8 % über dem Basiszinssatz der Europäischen Zentralbank (EZB) und beim Verbrauchsgüter- und Privatkauf bis zu 5 %. Wenn dem Verkäufer ein finanzieller Schaden entstanden ist, kann er neben Portokosten noch einen Schadenersatz fordern.

Mahnbescheid

- Der Gläubiger (oder auch Verkäufer) stellt einen Antrag auf Erlass eines Mahnbescheides bei dem für seinen Geschäftssitz zuständigen Amtsgericht. Er muss vorab die halbe Gerichtsgebühr und die Gebühr für die Zustellung des Bescheids bezahlen.
- Das Amtsgericht überprüft nicht, ob der im Mahnbescheid gemachte Anspruch auch zu Recht besteht. Es stellt den Mahnbescheid lediglich zu.

Reaktionen auf einen Mahnbescheid

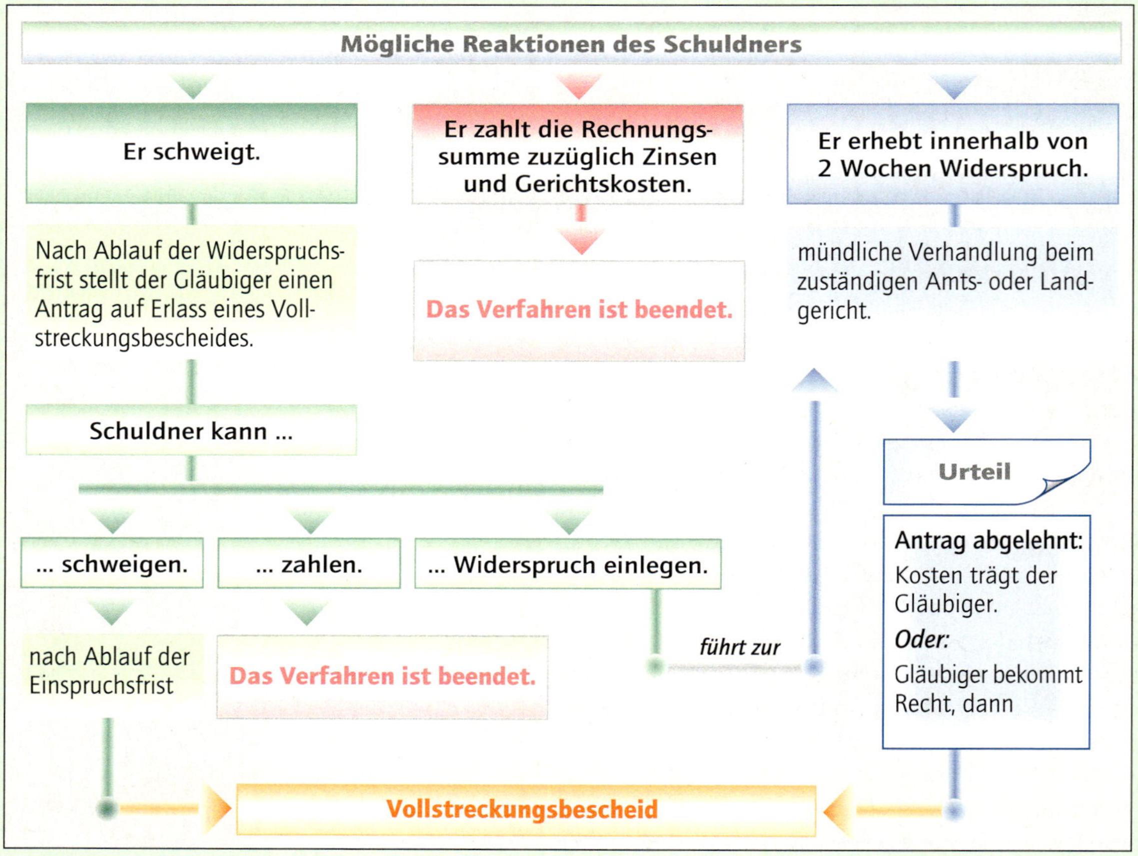

Der Vollstreckungsbescheid und die Zwangsvollstreckung

Auch auf den Vollstreckungsbescheid durch das zuständige Gericht hat der Schuldner nochmals drei Möglichkeiten zu reagieren:

- Zahlt er, ist das Verfahren beendet.
- Legt er Widerspruch ein, muss das Gericht erneut entscheiden.
  Die Zwangsvollstreckung wird abgelehnt oder beschlossen.
- Schweigt er, wird die Zwangsvollstreckung beschlossen.
  Mit dieser wird versucht, aus dem Vermögen des Schuldners zwangsweise die gesamten oder wenigsten Teile der Forderungen zu begleichen. Dabei können Löhne und Gehälter und auch Bankguthaben gepfändet werden. Bankguthaben werden voll gepfändet. Von seinem Lohn oder Gehalt belässt man dem Arbeitnehmer einen Betrag in Höhe des Sozial-

hilfesatzes. Der Arbeitgeber muss den Anteil, der darüber hinausgeht, an das Gericht abführen. Aber auch Gegenstände wie Wertpapiere, Schmuck, Teppiche, Fahrzeuge und andere wertvolle Gegenstände können gepfändet werden.

Der Zivilprozess

Rechnet der Gläubiger mit Einsprüchen oder will er Zeit sparen, kann er sofort in einem Zivilprozess den Schuldner verklagen. In einer mündlichen Verhandlung wird dann festgestellt, wer von beiden im Recht ist. Zuständig sind folgende Gerichte:

- Amtsgericht bis zu einem Streitwert von 5.000,00 Euro,
- Landgericht bei einem Streitwert über 5.000,00 Euro.

Verjährung von Forderungen

Forderungen aus einem Zahlungsverzug verjähren nach drei Jahren ab dem Ende des Kalenderjahres, in dem der Anspruch entstand.

Beispiel für Verjährung von Forderungen

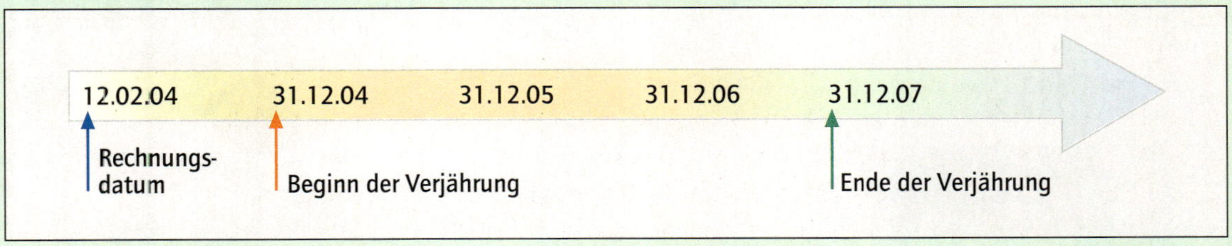

Am 01.01.2008 wäre diese Forderung verjährt. Das bedeutet, dass der Schuldner sie nicht mehr bezahlen muss.

„Clevere“ Schuldner würden also versuchen, ihre Schulden verjähren zu lassen. Damit dies nicht passiert, gibt es Möglichkeiten, die Verjährungsfristen zu verlängern. Auf Neubeginn und Hemmung der Verjährung soll hier jedoch nicht weiter eingegangen werden.

Arbeitsvorschläge

1. Prüfen Sie, ob Anke im Beispiel auf S. 303 überhaupt in Annahmeverzug geraten ist!

2. „Die sollen doch die Schrankwand an einen anderen verkaufen", meint Anke. Warum kann Anke nicht damit rechnen, dass neben der Polstergarnitur auch die Schrankwand zurückgenommen wird?
3. Beim Rücktransport der Möbel musste der Fahrer scharf bremsen. Dadurch wird die Schrankwand beschädigt. Wer muss den Schaden tragen?
4. Erklären Sie an Beispielen, wann ein Verkäufer bei Annahmeverzug vom Vertrag zurücktreten wird.
5. Das Möbelcenter „Wohnland" plant einen Selbsthilfeverkauf.
   a) Welche Pflichten entstehen der Firma dabei?
   b) Warum entfällt in diesem Fallbeispiel ein Notverkauf?
   c) Welche Pflichten entstehen Anke aus diesem Selbsthilfeverkauf?
6. Welche Folgen hätte es wahrscheinlich, wenn Peter Malkus aus dem Beispiel S. 304 einfach gar nichts unternehmen würde?

7. Prüfen Sie, ob Peter Malkus in Zahlungsverzug ist.
8. Welche Rechte könnte der Lieferer gegen Peter Malkus geltend machen?

Rechnungsnummer: 123-45-89 – Rechnungs-Datum: 200X-04-12
Mahnung mit Fristsetzung

Sehr geehrter Herr Malkus,

trotz unserer Zahlungserinnerung vom 12.05.200X haben Sie unsere o. g. Rechnung in Höhe von 1.025,00 € noch immer nicht beglichen.
Unsere Forderung:

	1.025,00 €	Rechnungsbetrag
+	8,13 €	Zinsen (5 % über EZB-Basiszins)
+	1,10 €	(Porto: 2 x 0,55 €)
	1.034,23 €	Überweisungsbetrag

Wir bitten Sie nochmals, den Betrag in Höhe von 1.034,23 € sofort auf eines der unten angegebenen Konten zu überweisen.
Sollte dieser Betrag nicht innerhalb von 14 Tagen bei uns eingegangen sein, sehen wir uns leider gezwungen, gerichtliche Schritte gegen Sie einzuleiten.

9. Wie hoch ist der Zinssatz, den Peter Malkus höchstens bezahlen müsste, wenn er in Zahlungsverzug wäre?
10. Maurermeister Müller hat die Rechnung des Baustoffhandels vom 04.05.200X am 14.06.200X noch immer nicht beglichen. Welche Voraussetzungen müssen gegeben sein, damit er in Zahlungsverzug ist?
11. Wie viel Prozent Zinsen könnte die Baustoffhandlung der Firma Müller berechnen?

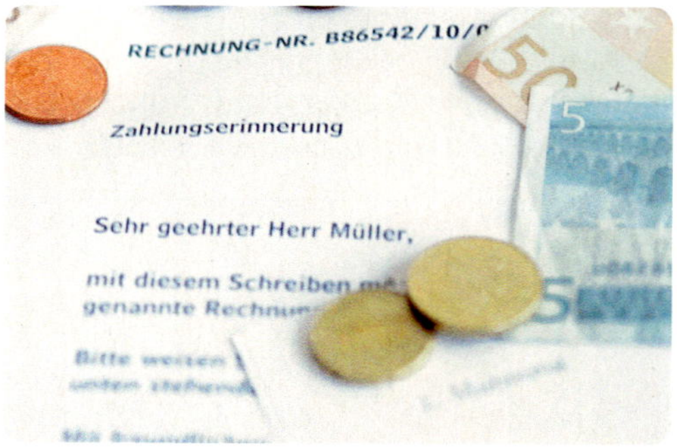

12. Angenommen, Sie erhalten einen Mahnbescheid. Welche Möglichkeiten haben Sie?

Arbeitsvorschläge zur Wiederholung und Prüfungsvorbereitung (Kapitel 8–11)

1. Erklären Sie an einem selbstgewählten Beispiel, wie man vom Bedürfnis über den Bedarf zur Nachfrage kommt.
2. a) Erklären Sie, wie man in den „Teufelskreis“ der Kredite kommen kann.
   b) Wo kann man Hilfen bekommen, um aus einer Überschuldung wieder heraus zu kommen?
3. a) Warum gibt es „Allgemeine Geschäftsbedingungen“ (AGB)?
   b) Nennen Sie Beispiele für verboten Klauseln in AGB!
4. a) Für welche verschiedenen Geschäfte gilt das Haustürwiderrufsgesetz?
   b) In welchen Fällen gilt das Haustürwiderrufsgesetz nicht?
   c) Welche Rechte hat der Käufer durch das Haustürwiderrufsgesetz?
5. Zeigen Sie die Bedingungen auf, die zum Inkrafttreten des Produkthaftungsgesetzes führen.
6. Nennen Sie die Bestimmungen für die Preisauszeichnung von Waren.
7. Was bedeuten Prüfzeichen und welche gibt es?
8. Welche Aufgaben hat die Stiftung Warentest?
9. Was ist eine juristische Person und warum gibt es diese?
10. Stellen Sie den Unterschied zwischen „Rechtsfähigkeit“ und „Geschäftsfähigkeit“ dar.
11. Welche Rechte hat ein Verkäufer bei Annahmeverzug durch den Käufer?
12. Welche Rechte hat der Verkäufer, wenn der Käufer in Zahlungsverzug gerät?
13. Arbeiten mit Gesetzestexten:
    Prüfen Sie folgenden Sachverhalt: Tanja kauft einen neuen Flachbildfernseher in einem verschlossenem Karton. Zuhause beim Auspacken bemerkt sie, dass der Rahmen verkratzt ist. Der Verkäufer behauptet, dass der Fehler beim Auspacken passiert sein müsse und lehnt einen Umtausch ab. Tanja behauptet, dass der Fehler schon vor dem Auspacken entstanden sein muss. Wie ist die Rechtslage?

BGB § 476 a.
Ist an Stelle des Rechts des Käufers auf Wandlung oder Minderung ein Recht auf Nachbesserung vereinbart, so hat der zur Nachbesserung verpflichtete Verkäufer auch die zum Zwecke der Nachbesserung erforderlichen Aufwendungen, insbesondere Transport-, Wege-, Arbeits- und Materialkosten, zu tragen. Dies gilt nicht, soweit die Aufwendungen sich erhöhen, weil die gekaufte Sache nach der Lieferung an einen anderen Ort als den Wohnsitz oder die gewerbliche Niederlassung des Empfängers verbracht worden ist, es sei denn, das Verbringen entspricht dem bestimmungsgemäßen Gebrauch der Sache.

12 Vorsicht vor Krediten

Moment mal!

„Ich dachte mir gar nichts dabei ...“, erzählt Lars seinem Freund Tim, „es begann alles so einfach. Der D2-Vertrag war ja günstig. Dieses tolle Handy für 1,00 €. Gut, ein 24-Monatsvertrag über je 24,50 € war damit abgeschlossen. Und dann hab ich wohl ein bisschen zu viele SMS verschickt und telefoniert. Da waren ja auch noch die Raten für mein Auto und die Abbuchungen der Versicherungen. Und dann brauche ich ja auch noch ein paar Euro für mich. Ich musste mein Girokonto überziehen. Zu Anfang konnte ich es noch am jeweiligen Monatsbeginn ausgleichen. Doch dann rutschte das Konto immer mehr ins Minus. Die Mahnungen des Versandhauses habe ich einfach nicht beachtet. Schließlich drohten sie mir mit dem Gerichtsvollzieher. Die Bank hatte mein Konto inzwischen gesperrt. Was sollte ich machen? Da kam die Kleinanzeige in der Zeitung gerade richtig. Dort las ich: **Kredite für Jedermann – sofort und ohne Formalitäten**.
Den Vertrag habe ich abgeschlossen und per Post zurückgeschickt. Kurze Zeit später waren 10.000,00 € auf meinem Konto. Nun konnte ich mir auch endlich die Honda für 4.800,00 € kaufen, sie war ja wirklich nicht teuer. Als ich dann mal wieder meine Kontoauszüge holte, hatte die Bank inzwischen die aufgelaufenen Raten für den Überziehungskredit abgebucht. Den hatte ich ganz vergessen. Auf meinem Konto war dann ja wieder nichts mehr drauf. Nun muss ich auch noch die Raten für den neuen Kredit bezahlen. Ich weiss nicht, wie das weitergehen soll ...“

- Was hätte Lars bei der Aufnahme von Krediten beachten müssen?
- Gibt es einen Ausweg für Lars?

?

Es ist verlockend, immer wieder auf Kredit zu kaufen. Auch der sorglose Umgang mit dem Handy kann zu hohen Ausgaben führen. Verfügt man über genügend Geld, ist das alles kein Problem. Fehlt es dagegen, kann schon mal das Girokonto überzogen werden. Doch es sollte möglichst bald wieder ausgeglichen sein. Für größere Ausgaben kann man vorher ansparen. Natürlich kann man auch einen Kredit nehmen und diesen dann in Raten abzahlen. Doch auch die Raten müssen bezahlt werden können. Sonst kommt man in einen Teufelskreis:

Kreditarten

Es gibt verschiedene Arten von Krediten: kurz-, mittel- und langfristige Kredite, Hypotheken (gesichert durch ein Haus oder Grundstück), Anschaffungsdarlehen, Überziehungskredite usw. Beispielhaft sollen auf den nächsten Seiten die von Privatpersonen am häufigsten in Anspruch genommenen Kredite dargestellt werden. Vergleichszins ist immer der „effektive Jahreszinssatz“.

Dispositionskredit (Überziehungskredit)

Ein Kreditinstitut erlaubt dem Inhaber eines Girokontos, dieses Konto bei Bedarf zu überziehen. Bedingung ist, dass der Kontoinhaber zahlungsfähig ist (z. B. ein geregeltes Einkommen hat). Die Höhe des Dispositionskredites ist meist das doppelte bis dreifache Monatseinkommen. Es werden keine besonderen Sicherheiten verlangt. Ein Kreditvertrag ist auch nicht erforderlich. Zinsen fallen nur an, wenn das Konto tatsächlich überzogen wird. Diese Zinsen sind allerdings verhältnismäßig hoch, d. h., sie liegen über denen eines Ratenkredites. Überziehungszinsen können durchaus 15 Prozent oder mehr betragen.

Kontoauszug

Konto 000 897 654 — Stadt-Sparkasse Düsseldorf — Bankleitzahl 300 501 10, Telefon 02 11 / 8 78-0 · Telefax 02 11 / 8 17 48 — Kontoauszug — Nummer/Blatt 15/1

Buch.-Tag	Wert	PN-Nr.	Erläuterungen/Verwendungszweck	Umsätze EUR
16.03.	16.03.	091	BAR GAA/EC-AUTOM	300,00 S
			IHR DISPOSITIONSKREDIT EUR: 3.000,00	

Letzter Auszug	Alter Kontostand EUR	Auszugsdatum	Neuer Kontostand EUR
..-03-15	2.298,21 H	..-03-18	1.998,21 H

KIM CLEVER, DIE GROSSE FREIHEIT 10, 40213 DUESSELDORF

Ratenkredit

Kim benötig 10.000,00 € Kredit für die Finanzierung ihres neuen Autos. Ein Betrag, der höher ist als ihr Dispositionskredit. Sie schließt daher einen Ratenkreditvertrag mit der Bank ab. Dieser wird gewählt, wenn man mittelfristig Geld für größere Anschaffungen benötig. Ganz ohne Sicherheiten bekommt man allerdings von der Bank kein Geld.

Bevor Sie einen Kredit aufnehmen, sollten Sie die Konditionen der einzelnen Banken vergleichen. Sie sind teilweise sehr unterschiedlich, und es lohnt sich, mit verschiedenen Banken zu sprechen, bevor man einen Vertrag unterzeichnet.

Der Ratenkreditvertrag besteht aus:

- dem eigentlichen Kreditvertrag,
- den Anlagen zum Kreditvertrag und
- der Widerrufserklärung.

Alle drei Dokumente müssen zusammenhängen oder verplombt werden.
In der Anlage zu dem Kreditvertrag müssen alle Kosten, die durch den Kredit entstehen, einzeln aufgeführt werden. Mit der Widerrufserklärung unterschreibt der Kreditnehmer, dass er über sein Recht informiert wurde, innerhalb von 14 Tagen von diesem Kredit ohne Begründung zurücktreten zu können.

Kreditnehmer müssen über ihr Widerrufsrecht informiert werden:

Informationen über das Recht zum Widerruf

Als Kreditnehmer steht mir das gesetzliche Recht zum Widerruf zu. Danach ist die auf den Abschluss dieses Kreditvertrages gerichtete Willenserklärung erst wirksam, wenn sie nicht binnen **einer Frist von zwei Wochen schriftlich widerrufen wird.** Zur Wahrung der Frist genügt die rechtzeitige Absendung des Widerrufs. Der Lauf der Frist beginnt mit Aushändigung der Durchschrift dieser Information über das Recht zum Widerruf. Hat der Kreditnehmer den Kredit/das Darlehen empfangen, gilt der Widerruf als nicht erfolgt, wenn er den Kredit/das Darlehen nicht binnen zweier Wochen entweder nach Erklärung des Widerrufs oder nach Auszahlung des Kredits/Darlehens zurückzahlt.

Der schriftliche Widerruf ist zu richten an:

Bank, vollständige Postanschrift

Ort, Datum

Kreditnehmer

Durchschrift für den Kreditnehmer

!

Innerhalb von 14 Tagen können Sie von jedem Kreditvertrag zurücktreten.

Kreditkosten

Ein Kredit ist selbstverständlich nicht kostenlos. Es fallen **Zinsen und Nebenkosten** an. Letztere sind von Bank zu Bank – und abhängig von den jeweiligen Kreditverträgen – verschieden. Berechnet werden können z. B. Bearbeitungsgebühren, Kreditversicherung (sie zahlt den Kredit bei Tod oder Arbeitsunfähigkeit durch Unfall), Provisionen und Disagio.

Das Disagio ist ein Abzug vom Auszahlungsbetrag. Wird z. B. ein Vertrag über 10.000,00 Euro mit 4 % Disagio vereinbart, dann erhält der Kreditnehmer nur 9.600,00 Euro ausgezahlt, er muss aber 10.000,00 Euro zurückzahlen.

Die Zinsen können für eine bestimmte Zeit fest vereinbart werden. Sie können aber auch variabel sein, dann können sie fallen aber auch steigen. Zu den Zinsen kommen oftmals noch eine einmalige Bearbeitungsgebühr, eventuell jährliche Kontoführungsgebühren und Porto hinzu. Die Summe aus Zinsen und der monatlichen Rückzahlung (Tilgung) nennt man „Annuität".

Der **effektive Zinssatz** enthält alle Kosten und Zinsen, umgerechnet auf einen Jahreszinssatz. Er gibt also an, wie viel Prozent ein Kreditnehmer für einen Kredit tatsächlich bezahlen muss. Der effektive Zinssatz muss in jedem Kreditvertrag und Kreditangebot genannt sein. Mit ihm kann man die verschiedenen Kreditangebote vergleichen.

Kreditsicherung

Der Kreditgeber prüft vor Abschluss des Kreditvertrages, ob der Kreditnehmer in der Lage ist, den Vertrag zu erfüllen. Auskünfte über die Kreditwürdigkeit erteilt die Schufa (Schutzgemeinschaft für allgemeine Kreditsicherung). Bei ihr werden Daten der Personen gespeichert, die in Deutschland einen Kredit aufnehmen und diesen nicht pünktlich oder regelmäßig, wie im Kreditvertrag vereinbart, zurückzahlen. Darüber hinaus verlangt die Bank Sicherheiten für einen Kredit. Wenn kein Haus oder Grundstück als Sicherheit vorhanden ist, kommen folgende Möglichkeiten infrage:

- **Sicherungsübereignung:** Wenn Kim den Kredit nicht abbezahlen würde, könnte die Bank ihr Auto versteigern lassen.
- **Bürge:** Für Kim bürgt ihr Vater, Heinrich Clever. Ein Bürge muss im Ernstfall den Kredit, für den er gebürgt hat, selbst abbezahlen.

Doch auch die Raten (Rückzahlung plus Zinsen) müssen bezahlt werden, sonst kommt man in einen Teufelskreis:

Teufelskreis Kredit

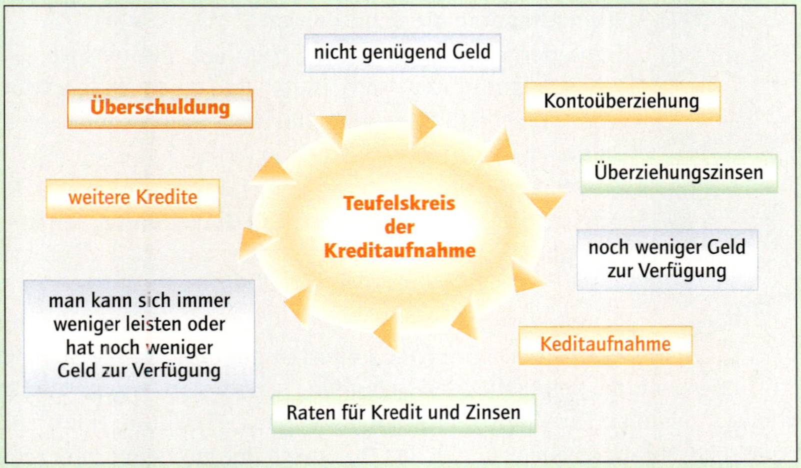

Umgang mit Krediten
Um nicht in diesen Teufelskreis zu geraten, sollte man frühzeitig den richtigen Umgang mit Krediten lernen. Generell gibt es zwei Wege zum Konsum: Entweder man spart zuerst und konsumiert dann. Als Belohnung für den anfänglichen Konsumverzicht muss man keine Zinsen zahlen und kann sich dadurch mehr leisten. Oder aber man konsumiert sofort und bezahlt mit Kredit. Der Konsum wird durch die Zinsen dann teurer.
Kredite sind also nichts Verwerfliches, soweit man sie zurückzahlen kann. Hierzu einige **Tipps im Umgang mit Schulden**:

1. Schulden vermeiden
- **Hauhaltsbuch führen:** Das Haushaltsbuch verschafft einen Überblick über die eigenen Konsumgewohnheiten und über die Summe, die monatlich unbedingt benötigt wird. Manchmal genügt es, die Ausgaben und Einnahmen nur in kritischen Phasen genau zu prüfen.
- **Auf Probe sparen:** Vor einer Kreditaufnahme kann man die möglichen Raten zunächst auf Probe auf die hohe Kante legen. Nach drei bis vier Monaten ist absehbar, ob die Haushaltskasse dieser Belastung dauerhaft standhält.
- **Nicht mehrfach verschulden:** Wenn der Dispokredit bereits ausgeschöpft ist, nichts mehr auf Raten kaufen, keine Kreditkarten nutzen und Hände weg vom Urlaub auf Pump. Möglichst nur bar bezahlen.
- **Keinen Kreditvermittler:** Niemals Kreditangeboten von sogenannten „Kredithaien" in Anspruch nehmen oder bei diesen umschulden!

!

Bei der Übernahme einer Bürgschaft muss man damit rechnen, dass man selbst genauso haftet wie der Schuldner.
Es ist sicherlich nicht immer ganz einfach „Nein" zu sagen, aber es dürfte nicht nur in Ihrem eigenen Interesse sein, vor der Übernahme einer Bürgschaft genau herauszufinden, wie sicher es ist, dass der Schuldner seine Zahlungsverpflichtung auch wirklich erfüllen kann.
Denken Sie daran: Verschuldet ist man schnell, das Abzahlen der Verbindlichkeiten dauert in der Regel viel länger.
Und: Am Geld ist auch schon manche Freundschaft zerbrochen.

2. Schulden abbauen

- **Überblick verschaffen:** Kreditverträge, Rechnungen, Kontoauszüge und Zahlungsbelege sortieren und abheften. Eine Liste anfertigen, in der die Gläubiger, den Grund der Schulden, das Datum der Fälligkeit und die Höhe der Forderungen aufgeführt sind.
- **Sparmöglichkeiten finden:** Zuerst die wichtigen Dinge, wie Miete, Stromrechnung und Grundnahrungsmittel bezahlen. Einschränkungen bei Telefonkosten, Garderobe, Freizeitausgaben und überflüssigen Versicherungen sind dagegen fast immer möglich.

Reingetappt in die Schuldenfalle

Schulden sind heute keine Seltenheit. Immer öfter werden Konsumgüter, Immobilien und auch andere Käufe durch Darlehen finanziert. Doch die Raten addieren sich. Daher muss man immer genau ausrechnen, ob man die Raten eines neuen Kredits auch zurückzahlen kann. Man muss dabei auch noch genügend Geld zum täglichen Leben übrig haben.

Schulden entstehen aber nicht nur durch die Aufnahme großer Kredite. Viel unauffälliger und damit auch viel gefährlicher sind die schleichenden Schulden. Sie entstehen durch laufende kleine Ausgaben für Kino- und Kneipenbesuche, Einkäufe, Handyrechnungen usw. Mit ihnen wird einfach das Girokonto immer weiter überzogen. Schnell reichen dann die monatlichen Einkünfte nicht mehr, um die Lebenshaltungskosten sowie fällige Raten und Rechnungen zu bezahlen.

Häufigster Auslöser für eine Überschuldung ist das Eintreten eines oder mehrerer kritischer Lebensereignisse. Hierzu gehören der plötzliche Verlust des Arbeitsplatzes, eine Ehescheidung oder die Trennung von einem Partner, eine eigene Krankheit oder der Tod naher Angehöriger. Verstärkt werden solche Schicksalsschläge durch Probleme, wie die mangelnde Fähigkeit, mit Geld umzugehen oder eine Anfälligkeit gegenüber Werbepraktiken. Die Folge sind weitere Tiefschläge: Gleichen die monatlichen Einnahmen die monatlichen Ausgaben nicht mehr aus, sperrt die Bank das Girokonto. Die Mahnungen häufen sich, die Kündigung der Wohnung droht und der Gerichtsvollzieher steht vor der Tür. Die daraus folgende Angst macht viele Menschen erst recht handlungsunfähig.

Ist ein Schuldenberg der Anfang vom Ende?

Nein, das ist er nicht. Alle haben die Chance für einen Neubeginn! Zum einen helfen die Schuldnerberatungsstellen den Betroffenen, ihre Schulden zu tilgen und ihr Privatleben neu zu ordnen. Zum anderen ermöglicht das Verbraucherinsolvenzrecht auch überschuldeten Privathaushalten wieder einen Neubeginn. Dies ist zwar ein langwieriges Verfahren, doch es macht den Betroffenen Hoffnung auf einen echten Neuanfang.

Wo gibt es Schuldnerberatungsstellen?

Bundesweit unterstützen kostenlos zahlreiche Schuldnerberatungsstellen Einzelpersonen und Familien in finanzieller Not.

Wie läuft eine Schuldnerberatung ab?

- Die Kontaktaufnahme erfolgt im Allgemeinen telefonisch. Man lässt sich einen Termin für ein erstes Beratungsgespräch geben.
- In der Zwischenzeit sollten alle Unterlagen zusammengestellt werden, die für eine Beratung wichtig sind. Dies sind z. B. Verträge, Rechnungen, Mahnungen und Lohnbescheinigungen. Außerdem ist eine Schuldenliste aufzustellen.
- Der Schuldenberater kontrolliert, ob alle Forderungen der Gläubiger zu Recht bestehen. Es wird z. B. auch geprüft, ob der Schuldner alle gesetzlichen Sozialleistungen (z. B. Arbeitslosengeld, Wohngeld, Erziehungsgeld) ausschöpft.
- Um die Einnahmen- und Ausgabensituation zu verbessern, wird gemeinsam mit dem Schuldner nach Einsparmöglichkeiten und neuen Einnahmequellen gesucht.
- Der Schuldner muss versprechen, ohne Abstimmung mit dem Schuldenberater keine neuen Zahlungsverpflichtungen einzugehen.
- Dem Schuldner wird nahegelegt, ein Haushaltsbuch zu führen, in das er täglich alle Einnahmen und Ausgaben einträgt.
- Bei drohenden Zwangsmaßnahmen (z. B. Pfändung oder eidesstattlicher Versicherung) rät die Schuldnerberatung, was zu tun ist.
- Bei Überschuldung wird geprüft, ob ein Verbraucherinsolvenzverfahren in Betracht kommt (siehe unten).

@

Die Anschriften der Beratungsstellen können Sie bei Ihrem Sozialamt, im Internet oder per Telefon erfahren.
Die Internetadresse lautet: **www.forum-schuldnerberatung.de**
Die Telefon-Hotlinie hat die Nummer: 01801 907050

Das Verbraucherinsolvenzverfahren durchläuft die folgenden Stufen:

1. Stufe: Der außergerichtliche Einigungsversuch

Die außergerichtliche Einigung gilt als „Königsweg" bei der Schuldenregulierung. Ohne das Gericht zu bemühen, versucht der Schuldner, eine gütliche Einigung mit seinen Gläubigern zu erzielen. Er kann sich dazu an eine geeignete Person oder Stelle wenden. Infrage kommen neben Rechtsanwälten vor allem die Schuldnerberatungsstellen. Diese stellen mit dem Schuldner einen **Schuldenbereinigungsplan** auf. In ihm muss der Schuldner seine Einkommens- und Vermögensverhältnisse offenlegen und einen konkreten Vorschlag zur Schuldenbereinigung machen. Für jeden einzelnen Gläubiger muss der Schuldner darlegen, in welcher Höhe und zu welchem Zeitpunkt er dessen Forderung begleichen möchte. Der Schuldner muss erklären, ob er eventuell in Raten zahlen möchte und ob eine Stundung oder sogar ein Erlass der Forderungen angestrebt wird. Scheitert dieser Versuch, dann bekommt der Schuldner hierüber eine Bescheinigung. Das außergerichtliche Einigungsverfahren ist die Voraussetzung für das gerichtliche Verfahren.

2. Stufe: Das gerichtliche Schuldenbereinigungsverfahren

Wenn das außergerichtliche Verfahren gescheitert ist, kann der Schuldner bei dem für ihn zuständigen Amtsgericht einen Antrag auf ein **Verbraucherinsolvenzverfahren** stellen. Bedingung ist, dass die Bescheinigung über den gescheiterten außergerichtlichen Versuch nicht älter als sechs Monate ist. Das Gericht verlangt vom Schuldner die vollständige Vorlage aller Unterlagen, aus denen seine schwierige finanzielle Situation ersichtlich ist. Das Amtsgericht leitet dann seinerseits ein gerichtliches Schuldenbereinigungsverfahren ein. Im Idealfall stimmen alle Gläubiger diesem Vorschlag zu. Verweigern Einzelne von ihnen aber die Zustimmung, kann das Gericht unter bestimmten Voraussetzungen trotzdem das Verfahren beschließen.

3. Stufe: Das vereinfachte Insolvenzverfahren
Ist das gerichtliche Schuldenbereinigungsverfahren gescheitert, dann kommt es zu dem sogenannten „vereinfachten Insolvenzverfahren". Das Gericht bestellt einen Treuhänder, der das gesamte pfändbare Vermögen des Schuldners verwaltet. Der pfändbare Teil seines Einkommens wird an die Gläubiger abgetreten und verteilt. Außerdem hat der Schuldner bestimmte Informations- und Mitwirkungsrechte zu beachten. Er muss z. B. den Treuhänder über alle Änderungen seiner finanziellen Verhältnisse informieren. Einen Wohn- und Arbeitsplatzwechsel hat er ihm mitzuteilen, und wenn er arbeitslos werden sollte, muss er sich ernsthaft um eine zumutbare Arbeit bemühen. Diese **Wohlverhaltenszeit** dauert sechs Jahre. Als Belohnung für korrektes Verhalten winkt dem Schuldner am Ende dieses Zeitraums die Restschuldbefreiung.

4. Stufe: Die Restschuldbefreiung
Nach Ablauf der Wohlverhaltenszeit von sechs Jahren prüft das Gericht, ob der Schuldner seine Pflichten während dieses Zeitraums auch tatsächlich erfüllt hat. Ist dies der Fall, so wird ihm dann die Restschuldbefreiung erteilt. Seine noch nicht beglichenen Schulden braucht er damit nicht mehr zu bezahlen. Einige Schuldenarten sind aber von der Restschuldbefreiung ausgenommen. Dazu gehören z. B. Geldstrafen.

5. Stufe: Nachhaftung für die Kosten
Wurde die Restschuldbefreiung erteilt, dann ist der Schuldner verpflichtet, die (restlichen) Verfahrenskosten aus seinem Einkommen und Vermögen zu begleichen. Wenn ihm dies aus finanziellen Gründen nicht zugemutet werden kann, dann kann das Insolvenzgericht auch Ratenzahlungen festsetzen.

Arbeitsvorschläge

1. Erklären Sie, wie Lars (S. 310) in den „Teufelskreis der Kreditaufnahme" geraten ist.
2. Was versteht man unter einem Dispositionskredit?
3. Warum kann es sehr gefährlich werden, wenn Sie für jemanden bürgen?
4. Vor der Kreditaufnahme sollten bei verschiedenen Kreditinstituten die effektiven Zinsen verglichen werden. Was bedeutet „effektiver Zins"?
5. Wer kann einer Person, die in die Schuldenfalle geraten ist, helfen?
6. Als Lars keinen Ausweg mehr wusste, ging er – wie viele andere Verzweifelte auch – zu einem Kreditvermittler. Warum nennt man diese auch „Kredithaie"?
7. Beschreiben Sie den Teufelskreis der Kredite.
8. Beschreiben Sie den Gang des Verbraucherinsolvenzverfahrens.

13 Die Wirtschaftsordnung der sozialen Marktwirtschaft

Moment mal!

Sein Auftritt liegt schon ein paar Jahre zurück. Aber in unserer Erinnerung hat er überlebt als das hässliche Entlein aus der Automobilgeschichte der ehemaligen DDR. Gemeint ist der „Trabbi". Im Vergleich mit seinen westlichen Artgenossen bot er ein trauriges Bild. Als Zweitakter, technisch seit vielen Jahren schon überholt, wurde das kleine stinkende Etwas über einen langen Zeitraum in Zwickau produziert. Mit wenig PS, spärlichem Zubehör und einer Karosse aus „Plaste" knatterte der Trabbi über die schlechten Straßen der ehemaligen DDR. Er war ein „Renner", zwar nicht auf der Straße, aber in den Verkaufszahlen. Der Grund: Konkurrenz durch andere Marken gab es in der DDR so gut wie keine.
Von den Käufern wurde viel Geduld verlangt. Weil der Staat immer nur geringe Mengen herstellen ließ, gab es Lieferzeiten von einigen Jahren. In Beige oder Babyblau war die „Rennpappe" zu liefern. Nicht Kundenwünsche, sondern die staatlichen Vorgaben bestimmten die Farbgestaltung. Und wer Ersatzteile haben wollte, brauchte nicht nur Geld, sondern auch einen langen Atem und gute Beziehungen.

- Eine Wirtschaftsordnung – was ist das überhaupt?
- Welche Merkmale weisen die verschiedenen Wirtschaftsordnungen auf?

?

13.1 Was ist eine Wirtschaftsordnung?

Merkmale der freien Marktwirtschaft und der Zentralverwaltungswirtschaft

In jeder Volkswirtschaft läuft das Wirtschaftsgeschehen nach bestimmten Spielregeln ab. Und die Summe aller Regeln macht die Wirtschaftsordnung eines Landes aus. Zwei sehr unterschiedliche Auffassungen stehen sich hier gegenüber.
Sie geben verschiedene Antworten auf die entscheidende Frage:

Wer soll die Wirtschaft lenken?

Die Antwort von Adam Smith:

„Der Staat soll auf keinen Fall in das Wirtschaftsgeschehen eingreifen. Die Lenkung der Wirtschaft soll den Unternehmen und den Konsumenten überlassen bleiben."

Adam Smith (1723-1790)

Karl Marx (1818-1883)

Die Antwort von Karl Marx:

„Der Staat soll die Wirtschaft lenken. Die freie Marktwirtschaft sollte daher abgeschafft werden."

Begründung:
Im freien Wettbewerb untereinander versuchen die Unternehmen ihre Ware zu möglichst niedrigen Kosten herzustellen, um einen hohen Gewinn zu erzielen. Die Konsumenten bevorzugen die Anbieter, die ihre Ware zu den niedrigsten Preisen anbieten. Der persönliche Eigennutz der Beteiligten wird so zur Quelle des Volkswohlstands.

Begründung:
Die in der freien Marktwirtschaft gewährte Freiheit wird dazu missbraucht, den Wettbewerb einzuschränken. Die wirtschaftlich Schwächeren (das Proletariat) werden ausgebeutet. Die Konkurrenten werden vernichtet. Es kommt zur Arbeitslosigkeit und Verarmung.

- Wird der Wirtschaftsprozess über eine Vielzahl von Wirtschaftsplänen gelenkt, liegt eine **freie Marktwirtschaft** vor. Unternehmen und die privaten und öffentlichen Haushalte versuchen, ihre persönlichen Wirtschaftspläne zu verwirklichen.

- Wird der Wirtschaftsprozess aufgrund eines einzigen zentralen Plans gelenkt, so liegt eine **Zentralverwaltungswirtschaft** (Planwirtschaft) vor. Letztlich ist es der Staat (z. B. in Form einer Staatspartei), der den Wirtschaftsplan aufstellt. Aus ihm leiten sich die Einzelpläne ab.

Die freie Marktwirtschaft und die Zentralverwaltungswirtschaft sind Modelle einer Wirtschaftsordnung. Sie kommen in der Wirklichkeit nicht vor. Aus den Modellen entstanden die realen (tatsächlich vorhandenen) Wirtschaftsordnungen. Diese sind jeweils Mischformen aus der freien Marktwirtschaft und der Zentralverwaltungswirtschaft.

Zahlreiche Elemente der Zentralverwaltungswirtschaft sind vor allem in den Wirtschaftsordnungen kommunistischer Staaten vorhanden. Beispiele hierfür sind Kuba und die Wirtschaftsordnung der ehemaligen DDR. Elemente der freien Marktwirtschaft finden sich gehäuft in den Wirtschaftsordnungen demokratischer Staaten. So z. B. in der Bundesrepublik. Sie wird als soziale Marktwirtschaft bezeichnet.

Vergleich der beiden Wirtschaftsordnungsmodelle

Die Rolle des Staates

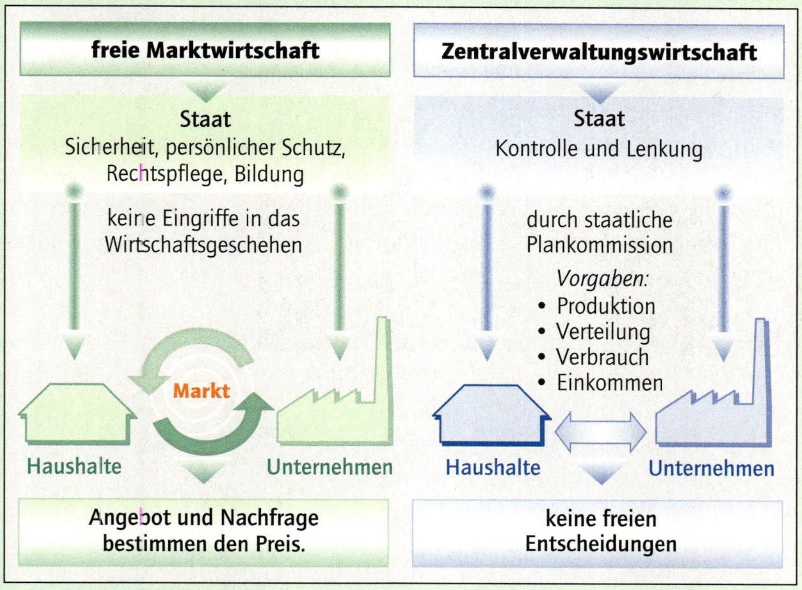

Unterscheidungsmerkmale

freie Marktwirtschaft	Unterscheidungsmerkmale	Zentralverwaltungswirtschaft
Der Wirtschaftsprozess wird über eine Vielzahl von Wirtschaftsplänen der Unternehmen und Haushalte gelenkt (dezentrale Planung).	**Wirtschaftsplanung**	Eine zentrale Planungsinstanz plant Art, Menge und Verteilung der Güter.
Es besteht Privateigentum an Produktionsmitteln. Unternehmen können frei über ihren Einsatz entscheiden.	**Eigentum an Produktionsmitteln** (z. B. Maschinen)	Produktionsmittel befinden sich in Staatseigentum. Ihr Einsatz wird staatlich angeordnet.
Betriebe in der Marktwirtschaft streben vor allem hohe Gewinne an.	**Zielsetzung der Betriebe**	Betriebe der Zentralverwaltungswirtschaft haben als oberste Zielsetzung die Planerfüllung.
Importe und Exporte beruhen auf autonomen Entscheidungen der Unternehmen und Haushalte.	**Außenwirtschaft**	Der Staat hat ein Außenhandelsmonopol. Er bestimmt letztlich die wirtschaftlichen Beziehungen mit dem Ausland.
Es besteht der Grundsatz der freien Berufs- und Arbeitplatzwahl.	**Berufs- und Arbeitsplatzwahl**	Der Staat teilt Arbeitsplätze zu und beeinflusst die Berufswahl.

Vor- und Nachteile der beiden Wirtschaftsordnungen

Freie Marktwirtschaft:
Viele Elemente dieser Wirtschaftsordnung waren in den kapitalistisch ausgerichteten Volkswirtschaften im 19. und zu Beginn des 20. Jahrhunderts verwirklicht.
Die **Erfolge** der damaligen Zeit konnten sich sehen lassen:
- Durch die Industrialisierung wurden große Produktionskräfte freigesetzt.
- Durch Massenproduktion wurden immer mehr Produkte für die Bürger erschwinglich.
- Die Ernährungslage der wachsenden Bevölkerung wurde verbessert.
- Neue Verkehrswege (z. B. Eisenbahnnetze) entstanden und neue Märkte in Übersee wurden erschlossen.

Mädchen in Langkawi
bei der Holzkohleproduktion

Trotz dieser Erfolge steht diese Zeit in einem schlechten Ruf. Es kam nämlich zu ökonomischen und sozialen **Missständen**, denen der Staat fast tatenlos zusah.
Beispiele für diese Missstände waren:
- Die Arbeiterklasse verelendete durch ständig fallende Löhne.
- Die kleinen Unternehmen wurden durch Großunternehmen vom Markt verdrängt.
- Monopole entstanden, die die Preise diktierten und überhöhte Gewinne erwirtschafteten.
- Kinderarbeit wurde zu einer alltäglichen Erscheinung.

Auch in der heutigen Zeit findet man noch Elemente der damaligen Missstände. Jeder von uns kennt z. B. die Bilder von schwer arbeitenden Kindern in den Ländern der Dritten Welt.

Zentralverwaltungswirtschaft:
Im Vergleich mit der freien Marktwirtschaft hat sie einige **Vorteile**:
- Wirtschaftskrisen, wie z. B. Massenarbeitslosigkeit, lassen sich mithilfe der zentralen Wirtschaftsplanung vermeiden.
- Es besteht eine bessere Chancengleichheit als in der freien Marktwirtschaft.
- Die Wirtschaftsentwicklung verläuft gleichmäßiger und leidet nicht unter starken Konjunkturschwankungen.

Den Vorteilen stehen erhebliche Nachteile gegenüber. Dies führte schließlich bei vielen ehemalig kommunistischen Staaten dazu, sich marktwirtschaftlich ausgerichteten Wirtschaftsordnungen anzunähern.

Wesentliche **Nachteile** der Zentralverwaltungswirtschaft sind:
- Fehlplanungen führen häufig zu Engpässen bei Rohstoffen und Fertigprodukten. Konsumgüter werden knapp.
- Versorgungsengpässe der Bevölkerung führen zu mangelndem Leistungswillen und niedriger Produktivität.
- Misswirtschaft entsteht. Betriebe sind zu unflexibel um Versorgungslücken bei der Bevölkerung zu decken.

13.2 Unsere Wirtschaftsordnung im Überblick

Als soziale Marktwirtschaft wird die Wirtschaftsordnung der Bundesrepublik bezeichnet. Als ihre Väter gelten der frühere Bundeswirtschaftsminister und spätere Bundeskanzler Dr. Ludwig Erhard und sein Staatssekretär Dr. Alfred Müller-Armack. Erhard steht der Verdienst zu, 1948 die Idee der sozialen Marktwirtschaft im Nachkriegsdeutschland durchgesetzt zu haben.

Soziale Marktwirtschaft zwischen Anspruch und Wirklichkeit

Merkmale der sozialen Marktwirtschaft

dezentrale Planung	Die meisten wirtschaftlichen Handlungen erfolgen durch eine dezentrale Planung. Einen staatlichen Gesamtplan gibt es nicht.	Tarifverträge werden frei zwischen Gewerkschaften und Arbeitgeberverbänden abgeschlossen.	**Tarifautonomie**
Gewinnprinzip	Das unternehmerische Handeln wird bestimmt durch die Chance, Gewinn zu erzielen, aber auch durch das Risiko, Verluste zu erwirtschaften.	Der Staat nimmt eine zurückhaltende, aber trotzdem aktive Rolle im Wirtschaftsgeschehen ein.	**aktive Rolle des Staates**
Wettbewerb	Der Wettbewerb gilt als wichtigstes Mittel zur Steuerung der Wirtschaft. Er soll verhindern, dass zu große Marktmacht entsteht.	Um die Aufgabe als Hüterin der Währung besser wahrnehmen zu können, ist die Europäische Zentralbank unabhängig gegenüber Weisungen der Regierungen der einzelnen europäischen Staaten.	**Europäische Zentralbank**
Privateigentum	Das Privateigentum an Produktionsmitteln (z. B. Maschinen, Werkzeuge) ist gewährleistet. Es ist aber auch Staatseigentum (Kollektiveigentum) möglich.	Die freie Marktpreisbildung dient dem Ausgleich von Angebot und Nachfrage.	**Preisbildung**

Ordnungsmerkmale der sozialen Marktwirtschaft
Die soziale Marktwirtschaft ist eng mit dem Namen Ludwig Erhard verbunden. Er gilt neben Alfred Müller-Armack als Vater einer Wirtschaftsordnung, die die Elemente einer rein planwirtschaftlichen mit denen einer marktwirtschaftlich organisierten Wirtschaft verbinden wollte. Die Nachteile beider Konzepte sollten vermieden werden. Die Vorteile galt es in eine neue Wirtschaftsordnung einzubringen.

Die Rolle des Staates in der sozialen Marktwirtschaft
Der Staat hat drei Arten von Aufgaben zu erfüllen: Schutz der marktwirtschaftlichen Regeln, Beseitigung von Störungen und soziale Korrektur.

1. Schutz der Regeln
Der Staat hat die Aufgabe für die Einhaltung der marktwirtschaftlichen Ordnung zu sorgen. Hier geht es vor allem darum Maßnahmen zu ergreifen, durch die eine Einhaltung und Förderung des Wettbewerbs erreicht werden soll. Zu dieser Art von Wettbewerbspolitik zählen z. B. folgende Maßnahmen bzw. Gesetze:

- **Gesetz gegen Wettbewerbsbeschränkungen:** Hierdurch werden Zusammenschlüsse von Unternehmen verboten, wenn sie den freien Wettbewerb unterbinden.
- **Gesetze und Aufklärung zum Schutz der Verbraucher:** So wird z. B. die Vertragsfreiheit durch das Bürgerliche Gesetzbuch (BGB) und das Gesetz zur Regelung des Rechts der Allgemeinen Geschäftsbedingungen (AGB) zum Schutz der wirtschaftlich Schwächeren eingeschränkt.
- **Verbot von sittenwidrigen oder Wuchergeschäften:** Hierdurch wird ein überhöhtes Gewinnstreben auf Kosten der Verbraucher eingeschränkt.

Leihhäuser haben im Wirtschaftsabschwung Hochkonjunktur.

2. Beseitigung von Störungen
Ergeben sich Störungen im wirtschaftlichen Ablauf, so sollte der Staat korrigierend eingreifen, wie z. B. in der aktuellen Wirtschaftskrise. Nicht selten sind seine Möglichkeiten und Erfolge dabei nur sehr gering, wie man z. B. an dem wirtschaftlichen Kernproblem Nr. 1, der Bekämpfung der hohen Arbeitslosigkeit, sieht. Die staatlichen Aufgaben beziehen sich auf folgende Bereiche:

- **Konjunkturpolitik:** Der Staat kann versuchen, den Konjunkturverlauf zu beeinflussen. Denkbar ist z. B. durch eine Steuersenkung den privaten Konsum und die Investitionsnachfrage anzuregen.
- **Strukturpolitik:** Ihr Ziel besteht darin, Nachteile für Not leidende Wirtschaftsbereiche oder strukturell benachteiligte Gebiete abzubauen. Massive Strukturpolitik wird z. B. seit vielen Jahren in den neuen Bundesländern betrieben.
- **Öffentliche Unternehmen:** Der Staat übernimmt in der Wirtschaft Aufgaben, die private Unternehmer nicht wahrnehmen würden, da keine Gewinne – eventuell sogar Verluste – gemacht würden (z. B. öffentlicher Nahverkehr, städtische Kindergärten, Wasserwerke). Heute ist ein Trend zu beobachten, dass immer mehr staatliche Unternehmen privatisiert werden, um Haushaltslöcher zu stopfen.

3. Soziale Korrektur

Die Ergebnisse der Marktwirtschaft sind häufig unsozial. Sie benachteiligen bestimmte gesellschaftliche Gruppen, wie z. B. alleinerziehende Mütter. Um dieser Erscheinung entgegenzuwirken, hat sich der Staat zur Aufgabe gemacht, solche Ergebnisse zu korrigieren. Dieser Zielsetzung dient die **Einkommens- und Sozialpolitik**. Hierbei versucht der Staat durch verschiedene Maßnahmen, die Einkommen der Wirtschaftsteilnehmer gerechter zu verteilen (z. B. durch die Steuerprogression für besser Verdienende). Auch haben die weniger Verdienenden durch das Vermögensbildungsgesetz die Möglichkeit, mit Zuschüssen bescheidene Vermögen zu bilden. Außerdem wird an sozial Schwächere Sozialhilfe gezahlt.

Die Korrekturaufgabe des Staates zeigt sich auch in einer sozialen Gestaltung der Arbeitsbedingungen. Kündigungs-, Jugendarbeits- und Mutterschutz sind hierfür Beispiele. Und wenn jemand krank, pflegebedürftig, arbeitslos wird oder aus Altergründen in den Ruhestand geht, helfen ihm die verschiedenen Arten der Sozialversicherung.

Arbeitsvorschläge

1. Welcher Unterschied besteht bei Adam Smith und Karl Marx zwischen ihren Gedanken zur Wirtschaftsordnung?
2. Beschreiben Sie den Unterschied zwischen den Modellen und den tatsächlich vorhandenen (realen) Wirtschaftsordnungen.
3. Welche Mängel weist die Wirtschaftsordnung der freien Marktwirtschaft auf?
4. Zeigen Sie Mängel einer Zentralverwaltungswirtschaft auf.
5. Nennen Sie Unterschiede zwischen der freien Marktwirtschaft und der Zentralverwaltungswirtschaft, die sich auf folgende Merkmale beziehen:
   - Eigentum an Produktionsmitteln,
   - Zielsetzung der Betriebe,
   - Gewerbefreiheit.
6. Welche Merkmale der sozialen Marktwirtschaft gibt es?
7. Wie kann der Staat für die Einhaltung der marktwirtschaftlichen Ordnung sorgen?
8. Diskutieren Sie über die Karikatur.

9. Beschreiben Sie kurz, wie der Staat mit Strukturpolitik eingreifen kann.
10. Wie versucht der Staat, mit Einkommens- und Sozialpolitik eine gerechte Verteilung zu erreichen?

14 Der Konjunkturverlauf

Moment mal!

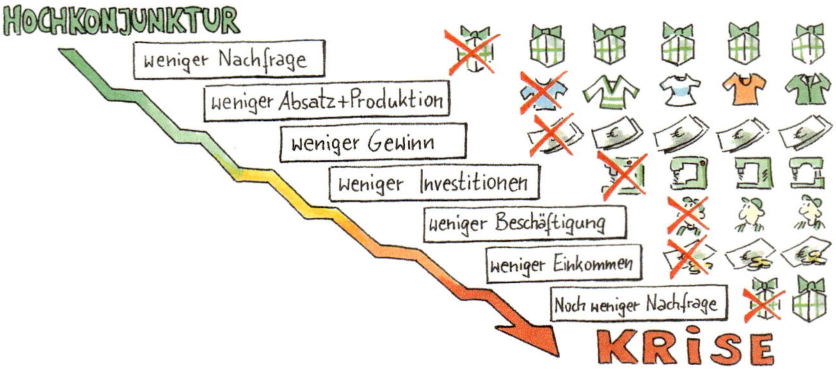

Der Weg der Textilwerke Wohltex AG in die wirtschaftliche Krise

Kerstin May, Betriebsratsvorsitzende der Textilwerke Wohltex AG in einer Betriebsversammlung:

„Liebe Kolleginnen und Kollegen, Sie haben es sicherlich schon gehört, die rosigen Zeiten in unserer Wirtschaft sind vorbei. Wir befinden uns in einer Krise. Auch in unserem Textilwerk bläst uns der Wind ins Gesicht. Die Nachfrage nach Oberbekleidung ist so gering, dass wir mit unserem Absatz in der Klemme stecken. Natürlich schlägt die Entwicklung auch voll auf unseren Gewinn durch. Wir müssen froh sein, wenn wir in diesem Jahr keine roten Zahlen schreiben. Da fehlt natürlich auch Geld für Investitionen. Statt vier sollen dieses Jahr nur drei neue Zuschneidemaschinen angeschafft werden. Wie Sie sich vorstellen können, bleibt unsere Beschäftigungssituation von dieser ganzen Entwicklung nicht unberührt. Liebe Kolleginnen und Kollegen, Sie müssen sich leider für die nächsten zwei Monate auf Kurzarbeit einstellen."

- Wie kann man einen Konjunkturverlauf beschreiben?
- Welche Folgen haben Konjunkturschwankungen?

?

Der typische Konjunkturverlauf

Das wirtschaftliche Geschehen läuft nicht gleichmäßig und störungsfrei ab, sondern es vollzieht sich in Wellen. Zu beobachten sind Auf- und Abwärtsbewegungen z. B. bei Beschäftigung, Produktion, Löhnen, Zinsen und Preisen. Dieses wirtschaftliche Auf und Ab bezeichnet man als **Konjunkturschwankungen**. Sie sind typische Erscheinungen einer Marktwirtschaft.

Der wellenförmige Konjunkturverlauf wird auch als **Konjunkturzyklus** bezeichnet, weil er sich in ähnlicher Form immer wiederholt. Die Konjunktur durchläuft in der Regel vier verschiedene Phasen (Abschnitte). Die einzelnen Phasen sind aber nie völlig gleich. Sie unterscheiden sich in der Phasenlänge und in der Stärke des Ausschlages. Als Maßstab für den Konjunkturverlauf dient die Entwicklung des **realen Bruttoinlandsprodukts (BIP)**.

Das Bruttosozialprodukt ist die Summe aller Güter und Dienstleistungen, die innerhalb eines Jahres in einem Land hergestellt werden.

Konjunkturschwankungen

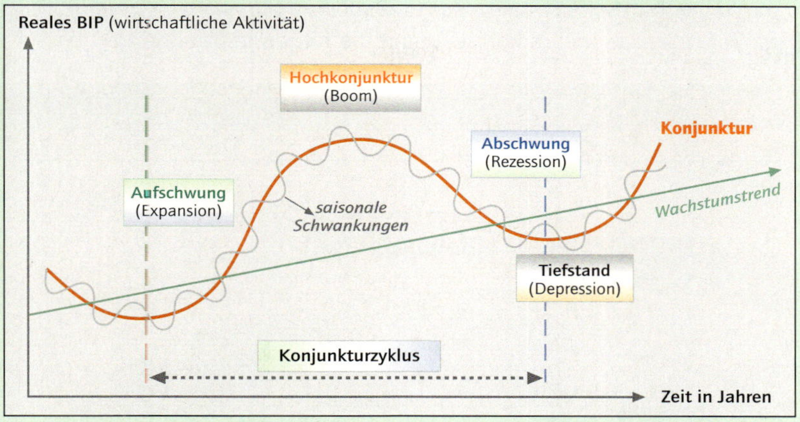

Der Konjunkturverlauf wird in folgende Phasen eingeteilt:
- Aufschwung (Expansion)
- Hochkonjunktur (Boom)
- Abschwung (Rezession)
- Tiefstand (Depression)

Von den Konjunkturschwankungen sind die saisonalen Schwankungen zu unterscheiden. Sie sind jahreszeitlich bedingt und dauern nur wenige Wochen oder Monate. Saisonale Schwankungen finden immer statt, egal in welcher Phase sich die Konjunktur befindet. Schwankungen dieser Art findet man z. B. im Fremdenverkehr. In der Hauptferienzeit ist wirtschaftlich einfach mehr los als in der Nebensaison.

Folgen der Konjunkturschwankungen
Vom Aufschwung zur Hochkonjunktur

Maschinenbau hat volle Auftragsbücher
Lieferzeiten verlängern sich

So wie in obiger Zeitungsmeldung könnte z. B. eine Nachricht lauten, die auf einen beginnenden Aufschwung hinweist. Ein **Aufschwung** wird meist dadurch ausgelöst, dass die Nachfrage der Verbraucher stark zunimmt. Die laufende Produktion reicht nicht mehr aus, um alle Kundenwünsche zu erfüllen. Sind Lagerbestände vorhanden, werden sie abverkauft. Die Produktion wird ausgeweitet. Vieles passiert in der Wirtschaft. Und ein paar Jahre später steht z. B. in der Zeitung:

Läuft die Wirtschaft heiß?
Inflation steigt weiter an

Diese Zeitungsmeldung zeigt, dass der Konjunkturverlauf seinem wirtschaftlichen Höhepunkt zustrebt. Die Phase der **Hochkonjunktur** ist erreicht.
Wie der wirtschaftliche Prozess vom Aufschwung bis zum Höhepunkt in einzelnen Schritten verlaufen könnte, zeigt die folgende Abbildung:

Vom Aufschwung zur Hochkonjunktur

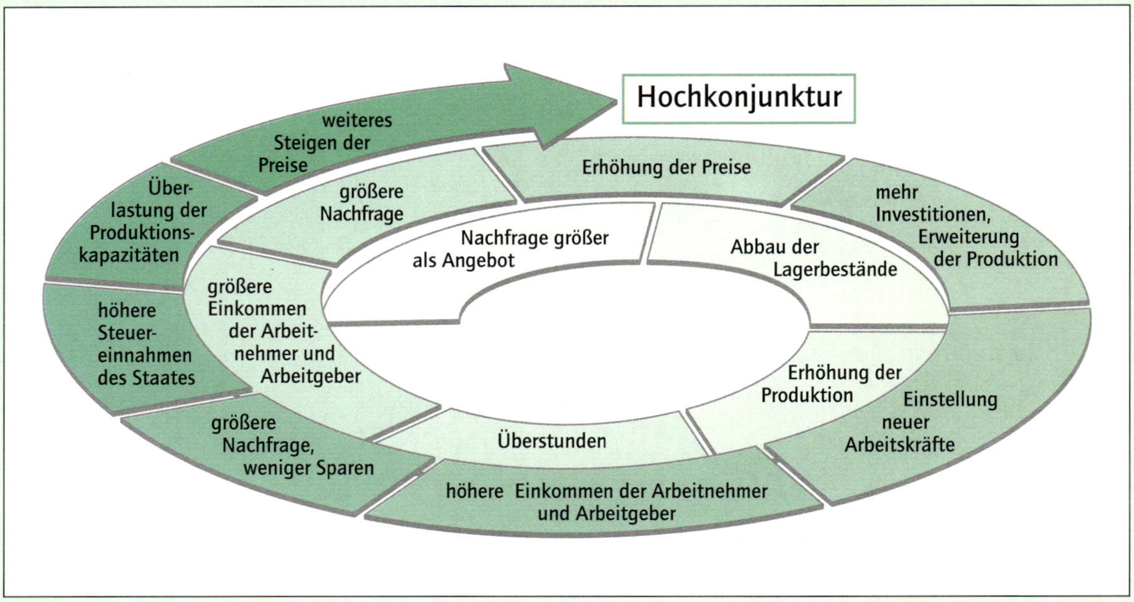

Vom Abschwung zum wirtschaftlichen Tiefstand

Automobilbranche klagt über sinkende Nachfrage
Kommt jetzt die Kurzarbeit?

Ein **Abschwung** deutet sich an, wenn Zeitungsmeldungen z. B. diese Nachrichten verbreiten. Der Absatz geht zurück. Die in der Hochkonjunktur geräumten Lager füllen sich wieder mit nicht verkauften Waren. Die Abschwungphase geht weiter. Dies wirkt sich negativ auf die Gewinne der Unternehmen und die Steuereinnahmen des Staates aus. Die Beschäftigungssituation am Arbeitsmarkt verschlechtert sich und die Höhe der Einkommen sinkt. Es kommt zu zahlreichen Firmenzusammenbrüchen. Investitionen werden kaum noch getätigt. Die Verbraucher halten sich mit ihren Ausgaben stark zurück und verschlimmern dadurch die Situation in den Betrieben. Das wiederum wirkt sich auf die Arbeitsplätze aus. In der Zeitung steht dann z. B. die folgende Nachricht:

Arbeitslosenzahl weist neuen Höchststand auf.
Arbeitslosenquote steigt auf 10 Prozent

Die Abwärtsentwicklung der Wirtschaft hat ihren Tiefststand erreicht. Die Volkswirtschaft befindet sich in einer **Depression**.
Wie der Prozess des wirtschaftlichen Abschwungs im Einzelnen verläuft, ist der folgenden Abbildung zu entnehmen:

Vom Abschwung zum wirtschaftlichen Tiefstand

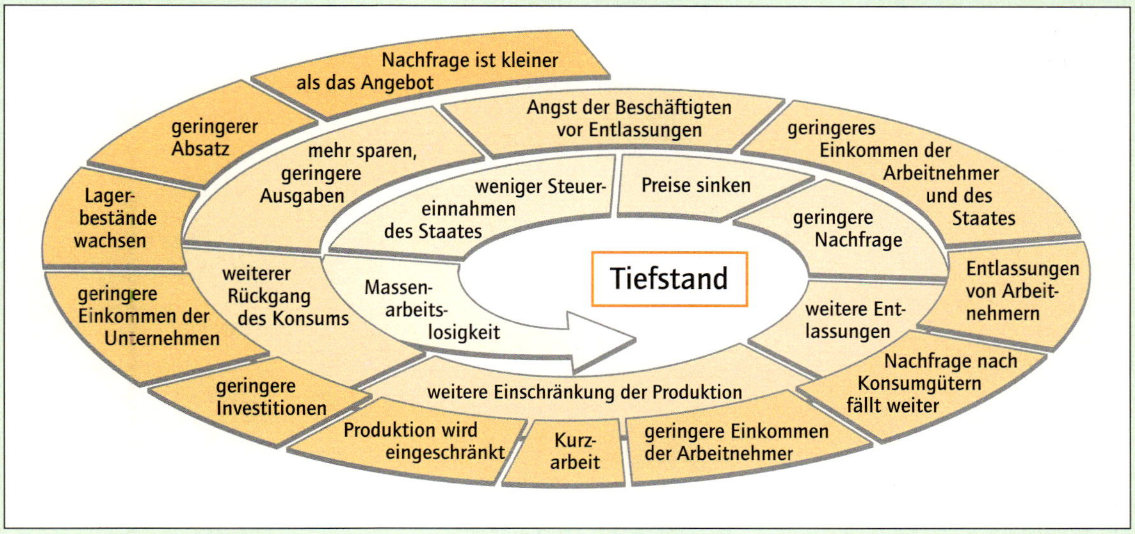

Der Konjunkturverlauf in Deutschland

Die Statistik beweist: Das Bruttoinlandsprodukt entwickelt sich nicht in gleichmäßigen Wellen. Es gibt vielmehr starke Schwankungen. Aufschwungs- und Abschwungszeitraum sind unterschiedlich lang. Auch die Wachstumsraten zeigen im zeitlichen Ablauf große Unterschiede auf. Auch negative Wachstumsraten hat es in manchen Jahren gegeben. In der Tendenz sind die Wachstumsraten im Laufe der Zeit geringer geworden.

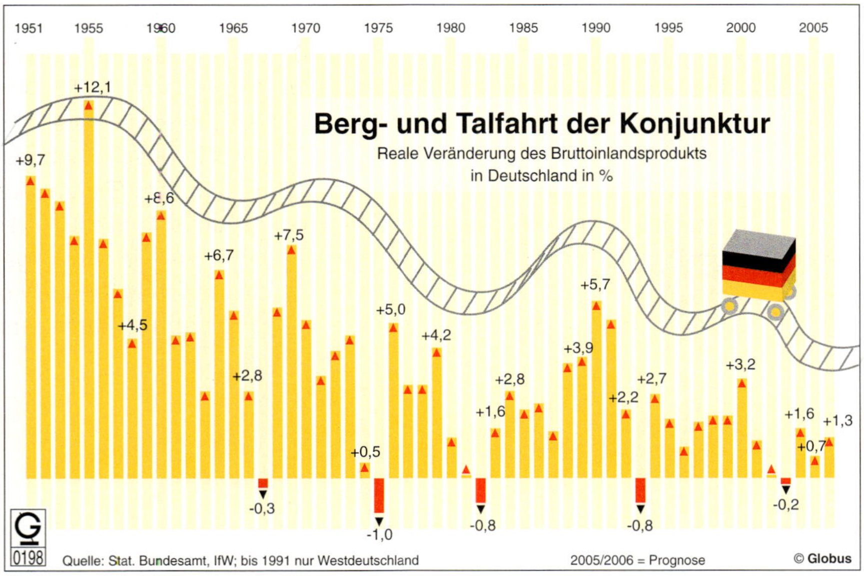

14.1 Die wirtschaftspolitischen Ziele

Beispiel

Gespräch zwischen den Arbeitskollegen Frank Schuster und Gerd Buhlmann in der Werkshalle eines Industriebetriebes.
Frank: „Gerd, gestern habe ich Getränke und Lebensmittel für meinen Geburtstag eingekauft. Ich kann dir sagen, ständig wird alles teurer! Und wenn ich erst an die ständig steigenden Energiepreise denke, kriege ich langsam Angst. Wie soll ich die denn noch bezahlen?"
Gerd: „So was darf es ja eigentlich nicht geben. Aber wenn ich an meine Tochter denke, stell dir mal vor, Frank, schon zehn Monate ohne Arbeit! Ich habe es gar nicht mehr gezählt, wie oft sie sich schon beworben hat. Was das für sie bedeutet."
Frank: „Das ist natürlich die absolute Härte."
Gerd: „Eines kriege ich nicht auf die Reihe: Was alles von unseren Waren als Export ins Ausland geht. Dafür werden doch Massen von Arbeitskräften benötigt!"
Frank: „Das reicht offensichtlich nicht aus. Es müssen auch noch mehr Aufträge aus dem Inland kommen. Nur so kann das mit dem Wirtschaftswachstum auch wieder klappen."
Gerd: „Hoffentlich kriegen die das bald hin. Vielleicht wird es dann auch was mit einer Arbeitsstelle für meine Tochter."

Die wirtschaftspolitischen Ziele im Überblick

In modernen Industriegesellschaften wie der Bundesrepublik wird vom Staat erwartet, dass er auch wirtschaftspolitische Aufgaben erfüllt. Deutet sich eine kritische Entwicklung in der Wirtschaft an, wie z. B. ansteigende Arbeitslosigkeit, so hat der Staat geeignete Maßnahmen zu ergreifen, um diesem Prozess entgegenzusteuern.

Träger der Wirtschaftspolitik ist aber nicht nur der Staat. Auch die Europäische Zentralbank (EZB) steuert die Wirtschaftspolitik mit. Außerdem beeinflussen die Tarifpartner durch ihr Verhalten das wirtschaftliche Geschehen. Die Ziele, an denen sich die staatliche Wirtschaftspolitik orientieren soll, wurden schon 1967 im „Gesetz zur Förderung der Stabilität und des Wachstums der Wirtschaft" (Stabilitätsgesetz) formuliert.

Aus dem Stabilitäts- und Wachstumsgesetz:

§ 1 Bund und Länder haben bei ihren finanzpolitischen Maßnahmen die Erfordernisse des gesamtwirtschaftlichen Gleichgewichts zu beachten. Die Maßnahmen sind so zu treffen, dass sie im Rahmen der marktwirtschaftlichen Ordnung gleichzeitig zur **Stabilität des Preisniveaus**, zu einem **hohen Beschäftigungsstand** und **außenwirtschaftlichem Gleichgewicht** bei steigendem und angemessenem **Wirtschaftswachstum** beitragen.

In § 1 des Gesetzes wird als Oberziel das gesamtwirtschaftliche Gleichgewicht genannt. Es soll erreicht werden durch die vier Unterziele:

Wirtschaftliche Ziele

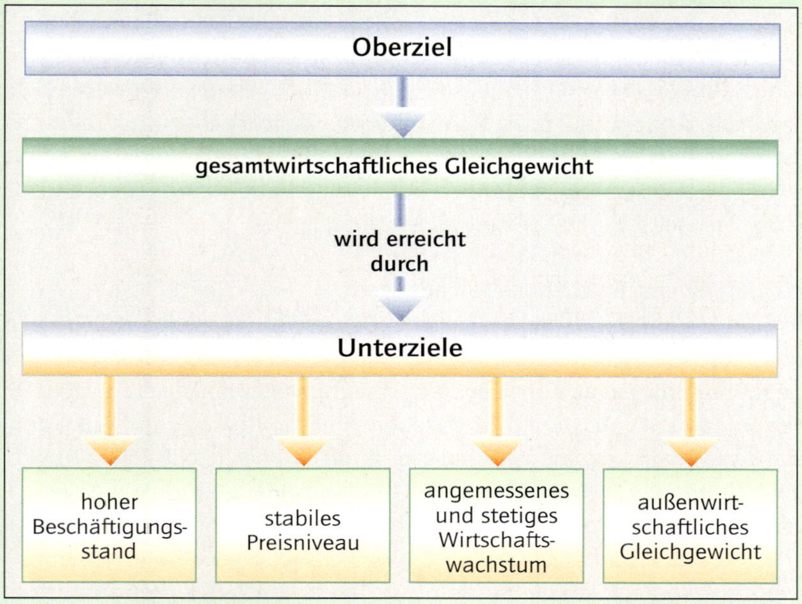

Da alle Ziele zwar angestrebt werden, aber nicht alle vier gleichzeitig zu verwirklichen sind, spricht man auch von einem **magischen Viereck**.

Ziel: hoher Beschäftigungsstand

Karsten ist seit 14 Monaten arbeitslos. Von der Agentur für Arbeit wird er finanziell unterstützt. Urlaub, neues Auto oder auch andere Möbel: größere Anschaffungen sind jetzt einfach nicht mehr drin für ihn.

Ziel: hoher Beschäftigungsstand

Arbeitslosigkeit liegt unter 2 %

Arbeitslos zu sein, ist für die meisten Menschen ein harter Schicksalsschlag. Als arbeitslos gelten alle, die arbeitsfähig und arbeitswillig sind und trotzdem keine Arbeitsstelle gefunden haben. Arbeitslose haben finanzielle Einbußen und sind auch häufig sozial benachteiligt.

Die gesellschaftlichen Kosten für die Arbeitslosigkeit sind enorm. Arbeitslosengeld und Arbeitslosengeld II sind zu zahlen. Es kommt zu Steuerausfällen und Beitragsausfällen in der Sozialversicherung in Milliardenhöhe.
Ein hoher Beschäftigungsstand bedeutet nicht absolute Vollbeschäftigung. Die kann es nicht geben. Allein durch Wohnungswechsel, Kündigung oder das Schließen von Baustellen im Winter sind immer tausende Arbeitnehmer ohne Beschäftigung.

Ein hoher Beschäftigungsstand gilt als erreicht, wenn die Arbeitslosenquote unter 2 % liegt. Die gegenwärtige Arbeitslosenstatistik für Deutschland zeigt, dass wir von diesem Ziel weit entfernt sind. Auch die Jugendarbeitslosigkeit stellt ein großes Problem dar.

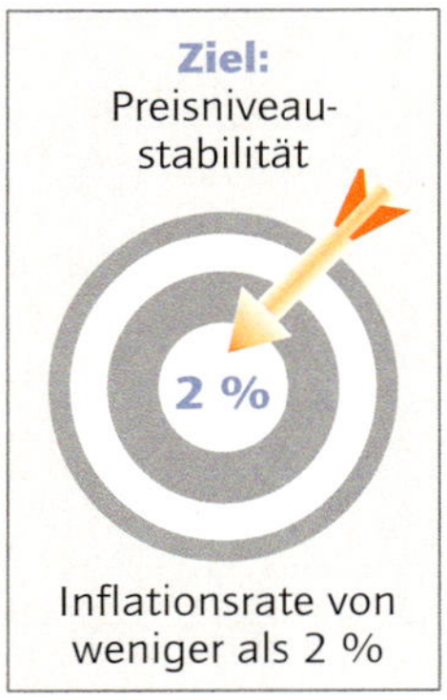

Ziel: Preisniveaustabilität

Frank Schuster hat eingekauft. Brot, Wurstwaren und Schokolade sind im Vergleich zur Vorwoche teurer geworden. Beim Tanken musste er feststellen, dass die Benzinpreise gefallen sind. Wie sieht es mit dem Preisniveau aus? Ist es noch stabil?

Das Preisniveau gilt als stabil, wenn sich Preissteigerungen bei einigen Gütern und Preissenkungen bei anderen im Durchschnitt ausgleichen. Preisniveaustabilität darf aber nicht mit Preisstabilität verwechselt werden, denn das würde ja bedeuten, dass sich kein Preis ändert. Absolut stabile Preise kann es in einer Volkswirtschaft aber nicht geben, sie ändern sich ständig. Im Allgemeinen spricht man noch bei einer Inflationsrate (Teuerungsrate) von weniger als 2 % von Preisniveaustabilität.

Ziel: außenwirtschaftliches Gleichgewicht

Ohne Außenwirtschaft geht es nicht. Sei es Rohöl, Erdgas, Südfrüchte, Fischkonserven oder Digitalkameras, alle diese Waren und noch viele andere mehr kommen aus dem Ausland. Sie müssen importiert werden. Ohne diese Importe würde unser aller Lebensstandard erheblich zurückgehen. Um diese Waren bezahlen zu können, müssen aber große Mengen der im Inland hergestellten Waren in das Ausland verkauft werden.

Exporte und Importe sollten möglichst ausgeglichen sein. Wird nämlich dauerhaft mehr importiert als exportiert, besteht die Gefahr, dass ständig Kredite im Ausland aufgenommen werden müssen, um den Importüberschuss zu bezahlen. Besteht ein ständiger Exportüberschuss fließt zu viel Geld ins Inland, was zu einer Inflation führen kann.

Im Finanzplan der deutschen Bundesregierung wird aber trotzdem ein Exportüberschuss von 1 % gefordert. Er ist notwendig, damit die internationalen Zahlungsverpflichtungen erfüllt werden können. Große Summen fließen z. B. aus Deutschland in die Entwicklungsländer und die Europäische Union. Für den regen Urlaubsverkehr wird ebenfalls ein dickes Devisenpaket benötigt, das über einen Exportüberschuss erst einmal beschafft werden muss.

Ziel: angemessenes Wirtschaftswachstum

In wirtschaftlich schlechten Zeiten haben Betriebe, Verbraucher und der Staat einen gemeinsamen Wunsch: Die Wirtschaft möge stärker wachsen. Wirtschaftswachstum zeigt sich rein statistisch in positiven Zuwachsraten des Bruttoinlandsproduktes (BIP).

Bleibt das BIP konstant, liegt ein Nullwachstum vor, sinkt es, so ist ein negatives Wachstum gegeben. Als angemessen gilt das Wirtschaftswachstum dann, wenn es jährlich Zuwachsraten von 2,5 % aufweist.

Nun stellt sich die Frage: Warum ist es eigentlich so problematisch, wenn die Wirtschaft mal eine Wachstumspause einlegt? Die Antwort lautet: Die Unternehmen werden durch Innovationen (technische Erneuerungen) ständig produktiver. Sie benötigen deshalb immer weniger Arbeitskräfte für die gleiche Herstellungsmenge. Stiege die Wirtschaftsleistung nicht an, so würden immer mehr Arbeitsplätze überflüssig. Die Arbeitslosigkeit würde dramatisch zunehmen. Die Sozialsysteme müssten eine Belastung schultern, die sie nur für kurze Zeit tragen könnten. Dass gilt besonders für Deutschland, wo immer weniger Erwerbstätigen einer wachsenden Zahl von Rentnern gegenüber steht.

Wirtschaftswachstum ist auch erforderlich, um das Bedürfnis der Menschen nach wachsendem Wohlstand zu erfüllen. Schaut man sich die Entwicklung in den Industriestaaten innerhalb der letzten Jahrzehnte an, so hat sich diese Erwartung größtenteils erfüllt. Die Wachstumskritiker bezweifeln aber, dass dies so weitergehen kann, da eine steigende Güterproduktion im Allgemeinen auch zu einer stärkeren Belastung der Umwelt führt und die Rohstoffreserven immer knapper werden.

Neben den im Stabilitätsgesetz genannten Zielen sind inzwischen zwei weitere wirtschaftspolitische Ziele hinzugekommen. Aus dem magischen Viereck wurde ein **magisches Sechseck**:

© Erich Schmidt Verlag 200 515

Ziel: Schutz der natürlichen Umwelt

Bodenverseuchung, Waldsterben, Luftverschmutzung, Treibhauseffekt und Überschwemmungen sind nur einige Schlagworte, die den Zustand unserer Umwelt beschreiben. Kritiker unserer Wirtschaftsordnung stellen immer häufiger die Frage, was Vollbeschäftigung, Wirtschaftswachstum und Preisstabilität noch wert sind, wenn die Umwelt kaputt ist, in der wir alle leben müssen. Zum Thema „Umwelt" bzw. „Umweltschutz" siehe auch Kapitel 17 ab Seite 355.

Ziel: Gerechte Einkommens- und Vermögensverteilung

Auch in einer sozialen Marktwirtschaft können sich Vermögen anhäufen und so hohe Einkommen bezogen werden, dass viele dies als ungerecht empfinden. Der Staat hat die Aufgabe für eine annähernd gerechte Einkommensverteilung zu sorgen. Sind die Unterschiede bei Vermögen und Einkommen zu groß, kann es zu sozialen Konflikten kommen. Wie hoch aber ein Vermögen oder ein Einkommen sein darf, um noch als gerecht empfunden zu werden, ist nicht eindeutig zu klären. Je nach Interessenlage der Befragten fallen die Antworten sehr unterschiedlich aus.

Die beiden Ziele „Gerechte Einkommens- und Vermögensverteilung" und „Umweltschutz" werden im Bereich „Probleme der sozialen Marktwirtschaft" näher behandelt.

Zielkonflikt und Zielharmonie

Alle sechs Ziele der Wirtschaftspolitik gleichzeitig zu erreichen, erfordert fast magische Kräfte. Zwischen den Zielen bestehen unterschiedliche Beziehungen:

- Eine **Zielharmonie** besteht, wenn das Streben nach einem Ziel ein anderes Ziel begünstigt. Diese Beziehung besteht z. B. zwischen Wirtschaftswachstum und Vollbeschäftigung. Werden mehr Güter hergestellt, erfordert dies meist auch mehr Arbeitskräfte.
- Ein **Zielkonflikt** besteht, wenn ein „Mehr" bei der Verwirklichung des einen Ziels mit Abstrichen bei den anderen Zielen verbunden ist.
  Ein derartiger Konflikt kann z. B. auftreten zwischen Wirtschaftswachstum und Preisniveaustabilität. In einer wachsenden Wirtschaft ist die Nachfrage meist größer als das Angebot. Die Folge ist, dass die Preise steigen.

Arbeitsvorschläge

1. In einer Fernsehdiskussion wird 3 % Wirtschaftswachstum gefordert, da sich nur so die Probleme am Arbeitsmarkt beheben ließen. Begründen Sie, warum sich Wirtschaftswachstum positiv auf den Arbeitsmarkt auswirkt.
2. Nennen Sie die wirtschaftspolitischen Ziele, die in der Bundesrepublik verfolgt werden.
3. Begründen Sie, warum es keine absolute Vollbeschäftigung geben kann.
4. Was ist das „Magische" an dem magischen Sechseck?
5. Welche Bedingungen müssen erfüllt sein, damit die Ziele „hoher Beschäftigungsstand" und „Preisniveaustabilität" als erreicht gelten?
6. In einer Zeitung lesen Sie die Nachricht: „Wirtschaftswachstum gefährdet Preisstabilität".
   Erklären Sie den Zusammenhang.
7. Beurteilen Sie die Prognosen der Bundesbank zur Inflationsentwicklung im Hinblick auf das wirtschaftspolitische Ziel der Preisniveaustabilität.

Bundesbank rechnet mit höherer Inflation
Wegen explodierender Kosten für Energie und Lebensmittel rechnet die Bundsbank in diesem Jahr mit einer deutlich höheren Inflationsrate. Die Experten hoben ihre Prognose um 0,7 Punkte auf 3 Prozent an, teilte das Institut am Freitag in Frankfurt mit. Erst im kommenden Jahr, so die Bundesbank, könne der Anstieg sinken. Im Durchschnitt rechnen die Experten 2009 mit einer Teuerungsrate von 2,2 Prozent. (ap)
Quelle: Hessische Allgemeine, Kassel, 08.06.2008

14.2 Möglichkeiten zur Beeinflussung des Konjunkturverlaufs

Der Konjunkturverlauf einer Volkswirtschaft weist ständige Schwankungen auf. Zu starke Schwankungen sind aber unerwünscht, da sie große Nachteile für die am Wirtschaftsleben Beteiligten mit sich bringen. Haushalte, Unternehmer und auch der Staat haben kein Interesse an extremen Konjunkturausschlägen. Gewünscht wird vielmehr ein gleichmäßiger Konjunkturverlauf. Was kann getan werden, um diesem Ziel näher zu kommen? Oder kann man nur abwarten und hoffen, dass sich z. B. ein Wirtschaftsaufschwung von selbst wieder einstellen möge. Ganz so hoffnungslos sieht die Situation nicht aus. Es kann etwas getan werden: vom Staat und auch von der Europäischen Zentralbank.

Die wirtschaftspolitischen Instrumente des Staates (Fiskalpolitik)

Alle Instrumente, die der Staat einsetzt, haben das Ziel, den extremen Konjunkturausschlägen entgegenzuwirken. Droht die Wirtschaft sich in einer Phase der Hochkonjunktur zu „überhitzen", sind Maßnahmen zu ergreifen, die eine dämpfende Wirkung auf das Wirtschaftsgeschehen haben. Ziel dabei ist eine Senkung der Nachfrage. Befindet sich die Wirtschaft dagegen in einer Abschwungphase, so sollte der Staat wirtschaftspolitisch „Gas geben". Hierdurch soll bewirkt werden, dass die Nachfrage wieder angekurbelt wird.

Auch der Staat selbst kann als Nachfrager auftreten. So z. B. als Bauherr für Autobahnen oder öffentliche Gebäude. Die Strategie des Staates durch geeignete Maßnahmen einer Konjunkturphase immer entgegenzuwirken hat einen Namen: Man bezeichnet sie als **antizyklische Fiskalpolitik**. Wie sie funktioniert, zeigen die beiden folgenden Beispiele.

Beispiel 1

Die Wirtschaft befindet sich in einem konjunkturellen Tief. Der Absatz der Betriebe ist gering, viele Menschen sind arbeitslos. Das Einkommen ist gesunken. Es besteht nur noch geringes Wirtschaftswachstum.

AKTION ➤

Der Staat versucht den Konjunkturzug anzuschieben, damit es schneller wieder aufwärts geht.

Erhöhung der Nachfrage

Ziel

Maßnahmen des Staates zur Konjunkturbelebung

- **öffentliche Ausgaben werden erhöht**
- **Steuern werden gesenkt oder ganz abgeschafft**
- **Sparprämien werden gesenkt**
- **Abschreibungssätze werden erhöht**
- **Subventionszahlungen werden erhöht**

Beispiel 2

Es besteht die Gefahr, dass die Wirtschaft sich konjunkturell überhitzt. Preise und Löhne steigen. Es besteht Überbeschäftigung.

AKTION ➤

Der Staat versucht den Konjunkturzug abzubremsen.

Maßnahmen des Staates zur Konjunkturdämpfung

- **öffentliche Ausgaben (z. B. Autobahnbau oder Bundeswehr) werden gesenkt**
- **Steuern (z. B. Lohnsteuer oder Umsatzsteuer) werden erhöht oder neu eingeführt**
- **Sparprämien (z. B. Bausparprämien) werden erhöht**
- **Abschreibungsvergünstigungen werden abgebaut**
- **Subventionszahlungen (z. B. für Bergbau oder Werftindustrie) werden gesenkt**

Ziel

Senkung der Nachfrage

Die wirtschaftlichen Instrumente der Europäischen Zentralbank

Die Europäische Zentralbank (EZB) hat die Aufgabe, dafür zu sorgen, dass das Preisniveau in den Mitgliedsländern stabil ist. Außerdem soll sie die allgemeine Wirtschaftspolitik in den EU-Staaten unterstützen. Ihre beiden wichtigsten Instrumente sind:

Das Gebäude der EZB in Frankfurt/M.

Das Instrument der Mindestreservenpolitik

Die EZB verlangt von den Geschäftsbanken, einen bestimmten Prozentsatz der ihnen von Kunden anvertrauten Gelder bei der EZB als Guthaben zu unterhalten. Man bezeichnet dies als Mindestreserven. Wird der Mindestreservesatz erhöht, verfügen die Geschäftsbanken über weniger Geld. Die Möglichkeit Kredite zu geben wird eingeschränkt. Auf die Volkswirtschaft hat dies eine konjunkturdämpfende Wirkung.
Umgekehrt ist der Effekt, wenn der Mindestreservesatz gesenkt wird. Die Geldmenge wird vergrößert. Der finanzielle Spielraum für die Banken Kredite zu geben erweitert sich. Die Konjunktur erfährt belebende Impulse.

Das Instrument der Leitzinsänderung

Läuft die Volkswirtschaft auf „Sparflamme" erhoffen sich viele, dass die EZB ihren Leitzins senkt. Dies hat nämlich auch Auswirkungen auf die Zinsen, die die Geschäftsbanken von ihren Kunden verlangen. Auch deren Zinsen sinken dann. Die Kredite werden billiger und auch die Sparzinsen sinken. Die Bereitschaft, sich zu verschulden wächst. Güter und Dienstleistungen werden stärker nachgefragt. Die umgekehrte Wirkung geht von einem steigenden Leitzins der EZB aus. In Zeiten einer konjunkturellen Überhitzung mit Inflationsgefahr steuert die EZB über eine Zinserhöhung das Geldangebot. Die Nachfrage nach Gütern und Dienstleistungen sinkt, da die Finanzierungskosten für die Käufer gestiegen sind. Bei gleich gebliebenem Güterangebot sinkt außerdem das Preisniveau.

Arbeitsvorschläge

1. Lesen Sie den folgenden Artikel:

> **EZB reagiert auf Flaute:**
> **Leitzins um 0,5 Punkte gesenkt**
> **FRANKFURT.** Die Europäische Zentralbank (EZB) hat ihre Leitzinsen in der Eurozone deutlich gesenkt. Die Währungshüter kürzten gestern den wichtigsten Zins zur Versorgung der Kreditwirtschaft mit Zentralbankgeld um 0,5 Punkte auf 2,75 Prozent. Damit reagiert die EZB auf die anhaltende Konjunkturflaute in der Europäischen Währungsunion. Die Gefahr deutlich steigender Preise wird offenbar geringer eingeschätzt. (DPA)
> *Quelle: Hessische Allgemeine, Kassel, 06.12.03*

a) Was ist der Leitzins?
b) Was soll durch eine Senkung des Leitzinses bewirkt werden?
c) Welche Gefahr kann bestehen, wenn der Leitzins zu stark gesenkt wird?

2. Wirtschaftspolitiker möchten in einer sich überhitzenden Konjunktur für „Abkühlung" sorgen. Welche Maßnahmen kommen hier infrage?

Arbeitsvorschläge

3. Im Fernsehen wird berichtet, dass die EZB den Mindestreservesatz gesenkt hat.
   a) Was ist der Mindestreservesatz?
   b) Welche Wirkung erhofft sich die EZB von diesem Schritt?
4. Welche der folgenden staatlichen Maßnahmen sind antizyklisch ausgerichtet? Begründen Sie ihre Antwort.
   a) In einer Aufschwungphase wird die Senkung der Einkommensteuer beschlossen.
   b) Die Wirtschaft befindet sich in einer Depression. Die Subventionszahlungen an die angeschlagene Werftindustrie werden erhöht.
   c) Es herrscht Hochkonjunktur. Der geplante Bau einer neuen Autobahn wird zurückgestellt.
   d) Die Bundesregierung beschließt in einer konjunkturellen Abschwungphase die Bausparprämien zu erhöhen.
5. Beschreiben Sie einen typischen Konjunkturverlauf.
6. In welcher konjunkturellen Phase befindet sich die deutsche Wirtschaft derzeit?
7. Die Bauwirtschaft läuft im Winter bekanntlich auf „Sparflamme". Entscheiden Sie, ob hier eine konjunkturelle oder eine saisonale Schwankung vorliegt.
8. Beschreiben Sie den Verlauf eines konjunkturellen Aufschwungs.
9. Gehen Sie von einer Situation aus, in der die Nachfrage der Verbraucher stark zurückgeht, und beschreiben Sie den Prozess eines konjunkturellen Abschwungs.
10. Beschreiben Sie anhand des Schaubildes auf S. 327 den zeitlichen Konjunkturverlauf in Deutschland während der letzten dreißig Jahre.
11. **Lernen durch Handeln: Machen Sie einen Konjunkturcheck!**
    a) Informieren Sie sich darüber, wie hoch das Wirtschaftswachstum, die Inflationsrate und die Arbeitslosenrate im letzten Jahr waren.
    b) Wie hoch ist die aktuelle Arbeitslosenquote in dem von Ihnen bewohnten Bundesland und dem für Sie zuständigen Arbeitsamtsbezirk?
    c) Versuchen Sie Informationen darüber zu erhalten, wie die Entwicklung bei der Arbeitslosenquote und dem Wirtschaftswachstum für das kommende Jahr in Deutschland eingeschätzt wird.
12. **Metaplanübung: einen Konjunkturverlauf als Spiegelbild von Zeitungsmeldungen abbilden**
    Zeitungen berichten auch immer über die Wirtschaft. Die Zeitungsartikel sind ein Spiegelbild der jeweiligen Konjunkturphase.
    a) Die Klasse wird in vier Gruppen eingeteilt. Je eine Gruppe ist für eine bestimmte Konjunkturphase (Hochkonjunktur, Abschwung, Tiefstand, Aufschwung) zuständig.
    b) Sichten Sie Zeitungen, Zeitschriften und Nachrichtenmagazine nach Berichten über die jeweilige Wirtschaftslage. Schreiben Sie die Artikelüberschriften auf Pinnkarten.
    c) Wenn Sie keine Schlagzeilen finden konnten, die typisch für eine bestimmte Konjunkturphase sind, denken Sie sich selbst eine Reihe passender Schlagzeilen aus. Schreiben Sie auch diese auf Pinnkarten (Beispiele: Abschwung → „Maschinenbau klagt über sinkende Nachfrage"; Tiefstand → „Auftragslage in der Bauwirtschaft so schlecht wie nie").
    d) Auf eine Stellwand ist der typische Verlauf einer Konjunkturwelle zu zeichnen. Die Pinnkarten sind passend zu der jeweiligen Konjunkturphase an der Konjunkturwelle anzubringen.
    e) In einer abschließenden Diskussionsphase verteidigen die einzelnen Gruppen ihre Arbeit. Eventuell wird danach die Anordnung der Karten korrigiert.

15 Probleme der sozialen Marktwirtschaft

Moment mal!

- Was soll die Karikatur aussagen?
- Welche Probleme gibt es in der sozialen Marktwirtschaft?

?

Im Stabilitätsgesetz werden vier wirtschaftspolitische Ziele genannt (siehe S. 328): Daneben gibt es aber zwei weitere Ziele. Das magische Viereck wird damit zum magischen Sechseck (siehe S. 331). Die beiden Ziele sind: gerechte Einkommens- und Vermögensverteilung und Schutz der natürlichen Umwelt. In dem Maße, wie die Ziele verfehlt werden, wachsen die Probleme in unserer Marktwirtschaft.

Die soziale Marktwirtschaft hat in der Wirtschaftsordnung eine schwierige Aufgabe zu erfüllen. Einerseits sollen Angebot und Nachfrage die Grundlagen für das Geschehen am Markt liefern. Andererseits sollen die sozial Schwächeren durch den Staat gegen die Auswüchse des Marktes geschützt werden. In den ersten Jahren der Bundesrepublik war die soziale Marktwirtschaft ein Vorzeigemodell. Von anderen Ländern wurde Deutschland wegen dieses „Wirtschaftswunders“ beneidet.

Inzwischen herrscht Krisenstimmung in Deutschland. Die große Finanz- und Wirtschaftskrise der Jahre 2008/09, die weltweit einen Schaden von einigen Billionen Dollar anrichtete, hat auch vor Deutschland nicht halt gemacht. Die deutsche Volkswirtschaft wird Jahre brauchen, bis der wirtschaftliche Schaden wieder ausgeglichen ist. Viele Probleme in der deutschen Volkswirtschaft gab es schon vor der großen Krise. Und diese sind nicht kleiner geworden, sondern haben sich durch die Wirtschaftskrise weiter verschärft.

Einige Problemsituationen der sozialen Marktwirtschaft

Problem der Gerechtigkeitslücke

In unserer Marktwirtschaft wurde schon immer versucht, die Verteilung des Einkommens und Vermögens wenigstens teilweise gerecht zu gestalten. Nicht allein der Markt sollte darüber entscheiden. Andere Länder waren hierfür ein abschreckendes Beispiel. Ein Beispiel aus jüngster Zeit ist Russland: Einer kleinen Schicht von Reichen und Superreichen stehen die großen Massen einer armen Bevölkerung gegenüber. Um einer derartigen Entwicklung vorzubeugen, hat der Staat verschiedene Umverteilungsinstrumente im Einsatz. Das wichtigste ist die progressive Einkommenssteuer. Danach werden die Einkommen der Besserverdienenden mit einem höheren Prozentsatz versteuert als die geringeren Einkommen.

Ergebnis der Umverteilung:

- 80 % der Steuerpflichtigen bringen nur 35 % der Einkommenssteuer auf.
- Die anderen 20 % der Steuerpflichtigen die restlichen 65 %.

Weitere Instrumente zur Umverteilung von Einkommen sind: Wohngeld, Sozialhilfe, Kindergeld, Ausbildungsbeihilfe und Arbeitslosengeld II.

Trotz dieser reichhaltigen Instrumentarien der Umverteilung öffnet sich die Schere zwischen Arm und Reich nun auch in Deutschland immer stärker. Die Entwicklungen in den letzten Jahren laufen damit eindeutig der wirtschaftspolitischen Forderung „gerechte Einkommens- und Vermögensverteilung" entgegen. Früher verliefen die Linien der Einkommensentwicklung parallel; oben die der Wohlhabenderen und darunter die der Ärmeren. In Zeiten des Wirtschaftsaufschwunges wurden also auch die Ärmeren reicher. Heute öffnet sich die Schere (oben die Reichen und untern die Armen) immer mehr. Die Einkommen der ärmeren Schichten sind von 1992 bis 2008 um 14 % gefallen, während die der Reicheren im gleichen Zeitraum um 31 % gestiegen sind.

Die Schere öffnet sich

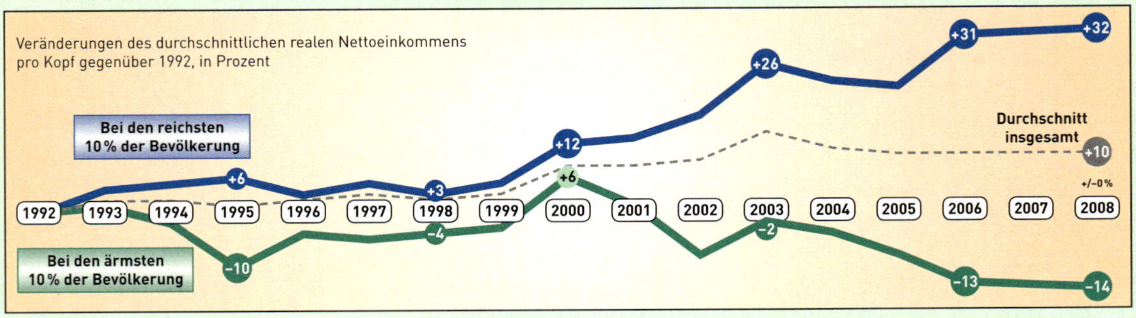

Trotz des wirtschaftlichen Aufschwungs geht es großen Teilen der Bevölkerung nicht besser, sondern sogar schlechter. Diese Entwicklung erregt die Gemüter und dies umso mehr, wenn man die Managergehälter der deutschen Großunternehmen betrachtet.

Inzwischen hat sich die Situation weiter zugespitzt. Die Leidtragenden an der weltweit um sich greifenden Wirtschaftskrise sind vor allem die ärmeren Teile der Bevölkerung. Ungeheurer Zorn kam auf, als bekannt wurde, dass Banken Milliarden an Boni an ihre Führungskräfte verteilten, obwohl diese gigantische Verluste erwirtschaftet hatten. Um das Finanzsystem zu retten, blieb dem Staat nichts anderes übrig, als die Banken mit gewaltigen Unterstützungszahlungen am Leben zu erhalten.

Umfragen im Jahr 2009 haben ergeben, dass beinahe drei Viertel der Bundesbürger die wirtschaftlichen Verhältnisse in Deutschland für ungerecht betrachtet. Nur jeder Sechste war mit der Verteilung von Vermögen und Einkommen im Großen und Ganzen zufrieden. Im Jahr 2005 sah das noch ganz anders aus: Damals empfand lediglich die Hälfte der Befragten die Situation als ungerecht, mehr als ein Viertel sogar als gerecht.

Die neuerliche Umfrage ergab auch, dass über 80 Prozent meinten, dass Menschen mit Vollzeitbeschäftigung genug verdienen müssten, um davon leben zu können.

Ein Vorstandschef eines DAX-Konzerns[1] verdient im Durchschnitt achtzigmal so viel wie ein Angestellter des Unternehmens.
Inzwischen mehren sich auch in der Wirtschaft die Stimmen, die diesen Zustand kritisieren. Einige Unternehmen haben reagiert und koppeln die Top-Gehälter an die Lohnentwicklung ihrer Arbeitnehmer.

1 DAX-Konzern = Die 30 größten deutschen Konzerne, deren Aktien im DAX (Deutscher Aktienindex) gelistet sind.

Problem der Arbeitsplätze

Der Aufschwung bringt Arbeitsplätze. In einem wirtschaftlichen Abschwung dagegen müssen viele Arbeitnehmer um ihren Arbeitsplatz zittern. Ein Teil von ihnen muss auch Kurzarbeit machen und damit Einkommensrückgänge hinnehmen. Ein anderer Teil wird entlassen – mit allen Folgen der Arbeitslosigkeit. In der gegenwärtigen Situation der Weltwirtschaftskrise verschärft sich das Problem. Fachleute rechnen mit einem steilen Anstieg der Arbeitslosigkeit.

In Zeiten eines wirtschaftlichen Aufschwungs sollte es den Arbeitnehmern wieder erheblich besser gehen. Doch ist das in unserer sozialen Marktwirtschaft noch so? Im Jahr 2007 nahm z. B. die Zahl der Arbeitsplätze stark zu. Eigentlich ein Grund zur Freude für die bisher arbeitslosen Arbeitnehmer. Doch viele von ihnen können sich über ihre neuen Jobs nicht so richtig freuen. Es sind häufig Tätigkeiten mit geringem Verdienst, der nicht zum Lebensunterhalt reicht. In vielen Fällen muss der Staat Gelder zum Überleben zuschießen.

Die Forderung nach staatlichen Mindestlöhnen wurde in den letzten Jahren lauter. Die Meinungen hierzu sind unterschiedlich. Sozialpolitiker sehen darin eine Chance, dass die Einkommen zukünftig wieder zum Leben reichen. Viele Wirtschaftswissenschaftler befürchten dagegen, dass eine große Zahl von Arbeitsplätzen wegen der höheren Lohnkosten verloren geht. Diese Gefahr ist umso größer, je höher die Mindestlöhne angesetzt werden.

Problem der Staatsverschuldung

Ende des Jahres 2009 betrug die Verschuldung von Bund, Ländern und Gemeinden 1,7 Billionen Euro. Wenn man diese Schuldenlast mit Zinsen zurückzahlen will, so muss man in etwa das Doppelte dafür aufbringen.

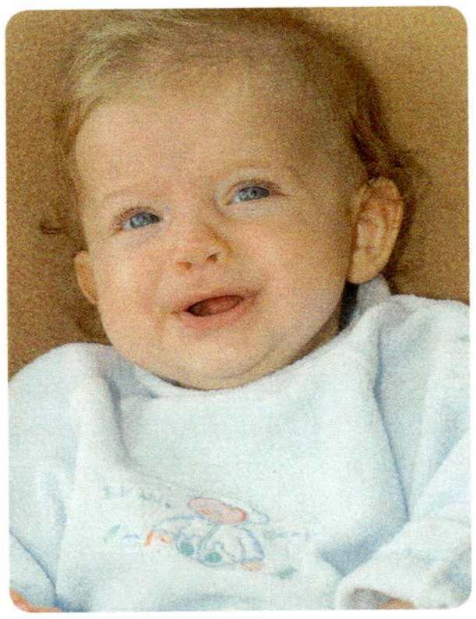

1970
„Ich habe 1.053 Euro Schulden."

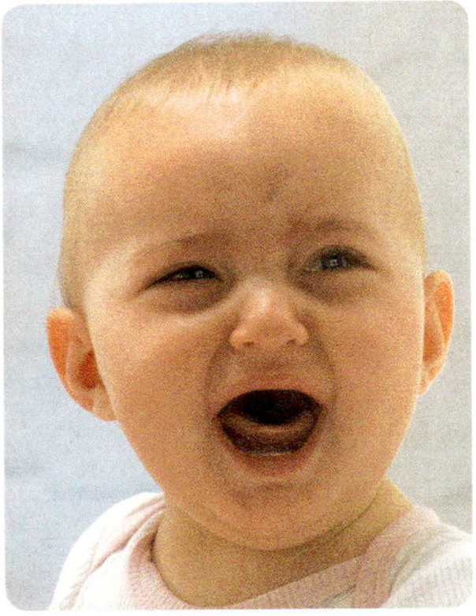

1990
„Ich habe 8.448 Euro Schulden."

2010
„Ich habe 22.709 Euro Schulden."

Ein Grund für die Explosion der Schulden ist, dass die Steuereinnahmen während der Finanz- und Wirtschaftskrise zurückgingen: Schrumpft die Wirtschaft, gehen die Gewinne der Unternehmen zurück, Menschen verlieren ihre Arbeit, die Einkommen sinken und als Folge fließt dann weniger Geld in die Kassen des Staates.

Der Bund der Steuerzahler hat seine berühmte Schuldenuhr in Berlin und anderen Städten laufen. Dort werden die gesamte Staatverschuldung, die Summe der Schulden je Einwohner und die Zunahme pro Sekunde angezeigt. Wer zahlt die Schulden ab? Wenn nicht die jetzige Generation, dann deren Kinder und Enkel. Und dies ist das Verwerfliche, dass unsere Politiker den Kindern diese Last aufbürden. Dabei werden zukünftige Generationen ohnehin schon durch die private Altersvorsorge zur Kasse gebeten.

Problem der staatlichen Markteingriffe
Ein Eingriff in das Marktgeschehen kann sinnvoll sein, wenn negative Auswirkungen (z. B. Ausnutzung einer Monopolstellung) beseitigt werden sollen. Immer mehr Menschen beklagen sich aber darüber, dass der Staat zuviel unternimmt und die Eingriffe auch negative Ergebnisse zeigen. In einigen Branchen werden überhöhte Preise verlangt, die der Staat mit zu verantworten hat. Fachleute sind der Meinung, dass der Staat den Markt in Ruhe lassen sollte, damit sich der gegenwärtige Zustand bessert.

Beispiele für Eingriffe in das Marktgeschehen:

- **Energie:**
  Preisaufsicht, Abnahmeverpflichtung für deutsche Steinkohle und Windenergie. Ein Lichtblick: Stromversorger verlieren ihre Gebietsmonopole.
- **Landwirtschaft:**
  Abnahmegarantien, Quoten, Mindestpreise: Über die Einkommen der Bauern entscheiden Politiker.
- **Verkehr:**
  Taxi, Bus, Eisenbahn: Hier ist kein freier Wettbewerb – hohe Tarife sind die Folge.
- **Wohnungsbau:**
  Mieterschutz über alles: Freie Preisbildung wird auch hier verhindert.
- **Handwerk:**
  Gut geschützt vor lästiger Konkurrenz dank Meisterbrief. Er ist immer noch für viele Handwerksberufe notwendig. Der Kunde muss teure Meisterstunden bezahlen.
- **Gesundheit:**
  Staatlich gesteuerte Zukunftsbranche: Über Anbieter und Preise wacht eine allmächtige Bürokratie, dennoch sehr teuer und kaum noch zu finanzieren.

Das Misstrauen gegenüber staatlichen Markteingriffen hat sich inzwischen stark vermindert. Ursache hierfür ist die Weltwirtschaftskrise. Kein anderer als der Staat war in der Lage, die negativen Folgen, wie z. B. Unternehmenszusammenbrüche oder Arbeitslosigkeit, abzuschwächen

Problem der Marktmacht von Unternehmen
Obwohl die EU und das Kartellamt in Deutschland darüber wachen, dass der Wettbewerb nicht beeinträchtigt wird, passieren immer wieder Verstöße. Eine Ausschaltung des Wettbewerbs bedeutet in der Regel für die Verbraucher höhere Preise. Unternehmen sind zwar grundsätzlich für freien Wettbewerb, aber einige versuchen immer wieder, den Wettbewerb z. B. durch Preis- oder Gebietsabsprachen mit der Konkurrenz auszuhebeln. Kommt ihnen das Kartellamt auf die Schliche, sind Bußgelder fällig (siehe S. 221). Unternehmen mit einer besonders starken Marktstellung können sich aber manchmal der Kontrolle durch den Wettbewerb entziehen. Diese marktbeherrschenden Unternehmen unterliegen einer Missbrauchsaufsicht durch die Kartellbehörde.

Wie sich Marktmacht auswirkt, zeigt sich auch auf dem Gasmarkt. E.ON Ruhrgas, der größte Gasimporteur für Gas hat jahrelang das Absatzgebiet zwischen sich und dem französischen Konkurrenten Gaz de France/Suez aufgeteilt. Inhalt dieses Gebietskartells war die Versicherung, kein importiertes russisches Gas in das Land des Konkurrenten zu verkaufen. Die EU-Kommission hat reagiert und gegen diesen besonders schwerwiegenden Verstoß ein Bußgeld in der Höhe von 553 Mio. Euro festgesetzt.

Was Marktmacht bedeutet zeigt auch ein Beispiel aus der Pharmaindustrie:

Blinde Gier

Pharmafirmen machen aus einem wirksamen Mittel ein 30-mal teureres.

Die Medikamente Avastin und Lucentis unterscheiden sich chemisch betrachtet wenig. Beide helfen gegen altersabhängige Makuladegeneration (AMD), eine Krankheit, die blind macht. Das eine Mittel kostet etwa 50 Euro pro Dosis, das andere 1.500, die Geschichte des 30-fachen Preises geht so: Vor sieben Jahren entdeckte ein Arzt in den USA, dass das Krebsmedikament Avastin der Roche-Tochter Genentech auch gegen AMD hilft – seither wurde das billige Mittel weltweit 100.000 Menschen gespritzt. Bis der Schweizer Konzern Novartis, der über Roche mit Genentech verbandelt ist, den Wirkstoff minimal veränderte, das Präparat Lucentis für 1.500 Euro auf den Markt warf – und eine Zulassung als Augenheilmittel beantragte. Mit der Folge, dass das Krebsmittel Avastin in Deutschland nicht mehr gegen Augenleiden verschrieben werden durfte. Schätzungen zufolge könnte das die Kassen sieben Milliarden Euro kosten – mehr als ein Drittel dessen, was diese jährlich für Medikamente ausgeben.

Quelle: Faigle, Philip, in: NEON, 01/2008. S. 29

Ins Gerede geraten sind auch Pharmafirmen durch ihre Preisgestaltung bei Medikamenten gegen Krebs, die in den vergangenen Jahren auf den Markt gekommen sind. Obwohl der medizinische Nutzen einiger Präparate sehr umstritten ist, wurden von den Firmen Preise durchgesetzt, die unser Gesundheitssystem zu sprengen drohen. So belaufen sich die Kosten für eine Jahrestherapie mit einem der Medikamente z. B. auf 134.280,00 Euro.

Probleme der ausufernden Sozialleistungen

Wird die Höhe der Sozialleistungen international verglichen, nimmt Deutschland einen der vordersten Plätze ein. Die Kosten hierfür sind aufzubringen vom Staat, den Unternehmen und den Versicherten selbst. Sie haben eine Höhe erreicht, die seit vielen Jahren erhebliche Probleme verursacht. Arbeitnehmer und Arbeitgeber klagen über die Höhe der Beiträge zur Sozialversicherung und stöhnen unter der Steuerbelastung. Ohne sie wäre der Staat aber nicht in der Lage z. B. Kindergeld, Sozialhilfe, Wohngeld oder auch Arbeitslosengeld II zu bezahlen.

Probleme der Umweltbelastung

Wo Menschen zusammenleben, wird die Umwelt zwangsläufig belastet. Inzwischen hat dies ein Ausmaß erreicht, das für die Menschheit lebensbedrohend ist. Vor allem das Klima gilt als der größte Risikofaktor. Immer häufiger zeigen sich jetzt schon Naturkatastrophen, die Fachleute auf das veränderte Klima zurückführen. Nationale Anstrengungen sind unverzichtbar. Sie reichen aber nicht aus, wenn die Weltgemeinschaft nicht mitzieht. Umweltschutz gibt es nicht umsonst und verlangt von uns allen Opfer. Beispiel: Europas Schwerindustrie drohen schmerzhafte Klimaauflagen von der EU. Vor allem die Stahl- und die Energiebranche sind von den geplanten Forderungen aus Brüssel massiv betroffen. So fordert die Kommission, dass die CO_2-Emissionen bis zum Jahr 2020 um 21 % gegenüber 2005 vermindert werden. Um im internationalen Vergleich noch wettbewerbsfähig zu bleiben, ist ein Verlagern von Standorten in das Ausland nicht unwahrscheinlich. Tausende von Arbeitsplätzen würden dann verloren gehen.

Arbeitsvorschläge

1. Nennen Sie Probleme, die derzeit durch die soziale Marktwirtschaft nicht oder nur schlecht bewältigt werden.
2. Einige Eingriffe des Staates in das Wirtschaftsgeschehen haben Verschlechterungen für die Bevölkerung bewirkt. Nennen Sie solche Beispiele und diskutieren Sie, ob Sie diese Eingriffe abschaffen würden.
3. Machen Sie eine Umfrage in Ihrer Klasse zu der Frage: „Sind die wirtschaftlichen Verhältnisse in Deutschland gerecht oder ungerecht?"
4. In Deutschland ist eine Debatte in Gang gekommen, die von den einen immer lauter geführt wird und von den anderen als Neiddebatte abgetan wird (siehe dazu die Karikatur S. 337). Diskutieren Sie darüber.
5. Soll auch bei uns der Staat in den Markt eingreifen? Begründen Sie Ihre Meinung.
6. Erklären Sie die Problematik der Staatsverschuldung anhand des folgenden Bildes.

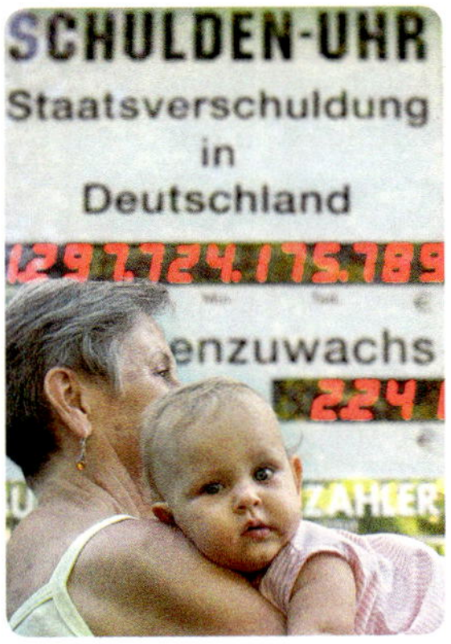

16 Arbeitsteilung

Moment mal!

Arbeitsteilung: Zuviel ist auch nicht gut.
In den Montagehallen von Autofabriken werden aus den Menschen Roboter. Einer von ihnen heißt Bernd Rauch und ist gelernter Kfz-Mechaniker. Seine Hände greifen sich zwei Benzinleitungen, dann bewegen sie sich nach unten. Die Leitungen werden in einen Schmierstoff getaucht. Die Hände bewegen sich nach oben. Die Leitungen rutschen durch eine Befestigungsöse. Vor Bernd Rauch zieht zwischen 5.30 Uhr und 13.30 Uhr ein Fließband vorbei und das Tag für Tag, Woche für Woche und das schon seit fast zwei Jahren. „Die Leute brauchen eine andere Art der Arbeitsteilung“ hatte der Meister schon vor drei Monaten dem Fertigungsleiter wissen lassen und ergänzte: „Wie die Arbeit jetzt abläuft bringt das jede Menge Nachteile mit sich.“
Die Geschäftsleitung hat reagiert. Es soll nun alles ganz anders werden. Bernd Rauch und seine Kollegen treffen sich und sollen ihre Arbeit selbst verändern. Alle sind sich einig: Der Arbeitsinhalt muss größer werden und man muss sich auch mal bei Tätigkeiten abwechseln können. „Dann machen wir doch einen Tag Vormontage, den nächsten Tag Bremsschläuche und dann die Benzinleitungen …“. Die Zusammenarbeit hat einen Namen: Gruppengespräche.

- Was versteht man unter Arbeitsteilung?
- Welche Arten sind zu unterscheiden?
- Welche Vor- und Nachteile hat die Arbeitsteilung?

?

Unter Arbeitsteilung versteht man das Zerlegen einer Tätigkeit in einzelne Schritte oder Leistungen. Sie werden von verschiedenen Personen, Betrieben oder Ländern erbracht. Die Vorteile der Arbeitsteilung liegen auf der Hand. Menschen, die ähnlich wie die Romanfigur Robinson Crusoe alles für ihr Leben selbst erzeugen, können sich nur ungenügend versorgen.

Arten der Arbeitsteilung

überbetriebliche Arbeitsteilung	betriebliche Arbeitsteilung	weltwirtschaftliche Arbeitsteilung

16.1 Überbetriebliche (gesamtwirtschaftliche) Arbeitsteilung

Werden Güter hergestellt, müssen sie anschließend verteilt werden. Was sich so einfach anhört, ist ein komplizierter Prozess, der in viele arbeitsteilige Schritte zerlegt ist.
Arbeitsteilung zwischen Betrieben auf gleichen Produktionsstufen wird als **horizontale Arbeitsteilung** bezeichnet. Sie ist notwendig, weil kein Betrieb allein alle erforderlichen Leistungen auf der jeweiligen Wirtschaftsstufe erbringen kann.
Eine **vertikale Arbeitsteilung** findet man in einer Volkswirtschaft zwischen dem primären, sekundären und tertiären Sektoren (Wirtschaftsbereichen). Beispiel: Eisenerz wird gefördert, das letztlich in Form von Stahlblechen zu Autokarosserien verarbeitet wird. Als Bestandteile fertiger Fahrzeuge werden sie von Autohändlern Kunden angeboten.

Arbeitsteilung zwischen den Sektoren am Beispiel der Autoproduktion

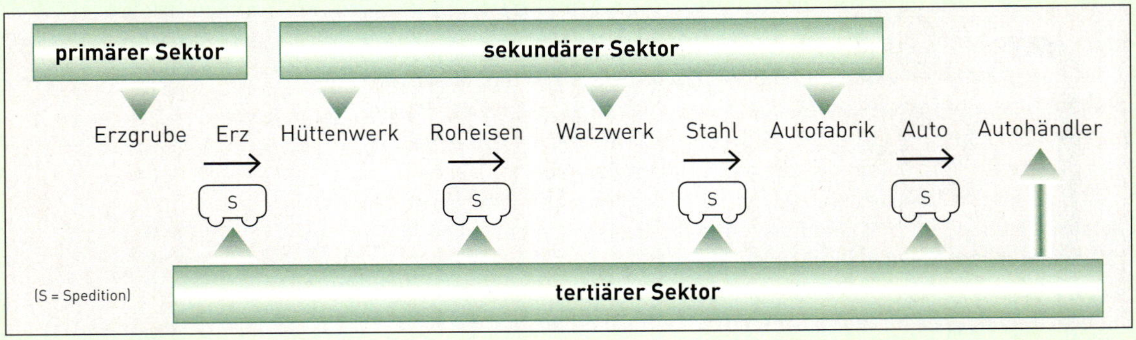

Zusammenhang zwischen der vertikalen und der horizontalen Arbeitsteilung

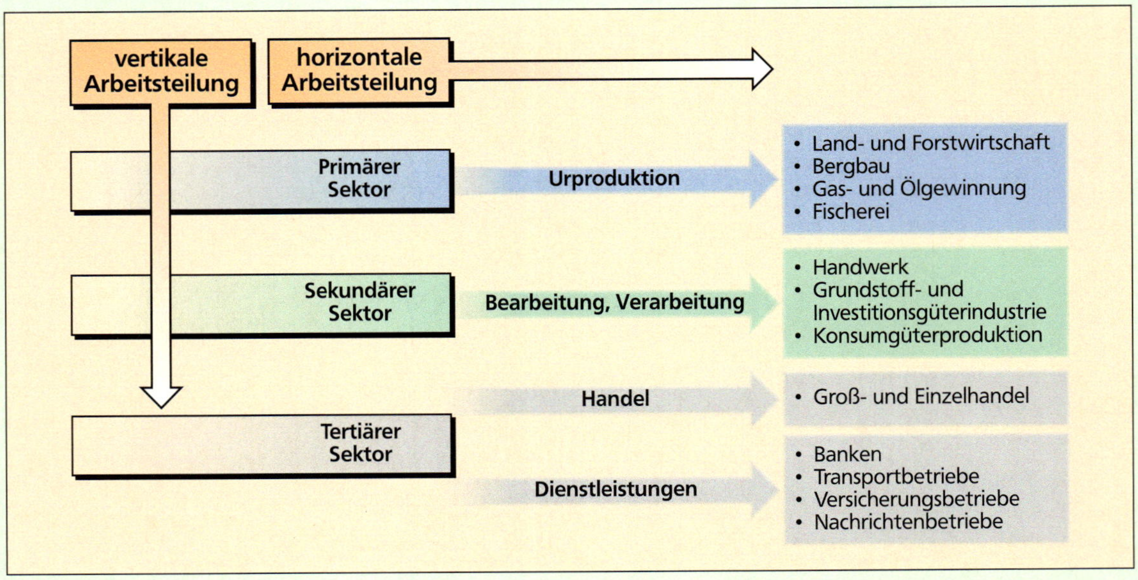

16.2 Betriebliche Arbeitsteilung

Auch innerhalb der Betriebe findet eine Arbeitsteilung statt.

Arbeitsteilung im Fertigungsprozess von Autos

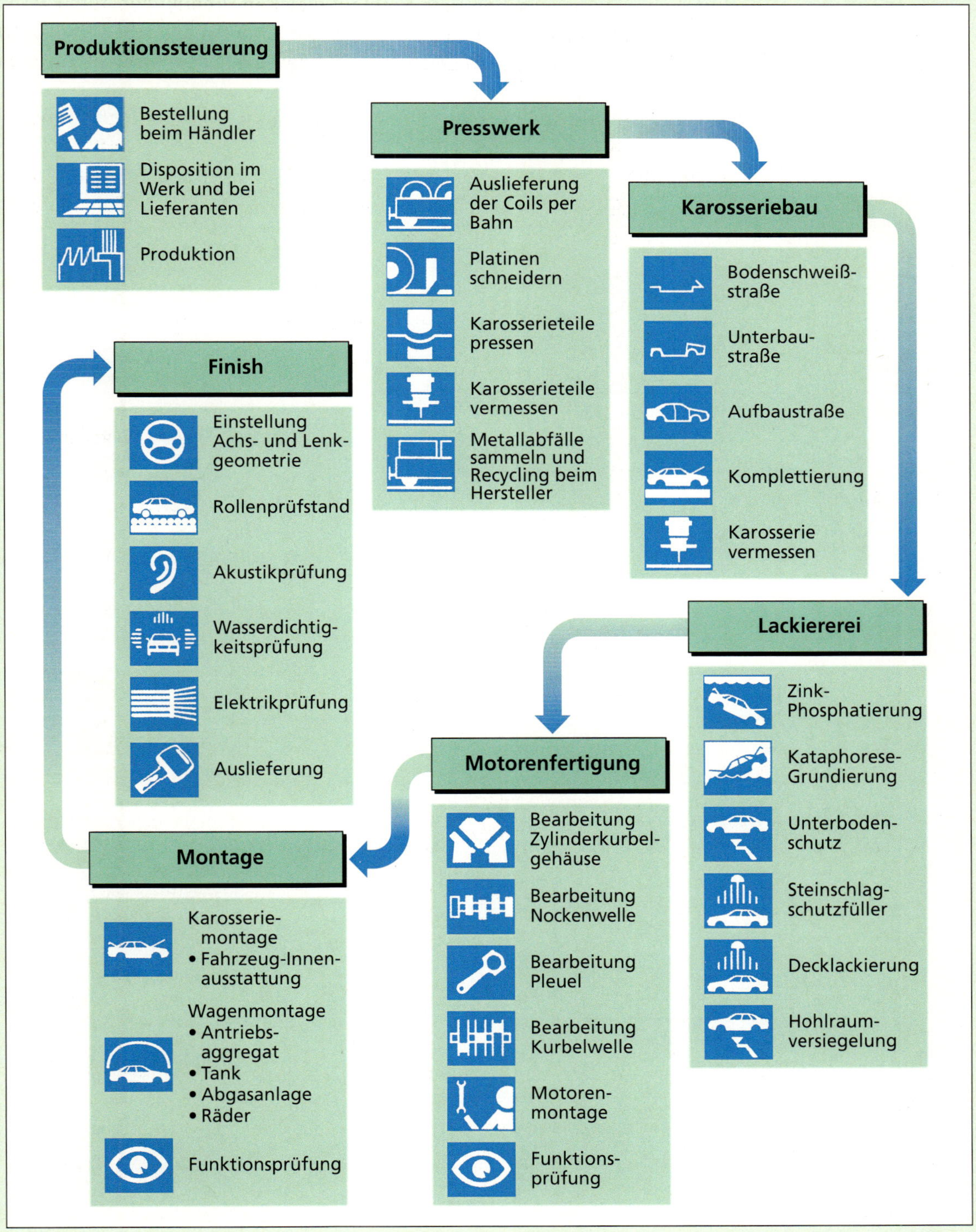

Die Arbeitsteilung zeigt sich nicht nur in den verschiedenen betrieblichen Abteilungen. Sie geht noch weiter in die Tiefe des Betriebsgeschehens. In einem Prozess der Arbeitszerlegung werden Teilaufgaben gebildet, und diese werden wiederum vor allem in großen Betrieben in Einzelaufgaben zerlegt. Sie bilden dann den Arbeitsinhalt von einem oder aber auch mehreren Beschäftigten.

Die Arbeitsteilung, die bei der Fahrzeugherstellung die Fahrzeugmontage betrifft, wird am folgenden Beispiel verdeutlicht:

Betriebliche Arbeitsteilung: Beispiel technischer Bereich

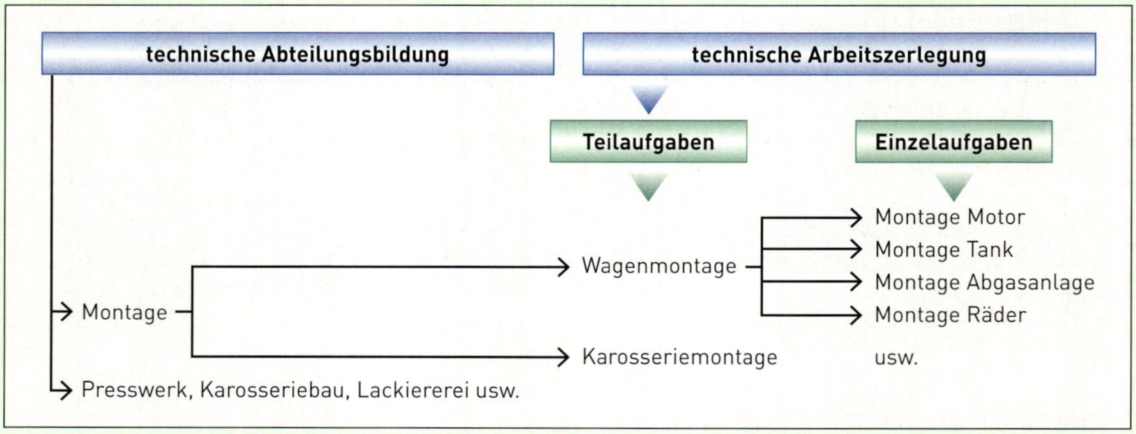

Arbeitsteilung gibt es natürlich nicht nur im technischen, sondern auch im kaufmännischen Bereich einer Unternehmung. Am Beispiel des Einkaufs von Zuliefererteilen bei der Fahrzeugherstellung wird dies verdeutlicht.

Betriebliche Arbeitsteilung: Beispiel kaufmännischer Bereich

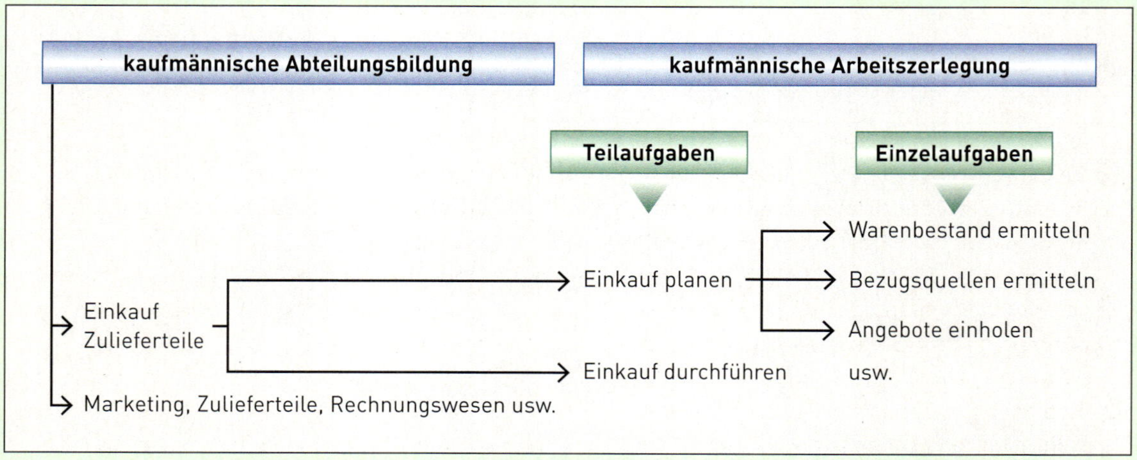

Die Vorteile der betrieblichen Arbeitsteilung liegen auf der Hand. Ohne Arbeitsteilung könnte keine Volkswirtschaft und kein Betrieb existieren, und auch der Lebensstandard würde sich rapide verschlechtern. Aber auch Nachteile sind mit der Arbeitsteilung verbunden.

Vergleich der Vor- und Nachteile von Arbeitsteilung

Vorteile der Arbeitsteilung

- Arbeitskräfte lassen sich leichter nach ihren spezifischen Fähigkeiten einsetzen.
- Produktivitätsanstieg, der sich auch in Form höherer Einkommen auswirken kann.
- Arbeit wird durch Maschineneinsatz erleichtert.
- Die Güterversorgung der Bevölkerung ist besser.
- Beschäftigung von ungelernten und angelernten Arbeitskräften wird möglich.
- Arbeitszeiten können sich verkürzen, da in einem arbeitsteiligen Prozess Güter und Leistungen zeitsparender erstellt werden können.

Nachteile der Arbeitsteilung

- Berufsrisiko für den Einzelnen kann größer sein, wenn er nur einseitig ausgebildet ist.
- Es besteht die Gefahr der Arbeitsmonotonie.
- Innere Beziehung zum fertigen Produkt kann verloren gehen, da nur noch Teilarbeiten verrichtet werden.
- Gegenseitige Abhängigkeit der Betriebe innerhalb einer Volkswirtschaft nimmt zu.
- Durch den Einsatz von Maschinen werden Arbeitsplätze gefährdet.
- Übertriebene Arbeitsteilung kann zu Qualitätseinbußen bei den Erzeugnissen führen.

Arbeitsteilung besteht nicht nur zwischen Sektoren und Betrieben einer Volkswirtschaft. Nationale Grenzen sind, wie jeder weiß, kein Hinderungsgrund für den Prozess der Arbeitsteilung. **Globalisierung** (siehe S. 348 ff.) heißt die weltweite Arbeitsteilung, deren Ende noch nicht absehbar ist.

Arbeitsvorschläge

1. Unterscheiden Sie bei der gesamtwirtschaftlichen Arbeitsteilung zwischen horizontaler und vertikaler Arbeitsteilung.
2. Zeigen Sie mögliche Vor- und Nachteile auf, die sich für Arbeitskräfte ergeben können, wenn Arbeitsschritte in nur wenige Handgriffe zerlegt werden.
3. In „Moment mal" auf S. 343 wird über eine Änderung der Arbeitsabläufe gesprochen. Worin bestehen die Unterschiede?
4. Robinson Crusoe hatte bekanntlich einen sehr niedrigen Lebensstandard auf seiner einsamen Insel. Eine Ursache hierfür war, dass er die Vorteile der Arbeitsteilung nicht ausnutzen konnte. Erklären Sie diesen Zusammenhang.
5. Zeigen Sie am Beispiel einer Abteilung Ihres Betriebs auf, wie die Arbeitszerlegung dort aussieht.
6. **Lernen durch Handeln:** Bevor ein Schreibtisch aus Holz im Zimmer eines Schülers landet, sind viele arbeitsteilige Prozesse notwendig. Fertigen Sie eine Skizze an, aus der das Prinzip der vertikalen und der horizontalen Arbeitsteilung deutlich wird.

16.3 Globalisierung – die weltweite Arbeitsteilung

Die Volkswirtschaften der Staaten unserer Welt sind so stark verflochten wie nie zuvor. Immer mehr Unternehmen lassen ihre Produkte dort herstellen, wo die Kosten am niedrigsten sind. Nicht immer geht es dabei sehr menschlich zu. Das gilt auch für Fußbälle. Ob es Welt- oder Europameisterschaften, Champions-League, Bundesliga oder die vielen Kreis- und Jugendligen sind: Tausende von Lederbällen gehen an die begeisterten Fußballspieler.
80 % aller weltweit hergestellten Leder-Fußbälle lassen die Sportartikelfirmen in der pakistanischen Stadt Sialkot fertigen. Verglichen mit anderen Beschäftigungsmöglichkeiten ist das Nähen von Fußbällen in der Sportartikelindustrie eine relativ unsichere und schlecht bezahlte Arbeit. Das Monatseinkommen eines erwachsenen Nähers reicht bei Weitem nicht aus, um eine Familie von durchschnittlich sechs bis acht Personen zu ernähren. Deshalb wundert es nicht, dass vor allem Frauen und auch Kinder in Heimarbeit die Lederwaben zusammennähen. Dazu sind 650 Stiche nötig, rund zwei Bälle schafft ein Kind in zehn Stunden Arbeit und erhält dafür umgerechnet ca. 1 Euro.

Die Globalisierung als weltweite Handelsverflechtung
Als Globalisierung wird die zunehmende weltweite Verflechtung von Unternehmen und Märkten bezeichnet. Sie zeigt sich in einem über Landesgrenzen hinausgehenden Austausch von Waren, Dienstleistungen und Kapital. Für ihre Aufgaben suchen die Unternehmen den jeweils am besten geeigneten Standort. Dies kann z. B. bedeuten, dass ein Unternehmen eine Abteilung in den USA unterhält, in Indien das Produkt entwickeln lässt, in Russland Werkstoffe einkauft, in Deutschland das notwendige Kapital beschafft und die Herstellung dann in China erfolgt.
Rund um die Welt verlaufen die Handelsströme. Sie werden von Jahr zu Jahr stärker. Eine Übersicht zeigt die nachstehende Grafik.

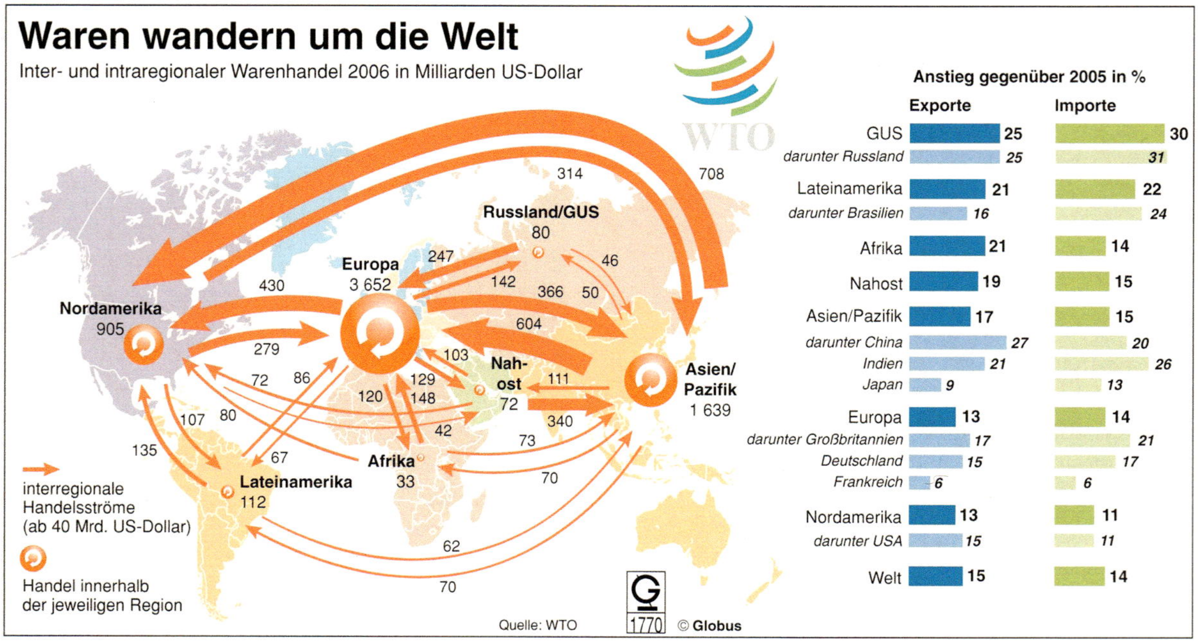

Gründe für Globalisierung

Die fortschreitende Globalisierung lässt den Welthandel von Rekord zu Rekord eilen. Folgende Gründe sind für diese veränderte Situation in der Weltwirtschaft verantwortlich:

Internationale Vereinbarungen, wie z. B. solche, die durch die Welthandelsorganisation (WTO) getroffen werden, haben dazu geführt, dass die Länder ihre nationalen Märkte für den globalen Handel weiter geöffnet haben. So wurden z. B. Einfuhrbeschränkungen und Einfuhrzölle in den vergangenen Jahren in immer größerem Umfang abgebaut.

Entscheidend vorangetrieben wurde die Globalisierung durch den technischen Fortschritt im Bereich der Informations- und Kommunikationstechnik. Die Welt ist quasi zu einem globalen Dorf geworden. Vor allem für die multinationalen Konzerne steht die Zeit nicht mehr still. Ihre Geschäfte laufen rund um die Uhr und um die ganze Welt. Besonders die Satellitentechnik und das Internet haben diese Entwicklung möglich gemacht.

Das bestehende Lohngefälle ist ein besonders wichtiger Grund für das Wachstum des Welthandels. So sind z. B. die Computerfachleute im indischen Bangalore ähnlich gut qualifiziert wie in Deutschland. Allerdings haben sie ein Monatseinkommen, das weniger als die Hälfte des Einkommens ihrer deutschen Kollegen beträgt.

Nirgendwo hat sich die Globalisierung so stark bemerkbar gemacht wie auf den Kapitalmärkten. Seitdem hier kaum noch Beschränkungen bestehen, können Anleger sekundenschnell ihr Geldvermögen international umschichten. Eine Anlage ihrer finanziellen Mittel in einer der gewünschten Währungen ist heute kaum noch ein Problem.

Die Transportkosten sind in den letzten Jahrzehnten stark gesunken. Im Schiffsverkehr wurde dies ermöglicht durch die große Ladekapazität der Schiffe und die Kosten sparende Containertechnik.

Verschiedene Wirkungen der Globalisierung sind zu unterscheiden:

- Die Globalisierung ist eigentlich nichts anderes als eine besonders ausgeprägte Form der internationalen Arbeitsteilung. Am Anfang dieser Entwicklung stand die Erkenntnis, dass Länder, die miteinander Handel treiben, einen Wohlstandsgewinn erzielen. Diese Tatsache gilt auch noch heute. Wie die Welthandelsorganisation ermittelt hat, würde ein globaler Handel ohne Beschränkungen (z. B. Verzicht auf alle Zölle) jährlich einen Wohlfahrtgewinn von 300 Milliarden US-Dollar bringen. In Extremsituationen wie der globalen Finanz- und Wirtschaftskrise 2008/09 kann die weltweite Verflechtung der Länder zu einem erheblichen Wohlstandsverlust führen.
- Die Gruppe der Entwicklungsländer hat von dem weltweiten Handel profitiert. Das gilt aber nicht für alle Länder. Nur diejenigen, die es verstanden haben, sich auf die neuen Bedingungen der Weltwirtschaft einzustellen, zählen zu den Gewinnern. Beispiele sind Länder wie China, Thailand, Südkorea, Chile und Mexiko. Andere Länder, die sich nach außen abgeschottet haben und keine marktwirtschaftlichen Regeln gelten lassen, zählen zu den Verlierern der Globalisierung. Zu ihnen gehören die meisten Länder Afrikas.

- Viele Verbraucher kommen durch den verstärkten internationalen Handel in den Genuss von Vorteilen. Produkte in einer riesigen Menge und Vielfalt aus den exportierenden Ländern sind fast überall auf der Welt erhältlich. Ihre Preise sind dabei nicht selten um einiges niedriger als die der Erzeugnisse, die ganz oder teilweise in Deutschland gefertigt wurden. Ein Beispiel von vielen sind Textilien und Schuhe. Mit Abstand der größte Exporteur ist hier China. Vor allem durch die niedrigen Löhne kommen diese Artikel zu konkurrenzlos günstigen Preisen in den Handel.
- Betrieben, die auf den globalen Absatzmärkten Fuß fassen, winken zur Belohnung stattliche Gewinne. Hier erfolgreich zu sein, ist allerdings nicht leicht. Der Konkurrenzkampf um die Kunden wird weltweit gnadenlos geführt. Um sich auf dem Markt behaupten zu können, sind laufend Innovationen (Neuerungen) erforderlich. Kosten zu senken ist dabei eine ständige Herausforderung. Um dies zu ermöglichen, verlagern vor allem westliche Firmen immer mehr Unternehmensbereiche ins Ausland. Nicht selten kommt es dabei zu einem Abbau von inländischen Arbeitsplätzen. Auf diesen Zusammenhang ist der Begriff **„Entlassungsproduktivität"** anzuwenden. Gemeint ist die Steigerung der betrieblichen Leistungsfähigkeit durch Personalabbau. Der Begriff wurde von Sprachforschern zum Unwort des Jahres 2005 gewählt. Begründung: Die Formulierung verschleiert die starke Mehrbelastung derjenigen, die ihren Arbeitsplatz noch behalten haben.
- Globalisierung hat einen wichtigen politischen Nebeneffekt. Staaten, die erfolgreich an ihr teilhaben, sind seltener in Kriege verwickelt als ärmere und wirtschaftlich abgeschottete Nationen. Die Erfahrungen aus den letzten Jahrzehnten haben eindeutig gezeigt: Handel bringt die Waffen zum Schweigen.
- Durch die Globalisierung ist die Welt zu einer Risikogemeinschaft geworden. Die wirtschaftliche Abhängigkeit der einzelnen Länder voneinander war noch nie so groß wie heute. Das gilt besonders für ein so rohstoff- und energiearmes Land wie Deutschland. Um Devisen für die notwendigen Importe zu bekommen, müssen ständig Güter in andere Länder exportiert werden. Wird der Güterstrom unterbrochen, kommt es zu empfindlichen Störungen in der inländischen Wirtschaft. Am Beispiel der Öl- und Gaslieferungen aus anderen Ländern wird diese Abhängigkeit Deutschlands besonders deutlich.

- Ein Risiko ganz anderer Art kann für Firmen bestehen, die Erzeugnisse mit Hochtechnologie (z. B. Kraftwerke oder den Transrapid) im Ausland anbieten. Hier besteht die Gefahr, dass auch ihr Know-how in die Hände der ausländischen Firmen gerät. Ein Beispiel hierfür ist China. Um hier an Aufträge zu kommen, müssen westliche Firmen oft mit örtlichen Herstellern zusammenarbeiten und diesen dann auch Spitzentechnologie überlassen. Die Folge: Westliche Konzerne machen sich in China auf lange Sicht selbst überflüssig.

Deutschland und die Globalisierung

Auch viele deutsche Unternehmen sind grenzüberschreitend tätig. Früher waren es nur Großunternehmen wie z. B. Siemens, Thyssen-Krupp oder die BASF, die den Gang ins Ausland wagten. Auch die Automobilhersteller zählten schon früh zu diesen „Global Playern".

Beispiel BMW: Der Tätigkeitsbereich ist weltweit getrennt

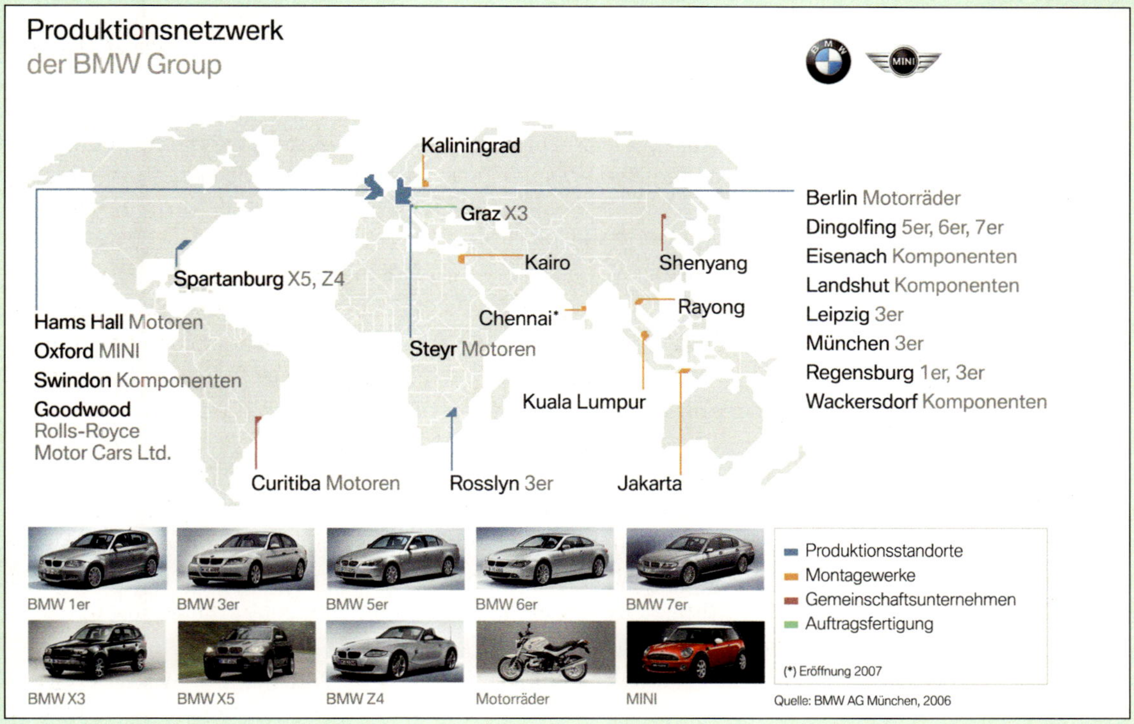

Inzwischen ist die Globalisierung auch bei mittelständischen Unternehmungen angekommen. Um wirtschaftlich überleben zu können, müssen auch sie ihre Chancen inzwischen im Ausland suchen. Viele tun es, um in Osteuropa oder Asien billiger produzieren zu können. Immer wichtiger wird es aber auch, im Ausland ein Standbein zu haben, um von dort aus den ausländischen Markt besser erschließen zu können.

Auch geschäftliche Beziehungen mit ausländischen Zulieferern sind für viele Betriebe überlebenswichtig. Fahrradrahmen, die zu niedrigen Preisen aus China geliefert werden, helfen so dem deutschen Fahrradhersteller, seine Produkte zu relativ günstigen Preisen auf dem einheimischen Markt anbieten zu können.

Nicht nur Güter, sondern auch Dienstleistungen von ausländischen Arbeitnehmern werden immer häufiger in Anspruch genommen. So übernehmen z. B. chinesische Ingenieure Forschungs- und Entwicklungsarbeit oder indische Computerfachleute Programmieraufgaben für deutsche Unternehmungen.

Beispiel

Welche Auswirkungen hat die Globalisierung für die Arbeitsplätze in Deutschland?
Ein Beispiel von vielen: Nokia macht Bochum zu.
Aus für die Handy-Produktion in Deutschland: Der Weltmarktführer schloss sein Werk in Bochum und schickte 2.300 Beschäftigte in eine ungewisse Zukunft. Zuvor hatte BenQ seine Produktion eingestellt, und auch Motorola zog sich aus Deutschland zurück. Die Ankündigung von Nokia traf die Region wie ein Schlag. Aus Kostengründen hat der finnische Konzern die Fertigung nach Rumänien und Ungarn verlagert. Die rasante globale Marktentwicklung habe das Unternehmen zum Handeln gezwungen. Um weiterhin erfolgreich zu sein, müsse der Konzern Wettbewerbsfähigkeit kontinuierlich verbessern, lautete die Begründung des Vorstands.
Für die Belegschaft war der Beschluss des Vorstands nicht nachvollziehbar. Stattliche 22 % Gewinn hatte Nokia im letzten Geschäftsjahr erwirtschaftet. Alle Einwände der Politiker und die zahlreichen Protestaktionen der Belegschaft blieben letztlich erfolglos. Die Kostenvorteile in dem Billiglohnland Rumänien waren für die Geschäftsleitung so verführerisch, dass ihr Entschluss knallhart durchgezogen wurde.

Der folgende Vergleich macht den Unterschied deutlich.

Eckpunkte der Beschäftigung in Deutschland und Rumänien

	Deutschland	**Rumänien**
Bruttomonatslohn	ca. 1.900,00 €	ca. 370,00 €
Urlaubsanspruch	bis 30 Tage	bis 20 Tage
Wochenarbeitszeit	35 Std.	40 Std.
Arbeitskosten je Stunde	29,80 €	4,20 €
Kündigungsfristen	bis sechs Monate	einen Monat
Urlaubsgeld	ca. 70 % des Monatslohns	kein Urlaubsgeld

Wenn ein Unternehmen ein neues Werk plant, werden die Standorte genau unter die Lupe genommen. Die Unterschiede bei den Lohnkosten sind bei **Standortentscheidungen** die wichtigste Entscheidungsgrundlage, aber nicht die alleinige. Auch für Deutschland gibt es zahlreiche ungünstige, aber auch eine Menge günstiger Faktoren.

Zählt Deutschland eher zu den Gewinnern oder den Verlierern der Globalisierung? Manche sehen in der Globalisierung einen großen Jobvernichter, dem man hilflos gegenübersteht. Dabei wird allerdings vergessen, dass Deutschland als exportstarkes Land einen großen Teil seines Wohlstands dem Verkauf von Waren in das Ausland zu verdanken hat. Die anhaltenden Ausfuhrerfolge sind ein Beweis, dass es mit der Konkurrenzfähigkeit der deutschen Unternehmen gar nicht so schlecht bestellt ist. Rund ein Viertel aller einheimischen Arbeitsplätze sind nämlich auf die Exporterfolge zurückzuführen. Ein Nachteil dieser Abhängigkeit zeigt sich in der gegenwärtigen Weltwirtschaftskrise. Die stark rückläufigen Exporte bringen Firmen in finanzielle Not. Es kommt zu Kurzarbeit und Entlassungen von Beschäftigten.

!

Arbeitsproduktivität: Dies ist ein Leistungsmaßstab, der angibt, welche Produktionsmenge bei der Güterherstellung auf einen Beschäftigten entfällt. Formel: Arbeitsproduktivität = Produktionsmenge : Menge der Beschäftigten

Standortwaage für Deutschland

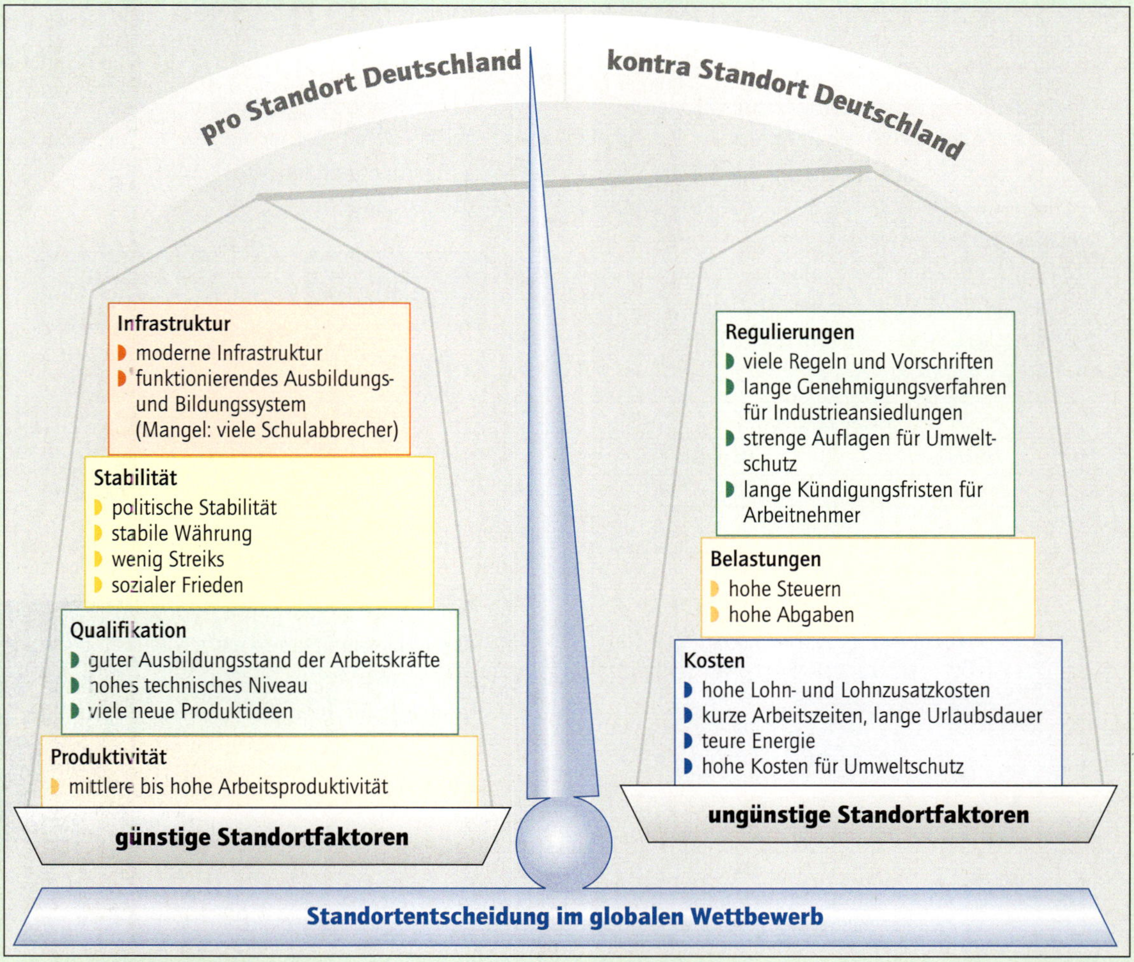

Arbeitsvorschläge

1. Welche Gründe haben zu der heutigen Globalisierung geführt?
2. Stellen Sie die Vor- und Nachteile des Standortes Deutschland im globalen Wettbewerb dar.
3. Zwei Stimmen zur Globalisierung:
   Ein Gewerkschaftsvertreter: „Unternehmer, die ihren Standort ins Ausland verlagern, sind für mich vaterlandslose Gesellen."
   Ein Unternehmer: „Nur durch einen Produktionsmix aus Niedriglohnländern und dem Hochlohnland Deutschland kann ich mit meinem Betrieb überleben."
   Entscheiden Sie, welcher Aussage Sie eher zustimmen können, und begründen Sie Ihre Antwort.
4. **Lernen durch Handeln:**
   Diskutieren Sie in der Klasse über Vor- und Nachteile der Globalisierung, die Sie jetzt betreffen bzw. Auswirkungen auf Ihr zukünftiges Arbeitsleben haben könnten.
   a) Fertigen Sie eine Übersicht nach dem folgenden Muster an, in der die Vor- und Nachteile vermerkt werden.
   b) Kommen Sie in der Klasse zu einem anschließenden gemeinsamen Urteil (Fazit), je nachdem, was für Sie überwiegt: die Vor- oder die Nachteile.

Globalisierung	
Vorteile	**Nachteile**
______	______
______	______
______	______
______	______
Fazit:	

5. **Lernen durch Handeln:**
   Erläutern Sie die Rolle Ihres Ausbildungsbetriebes als Baustein einer betrieblichen Arbeitsteilung. Stellen Sie dabei den Zusammenhang zur Globalisierung her.

   a) Fertigen Sie eine Übersicht über den arbeitsteiligen Prozess an, in den Ihr Ausbildungsbetrieb eingebunden ist. Stellen Sie dabei Ihren Betrieb in den Mittelpunkt einer zeichnerischen Darstellung (siehe Beispiel unten) und ordnen Sie möglichst viele Geschäftspartner in Form von Kreisen um den Mittelpunkt an. Nehmen Sie dabei eine Zuordnung der Geschäftspartner zum Beschaffungs- bzw. Absatzmarkt vor.
   Bei der Gruppe der Lieferanten und Kunden sollten Sie sich jeweils auf drei besonders wichtige beschränken. Heben Sie solche Geschäftspartner hervor, die sich außerhalb des deutschen Wirtschaftsraumes befinden.

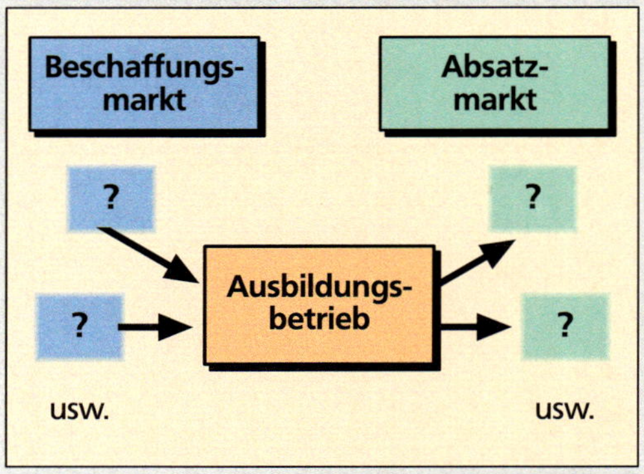

   b) Ordnen Sie die aufgenommenen Betriebe den einzelnen Stufen einer vertikalen Arbeitsteilung zu.
   c) Tauschen Sie Ihre Übersicht innerhalb der Klasse aus und diskutieren Sie Gemeinsamkeiten und Unterschiede.

17 Umweltschutz als globales Problem

Moment mal!

Eine Kabinettsitzung unter Wasser: Was zunächst aussieht wie ein alberner Versuch in das Guiness-Buch der Rekorde zu kommen, hat einen sehr ernsten Hintergrund. Die Regierung der Malediven wählte diese Form der Aktion, um der Welt einen „SOS-Ruf aus der Tiefe" zu senden.
Gezeigt werden sollte, wie lebensbedrohlich sich die klimatischen Veränderungen auf der Welt auswirken, wenn gegen die Erwärmung der Erde nichts unternommen wird. Für die 300.000 Bewohner der Inselwelt der Malediven würde es fast einem Todesurteil gleichkommen, wenn der durch die Erderwärmung ausgelöste Meeresanstieg nicht gestoppt wird. Die höchste Erhebung der Insel liegt mit nur 2,40 m dicht über dem Meeresspiegel. Sehr optimistisch ist man nicht auf den Malediven, ob die Menschheit in ihrer Klimapolitik wirklich umsteuert. Inzwischen bemühen sich die vom „Absaufen" bedrohten Inselbewohner, sich auf das Schlimmste einzustellen. Gelder aus dem Tourismus, so ihr Plan, sollen auf die hohe Kante gelegt werden, um ein neues Staatsgebiet in Indien oder Australien kaufen zu können.

- Warum ist Umweltschutz notwendig?
- Was kann zum Schutz der Umwelt getan werden?

?

17.1 Notwendigkeit von Umweltschutz

Von dem Ziel, eine lebenswerte Umwelt zu erhalten, war die Menschheit noch nie so weit entfernt wie heute. Alle Länder sind gefordert, ihren Beitrag zu leisten, um eine Umweltkatastrophe zu vermeiden. In Deutschland gehört der Umweltschutz zu den wirtschaftspolitischen Zielen. Wegen seiner enormen Bedeutung werden Stimmen laut, den Schutz der natürlichen Umwelt als Staatsziel in der Verfassung zu verankern.

Schafft die Menschheit es nicht, ihr Verhalten zu ändern und einen rücksichtsvolleren Umgang mit der Umwelt zu pflegen, sind Umweltkatastrophen von ungeheuerem Ausmaß vorprogrammiert.

Umweltprobleme zeigen sich überall auf der Welt und in verschiedenen Formen: Immer mehr Länder leiden unter Wasserknappheit. Wälder werden zerstört und Wüsten bilden sich. Luft, Flüsse und Meere werden verschmutzt. Das Artensterben hat erschreckende Ausmaße angenommen. Ozonlöcher haben sich gebildet und gefährden die Gesundheit. Knappe Rohstoffe werden in Mengen verbraucht, die nachfolgenden Generationen fehlen.

Hauptproblem der bedrohten Umwelt ist die Veränderung des Klimas. Alarmsignale zeigen sich in vielen Lebensbereichen. Einen Überblick gibt das folgende Schaubild:

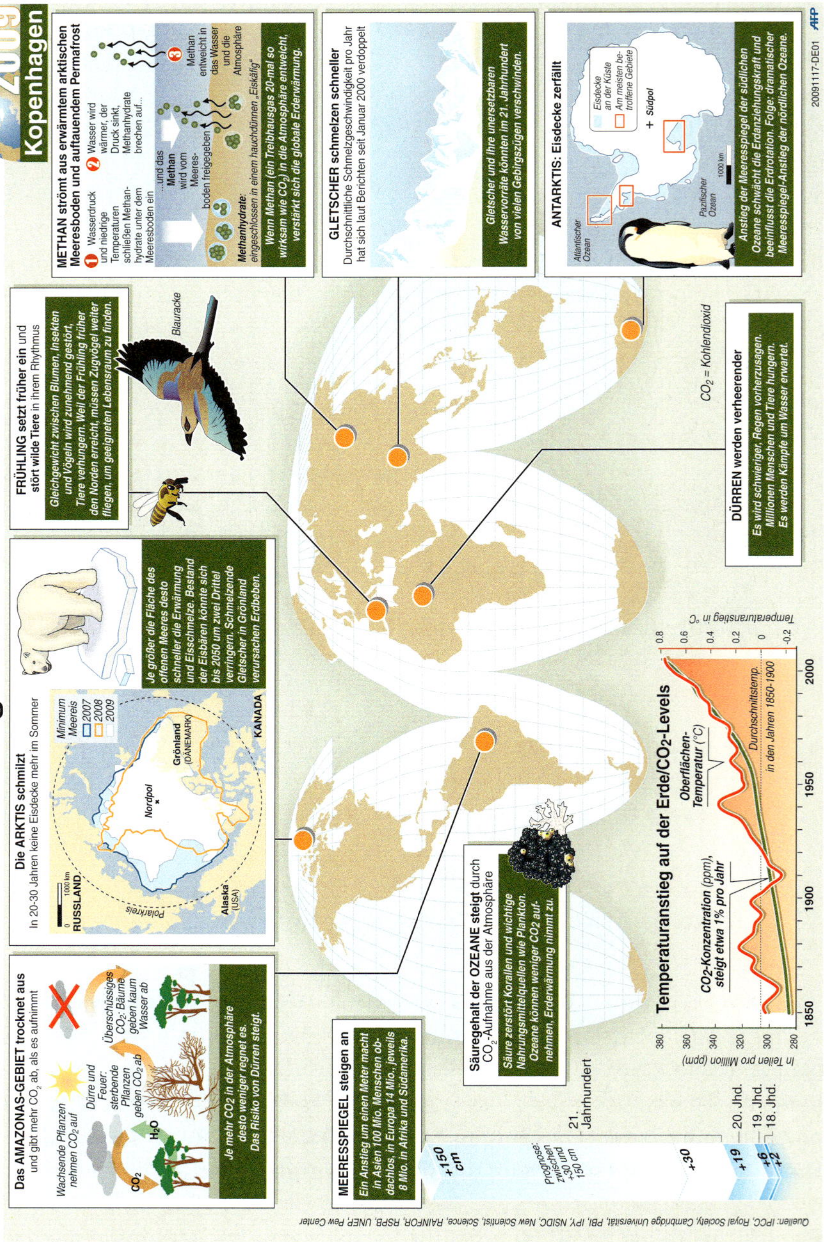

Das größte Problem für die Umweltbelastung ist der Ausstoß von CO_2 mit gravierenden Folgen für das Weltklima. Im Jahr 1990 trafen sich daher die Industrieländer in Japan und beschlossen, den Ausstoß ihrer Treibhausgase bis spätestens 2012 um 5 % gegenüber 1990 zu senken. Die Absicht wurde in einer Erklärung schriftlich festgehalten, die unter dem Namen **Kyoto-Protokoll** bekannt wurde. Nur wenige der 36 Länder, welche das Protokoll unterschrieben haben, werden dieses Ziel erreichen. Zu ihnen gehört Deutschland. Bedauerlich ist auch, dass die Länder mit dem größten CO_2-Ausstoß (USA, China und Indien) das Kyto-Protokoll nicht unterschrieben haben.

Um die Ziele von Umwelt und menschlicher Entwicklung miteinander stärker in Einklang zu bringen, wurde das **Nachhaltigkeitsprinzip** in die ökologische Diskussion eingeführt. „Nachhaltig ist eine Entwicklung dann, wenn sie den Bedürfnissen der heutigen Generation entspricht, ohne die Möglichkeiten künftiger Generationen zu gefährden, ihre eigenen Bedürfnisse zu befriedigen."

Vor allem die **globale Erwärmung** hat dramatische Ausmaße angenommen. Gemeint ist hiermit der während der vergangenen Jahrzehnte beobachtete allmähliche Anstieg der Durchschnittstemperaturen in der erdnahen Atmosphäre.
Die Experten sind sich einig, dass bei einem ungebremsten Ausstoß der **Treibhausgase** mit einer weltweiten Erwärmung um ca. 4,5 Grad Celsius bis zum Jahr 2100 zu rechnen ist.

Langfristig würde damit der Meeresspiegel um ca. einen Meter weiter ansteigen. Da wo heute Land ist und hunderte Millionen Menschen leben, würde sich dann wieder Wasser befinden. Das gilt nicht nur für Asien, sondern auch für die küstennahen Regionen in Europa und Afrika. Andere Regionen würden wiederum von katastrophalen Dürreperioden heimgesucht, da Erderwärmung auch zu Wassermangel führt. Fachleute sagen voraus, dass in Zukunft Kriege zwischen Völkern wegen Wasserknappheit geführt werden.

Das Kyoto-Protokoll von 1997 war für das Klima nur ein kleiner Erfolg. Fachleute kritisierten schon damals, dass die Klimaziele bei weitem nicht ausreichen, um die Erderwärmung zu stoppen. Besonders die größten Klimasünder China und USA müssen auch ihren Beitrag zum Klimaschutz leisten, so die Forderung.

Seit Kyoto haben sich die Klimaprobleme weiter verschlimmert. Der CO_2-Ausstoß ist rapide angestiegen. Der Klimaforscher Nikolaus Stern hat eine Rechnung aufgestellt, die wie eine Bombe einschlug. Danach könnte es 5,5 Billionen Euro kosten, wenn die Menschheit weiter so gewaltige Mengen von Klimagasen in die Atmosphäre pumpt. Das sind 20 % der Wirtschaftskraft der gesamten Welt. Je später man handelt, desto höher wird die aufzubringende Summe.

Was liegt näher bei den vielen Hiobsbotschaften als das Ruder herumzureißen und Besserung zu geloben. „Eine Weltklimaordnung muss her", so die erklärte Absicht vieler Staaten. Die **Weltklimakonferenz** in Kopenhagen sollte es richten. 192 Staaten trafen sich im Dezember 2009, um endlich „Nägel mit Köpfen" zu machen.

Trotz zwei Jahren Vorbereitung hat sich die Weltgemeinschaft auf wenig Konkretes geeinigt: Zwar wurde das Ziel benannt, den Anstieg der Erderwärmung unter den gefährlichen Wert von zwei Grad zu halten. Wie, wann und von wem es erreicht werden soll, blieb aber völlig offen. Die weltweit größten CO_2-Verursacher China, USA, Indien und viele andere wollten sich nicht auf Klimaziele festlegen lassen. Nicht einmal die Zusage an die Entwicklungsländer, ihnen 30 Millionen Soforthilfe und ab 2020 jährlich 100 Millionen für Klimaschutzprojekte zu zahlen, konnte sie nicht dazu bewegen, sich auf Klimaziele verbindlich festzulegen. Anders die EU-Staaten: Sie halten an ihrer Zusage fest, 20 % weniger Kohlendioxyd bis 2020 im Vergleich zu 1990 auszustoßen.

SMA bleibt auch in Zukunft ein Jobmotor

Kassel. Der Solartechnikhersteller SMA in der Nähe von Kassel dürfte auch 2010 das am schnellsten wachsende Unternehmen in der Region werden. Der Betrieb ist ein wahrer Beschäftigungsmotor. In 2009 stieg die Zahl der Mitarbeiter um 1.400 auf 3.800. 2010 soll weiter kräftig investiert und ein neues Service-Center und eine weitere Gleichrichterfabrik errichtet werden. Die Wachstumsaussichten dürften wieder zweistellig ausfallen. Der Beschäftigungsaufbau geht in großen Schritten weiter. (xrl)

Geradezu ein Musterland bei dem Ziel das klimaschädliche CO_2 zu vermindern ist Deutschland. Diese „Insellösung" hat aber nicht nur Freunde. Unternehmer warnen davor und befürchten große Wettbewerbsnachteile für den deutschen Standort und einen Verlust von Arbeitsplätzen. Deren Kritiker werfen ein, dass dieses Argument nur die halbe Wahrheit ist. Erlässt der Staat Verordnungen und Gesetze zum sparsamen Umgang mit Energie und anderen Ressourcen, schafft er gleichzeitig dadurch Investitionsanreize für Unternehmen. Mit neuen Techniken auf den Markt zu kommen, kann durchaus zu einem lohnenden Geschäft werden. Deutschland hat sich inzwischen auf vielen Gebieten der Öko-Industrie eine führende Rolle in der Weltwirtschaft erobert. Hocheffiziente Technologien wie z. B. Wärmepumpen, Dampfturbinen, Brennwertheizungen oder Biogasanlagen sind international begehrt. Über die bereits geschaffenen Arbeitsplätze hinaus werden in der Zukunft immer mehr Menschen in der Öko-Industrie arbeiten. Sie entwickelt sich zum Motor für Wachstum und Beschäftigung.

17.2 Ansatzpunkte zum Umweltschutz: Was kann getan werden?

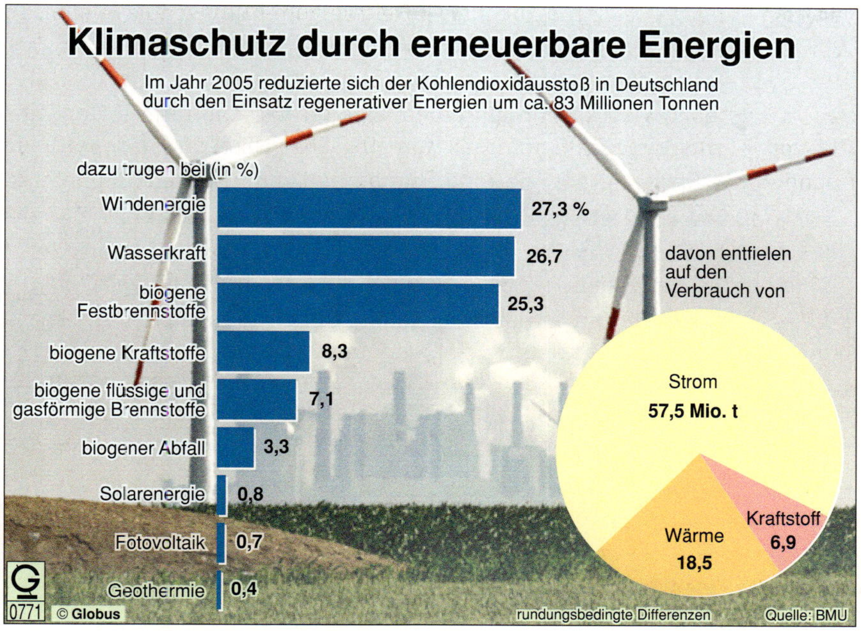

- **Ausbau der erneuerbaren Energie**
  Erneuerbare Energien (regenerative Energie) sind solche Energiearten, die nach menschlichen Maßstäben unerschöpflich sind. Sie gelten langfristig als einzig sicher verfügbare Energiequelle.

- **Ausbau alternativer Energiearten**
  Beschlossen ist in Deutschland der Bau von weiteren modernen Kohlekraftwerken, die ältere Werke wegen deren hoher CO_2-Emission ablösen sollen. Kritische Stimmen betonen, dass auch bei der Verwendung neuer Technologie die Schadstoffbelastung noch viel zu hoch sei. Immer mehr Regierungen befürworten auch ein Festhalten an der Kernenergie. Es wird die Meinung vertreten, dass sich nur durch einen massiven Ausbau dieser Energieform der Klimawandel hinauszögern lasse. Kritische Stimmen weisen auf das enorme Gefahrenpotenzial hin, das nach wie vor mit dieser Energieform verbunden ist.

- **Ökologische Finanzreform**
  Staatliche Pläne sehen vor, die Höhe der Kraftfahrzeugsteuern an umweltbezogenen Kriterien auszurichten. Zukünftig soll daher der Kohlendioxidausstoß die Bewertungsgrundlage bilden. Befürwortet wird auch von immer mehr Ländern eine international vereinbarte Besteuerung von Kerosin für Flugzeuge.

Europa plant riesiges Ökostromnetz

BERLIN. Ein Mammutprogramm zum Ausbau erneuerbarer Energie haben neun europäische Staaten beschlossen. Zu den Ländern, die bei diesem Projekt eng zusammen arbeiten wollen, gehören auch Deutschland, Großbritannien, Frankreich, Belgien, Dänemark, die Niederlande, Irland, Luxemburg und Norwegen. In dem Projekt wollen die Länder ein riesiges Energienetz unter der Nordsee aufbauen und die Windparks verkabeln. Geplant ist außerdem eine Verbindung mit Gezeiten- und Wasserkraftwerken sowie Solaranlagen auf dem europäischen Festland. Wetterbedingte Schwankungen innerhalb des weit gestreuten Feldes der Energieanlagen hofft man, so in den Griff zu bekommen. Die Kosten dieses Vorhabens werden auf die gewaltige Summe von 30 Milliarden Euro geschätzt. Zehn Jahre wird es etwa dauern, bis das Ökostromnetz seine Arbeit aufnehmen kann. (xrl)

- **Recycling**
  Das Recycling von Erzeugnissen macht es möglich, ihren Weg über die Produktion, den Gebrauch und die Entsorgung im Idealfall kreislaufmäßig zu schließen. Die rohstoffarme deutsche Volkswirtschaft profitiert in besonders starkem Maße vom Einsatz von Recycling-Rohstoffen. Der Einsatz von brauchbaren Rohstoffen aus dem Müll, in der Fachsprache auch **Sekundärrohstoffe** genannt, entlastet die deutsche Volkswirtschaft um fast vier Milliarden Euro. Nach einer Berechnung des Instituts der deutschen Wirtschaft werden heute durch den Einsatz wiederverwertbarer Abfälle rund 20 % der Kosten für Metallrohstoffe und drei % der Kosten für Energieimporte eingespart. Die wirtschaftlichen Vorteile der Sekundärrohstoffe liegen vor allem in einer Kostenersparnis verglichen mit der Produktion mit **Primärmaterialien**. Sekundärrohstoffe werden im Betrieb eingesetzt, wenn es sich rechnet. Für die Gesamtwirtschaft folgt daraus, dass Importe von Primärrohstoffen durch inländische Wirtschöpfung ersetzt werden.

- **Einsparung von Energie**
  In das Bewusstsein von immer mehr Menschen tritt zunehmend eine Art Energiequelle, die bei Weitem noch nicht ausgeschöpft ist und ein riesiges Potenzial hat. Gemeint ist der **Prozess der Energieeinsparung**.

17.3 Einige Beispiele zur Energie- und Ressourceneinsparung

Beispiel 1: Autofahrer

Weltweit trägt der Verkehr mit etwa 14 % zum Ausstoß von Treibhausgasen bei. Besonders in den Entwicklungs- und Schwellenländern haben die Kohlendioxyd-Emissionen stark zugenommen. Die EU hat reagiert. Bis 2015 hat sie eine Beschränkung der Hersteller für ihre Neuwagenflotte von durchschnittlich 137 Gramm CO_2-Ausstoß pro gefahrenen Kilometer beschlossen.

Deutsche Autobauer schneiden im internationalen Vergleich nur mittelmäßig ab. Ihr durchschnittlicher CO_2-Ausstoß ist mit 155 Gramm im Jahr 2009 relativ hoch. Auf den ersten sechs Plätzen der Auto-Umweltliste des Verkehrclubs Deutschland 2009 finden sich sechs japanische Autotypen. Die meisten verfügten dabei über Hybridantriebe. Hierbei handelt es sich um eine Kombination von Verbrennungsmotor und einer elektrischen Maschine.

Aber die deutsche Hersteller, die bisher vorwiegend nach dem Motto: „schnell, sicher und schön muss es sein" gehandelt haben, sind dabei umzudenken. Sie versuchen mit großen finanziellen Anstrengungen, den technischen Vorsprung ausländischer Hersteller einzuholen.

Beispiel 2: Unternehmen

Die Industrie hat seit Anfang der Neunzigerjahre den Ausstoß von Treibhausgasen um die Hälfte verringert. Kritiker werfen ihr aber vor, dass ihr der Klimabeitrag quasi in den Schoß gefallen sei und nicht aktiv herbeigeführt wurde. Mit dem Strukturwandel in Ostdeutschland, so wird argumentiert, seien viele „schmutzige" Industrieanlagen einfach stillgelegt worden, was sich sehr positiv auf die Energiebilanz der Unternehmen ausgewirkt habe.

Abgesehen von dieser Entwicklung hat sich die **Energieeffizienz** auch in der Industrie natürlich verbessert. Wie die Europäische Umweltagentur fordert, reicht es aber nicht aus, die natürlichen Ressourcen wie z. B. Metalle, Flächen oder auch fossile Brennstoffe produktiver zu nutzen. Gefordert wird vielmehr, dass deren Inanspruchnahme absolut sinken müsse, um die Lebensgrundlagen zu erhalten.
Wie eine ressourcenorientierte Produktions- und Absatzkette aussieht, die über eine rein energiesparende Strategie hinausgeht, zeigt die folgende Abbildung:

Ressourcenorientierte Produktions- und Absatzkette

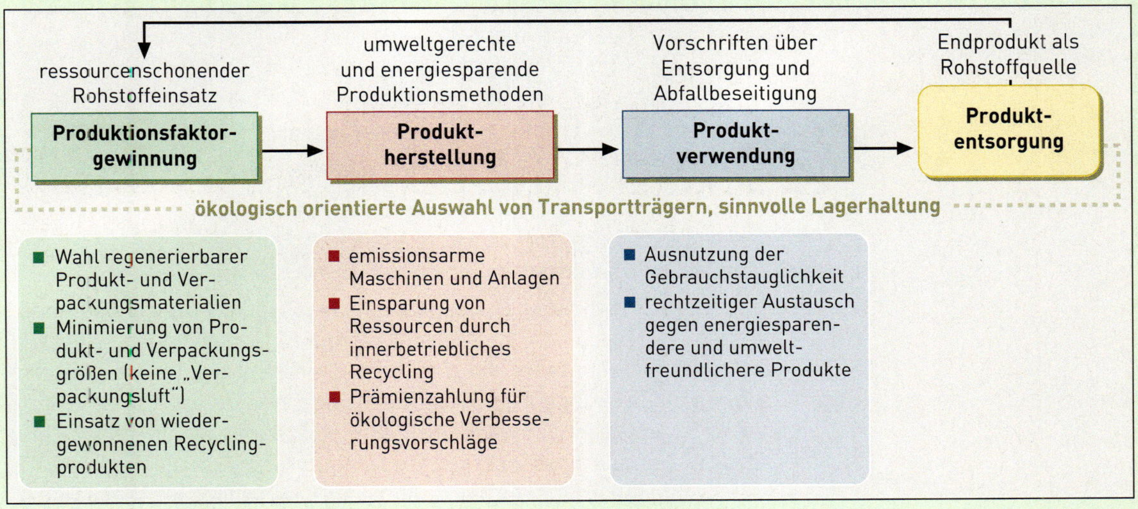

Beispiel 3: Haushalte

Elektrisches Licht, CD-Player, Kühlschrank, Waschmaschine, Computer, eine warme Wohnung – dies alles und noch viel mehr ist für Haushalte selbstverständlich. Noch immer wird sehr großzügig in den eigenen vier Wänden mit Strom und Wärme umgegangen. Inzwischen denken jedoch viele Privatpersonen in ihrem Alltag an die Umwelt. Aber die Sparpotenziale werden bei Weitem nicht ausgeschöpft. Das ist eine tragische Situation, denn unser scheinbar unstillbarer Energiehunger frisst nicht nur die natürlichen Energievorräte wie Öl und Gas auf. Er treibt auch den weltweiten Klimawandel mit seinen vielen negativen Folgen weiter voran.

EU stoppt teures Standby

Brüssel: Ab Januar 2010 dürfen in der EU nur noch elektronische Geräte betrieben werden, die sich vollständig abschalten lassen. Es sei denn, sie haben eine neuartige Standby-Schaltung. Die Mehrkosten müssen die Verbraucher tragen. Sie belaufen sich auf zwei bis zehn Euro je Gerät. Über die Energieersparnis haben die Verbraucher die Mehrausgaben aber schnell wieder reingeholt. (xrl)

Beispiel 3: Haushalte

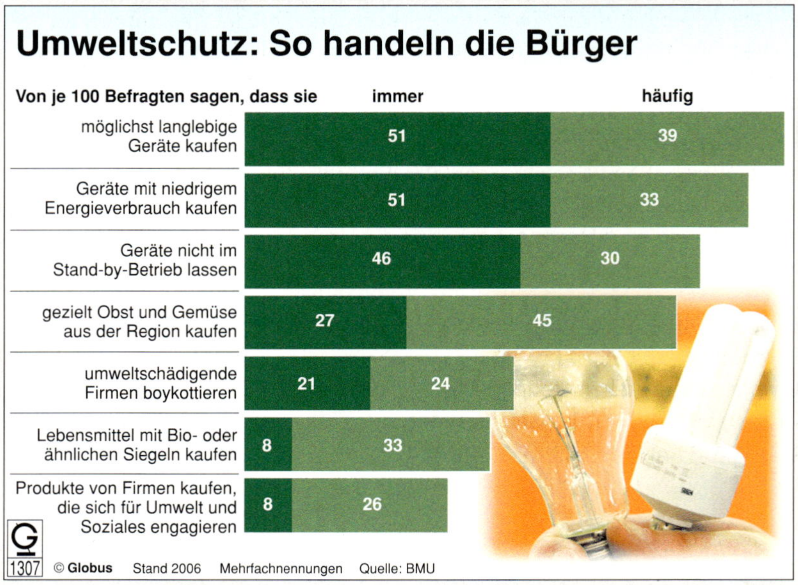

Ein **Spartipp** von vielen: Beim Kauf von Elektrogeräten sollten Haushalte unbedingt auf die Energieeffizienz-Klasse achten. Es gibt sieben Klassen von A bis G, wobei A für „außerordentlich sparsam" und G für „verschwenderisch" steht. Bei Kühl- und Gefriergeräten haben immer mehr Geräte die Klasse A erreicht. Um weiterhin sehr gute von mittelmäßigen Geräten unterscheiden zu können, gibt es heute die Klassen A+ und A++. Ganz einfach kann man Energie- und Geldsparen, indem man den „Standby"-Modus abschaltet.

Beispiel 4: Mieter und Hausbauer

Die Menschheit vergeudet riesige Mengen an fossilen Brennstoffen zum Betreiben von Maschinen, als Antriebsenergie für Kraftfahrzeuge und als Heizenergie für Wohnraum. Vor allem der Energieverbrauch von Häusern und Wohnungen ist gigantisch. Aber auch das Einsparpotenzial ist hier besonders hoch. Nach Angaben des Bauministeriums könnten Mieter und Besitzer von Häusern bis 2020 nahezu 40 Milliarden Euro an Heizkosten sparen, wenn alle Häuser in Deutschland optimal saniert würden. Der Staat tut etwas gegen diese Verschwendung. Im Rahmen des nationalen Klimaschutzprogramms werden Maßnahmen zur Energieeinsparung von Wohngebäuden finanziell gefördert. Des Weiteren sind bis zu 30 % schärfere Energiestandards für neue Häuser geplant und der lange umstrittene Energiepass für Gebäude wurde endgültig beschlossen.
Wer sein Haus auf erneuerbare Energien umrüstet, bekommt vom Staat eine Klimaprämie. Im Einzelnen werden gefördert:

- thermische Solaranlagen,
- Kombination von Brennwerttechnik und thermischen Anlagen,
- automatische beschickte Biomassekessel,
- effiziente Wärmepumpen.

Beispiel 5: Ernährung

Was viele nicht wissen: Ein nicht unerheblicher Teil der gesamten weltweiten CO_2-Emissionen entsteht durch Lebensmittel.
Ein Beispiel: Die Erzeugung von Rindfleisch belastet die Umwelt erheblich.
- Um das Futtermittel Soja anzubauen, werden im Amazonasgebiet Waldflächen gerodet.
- Die Aufzucht der Tiere ist ebenfalls ein sehr klimaschädlicher Prozess, da die Tiere bei der Verdauung Methan absondern.
- Das Fleisch wird transportiert, gekühlt und verarbeitet. 36 Kilogramm CO_2 gelangen dadurch pro Kilogramm Fleisch in die Atmosphäre.

Da jeder Deutsche jährlich im Durchschnitt 88 Kilogramm Fleisch verzehrt, wird deutlich, wie groß das Einsparpotenzial hier ist. Ein Speiseplan mit weniger tierischen und mehr pflanzlichen Lebensmitteln wäre ein Beitrag für den Schutz der Umwelt. Kommen die Lebensmittel dann noch frisch und unbehandelt auf den Tisch und stammen sie auch noch aus der Region, wird die Umwelt doppelt beschenkt.

Arbeitsvorschläge

1. Welche Gefahren sind Ihrer Meinung nach mit der fortschreitenden Erderwärmung verbunden?
2. Energiesparen ist ein Gebot, dem alle folgen sollten. Machen Sie Vorschläge, welche Maßnahmen Sie persönlich ergreifen könnten.
3. Ein EU-Kommissar im Interview: „Wir wollen Autos haben, die im Durchschnitt der gesamten Neuwagenflotte nicht mehr als 120 g CO_2 je gefahrenen Kilometer ausstoßen dürfen." Besonders Mercedes, BMW, Audi waren nach dieser Information geschockt: Sie sehen diese Vorgabe für ihre bisherige Geschäftspolitik als ernste Bedrohung an.
   Diskutieren Sie das Vorhaben aus der Sicht der Autofahrer, der Autoindustrie, der Gewerkschaften und der EU-Kommission als Vertreter der Bürger.
4. Ein Karikaturist sieht den Umweltschutz als 11. Gebot.
   a) Was will die Karikatur ausdrücken?
   b) Formulieren Sie zehn Pflichten, welche die Menschen erfüllen sollten, um im Sinne dieses Gebots zu handeln.
   c) Versuchen Sie eine Reihenfolge in Ihren Pflichtenkatalog zu bringen, welche ihre zum Ausdruck bringt.

5. Vor allem China, aber auch den USA wird immer wieder vorgeworfen, massiv gegen das Nachhaltigkeitsprinzip zu verstoßen. Erklären Sie, was hiermit gemeint ist.
6. Erklären Sie den Inhalt der auf S. 361 dargestellten ressourcenorientierten Produktions- und Absatzkette eines Industrieunternehmens.
7. Was hat Recycling mit Umweltschutz zu tun?
8. Unterscheiden Sie zwischen Primärrohstoffen und Sekundärrohstoffen.

Arbeitsvorschläge zur Wiederholung und Prüfungsvorbereitung (Kapitel 13–17)

1. Unterscheiden Sie zwischen der freien Marktwirtschaft und der Zentralverwaltungswirtschaft bezüglich:
   a) Eigentum an Produktionsmitteln,
   b) Ziele der Betriebe,
   c) Aufgaben des Staates.
2. Was versteht man unter Tarifautonomie in der sozialen Marktwirtschaft?
3. Erklären Sie, welche Ziele der Staat mit
   a) Konjunkturpolitik,
   b) Strukturpolitik
   in unserer sozialen Marktwirtschaft erreichen will.
4. Zeichnen Sie einen Konjunkturverlauf und benennen Sie seine Phasen.
5. Welches ist das Oberziel und welches sind die Unterzielen nach dem Stabilitätsgesetz?
6. Definieren Sie
   a) Preisniveau,
   b) angemessenem Wachstum.
7. Wie soll sich der Staat in unserer sozialen Marktwirtschaft
   a) in der Hochkonjunktur und
   b) in der Rezession
   generell verhalten?
8. Schildern Sie in Stichworten die wichtigsten Problemfelder der sozialen Marktwirtschaft.
9. Die zunehmende Globalisierung führt zu einer verstärkten internationalen Arbeitsteilung, von der gerade wir in Deutschland besonders profitieren. Betrachten Sie dazu nachfolgende Grafik.
   a) Wie verhielten sich die Zahlen der vom Export abhängigen und der nicht vom Export abhängigen Erwerbspersonen?
   b) Erklären Sie die Exportabhängigkeit in den genannten Branchen.

Jobmotor Export
Zwischen 1995 und 2006 stieg die Zahl aller Erwerbstätigen in Deutschland um 4,0 Prozent

Während die Zahl der **nicht vom Export abhängigen** Erwerbstätigen sank, ...	–5,5 %
... stieg die Zahl der **vom Export abhängigen** Erwerbstätigen	+57 %

Vom Export abhängige Erwerbstätige in 1000

1995	5 694	2003	7 806
1997	6 363	2005	8 420
1999	6 976	2006	8 939
2001	7 716		

So viel Prozent der Erwerbstätigen in diesen Branchen sind vom Export abhängig

	1995	**2005**
Automobilindustrie	49,1 %	72,6 %
Maschinenbau	53,2 %	64,5 %
chemische Industrie	58,6 %	63,0 %
übriges verarbeitendes Gewerbe	32,8 %	49,6 %

10. Nennen Sie drei Vor- und Nachteile der betrieblichen Arbeitsteilung.
11. Was wurde von den Unterzeichnern des Kyoto-Protokolls vereinbart?
12. Seit 2006 sind die Kommunen laut Elektro- und Elektronikgesetz zur kostenlosen Annahme von Altgeräten verpflichtet. Erklären Sie in diesem Zusammenhang den Inhalt der nachfolgenden Tabelle.

Wenn Geräte ausgedient haben
Das neue Rücknahmesystem für Elektro- und Elektronikgeräte ...

... kostet jährlich zwischen 350 und 500 Millionen Euro
davon entfallen auf (Anteile in %)

Haushaltsgroßgeräte	42
IT- und Telekommunikationsgeräte	26
Unterhaltungselektronik	12
Haushaltskleingeräte	7
Sonstiges	13

... und es fallen rund 1,1 Millionen Tonnen Altgeräte an
davon entfallen auf (Anteile in %)

Haushaltsgroßgeräte	72
IT- und Telekommunikationsgeräte	11
Unterhaltungselektronik	10
Haushaltskleingeräte	5
Sonstiges	2

13. In den Medien wird immer wieder gefordert, bei dem Verbrauch von Rohstoffen das Nachhaltigkeitsprinzip zu beachten. Was ist hierunter zu verstehen?

AFP, Berlin: 356.1;

akg images, Berlin: 318.1;

Argum, München: 120.1 (T. Einberger);

Argus Fotoarchiv GmbH, Hamburg: 65.1 (Raupach); 156.4 (Griffiths), 320.1 (Schwarzbach);

Barmer Ersatzkasse, Hamburg: 134.1;

Bauer, Oliver, Helmstedt: 8.1, 18.1, 32.1, 36.1, 45.1, 55.1;

Berufsgenossenschaft Nahrungsmittel und Gaststätten, Mannheim: 58.2;

BilderBox Bildagentur GmbH, A-Thening: 186.2, 303.1;

CCC, www.c5.net, Pfaffenhofen a. d. Ilm:142.1 (Hanel), 170.1 (Plaßmann), 182.1, 331.2 (Horst Haitzinger), 337.1 (Horst Haitzinger);

Daimler Chrysler AG, Stuttgart: 188.1, 215.1, 215.2;

Das Fotoarchiv Christoph & Friends, Essen: 280.1;

DekaBank Deutsche Girozentrale, Frankfurt am Main: 151.4;

Erich Schmidt Verlag, Berlin: 56.5, 93.1, 100.1, 143.1, 164.1, 184.1, 331.1;

Froese, A.: 82.1, 235.1;

Gedulouj Bildagentur, Berlin: 156.1;

Globus Infografik, Hamburg: 46.1, 74.2, 97.2, 101.1, 105.1, 110.2, 129.1, 131.1, 145.1 146.1, 147.1, 149.1, 149.2, 163.1, 171.2, 174.1, 210.1, 220.1, 259.2, 348.1, 359.1, 362.1;

Graffiti: 65.2, 78.1;

Haus der Geschichte, Bonn: 76.1 (Jupp Wolters), 85.1 (Jupp Wolters), 98.2 (Jupp Wolters);

Hefele Fotodesign Studio, Darmstadt; 132.1;

Image & Design, Bettina Kumpe, Braunschweig: 8.2, 10.1, 15.1, 18.2, 18.3, 21.1, 22.1, 22.2, 23.1, 23.2, 27.1, 29.1, 34.1, 34.2, 38.1, 48.1, 56.1, 56.2, 56.3, 56.4, 61.1, 69.1, 69.2, 79.1, 83.1, 87.1, 87.2, 88.1, 88.2, 95.1-3, 99.1, 102.1, 108.1, 112.1, 118.2, 123.1, 128.1, 138.1, 154.1, 159.1, 162.1, 175.1, 184.2, 192.1, 194.1, 195.1, 199.2, 200.1, 202.1, 202.2, 207.1, 207.2, 216.1, 216.2, 216.3, 216.4, 217.1, 219.2, 220.1, 221.1, 223.1, 226.1, 228.1, 232.1, 246.1, 247.1, 253.1, 253.2, 257.1, 265.1, 267.1, 268.2, 270.1, 272.1, 274.1, 277.1, 281.1, 281.2, 283.1, 287.1, 288.1, 288.2, 288.3, 288.4, 289.1, 290.1, 292.1, 292.2, 292.3, 293.1, 293.2, 295.1, 296.1, 296.2, 310.1, 323.1, 324.1, 333.1, 333.2, 334.1, 334.2, 352.M1;

Images.de, Berlin: 156.3

Lade, Helga, Fotoagentur, Frankfurt am Main: 194.2;

MEV Verlag GmbH, Augsburg: 118.1 (R. Bauer), 196.1;

Okapia KG, Frankfurt am Main: 40.1 (Chris Müller);

Opel AG, Rüsselsheim: 186.1, 196.2;

Photopool, Hersbruck: 94.1;

Picture alliance/dpa, Frankfurt am Main: 7.1 (ZB-J. Woitas), 14.1 (Zentralbild), 25.1 (KPA-Hochheimer), 33.1 (ZB/A. Lander), 43.1 (Themendienst/J. Schiernbeck), 50.1 (K. Rose), 51.1 (Keystone/G. Bally), 52.1 (P. Pleul), 53.1 (G. Breloer), 53.2 (ZB/S. Thomas), 59.1 (ZB/M. Bachmann), 63.1 (Schulte), 70.1 (ZB/J. P. Kasper), 71.1 (H. Hollemann), 74.1 (N. Bachmann), 81.1, 106.1 (ZB/T. Schulze), 110.1 (J. Effner), 111.1, 117.1 (KPA/Hochheimer), 121.1 (O. Berg), 122.1, 124.1 (Okapia/M. Uselmann), 125.1 (ZB W. Grubitzsch), 127.1 (Rauchwetter), 130.1, 132.1 (Uli Deck), 136.1 (S. Simone), 140.1 (ZB/P. Pleul), 141.1 (B. Weißbrod), 142.2 (Costa), 147.2 (K. Kubena), 148.1 (U. Gerig), 148.2 (ZB/W. Grubitzsch), 148.3 (S. Simon), 148.4 (ZB/W. Grubitzsch), 150.1 (chromorange/M. Stolt), 157.1 (M. Rosenfeld), 163.2 (BPA/B. Hühler), 166.1 (Weiss), 168.1 (P. Kneffel), 171.1 (ZB/J.-P- Kasper), 172.1 (KPA/Hochheimer), 173.1 (chromorange/R. Märzinger), 176.1 (ZB/S. Montag), 178.1 (chromorange/K. H. Spremberg), 181.1 (ZB/J. Büttner), 185.1 (ZB/Euroluftbild.de), 191. (Waltraut Grubitzsch), 193.1 (R. Jensen), 198.1 (chromorange/N. Hochheimer), 199.1 (W. Weihs), 202.1, 210.1 (Sander/T. Roos), 212.1 (ZB/W. Grubitsch), 213.1 (XAMAX), 213.2 (chromorange/N. Hochheimer), 213.3 (ZB/R. Weisflog), 213.4 (ZB/W. Thieme), 219.1 (dpa), 224.1 (J. Ressing), 227.1 (Petersen), 227.2 (T. Hase), 227.3 (Themendienst/J. Schierenbeck), 229.1 (K. Rose), 233.1 (Themendienst/J. Schierenbeck), 234.1 (K. Mittenzwei), 238.1 (Brecker & Bredel), 239.1 (ZB/J. Kalaene), 241.1 (P. Seeger), 241.2 (S. Tummescheidt), 243.1 (Sander/M. Starl), 255.1 (Tagesspiegel/T. Rückeis), 260.1, 261.1 (Lehtikuva_Oy/M. Ulander), 262.1 (Chromorange), 262.2 (R. Wittek), 262.3 (ZB/S. Stache), 263,1 (EPA/E. Cortez), 264.1 (S. Simon), 264.2 (M. Müller), 264.3 (HB Verlag), 264.4 (P. Pleule), 266.1 (H. von Heydenaber), 268.1 (Sander/M. Steigele),269.1 (ZB/M. Gröning), 271.1 (S. Simon), 273.1 (Tierschutzreport), 282.1 (Eibner-Pressefoto), 286.1 (R. B. Fishman), 294.1 (ZB/P. Grimm), 297.1 (Chromorange), 300 (Okapia/J. Mischke), 306.1 (Tagesspiegel/K. Kleist-Heinrich), 307.1 (F. Rumpenhorst), 314.1 (S. Simon), 322.1 (S. Tummescheidt), 335.1 (R. Rumpenhorst),340.M1 (BSIP/GYSSELS), 340.M2 (BSIP/THEOBALD), 340.M3 (Chromoranje/M.Stolt), 342.1 (Imago/G. Trumler), 342.1 (A. Rüsche), 343.1 (ZB/W. Grubitzsch), 352.1 (epa/Ghement), 352.M2 (dpa/F.-P.Tauschner, 355.1 (dpa), 357.1 (AD Medien/Michael Kops), 360.1 (ZB/B.Settnik), 360.2 (I. Wagner);

pixelio media gmbh, München: 255.1;

Projekt-PR Gesellschaft für Öffentlichkeitsarbeit, Bonn: 58.1

Schapowalow, Berlin: 156.5 (Rosenfeld);

SG Gilsa-Jesberg: 47.1;

Siemens AG, München: 151.3;

Stiftung Warentest, Berlin: 278.1, 279.2, 279.3, 279.4;

Stock 4B GmbH, München: 304.1 (J. König);

Süddeutscher Verlag Bilderdienst, München: 318.2;

Tomicek, Berlin: 363.1;

Transit Fotografie und Archiv, Leipzig: 139.1 (T.Härtrich);

Ullstein Bilderdienst, Berlin: 154.2 (Boness/IPON), 154.3 (KPA);

Vario images GmbH & Co KG, Bonn: 40.2 (Jürgen Moers);

Verlagsgruppe Handelsblatt GmbH: 348.1 (16.01.06);

VISUM Foto GmbH, Hamburg: 317.1 (R. Meisel);

Volksbanken Raiffeisenbanken, Bonn: 150.1, 151.1, 151.2;

Volkswagen AG, Wolfsburg: 190.1.

Zimmermann, Stefan, Göttingen: 86.1;

Hinweis: Für den Fall, dass berechtigte Ansprüche von Rechteinhabern unbeabsichtigt nicht berücksichtigt wurden, sichert der Verlag die Vergütung im Rahmen der üblichen Vereinbarungen zu.